Inhaltsverzeichnis

Individuelle Freiheit und kollektive Interessenwahrnehmung im deutschen und europäischen Arbeitsrecht

Individuelle Freiheit und kollektive Interessenwahrnehmung im deutschen und europäischen Arbeitsrecht

Assistententagung
im Arbeitsrecht 2011 in Osnabrück

herausgegeben von

Marcus Bieder und
Felix Hartmann

Mohr Siebeck

Marcus Bieder, geboren 1976; Studium der Rechtswissenschaft in Osnabrück; Staatsexamina 2002 und 2007; Promotion an der Universität Osnabrück 2006; 2007 bis 2012 Wissenschaftlicher Mitarbeiter an der Universität Osnabrück; seit 2012 Akademischer Rat a. Z. und Habilitand an der Universität Heidelberg.

Felix Hartmann, geboren 1976; Studium der Rechtswissenschaft in Tübingen und Fribourg (Schweiz); Staatsexamina 2001 und 2003; LL.M. (Harvard) 2007; Promotion an der Universität Tübingen 2007; seit 2007 Akademischer Rat a. Z. und Habilitand an der Universität Heidelberg.

ISBN 978-3-16-151917-8

Die Deutsche Nationalbibliothek verzeichnet diese Publikation in der Deutschen Nationalbibliographie; detaillierte bibliographische Daten sind im Internet über *http://dnb.d-nb.de* abrufbar.

Das Buch wurde von Gulde-Druck in Tübingen aus der Sabon gesetzt, auf alterungsbeständiges Werkdruckpapier gedruckt und gebunden.

Vorwort

Dieser Band enthält die Referate, die am 20. und 21. Juli 2011 auf der *Assistententagung im Arbeitsrecht* in Osnabrück gehalten wurden. Ziel der Veranstaltung war es, dem wissenschaftlichen Nachwuchs im Arbeitsrecht die Gelegenheit zum Austausch zu bieten. Die unerwartet starke Resonanz hat gezeigt, dass für ein solches Forum ein großes Bedürfnis besteht. Umso erfreulicher ist es, dass eine Folgeveranstaltung bereits in Planung ist.

Auch an dieser Stelle gilt unser Dank den vielen Förderern, ohne deren Unterstützung die Tagung in dieser Form nicht hätte stattfinden können. Zu nennen sind vor allem die Osnabrücker Kanzlei WMS Rechtsanwälte sowie die Verlage C.H. Beck, Vahlen und Mohr Siebeck.

Zu besonderem Dank verpflichtet sind wir Herrn Cheflektor Dr. Franz-Peter Gillig, der uns bereits in einer frühen Planungsphase die verlegerische Betreuung des Tagungsbands zugesagt hat. Gleiches gilt schließlich für Herrn Prof. Dr. Markus Stoffels sowie die Mitarbeiter seines Osnabrücker Lehrstuhls, namentlich Inge Götz, Brigitte Hirschmann, Markus Gralla, Nicole Franke, Florentine Füg, Anastasia Hohenberger, Mara Schmidt-Klie und Eva Unger.

Osnabrück/Heidelberg, im Januar 2012

Marcus Bieder
Felix Hartmann

Fehlentwicklungen in der arbeitsrechtlichen AGB-Kontrolle

Christian Rolfs

I. Zehn Jahre arbeitsrechtliche AGB-Kontrolle

Mit dem Gesetz zur Modernisierung des Schuldrechts[1] wurde das AGB-Recht zum 1. Januar 2002 in das BGB integriert. Der ursprüngliche Ge-

[1] Vom 26. 11. 2001, BGBl. I, S. 3138.

setzentwurf[2] sah noch vor, die Bereichsausnahme für das Arbeitsrecht (§ 23 Abs. 1 AGB-Gesetz) unverändert als § 310 Abs. 4 in das BGB zu übernehmen. Erst nach Intervention von *Ulrich Preis* und einer Prüfbitte des Bundesrates[3] besann die Bundesregierung sich eines Anderen (nicht unbedingt Besseren) und stimmte in ihrer Gegenäußerung[4] dem Änderungswunsch des Bundesrates zu:[5] Die Rechtsprechung der einzelnen Senate des BAG habe sich unterschiedlich entwickelt; während manche die Wertungen des AGB-Gesetzes sinngemäß zur Anwendung gelangen ließen[6], tendierten andere Senate in eine andere Richtung.[7] Die Bundesregierung fährt fort:

> „Die aus dieser uneinheitlichen Rechtsprechung entstehende Rechtsunsicherheit sollte durch die Streichung der Bereichsausnahme beseitigt werden. Dadurch wird auch dafür gesorgt, dass das Schutzniveau der Vertragsinhaltskontrolle im Arbeitsrecht nicht hinter demjenigen des Zivilrechts zurückbleibt. Allerdings sollten vor allem die besonderen Klauselverbote ohne Wertungsmöglichkeit im Arbeitsrecht nicht zwingend uneingeschränkt zur Anwendung kommen. Vielmehr sollten hier die besonderen Bedürfnisse eines Arbeitsverhältnisses berücksichtigt werden können.“[8]

Zehn Jahre später muss man konstatieren, dass diese Ziele der Reform weitgehend verfehlt worden sind. Die Uneinheitlichkeit der Rechtsprechung und die daraus resultierende Rechtsunsicherheit wurden in keiner Weise beseitigt. Die Meinungsverschiedenheiten zwischen den Senaten sind nicht etwa kleiner, sondern größer geworden, selbst in so zentralen Fragen wie der Zulässigkeit von Freiwilligkeitsvorbehalten[9], den Grenzen des Verbots

---

[2] BT-Drucks. 14/6040.

[3] BR-Drucks. 338/01 (Beschluss), S. 28; BT-Drucks. 14/6857, S. 17.

[4] BT-Drucks. 14/6857, S. 53 f.

[5] Zur Entstehungsgeschichte des § 310 Abs. 4 Satz 2 BGB statt aller *Richardi*, NZA 2002, 1057, 1057; *Zöllner*, ZfA 2010, 637, 640 f. *Däubler* (NZA 2001, 1329, 1330) betont, dass das Arbeitsrecht in den Vorberatungen des Gesetzes zunächst keine Rolle gespielt habe.

[6] Zitiert wird hier das Urteil vom 29. 11. 1995 – 5 AZR 447/94, BAGE 81, 317 = AP Nr. 1 zu § 3 AGB-Gesetz. Dort war im Arbeitsvertrag auf die geltende „Betriebsordnung“ verwiesen worden, die für alle Ansprüche aus dem Arbeitsverhältnis eine vierwöchige Ausschlussfrist statuierte. Der Fünfte Senat hielt die Klausel für überraschend, sie sei daher entsprechend § 3 AGB-Gesetz nicht Vertragsbestandteil geworden.

[7] Hier zitiert die Gegenäußerung das Urteil vom 13. 12. 2000 – 10 AZR 168/00, BAGE 96, 371 = AP Nr. 2 zu § 241 BGB, das eine arbeitsvertragliche Verfallklausel, die die schriftliche Geltendmachung von Ansprüchen aus dem Arbeitsverhältnis innerhalb eines Monats nach Fälligkeit eines Anspruchs und bei Ablehnung des Anspruchs oder Nichtäußerung binnen zweier Wochen die gerichtliche Geltendmachung des Anspruchs innerhalb eines weiteren Monats verlangt, für zulässig erklärt und dabei eine Kontrolle am Maßstab des § 3 AGB-Gesetz explizit ablehnt.

[8] BT-Drucks. 14/6857, S. 54.

[9] Einerseits BAG, Urt. vom 1. 3. 2006 – 5 AZR 363/05, AP Nr. 3 zu § 308 BGB; andererseits BAG, Urt. vom 8. 12. 2010 – 10 AZR 671/09, NZA 2011, 628. – Das

geltungserhaltender Reduktion[10] oder dem Vertrauensschutz für vor dem 1. Januar 2002 abgeschlossene „Altverträge“[11]. Das „Schutzniveau der Vertragsinhaltskontrolle“ blieb schon vor der Schuldrechtsreform im Arbeitsrecht nicht hinter demjenigen im Bürgerlichen Recht zurück, weil die meisten arbeitsrechtlichen Normen ohnehin einseitig zugunsten des Arbeitnehmers zwingend sind und dispositives Recht selten ist. Die frühere „Billigkeitskontrolle“ des BAG[12] wird unter veränderten Vorzeichen fortgeführt; unliebsame Vertragsklauseln sind heute eben nicht mehr „unbillig“, sondern „unangemessen benachteiligend“ (§ 307 Abs. 1 BGB), oftmals ohne, dass klar herausgearbeitet wird, gegenüber welcher dispositiven Norm eine dem Arbeitnehmer nachteilige Vereinbarung vorliegt und warum diese unangemessen ist. Und von den „Besonderheiten des Arbeitsrechts“ hatte der Gesetzgeber schon selbst keine klare Vorstellung.[13]

II. Einbeziehung von Allgemeinen Geschäftsbedingungen

1. Voraussetzungen der Einbeziehung

a) Einbeziehungskontrolle und Vertragsnachweis

Mit Blick auf die Voraussetzungen der Einbeziehung Allgemeiner Geschäftsbedingungen in den Arbeitsvertrag liegt die erste Fehlleistung schon beim Gesetzgeber selbst: Die in § 310 Abs. 4 Satz 2 Halbs. 2 BGB angeordnete Unanwendbarkeit von § 305 Abs. 2 und 3 BGB, die der aus dem

---

Urteil vom 14. 9. 2011 – 10 AZR 526/10, NZA 2012, 81, ist erst lange nach Abschluss dieses Manuskripts ergangen und konnte daher nicht mehr berücksichtigt werden.

[10] Einerseits BAG, Urt. vom 14. 1. 2009 – 3 AZR 900/07, AP Nr. 41 zu § 611 BGB Ausbildungsbeihilfe; andererseits BAG, Urt. vom 23. 1. 2007 – 9 AZR 482/06, AP Nr. 38 zu § 611 BGB Ausbildungsbeihilfe.

[11] Einerseits BAG, Urt. vom 12. 1. 2005 – 5 AZR 364/04, AP Nr. 1 zu § 308 BGB; Urt. vom 11. 10. 2006 – 5 AZR 721/05, AP Nr. 6 zu § 308 BGB; andererseits BAG, Urt. vom 10. 12. 2008 – 10 AZR 1/08, AP Nr. 40 zu § 307 BGB; Urt. vom 11. 2. 2009 – 10 AZR 222/08, NZA 2009, 428, 431.

[12] Erstmals BAG, Urt. vom 31. 10. 1969 – 3 AZR 119/69, AP Nr. 1 zu § 242 BGB Ruhegehalt – Unterstützungskassen; später z. B. BAG, Urt. vom 23. 5. 1984 – 4 AZR 129/82, AP Nr. 9 zu § 339 BGB; Urt. vom 21. 11. 2001 – 5 AZR 158/00, AP Nr. 31 zu § 611 BGB Ausbildungsbeihilfe.

[13] Unklar ist schon, ob nur rechtliche oder auch tatsächliche Umstände Berücksichtigung zu finden haben. Während der Normtext die „Besonderheiten des Arbeits*rechts*“ erwähnt, heißt es in der Begründung (BT-Drucks. 14/6857, S. 54): „Vielmehr sollten hier die besonderen Bedürfnisse eines Arbeits*verhältnisses* berücksichtigt werden können.“ – Unklar auch *Preis*, Grundfragen der Vertragsgestaltung im Arbeitsrecht, 1993, S. 266: „Nur lässt sich trefflich streiten, bei welchen vertragsrechtlichen Problemen ‚Besonderheiten des Arbeitsrechts‘ zu reklamieren sind.“

NachwG folgenden Verpflichtung des Arbeitgebers zur Erteilung eines Vertragsnachweises Rechnung tragen soll,[14] ist nach allgemeiner Überzeugung missglückt.[15] Dies ergibt sich schon daraus, dass der Nachweis erst einen Monat *nach* Vertragsabschluss einseitig vom Arbeitgeber zu erteilen ist (§ 2 Abs. 1 Satz 1 NachwG) und er den rechtsgeschäftlichen Konsens der Parteien nicht zu ersetzen vermag. Häufig wird zudem vertraglich eine anderweitig statuierte Normordnung in Bezug genommen, das betrifft neben Tarifverträgen beispielsweise eine vom Arbeitgeber selbst aufgestellte Betriebsordnung, Vorschriften des Beamtenrechts (in Arbeitsverträgen des öffentlichen Dienstes, insb. mit angestellten Lehrern) und Versorgungsordnungen von Versicherungsunternehmen, Pensionskassen usw. in der betrieblichen Altersversorgung. Nicht immer kann der Arbeitnehmer vor Vertragsabschluss von diesen Regelungswerken in zumutbarer Weise Kenntnis nehmen (§ 305 Abs. 2 Nr. 2 BGB), gleichwohl werden sie grundsätzlich Vertragsbestandteil.[16] Erst an anderer Stelle setzt die AGB-Kontrolle ein, die sich dann auf das Verbot überraschender Klauseln (§ 305c Abs. 1 BGB)[17] oder das Transparenzgebot (§ 307 Abs. 1 Satz 2 BGB)[18] stützen muss.

b) Arbeitsvertrag als Verbrauchervertrag

Nach wie vor nicht zuzustimmen ist zudem der verbreiteten Auffassung, der Arbeitnehmer sei Verbraucher i. S. des § 13 BGB,[19] sodass auch § 310

---

[14] BT-Drucks. 14/6857, S. 54.

[15] *Deinert* in: Däubler/Bonin/Deinert, AGB-Kontrolle im Arbeitsrecht, 3. Aufl. 2010, § 305 BGB Rn. 38 ff.; *Gotthardt* in: Henssler/Willemsen/Kalb, Arbeitsrecht Kommentar, 4. Aufl. 2010, § 305 BGB Rn. 10; *Joost*, FS Ulmer, 2003, S. 1199, 1200 ff.; *Richardi*, NZA 2002, 1057, 1059; *Thüsing*, AGB-Kontrolle im Arbeitsrecht, 2007, Rn. 83.

[16] BAG, Urt. vom 14. 3. 2007 – 5 AZR 630/06, AP Nr. 45 zu § 1 TVG Bezugnahme auf Tarifvertrag; *Preis* in: Müller-Glöge/Preis/Schmidt, Erfurter Kommentar zum Arbeitsrecht, 12. Aufl. 2012, §§ 305–310 BGB Rn. 26; *Stoffels* in: Wolf/Lindacher/ Pfeiffer, AGB-Recht, 5. Aufl. 2009, ArbR Rn. 43.

[17] Vgl. BAG, Urt. vom 14. 12. 2005 – 4 AZR 536/04, AP Nr. 39 zu § 1 TVG Bezugnahme auf Tarifvertrag; Urt. vom 17. 1. 2006 – 9 AZR 41/05, AP Nr. 40 zu § 1 TVG Bezugnahme auf Tarifvertrag; *Diehn*, NZA 2004, 129, 132 f.; *Witt*, NZA 2004, 135, 138.

[18] Vgl. BAG, Urt. vom 14. 3. 2007 – 5 AZR 630/06, AP Nr. 45 zu § 1 TVG Bezugnahme auf Tarifvertrag; *Oetker*, FS Wiedemann, 2002, S. 383, 396 ff.; weitergehend ErfK/*Preis* (o. Fußn. 16), §§ 305–310 BGB Rn. 44, der auch den einbezogenen Tarifvertrag selbst der Transparenzkontrolle unterwerfen will.

[19] BAG, Urt. vom 25. 5. 2005 – 5 AZR 572/04, AP Nr. 1 zu § 310 BGB; Urt. vom 31. 8. 2005 – 5 AZR 545/04, AP Nr. 8 zu § 6 ArbZG; Urt. vom 15. 2. 2007 – 6 AZR 286/06, AP Nr. 35 zu § 620 BGB Aufhebungsvertrag; *Preis*, NZA Beil. 16/2003, S. 19, 24; *Reinecke*, DB 2002, 583, 587; *Singer*, RdA 2003, 194, 195; *Thüsing/Leder*, BB

Abs. 3 BGB zur Anwendung gelange und damit eine AGB-Kontrolle sog. „Einmalklauseln" eröffnet sei.[20] Das BAG und die ihm folgende herrschende Auffassung übersehen nämlich den begrenzten Normzweck des Verbraucherbegriffs und des an ihn anknüpfenden Verbraucherschutzrechts:

Das Schuldrecht des BGB geht traditionell vom Idealtypus zweier gleichstarker Verhandlungspartner aus, denen ein weiter Spielraum bei der Gestaltung ihrer Vertragsbeziehungen eingeräumt wird.[21] Dort aber, wo der eine Vertragspartner dem anderen strukturell unterlegen ist, also in der Rechtsbeziehung eines Verbrauchers zu einem Unternehmer, sollen zu seinen Gunsten zusätzliche Schutzmechanismen eingreifen. Der „Arbeitnehmer-Verbraucher" schießt damit in doppelter Hinsicht über den Zweck des Verbraucherschutzes hinaus: Zum einen geht das Arbeitsrecht – anders als Kauf, Miete oder Werkvertrag – ganz generell davon aus, dass ein Vertragspartner dem anderen strukturell unterlegen ist. Sämtliche arbeitnehmerschützenden Bestimmungen des BGB und der arbeitsrechtlichen Spezialgesetze belegen dies. Der modifizierenden Überlagerung der für den Idealtypus geschaffenen Regelungen durch verbraucherschützende Sonderbestimmungen bedarf es also nicht. Zum anderen hat die Anwendung des Verbraucherrechts auf den Arbeitsvertrag zur Folge, dass dieser Vertragstyp im Gegensatz zu den übrigen Schuldverhältnissen des BGB *nahezu ausschließlich* als Verbrauchervertrag existiert. Während Käufer, Mieter und Werkbesteller Verbraucher sein *können*, aber keineswegs *müssen* – und eben davon abhängt, ob die §§ 433 ff., 535 ff., 631 ff. BGB in ihrer Grundform oder mit den verbraucherrechtlichen Modifikationen Anwendung finden – ist ein Arbeitsvertrag ohne Verbraucherschutzrecht nur noch in den Fällen denkbar, in denen der Arbeitgeber nicht Unternehmer i. S. von § 14 BGB ist. Dementsprechend gebietet der Normzweck des § 13 BGB, den Arbeitnehmer nur insoweit als Verbraucher anzusehen, als er *außerhalb* seines Arbeitsvertrages Rechtsgeschäfte mit seinem Arbeitgeber tätigt.[22]

2004, 42, 43. Nach BAG, Urt. vom 19. 5. 2010 – 5 AZR 253/09, AP Nr. 13 zu § 310 BGB, soll sogar der Geschäftsführer einer GmbH bei Abschluss seines Dienstvertrages Verbraucher sein.

[20] BAG, Urt. vom 18. 3. 2008 – 9 AZR 186/07, AP Nr. 12 zu § 310 BGB; Urt. vom 18. 5. 2010 – 3 AZR 373/08, AP Nr. 37 zu § 66 ArbGG 1979.

[21] Vgl. *Bork*, Allgemeiner Teil des Bürgerlichen Gesetzbuches, 3. Aufl. 2011, Rn. 99 ff.; *Larenz/Wolf*, Allgemeiner Teil des Bürgerlichen Rechts, 9. Aufl. 2004, § 2 Rn. 37 ff.; *Pfeiffer* in: Ernst/Zimmermann, Zivilrechtswissenschaft und Schuldrechtsreform, 2001, S. 481, 496 f.

[22] Wie hier im Ergebnis *Annuß*, NJW 2004, 2844, 2845 f.; *Bauer*, NZA 2002, 169, 171; *Bauer/Kock*, DB 2002, 42, 44; *Henssler*, RdA 2002, 129, 133 f.; *Hromadka*,

c) „Stellen" der Vertragsbedingungen durch den Arbeitgeber

Mit der Anwendbarkeit von § 310 Abs. 3 Nr. 1 BGB zusammen hängt die Frage der Inhaltskontrolle von Vertragsbedingungen, die der Arbeitgeber zuvor mit einer Gewerkschaft oder dem Betriebsrat ausgehandelt hat. Solche Konstellationen sind häufig bei größeren Personalanpassungen, etwa im Zusammenhang mit Betriebsänderungen abgeschlossenen Aufhebungsverträgen,[23] der Überleitung von Arbeitnehmern in eine Beschäftigungs- und Qualifizierungsgesellschaft[24] oder Altersteilzeit- und ähnlichen Vorruhestandsverträgen zu finden.[25] In größeren Unternehmen sind auch hinsichtlich flexibler Arbeitszeitmodelle, etwa zur Vereinbarkeit von Familie und Beruf, Vertragsentwürfe häufig zwischen den Betriebsparteien abgestimmt. Das BAG geht ohne nähere Begründung davon aus, dass auch in derartiger Weise kollektiv ausgehandelte Vertragsbedingungen der AGB-Kontrolle unterliegen.[26]

Das ist wenig überzeugend. Trägt der Arbeitgeber den Arbeitnehmern einen bestimmten Vertragsinhalt unter Rückgriff auf eine vorherige Kollektivvereinbarung an, nimmt er gerade nicht unter Ausschluss des anderen Teils einseitige rechtsgeschäftliche Gestaltungsmacht in Anspruch[27]. Vielmehr entspricht die Verwendung des Formulars dem übereinstimmenden Willen beider Seiten. Nicht selten ist es in derartigen Fällen ja sogar der Arbeitnehmer, der mit der Bitte um Vertragsabschluss an den Arbeitgeber herantritt, beispielsweise, um in Altersteilzeit zu gehen oder um zusätzlich zu den Sozialplanleistungen eine „Turboprämie" beanspruchen zu können.[28] Hier fehlt es sogar nach Ansicht des BAG am „Stellen" der Vertragsbedingungen durch den Arbeitgeber.[29] Dasselbe gilt dann aber auch, wenn das Vertragsangebot von diesem ausging, weil er sich – nicht

---

NJW 2002, 2523, 2524; *Jacobs*, RdA 2006, 181, 183 f.; *Lieb*, FS Ulmer, 2003, S. 1231, 1236; *Löwisch*, NZA 2001, 465, 466; *Reichold*, ZTR 2002, 202, 203; *Richardi*, NZA 2002, 1004, 1008 f.; *Rieble/Klumpp*, ZIP 2002, 2153, 2155.

[23] Vgl. BAG, Urt. vom 25. 4. 2007 – 6 AZR 622/06, AP Nr. 23 zu § 113 InsO.

[24] Vgl. BAG, Urt. vom 18. 8. 2005 – 8 AZR 523/04, AP Nr. 31 zu § 620 BGB Aufhebungsvertrag.

[25] Vgl. BAG, Urt. vom 20. 5. 2008 – 9 AZR 271/07, AP Nr. 13 zu § 305 BGB.

[26] BAG, Urt. vom 25. 4. 2007 – 6 AZR 622/06, AP Nr. 23 zu § 113 InsO; Urt. vom 19. 3. 2009 – 6 AZR 557/07, AP Nr. 1 zu § 611 BGB Arbeitgeberdarlehen.

[27] Zu diesem Erfordernis BT-Drucks. 7/3919, S. 13, 22; BGH, Urt. vom 30. 6. 1994 – VII ZR 116/93, BGHZ 126, 326, 332 f.; Urt. vom 24. 5. 1995 – XII ZR 172/94, BGHZ 130, 50, 57; Urt. vom 19. 11. 2009 – III ZR 108/08, BGHZ 183, 220, 244; *Grüneberg* in: Palandt, Bürgerliches Gesetzbuch, 71. Aufl. 2012, Überbl. v. § 305 BGB Rn. 8.

[28] Vgl. BAG, Urt. vom 31. 5. 2005 – 1 AZR 254/04, AP Nr. 175 zu § 112 BetrVG 1972; Urt. vom 18. 5. 2010 – 1 AZR 187/09, AP Nr. 209 zu § 112 BetrVG 1972.

[29] BAG, Urt. vom 20. 5. 2008 – 9 AZR 271/07, AP Nr. 13 zu § 305 BGB.

anders als bei Verwendung eines ADAC-Formulars für den Gebrauchtwagenkauf[30] oder eines im Schreibwarenhandel erhältlichen Mietvertrages[31] – nur desjenigen Formulars bedient, dessen Verwendung auch der Arbeitnehmer vorgeschlagen hätte.

2. *Überraschende Klauseln*

Im Grundsatz zutreffend wendet das BAG hinsichtlich überraschender Klauseln § 305c Abs. 1 BGB mit der Folge an, dass die ungewöhnliche Bestimmung nicht Vertragsbestandteil wird. So liegen die Dinge beispielsweise im Hinblick auf eine sechsmonatige Probezeitbefristung, wenn im befristeten Arbeitsvertrag zugleich eine zweijährige Vertragsdauer vereinbart und diese längere Laufzeit durch Fettdruck hervorgehoben war.[32]

Aber es gibt auch Übertreibungen: In einem Verfahren, das der Sechste Senat 2007 zu entscheiden hatte,[33] stritten die Parteien um die Wirkungen einer Personalanpassungsmaßnahme. Die Beklagte hatte ihre Mitarbeiter nach vorherigen Verhandlungen mit dem Betriebsrat auf eine Massenentlassung vorbereitet und ihnen verschiedene Optionen eröffnet, darunter die vorübergehende Überleitung in eine „betriebsorganisatorisch eigenständige Einheit" (beE), um Strukturkurzarbeitergeld i.S. des damaligen § 175 SGB III beziehen zu können. Die Klägerin nahm zunächst keines der Angebote der Beklagten wahr. Erst nach Zugang der betriebsbedingten Kündigung bat auch sie um Überleitung in die beE. Mit einer „Ergänzung zum Arbeitsvertrag", in deren Präambel es heißt, „Durch diese Vereinbarung wird das Ausscheiden des Mitarbeiters aus der Siemens AG und der Übertritt in eine beE geregelt", vereinbarten die Parteien die Überleitung der Klägerin in die beE für die Dauer von 13 Monaten. Danach sollte das Arbeitsverhältnis enden. Das BAG hielt die Beendigungsvereinbarung für objektiv überraschend und verwies den Rechtsstreit nur zur Aufklärung der subjektiven Voraussetzungen an das Berufungsgericht zurück. Die nachträgliche Bitte der Klägerin um Übertritt in die beE habe von der Beklagten nur so verstanden werden können, dass der Übertritt zu denselben Bedingungen gewünscht war, wie sie in den Betriebsvereinbarungen vorgesehen und den Arbeitnehmern zugebilligt worden waren, die sich rechtzeitig für den Übertritt entschieden hatten. Vor diesem Hintergrund sei die vereinbarte Beendigung des Arbeitsverhältnisses überraschend.

---

[30] Vgl. BGH, Urt. vom 17.2. 2010 – VIII ZR 67/09, BGHZ 184, 259, 262 ff.

[31] Vgl. *Stoffels*, WuM 2011, 268, 272.

[32] BAG, Urt. vom 16.4. 2008 – 7 AZR 132/07, AP Nr. 10 zu § 305c BGB.

[33] BAG, Urt. vom 15.2. 2007 – 6 AZR 286/06, AP Nr. 35 zu § 620 BGB Aufhebungsvertrag.

Das vermag kaum zu überzeugen. Schon objektiv ist eine Vereinbarung über die Beendigung des Arbeitsverhältnisses in einem Unternehmen, das in erheblichem Umfang Personal abbaut, nicht ungewöhnlich. Dies gilt umso weniger, als die Arbeitnehmerin bereits eine betriebsbedingte Kündigung erhalten hatte. Es ist auch nicht überraschend, dass ein Arbeitgeber Arbeitnehmer, die bis zu einem bestimmten Stichtag auf seine Angebote reagieren, besser behandelt als jene, die bis zum Schluss zuwarten. Dass die Klägerin die Angebote der Beklagten an die anderen Arbeitnehmer, die sich vor dem Stichtag gemeldet hatten, kannte, und *diese* mit ihrem Rechtsanwalt erörtert hatte, begründet keine objektive Ungewöhnlichkeit der Beendigungsvereinbarung. Die bloß subjektive Überraschung der Arbeitnehmerin über den Vertragsinhalt, die das schriftliche Angebot erst nach mehreren Tagen – aber offenbar ohne es ausreichend gelesen zu haben – gegengezeichnet an die Beklagte zurückgereicht hatte, begründet keinen Anwendungsfall von § 305c Abs. 1 BGB.

III. Übertriebene Transparenzanforderungen

Das AGB-Recht hält den Klauselverwender dazu an, klare und verständliche Regelungen zu treffen (§ 307 Abs. 1 Satz 2 BGB). Dies gilt nach § 307 Abs. 3 Satz 2 BGB, der seinerseits freilich jeder Transparenzkontrolle Hohn spottet, auch hinsichtlich der im Übrigen nicht kontrollfähigen Preis- und Leistungsbestimmungen. Das BAG hat in einer Vielzahl von Entscheidungen intransparente Vertragsformulierungen gerügt, ist dabei allerdings mehr als einmal über das Ziel hinausgeschossen.

1. Vertragsbruch des Arbeitnehmers

Übertriebene Transparenzanforderungen hat beispielsweise der Achte Senat an die Formulierung derjenigen Tatbestände gestellt, bei deren Erfüllung der Arbeitnehmer eine Vertragsstrafe verwirkt.[34] Die Klägerin war bei der Beklagten als Filialleiterin angestellt. Arbeitsvertraglich war eine Vertragsstrafe u.a. für den Fall vereinbart, dass „der Arbeitgeber durch schuldhaft vertragswidriges Verhalten der Arbeitnehmerin zur fristlosen Kündigung des Arbeitsverhältnisses veranlasst“ wird. Wenige Wochen nach Ablauf der Probezeit forderte die Klägerin eine noch minderjährige Auszubildende per SMS auf, ihr Betäubungsmittel zu beschaffen („Hab zur Zeit totale Probleme. Kannst Du mir Gras besorgen?“). Die Beklagte

[34] BAG, Urt. vom 21.4. 2005 – 8 AZR 425/04, AP Nr. 3 zu § 307 BGB.

kündigte daraufhin fristlos. Die ursprünglich erhobene Kündigungsschutzklage nahm die Klägerin zurück. Im Wege der Widerklage verfolgt die Beklagte ihren Zahlungsanspruch weiter. Das BAG hat die Widerklage abgewiesen. Die Verwirkung der vereinbarten Vertragsstrafe durch „schuldhaft vertragswidriges Verhalten des Arbeitnehmers, das den Arbeitgeber zur fristlosen Kündigung des Arbeitsverhältnisses veranlasst", sei nicht klar und verständlich, weil die Pflichtverletzungen nicht hinreichend bestimmt seien. „Schuldhaft vertragswidriges Verhalten" ohne nähere Konkretisierung enthalte nicht die nötige Warnfunktion und entspreche wegen des Strafcharakters der Vertragsstrafe auch nicht rechtsstaatlichen Grundsätzen.[35] Zudem werde der Ausgleich der Interessen in diesen Fällen primär durch die Möglichkeit der fristlosen Kündigung des Arbeitgebers herbeigeführt.[36]

Die Entscheidung ist ganz überwiegend auf Kritik gestoßen.[37] Sie knüpft zwar nicht wörtlich, aber inhaltlich klar erkennbar an § 626 BGB an. Für den Schadensersatzanspruch wegen Vertragsbruchs statuiert der Gesetzgeber in § 628 Abs. 2 BGB selbst als tatbestandliche Voraussetzung, dass die außerordentliche Kündigung[38] „durch vertragswidriges Verhalten des anderen Teils veranlasst" worden ist. Nicht anders ist die Vertragsstrafenabrede zu verstehen. Unbeschadet der ja auch für Fachleute nicht immer eindeutig vorhersehbaren Interessenabwägung im Einzelfall weiß jeder Arbeitnehmer, welche Verhaltensweisen die fristlose Kündigung nach sich ziehen.[39] Die Alternative, jedes nur denkbare schwere Fehlverhalten des Arbeitnehmers konkret auszuformulieren, würde seinerseits unweigerlich in die Intransparenz führen. Fehl geht insbesondere die Begründung, eine Vertragsstrafenabrede führte zu einer „Übersicherung" des Arbeitgebers, dessen Interessen bereits durch das Kündigungsrecht ausreichend Rechnung getragen sei. Erstens nämlich dient die Kündigung gerade nicht der Sanktionierung begangenen Unrechts, sondern der Vermeidung künftiger Störungen des Vertragsverhältnisses.[40] Und zweitens ist sie zur Kompensa-

---

[35] BAG, Urt. vom 21. 4. 2005 – 8 AZR 425/04, AP Nr. 3 zu § 307 BGB.

[36] Ebenso *Hauck*, NZA 2006, 816, 818.

[37] *Bauer/Krieger*, SAE 2006, 11, 11ff.; *Bayreuther*, NZA 2005, 1337, 1338; *Coester*, FS Löwisch, 2007, S. 57, 68; HWK/*Gotthardt* (o. Fußn. 15), Anh. §§ 305–310 BGB Rn. 50; *Hanau*, FS Konzen, 2006, S. 249, 254f.; *Stoffels*, ZfA 2009, 861, 884.

[38] „Die Kündigung" i.S. von § 628 Abs. 2 BGB ist wegen des systematischen Zusammenhangs zu Absatz 1 eindeutig die außerordentliche Kündigung nach § 626 oder § 627 BGB; *Weigand* in: Etzel/Bader/Fischermeier u.a, Gemeinschaftskommentar zum Kündigungsschutzgesetz (KR), 9. Aufl. 2009, § 628 BGB Rn. 20.

[39] *Stoffels* in: Preis, Der Arbeitsvertrag, 4. Aufl. 2011, II V 30 Rn. 39; WLP/*Stoffels* (o. Fußn. 16), ArbR Rn. 180.

[40] BAG, Urt. vom 21. 11. 1996 – 2 AZR 357/95, AP Nr. 130 zu § 626 BGB; Urt.

tion typischer Schäden, die der Arbeitgeber durch schuldhaft vertragswidriges Verhalten erleidet,[41] schlechthin ungeeignet.

2. *Kombination von Freiwilligkeits- und Widerrufsvorbehalt*

In der Rechtsprechung des BAG war jedenfalls bis Mitte 2011 im Grundsatz anerkannt, dass der Arbeitgeber durch eine entsprechende Vertragsklausel regelmäßig das Entstehen eines Rechtsanspruchs auf eine künftige Sonderzahlung wirksam verhindern kann.[42] Er kann einen Rechtsanspruch des Arbeitnehmers ausschließen und sich eine Entscheidung vorbehalten, ob und in welcher Höhe er zukünftig Sonderzahlungen gewährt.[43] In gleicher Weise grundsätzlich zulässig sind auch Widerrufsvorbehalte. Sie müssen allerdings erstens, um vor § 308 Nr. 4 BGB zu bestehen, die Voraussetzungen und den Umfang der vorbehaltenen Änderungen möglichst konkret benennen[44] und dürfen zweitens hinsichtlich des Widerrufsumfangs nicht mit dem durch § 2 KSchG gewährleisteten Vertragsinhaltsschutz in Konflikt geraten.[45]

---

vom 12. 1. 2006 – 2 AZR 179/05, AP Nr. 54 zu § 1 KSchG 1969 Verhaltensbedingte Kündigung; KR/*Fischermeier* (o. Fußn. 38), § 626 BGB Rn. 110; *Preis*, Prinzipien des Kündigungsrechts bei Arbeitsverhältnissen, 1987, S. 322 ff.; *Preis* in: Stahlhacke/Preis/Vossen, Kündigung und Kündigungsschutz im Arbeitsverhältnis, 10. Aufl. 2010, Rn. 892; *Schwarze* in: Schwarze/Eylert/Schrader, KSchG, 2011, § 1 Rn. 54.

[41] Man denke insbesondere an Imageschäden, die nur schwer messbar sind und die sich nicht im Wege des Schadensersatzanspruchs nach § 628 Abs. 2 BGB gegenüber dem Arbeitnehmer durchsetzen lassen.

[42] BAG, Urt. vom 5. 6. 1996 – 10 AZR 883/95, AP Nr. 193 zu § 611 BGB Gratifikation; Urt. vom 12. 1. 2000 – 10 AZR 840/98, AP Nr. 223 zu § 611 BGB Gratifikation; Urt. vom 30. 7. 2008 – 10 AZR 606/07, AP Nr. 274 zu § 611 BGB Gratifikation; Urt. vom 20. 1. 2010 – 10 AZR 914/08, AP Nr. 12 zu § 305c BGB. – Die Änderung der Rechtsprechung des Zehnten Senats, die durch das Urteil vom 14. 9. 2011 – 10 AZR 526/10, NZA 2012, 81, vollzogen wurde, erfolgte erst lange nach Abschluss des Manuskripts und konnte daher nicht mehr berücksichtigt werden.

[43] BAG, Urt. vom 24. 10. 2007 – 10 AZR 825/06, AP Nr. 32 zu § 307 BGB; Urt. vom 30. 7. 2008 – 10 AZR 606/07, AP Nr. 274 zu § 611 BGB Gratifikation; Urt. vom 21. 1. 2009 – 10 AZR 219/08, NZA 2009, 310, 311.

[44] BAG, Urt. vom 12. 1. 2005 – 5 AZR 364/04, AP Nr. 1 zu § 308 BGB; *Fuchs* in: Ulmer/Brandner/Hensen, AGB-Recht, 11. Aufl. 2011, § 310 BGB Rn. 194; *Thüsing* (o. Fußn. 15), Rn. 275; kritisch *Bayreuther*, ZfA 2011, 45, 53 ff., der diese Voraussetzung zutreffend als „Achillesferse" der Vertragsgestaltung bezeichnet; für eine großzügigere Linie auch *Stoffels*, ZfA 2009, 861, 879 ff.

[45] BAG, Urt. vom 12. 1. 2005 – 5 AZR 364/04, AP Nr. 1 zu § 308 BGB; Urt. vom 11. 10. 2006 – 5 AZR 721/05, AP Nr. 6 zu § 308 BGB; *Ascheid*, Kündigungsschutzrecht, 1993, Rn. 480; HWK/*Molkenbur* (o. Fußn. 15), § 2 KSchG Rn. 28; KR/*Rost* (o. Fußn. 38), § 2 KSchG Rn. 48.

Nun gibt es Arbeitgeber, die Freiwilligkeits- und Widerrufsvorbehalt miteinander kombinieren. Das ist durchaus vernünftig, denn der Hinweis auf die „Freiwilligkeit" kann, je nach Formulierung, auch nur zum Ausdruck bringen, dass die betroffene Leistung nicht schon auf anderer Rechtsgrundlage, insbesondere aufgrund Tarifvertrages, beansprucht werden kann, sondern vom Arbeitgeber zusätzlich gewährt wird.[46] Auf eine derart „freiwillige" Leistung besteht dann ab Vertragsabschluss ein Rechtsanspruch; will der Arbeitgeber sich von ihr künftig lösen, muss er sie widerrufen. In diesem Sinne hat der Fünfte Senat zutreffend für eine „freiwillige, jederzeit widerrufliche und anrechenbare betriebliche Ausgleichszulage" entschieden, die der Arbeitgeber zusätzlich zum Tarifgehalt gewährt hatte.[47] Als der Tariflohn im Jahre 2003 um 2,6% angehoben wurde, verrechnete der Arbeitgeber die Tariflohnerhöhung mit der Zulage, sodass das Bruttoentgelt des Arbeitnehmers unverändert blieb. Das BAG hat dies zu Recht gebilligt: Der Arbeitgeber habe sich den Widerruf und die Anrechnung der Zulage, die er im Arbeitsvertrag freiwillig, ohne anderweitige rechtliche Verpflichtung zugesagt hatte, vorbehalten. Von der Anrechnungsmöglichkeit habe er nunmehr Gebrauch gemacht.

Beim Zehnten Senat liest sich das anders: Es könne zwar dahingestellt bleiben, ob eine Kombination aus Freiwilligkeits- und Widerrufsvorbehalt regelmäßig wegen Intransparenz unwirksam sei[48], jedenfalls sei die Klausel aber „unklar und missverständlich", weil sich für den Arbeitnehmer nicht hinreichend erschließe, ob nun jegliche zukünftige Bindung ausgeschlossen oder lediglich eine Möglichkeit eröffnet werden soll, sich später wieder von einer vertraglichen Bindung loszusagen.[49] Worin der Unterschied zwischen Intransparenz und „unklar und missverständlich" liegt, bleibt das Geheimnis des Senats. Jedenfalls überspannt er die Anforderungen an die Vertragsgestaltung deutlich. Die Differenzierung zwischen der „Freiwilligkeit" bei laufenden Leistungen, die rechtlich unzulässig sein und daher nur zum Ausdruck bringen soll, dass es keine andere Rechtsgrundlage gibt, und derjenigen bei Sonderzahlungen, die eine echte Rechtswirkung entfalten und daher zusätzlichen Widerrufsvorbehalten entgegenstehen soll, ist regelmäßig nicht einmal dem Arbeitgeber, geschweige denn

---

[46] BAG, Urt. vom 1.3. 2006 – 5 AZR 363/05, AP Nr. 3 zu § 308 BGB.

[47] BAG, Urt. vom 1.3. 2006 – 5 AZR 363/05, AP Nr. 3 zu § 308 BGB.

[48] So LAG Berlin, Urt. vom 19.8. 2005 – 6 Sa 1106/05, NZA-RR 2006, 68, 69; LAG Brandenburg, Urt. vom 13. 10. 2005 – 9 Sa 141/05, LAGE § 611 BGB 2002 Gratifikation Nr. 5; LAG Hamm, Urt. vom 27.7. 2005 – 6 Sa 29/05, NZA-RR 2006, 125, 126; LAG Hamm, Urt. vom 5. 11. 2009 – 15 Sa 794/09, BeckRS 2010, 66073; LAG Hessen, Urt. vom 26.7. 2010 – 7 Sa 1881/09, BeckRS 2011, 68501.

[49] BAG, Urt. vom 8. 12. 2010 – 10 AZR 671/09, NZA 2011, 628.

– worauf es aber ankommt – dem Arbeitnehmer geläufig. Daher versteht er auch den Widerrufsvorbehalt hier nicht anders als dort, nämlich als die Befugnis des Arbeitgebers, die Leistung zu einem beliebigen Zeitpunkt mit Wirkung für die Zukunft einzustellen. Das ist nicht intransparent, sondern klar und verständlich.

IV. Schranken der Inhaltskontrolle

§ 307 Abs. 3 Satz 1 BGB beschränkt die über die Transparenzkontrolle hinausgehende Inhaltskontrolle auf diejenigen Vertragsklauseln, durch die von Rechtsvorschriften abweichende oder diese ergänzende Regelungen vereinbart werden. Leistungsbeschreibungen und Preisbestimmungen bleiben folglich ausgenommen.[50]

1. *Freiwilligkeitsvorbehalte*

Das führt unmittelbar zu den bereits in ihrer Kombination mit Widerrufsvorbehalten behandelten Freiwilligkeitsvorbehalten. Viele Autoren[51] und auch Teile der Rechtsprechung[52] stehen ihnen kritisch bis ablehnend gegenüber. Sie sehen in ihnen die Möglichkeit eines einseitigen Eingriffs des Arbeitgebers in das vertragliche Synallagma; der Arbeitnehmer bleibe bei vermindertem Arbeitsentgelt zu unveränderter Arbeitsleistung verpflichtet. Für die Arbeitgeber bedeuten sie dagegen eine erhebliche Flexibilitätsreserve, um – v.a., aber nicht nur in wirtschaftlichen Krisenzeiten – auf veränderte Rahmenbedingungen unterhalb der Schwelle der (Änderungs-) Kündigung reagieren zu können.[53]

Die korrekte Formulierung von Freiwilligkeitsvorbehalten bereitet der Praxis freilich Schwierigkeiten. Zu Recht nämlich entnimmt die Rechtsprechung dem Transparenzgebot des § 307 Abs. 1 Satz 2 BGB, dass der

[50] BGH, Urt. vom 12.3. 1987 – VII ZR 37/86, BGHZ 100, 157, 173; Urt. vom 16.11. 1999 – KZR 12/97, BGHZ 143, 128, 138f.; Beschl. vom 9.5. 2001 – IV ZR 121/00, BGHZ 147, 354, 360; Urt. vom 8.10. 2009 – III ZR 93/09, NJW 2010, 150, 152; Urt. vom 29.4. 2010 – Xa ZR 5/09, NJW 2010, 1958, 1959; Palandt/*Grüneberg* (o. Fußn. 27), § 307 BGB Rn. 44, 46.

[51] DBD/*Bonin* (o. Fußn. 15), § 307 BGB Rn. 200ff.; HWK/*Gotthardt* (o. Fußn. 15), Anh. §§ 305–310 BGB Rn. 35; *Preis*, NZA 2009, 281, 286; *Preis/Lindemann*, NZA 2006, 632, 636; *Schramm*, NZA 2007, 1325, 1326.

[52] BAG, Urt. vom 10.1. 2007 – 5 AZR 627/06, AP Nr. 7 zu § 308 BGB; dagegen *Zöllner*, ZfA 2010, 637, 645.

[53] *Strick*, NZA 2005, 723, 725f.; *Thüsing/Leder*, BB 2005, 1563, 1567f.; ausführlich zu Freiwilligkeitsvorbehalten zuletzt *Bayreuther*, ZfA 2011, 45, 46ff.

Arbeitgeber im Zusammenhang mit freiwilligen Leistungen nicht den Eindruck erwecken darf, der Arbeitnehmer habe einen Rechtsanspruch auf sie. Unwirksam ist daher beispielsweise die Klausel „Die Zahlung des Bonus erfolgt in jedem Falle freiwillig und begründet keinen Rechtsanspruch für die Zukunft", wenn es schon im nächsten Satz heißt: „Der *Anspruch* auf Zahlung eines Bonus entfällt …".[54] Vergleichbares gilt für die Klausel „Sämtliche Sonderzahlungen sind freiwillige Zuwendungen, für die kein Rechtsanspruch besteht (z.B. Weihnachtsgratifikation und Urlaubsgeld richten sich nach den Bestimmungen des BAT)",[55] weil nach dem BAT ein Rechtsanspruch auf Weihnachts- und Urlaubsgeld bestand. Nicht wirksam vereinbart ist ein Freiwilligkeitsvorbehalt auch dann, wenn das vom Arbeitgeber verwendete Vertragsformular mit dem Hinweis „Nicht zutreffendes bitte streichen" sowohl die Option „Der Angestellte erhält Weihnachtsgratifikation als betriebliche Leistung mit Rechtsanspruch" als auch „Ein Rechtsanspruch auf eine Weihnachtsgratifikation besteht nicht. Wird eine solche gewährt, stellt sie eine freiwillige, stets widerrufbare Leistung des Arbeitgebers dar" zur Verfügung stellt und keine der beiden Varianten durchgestrichen wird.[56]

Wo derartige Fehler aber nicht gemacht werden, unterliegt der Freiwilligkeitsvorbehalt wegen § 307 Abs. 3 Satz 1 BGB keiner inhaltlichen Kontrolle. In einem vom Fünften Senat zu entscheidenden Fall war der Kläger als Altenpfleger beschäftigt. Im April und November 2002 sowie im Juli 2003 teilte die Beklagte ihm mit:

> „Herr W erhält zusätzlich zu seinem monatlichen Bruttoentgelt ab […] eine monatliche Leistungszulage von 200 [bzw. 100] Euro. Deren Zahlung wird mit der monatlichen Gehaltszahlung fällig. Die Zahlung erfolgt als freiwillige Leistung ohne Anerkennung einer Rechtspflicht. Aus der Zahlung können für die Zukunft keinerlei Rechte hergeleitet werden."

Im Juli 2004 stellte die Beklagte die Zahlung der insgesamt 400 Euro monatlich ein und überwies dem Kläger nur noch das im Ausgangsvertrag vereinbarte Entgelt. Das BAG hat den Freiwilligkeitsvorbehalt für unwirksam gehalten, weil es sich um ein einseitiges Leistungsbestimmungsrecht handele, das von dem allgemeinen Grundsatz „pacta sunt servanda" abweiche und der Arbeitnehmer in dem als Dauerschuldverhältnis ausgestalteten Arbeitsverhältnis grundsätzlich auf die Beständigkeit der monatlich

---

[54] BAG, Urt. vom 24.10. 2007 – 10 AZR 825/06, AP Nr. 32 zu § 307 BGB – Hervorhebung diesseits.

[55] So im Fall von BAG, Urt. vom 20. 1. 2010 – 10 AZR 914/08, AP Nr. 12 zu § 305c BGB.

[56] So im Falle von BAG, Urt. vom 30. 7. 2008 – 10 AZR 606/07, AP Nr. 274 zu § 611 BGB Gratifikation.

zugesagten Zahlung einer Vergütung, die nicht an besondere Voraussetzungen geknüpft ist, vertrauen dürfe.[57]

Dem ist zutreffend entgegen gehalten worden, dass ein zu erfüllendes „pactum" gerade fehle, wenn der Arbeitgeber eine Leistung transparent als freiwillig bezeichne.[58] § 307 Abs. 3 Satz 1 BGB nimmt aus Respekt vor der Vertragsfreiheit nicht nur die gegenseitigen Hauptleistungspflichten von der Inhaltskontrolle aus, sondern auch, ob überhaupt eine rechtsgeschäftliche Bindung zustande gekommen ist. Eine Parallele aus dem Recht der kapitalbildenden Lebensversicherung mag dies verdeutlichen: Der Versicherer wird – und darf aufsichtsrechtlich (§ 65 VAG i.V. mit § 2 Abs. 1 DeckRV) – bei Vertragsabschluss nur eine bestimmte Mindestverzinsung der Prämien („Garantiezins") versprechen.[59] Da dieser Zinssatz sehr vorsichtig kalkuliert ist,[60] wird er Überschüsse und eine Beteiligung des Versicherungsnehmers hieran in Aussicht stellen (vgl. § 153 Abs. 1 VVG), dabei aber deutlich machen, dass eine bestimmte Überschusshöhe im Gegensatz zur Ablaufleistung gerade nicht garantiert ist.[61] Dementsprechend kann es zwar geboten sein, dem Versicherungsnehmer die Bewertungsgrundsätze und die Rechenoperationen, die zur Feststellung seines Anteils führen, darzulegen.[62] Der Überschuss kann sich gleichwohl auf „Null" belaufen, eine bestimmte Höhe ist vertraglich nicht versprochen.

Zutreffend hatte daher der Zehnte Senat noch 2009 und 2010 erkannt, dass ein transparenter Freiwilligkeitsvorbehalt die Entstehung eines Rechtsanspruchs, auch aus betrieblicher Übung, verhindert:[63] Bei einem klar und verständlich formulierten Freiwilligkeitsvorbehalt, der jeden Rechtsanspruch des Arbeitnehmers auf die Sonderzahlung ausschließt, fehle es an einer „versprochenen Leistung". Es mangele schon an einem rechtsgeschäftlichen Angebot des Arbeitgebers, das der Arbeitnehmer annehmen könnte. Weil es damit zu keiner verbindlichen Zusage der Sonderzahlung gekommen sei, verstoße eine Klausel, die einen Rechtsanspruch

---

[57] BAG, Urt. vom 25. 4. 2007 – 5 AZR 627/06, AP Nr. 7 zu § 308 BGB.

[58] *Bieder*, NZA 2007, 1135, 1137; *Hanau*, ZIP 2005, 1661, 1666; *Hanau/Hromadka*, NZA 2005, 73, 75; *Stoffels*, ZfA 2009, 861, 870 f.; *Thüsing* (o. Fußn. 15), Rn. 268; *Thüsing/Leder*, BB 2005, 1563, 1567 f.

[59] Bei Vertragsabschluss im Jahre 2011 maximal 2,25%, ab 1. 1. 2012 maximal 1,75%, § 2 Abs. 1 DeckRV.

[60] Näher *Reiff* in: Prölss/Martin, Versicherungsvertragsgesetz, 28. Aufl. 2010, § 153 Rn. 14 ff.; *Wandt*, Versicherungsrecht, 5. Aufl. 2010, Rn. 1156 ff., 1194 ff.

[61] Siehe § 2 der Musterbedingungen des GDV für die kapitalbildende Lebensversicherung (ALB 2008).

[62] BVerfG, Urt. vom 26. 7. 2005 – 1 BvR 80/95, BVerfGE 114, 73, 89 ff.

[63] BAG, Urt. vom 21. 1. 2009 – 10 AZR 219/08, NZA 2009, 310.

auf die Sonderzahlung ausschließt, auch nicht gegen den allgemeinen Grundsatz „pacta sunt servanda".

2. *Tarifnormen als „Rechtsvorschriften"*

Von der Inhaltskontrolle ausgenommen sind nach § 307 Abs. 3 Satz 1 BGB solche Vertragsbestimmungen, die von Rechtsvorschriften nicht abweichen. Für das Arbeitsrecht stellt § 310 Abs. 4 Satz 3 BGB Tarifverträge, Betriebs- und Dienstvereinbarungen Rechtsvorschriften gleich. Daraus und aus der Kontrollfreiheit der genannten Kollektivverträge selbst (§ 310 Abs. 4 Satz 1 BGB) folgert die ganz herrschende Auffassung, dass Tarifverträge auch dann nicht der Inhaltskontrolle unterworfen sind, wenn sie nicht normativ (§ 4 Abs. 1 TVG) gelten, sondern lediglich kraft einzelvertraglicher Inbezugnahme zur Anwendung gelangen.[64] Etwas anderes gilt nur dann, wenn der Tarifvertrag nicht insgesamt, sondern lediglich einzelne seiner Bestimmungen arbeitsvertraglich gelten sollen,[65] sowie für den Fall, dass die Vertragsparteien einen räumlich und/oder fachlich nicht einschlägigen Tarifvertrag in Bezug genommen haben, weil einem solchen „fremden" Tarifvertrag völlig andere ökonomische Rahmenbedingungen zugrunde liegen können.[66] Lediglich vereinzelt wird in der Literatur eine hiervon abweichende Auffassung vertreten, die aus der Gleichstellung von Tarifverträgen mit Rechtsvorschriften den Schluss zieht, dass nunmehr alle Arbeitsverträge am Maßstab der einschlägigen Tarifverträge zu messen seien. Dementsprechend müssten auch die Arbeitsbedingungen nicht tarifgebundener Vertragsparteien jedenfalls im Wesentlichen dem Tarifniveau entsprechen, weil der Arbeitnehmer anderenfalls unangemessen benachteiligt würde.[67]

---

[64] *Annuß*, BB 2002, 458, 460; *Gotthardt*, ZIP 2002, 277, 282; HWK/*Gotthardt* (o. Fußn. 15), § 307 BGB Rn. 14; *Henssler*, RdA 2002, 129, 136; *Hromadka*, NJW 2002, 2523, 2527; *Lieb*, FS Ulmer, 2003, S. 1231, 1244; *Lingemann*, NZA 2002, 181, 188; ErfK/*Preis* (o. Fußn. 16), §§ 305–310 BGB Rn. 39; *Richardi*, NZA 2002, 1057, 1061; *Thüsing*, BB 2002, 2666, 2671; *Tschöpe*, DB 2002, 1830, 1833 f.

[65] BAG, Urt. vom 6. 5. 2009 – 10 AZR 390/08, AP Nr. 44 zu § 307 BGB; *Däubler*, NZA 2001, 1329, 1335; *Diehn*, NZA 2004, 129, 130; ErfK/*Preis* (o. Fußn. 16), §§ 305–310 BGB Rn. 16; *Thüsing* (o. Fußn. 15), Rn. 189.

[66] *Gaul*, ZfA 2003, 74, 89; HWK/*Gotthardt* (o. Fußn. 15), § 307 BGB Rn. 14; ErfK/*Preis* (o. Fußn. 16), §§ 305–310 BGB Rn. 14; *Richardi*, NZA 2002, 1057, 1062; *Thüsing/Lambrich*, NZA 2002, 1361, 1362.

[67] *Däubler*, NZA 2001, 1329, 1334; DBD/*Däubler* (o. Fußn. 15), § 307 BGB Rn. 279 ff.; *Lakies*, NZA-RR 2002, 337, 344.

Die Positionierung des BAG ist bislang nicht immer ganz eindeutig. Das Urteil vom 12. September 2006[68] betraf einen Lehrer, in dessen Arbeitsvertrag auf den BAT Bezug genommen war, der hinsichtlich der zu leistenden Pflichtstunden seinerseits auf die für beamtete Lehrer einschlägige Rechtsverordnung des Landes verwies. Als diese Stundenzahl angehoben wurde, wehrte sich der Lehrer u.a. mit dem Argument, die zweistufige Bezugnahme sei überraschend i.S. von § 305c Abs. 1 BGB. Dem ist das BAG zu Recht nicht gefolgt, weil gemäß § 310 Abs. 4 BGB das AGB-Recht und damit auch dessen Anforderungen an eine Einbeziehung bestimmter Klauseln in den Vertrag gar keine Anwendung finde: Dies gelte auch für formularmäßig verwendete Klauseln in Arbeitsverträgen, die auf einen Tarifvertrag Bezug nehmen oder die mit Tarifverträgen übereinstimmen und lediglich deren gesamten Inhalt wiedergeben. Dadurch werde sichergestellt, dass die nach § 310 Abs. 4 Satz 1 BGB von der AGB-Kontrolle ausgenommenen Tarifverträge auch bei einer einzelvertraglichen Inbezugnahme keiner Inhaltskontrolle unterliegen.[69]

Im Urteil desselben Senats vom 3. April 2007[70] liest sich das anders: Dort war im Arbeitsvertrag des beklagten Landes mit der Klägerin auf die Tarifverträge des öffentlichen Dienstes mit Ausnahme des bereits gekündigten und sich im Stadium der Nachwirkung befindlichen TV Urlaubsgeld Bezug genommen worden. Hinsichtlich des Urlaubsgeldes sollten die für vergleichbare Beamte geltenden Bestimmungen angewendet werden, die bei Vertragsabschluss noch eine Gratifikation in Höhe von knapp 128 Euro vorsahen, später aber kein Urlaubsgeld mehr. Das BAG erwägt, ob die Urlaubsgeldabrede die Arbeitnehmerin unangemessen benachteiligt und lehnt dies nur deshalb ab, weil der TV Urlaubsgeld sich nur noch im Stadium der Nachwirkung befand, damit „seine Leitbildfunktion i.S. des § 307 Abs. 3 Satz 1 BGB, die ihm vergleichbar einem dispositiven Gesetz grundsätzlich innewohnt, verloren" habe, und daher nicht (mehr) als Rechtsvorschrift i.S. von § 307 Abs. 3 Satz 1 BGB angesehen werden könne.[71]

Dem ist entgegenzutreten, und zwar schon deshalb, weil § 310 Abs. 4 Satz 3 Tarifverträge nur Rechtsvorschriften i.S. von § 307 Abs. 3 BGB, nicht aber auch „gesetzlichen Regelungen" i.S. von § 307 Abs. 2 Nr. 1 BGB gleichstellt. Im Übrigen stellen selbst formelle Gesetze einen Kontrollmaßstab nur insoweit dar, als sie für die Vertragspartner normativ Geltung

---

[68] BAG, Urt. vom 12.9. 2006 – 9 AZR 675/05, AP Nr. 176 zu § 611 BGB Lehrer, Dozenten.

[69] Ibid. Rn. 26.

[70] BAG, Urt. vom 3.4. 2007 – 9 AZR 867/06, AP Nr. 46 zu § 1 TVG Nachbindung.

[71] Ibid. Rn. 26.

beanspruchen,[72] und zwar sowohl räumlich als auch sachlich. Tarifverträge beanspruchen Geltung aber nur für die beiderseits Tarifunterworfenen, § 3 Abs. 1 TVG. Das schließt es aus, Vereinbarungen nicht tarifgebundener Vertragsparteien am Tarifvertrag als einem für sie gar nicht einschlägigen Normenwerk zu messen.

V. Unangemessene Benachteiligung

Während zu den überwiegend auf das Kauf- und Werkvertragsrecht zugeschnittenen speziellen Klauselverboten der §§ 308, 309 BGB verständlicherweise nur wenig arbeitsrechtliche Rechtsprechung existiert[73], macht sich das BAG die Generalklausel des § 307 Abs. 1 BGB häufig zunutze, um als unangemessen empfundene Vertragsbestimmungen für unwirksam zu erklären. Nicht immer vermag dies zu überzeugen.

1. *„Gezillmerte" Tarife in der betrieblichen Altersversorgung*

Das erste Beispiel stammt aus einem etwas abseitigen Bereich des Arbeitsrechts, nämlich der betrieblichen Altersversorgung. Hier hat die Rechtsprechung des BAG zu sog. „gezillmerten" Tarifen[74] für erheblichen Wirbel gesorgt.[75] In der Sache geht es vornehmlich darum, wer die Provision für den Versicherungsvermittler zu tragen hat, wenn die Altersversorgung nicht vom Arbeitgeber, sondern vom Arbeitnehmer im Wege der Entgeltumwandlung selbst finanziert wird. Nach einem auf den Mathematiker *August Zillmer* zurückgehenden Verfahren werden in der Lebensversicherung die Vertragskosten, das ist zu einem großen Teil die Vermittlerprovision, von den ersten Prämien in Abzug gebracht. Dieses Verfahren hat u. a. den Vorteil, dass die vertragstreuen Versicherungsnehmer nicht mit ihren

[72] Vgl. BGH, Urt. vom 10. 5. 1979 – VII ZR 30/78, BGHZ 74, 258, 269 (Verweisung auf eine Rechtsnorm, die einen anderen Vertragstyp betrifft); Urt. vom 14. 7. 1988 – IX ZR 254/87, BGHZ 105, 160, 164 (Übernahme einer verfassungswidrigen Rechtsnorm); UBH/*Fuchs* (o. Fußn. 44), § 307 BGB Rn. 29; Staudinger/*Coester*, Bürgerliches Gesetzbuch, Neubearbeitung 2006, § 307 Rn. 297.

[73] Siehe aber etwa zu § 308 Nr. 4 BGB BAG, Urt. vom 12. 1. 2005 – 5 AZR 364/04, AP Nr. 1 zu § 308 BGB; zu § 308 Nr. 5 BGB BAG, Urt. vom 18. 3. 2009 – 10 AZR 281/08, AP Nr. 83 zu § 242 BGB Betriebliche Übung; Urt. vom 25. 11. 2009 – 10 AZR 779/08, AP Nr. 87 zu § 242 BGB Betriebliche Übung; zu § 309 Nr. 6 BGB BAG, Urt. vom 4. 3. 2004 – 8 AZR 196/03, AP Nr. 3 zu § 309 BGB.

[74] BAG, Urt. vom 15. 9. 2009 – 3 AZR 17/09, AP Nr. 60 zu § 1 BetrAVG.

[75] Z.B. *Löbbert*, VersR 2011, 583 ff.; *Reinhard/Luchtenberg*, BB 2010, 1277 ff.; *Uckermann/Fuhrmanns*, NZA 2010, 550 ff.; *Veit*, VersR 2009, 1046 ff.

Prämien die Vermittlerkosten derjenigen, die ihren Vertrag schon nach kurzer Zeit wieder kündigen, teilweise mitfinanzieren müssen, jedoch den Nachteil, dass beim sog. Frühstorno nur ein sehr geringer Rückkaufswert (§ 169 Abs. 3 VVG) entsteht.[76]

Bei der Entgeltumwandlung stellt sich nun erstens die Frage, ob ein derart „gezillmerter" Tarif mit § 1 Abs. 2 Nr. 3 BetrAVG in Einklang steht, der verlangt, dass der Arbeitnehmer für seine umgewandelten Entgeltbestandteile eine „wertgleiche" Anwartschaft auf betriebliche Altersversorgung erhalten muss. Das BAG hat dies im Ergebnis zutreffend bejaht, weil die „Wertgleichheit" nach versicherungsmathematischen Grundsätzen zu bestimmen und die Zillmerung eine nach § 65 Abs. 1 Satz 1 Nr. 2 VAG, § 4 Abs. 1 DeckRV aufsichtsbehördlich anerkannte Methode zur Verrechnung der Abschluss- und Vertriebskosten ist, die vom Versicherungsnehmer und wirtschaftlich vom bezugsberechtigten Arbeitnehmer zu tragen sind.[77] Anders ausgedrückt: Die Entgeltumwandlung kennzeichnet sich dadurch, dass der Arbeitnehmer die Aufwendungen für seine Altersversorgung selbst trägt und der Arbeitgeber nicht – auch nicht durch die Vertriebskosten – belastet wird.

Etwas eigentümlich stellt der Dritte Senat dann aber zweitens die Frage, ob ein (voll) gezillmerter Tarif den Arbeitnehmer i.S. von § 307 Abs. 1 BGB unangemessen benachteiligt: Angesichts des Umstandes, dass vermutlich mehr als die Hälfte der Verträge über Entgeltumwandlungen nach weniger als fünf Jahren storniert würden,[78] profitierten nur wenige Arbeitnehmer von den versicherungsmathematischen Vorteilen der Zillmerung, während die überwiegende Zahl sehr geringe Rückkaufswerte in Kauf nehmen müsse. Das ist zwar richtig, begründet aber den Verstoß gegen § 307 Abs. 1 BGB nicht. Wenn die Versorgungsanwartschaft trotz der Zillmerung dem früheren Barlohnanspruch wertgleich ist, weicht die Vereinbarung nicht von dem – im Übrigen ohnehin zwingenden – Gesetzesrecht ab; in der Art und Weise der Verteilung der Vertragskosten liegt

---

[76] Vgl. LAG München, Urt. vom 15. 3. 2007 – 4 Sa 1152/06, NZA 2007, 813: Die Arbeitnehmerin hatte fast drei Jahre lang monatlich je 178 Euro, insgesamt 6.230 Euro, Prämien entrichtet. Der Rückkaufswert der Versicherung belief sich auf nur 639 Euro.

[77] BAG, Urt. vom 15. 9. 2009 – 3 AZR 17/09, AP Nr. 60 zu § 1 BetrAVG, Rn. 32.

[78] Diese Vermutung stützt sich auf die Aussage des BGH, dass schon bei normalen Lebensversicherungsverträgen etwa die Hälfte aller Verträge innerhalb der ersten fünf Jahre storniert wird (BGH, Urt. vom 12. 10. 2005 – IV ZR 162/03, BGHZ 164, 297, 321) und die Annahme, dass angesichts der Unwägbarkeiten des Arbeitslebens die Stornoquote in der betrieblichen Altersversorgung eher noch höher sein dürfte.

keine „Benachteiligung“ und folglich schon gar keine „unangemessene Benachteiligung“ der Arbeitnehmer.[79]

2. *Höhe einer vereinbarten Vertragsstrafe*

Schon in seiner Ausgangsentscheidung vom 4. März 2004[80] ist das BAG hinsichtlich vereinbarter Vertragsstrafen einen differenzierten Weg gegangen: Das spezielle Klauselverbot des § 309 Nr. 6 BGB soll im Arbeitsrecht wegen dessen „Besonderheiten“ nicht einschlägig sein; eine unangemessene Benachteiligung des Arbeitnehmers könne aber nach § 307 Abs. 1 BGB gleichwohl zu besorgen sein, beispielsweise wegen der vereinbarten Höhe der Strafe.

Das ist im Grundsatz eine vernünftige Linie, die Zustimmung verdient.[81] Nicht nur wegen des Vollstreckungsverbots aus § 888 Abs. 3 ZPO stehen einem Arbeitgeber deutlich weniger Möglichkeiten der Sicherung seines Leistungsanspruchs zur Verfügung als einem Klauselverwender im Bürgerlichen Recht. Dort nämlich stellt für gewöhnlich derjenige Vertragspartner die Allgemeinen Geschäftsbedingungen, der die vertragstypische Leistung erbringt, also der Verkäufer, Werkunternehmer, Vermieter usw. Sein Vertragspartner schuldet „nur“ Geld, das verfahrens- wie vollstreckungsrechtlich relativ leicht beizutreiben ist. Bei einer Verzögerung der Leistung ist dem Kompensationsanspruch des Gläubigers durch den Anspruch auf Verzugs- bzw. Prozesszinsen hinreichend Genüge getan. Demgegenüber vermag der Arbeitgeber seinen Leistungsanspruch nicht nur nicht durchzusetzen. Es ist ihm bei vielen Vertragsverletzungen des Arbeitnehmers auch weitgehend unmöglich, seinen Schaden in einer wenigstens für eine Schätzung nach § 252 BGB und § 287 ZPO ausreichenden Weise[82] zu beziffern. Das BAG hat jedenfalls für die Fälle des Vertragsbruchs des Arbeitnehmers bekanntlich eine Verknüpfung zwischen der Höhe der ver-

---

[79] *Von Buddenbrock/Manhart*, BB 2009, 1129, 1132; *Cisch/Kruip*, NZA 2007, 786, 789; *Rolfs* in: Blomeyer/Rolfs/Otto, BetrAVG, 5. Aufl. 2010, § 1 Rn. 146d.

[80] BAG, Urt. vom 4. 3. 2004 – 8 AZR 196/03, AP Nr. 3 zu § 309 BGB; ähnlich BAG, Urt. vom 23. 9. 2010 – 8 AZR 897/08, AP Nr. 48 zu § 307 BGB.

[81] UBH/*Fuchs* (o. Fußn. 44), § 310 BGB Rn. 202 ff.; ErfK/*Müller-Glöge* (o. Fußn. 16), §§ 339–345 BGB Rn. 10 ff.; WLP/*Stoffels* (o. Fußn. 16), ArbR Rn. 174 ff.; *Thüsing* (o. Fußn. 15), Rn. 430 ff.

[82] Dazu BAG, Urt. vom 27. 1. 1972 – 2 AZR 172/71, AP Nr. 2 zu § 252 BGB; Urt. vom 10. 12. 2008 – 10 AZR 889/07, AP Nr. 8 zu § 280 BGB; BGH, Urt. vom 22. 5. 1984 – III ZR 18/83, BGHZ 91, 243, 256 f.; Urt. vom 12. 10. 1993 – X ZR 65/92, NJW 1994, 663, 664 f.; Urt. vom 6. 6. 2000 – VI ZR 172/99, NJW 2000, 3287, 3288; Urt. vom 23. 2. 2010 – VI ZR 331/08, NJW 2010, 1532, 1533; Palandt/*Grüneberg* (o. Fußn. 27), § 252 BGB Rn. 4; *Reichold* in: Thomas/Putzo, ZPO, 32. Aufl. 2011, § 287 Rn. 9 ff.

einbarten Strafe und der vom Arbeitnehmer für die Dauer der Mindestkündigungsfrist zu beanspruchenden Bezüge hergestellt: Da der Arbeitnehmer ohne Pflichtverletzung jederzeit fristgemäß kündigen könne, bestehe für den Arbeitgeber kein schutzwertes Interesse an einer den Wert der Arbeitsleistung in diesem Zeitraum übersteigenden Sanktion.[83] Dabei übersieht das Gericht freilich, dass eben dieser Wert durch das Bruttoentgelt des Arbeitnehmers nur unvollkommen ausgedrückt wird. Denn der Arbeitnehmer muss durch seine Arbeitsleistung ja nicht nur sein eigenes Arbeitsentgelt, sondern auch die Arbeitgeberanteile zur Sozialversicherung, die Investitionen des Arbeitgebers in sächliche und immaterielle Betriebsmittel und schließlich den unternehmerischen Gewinn erwirtschaften. Erst aus der Addition dieser Beträge resultiert sein wirtschaftlicher Wert, sie zusammen entsprechen folglich auch dem Schaden, den der Arbeitgeber im Falle eines Vertragsbruchs mindestens erleidet. Im Einzelfall kann dieser Schaden – wenngleich nicht konkret bezifferbar – nochmals deutlich darüber liegen, etwa, wenn Aufträge nicht pünktlich erfüllt werden können und dadurch Folgeaufträge verloren gehen oder der Arbeitgeber anderweitig einen Imageschaden erleidet. Die Anknüpfung allein an das bis zum Ablauf der ordentlichen Kündigungsfrist geschuldete Bruttoentgelt allein ist daher nicht sachgerecht.

Prägnantes Fallmaterial findet sich sogar in der einschlägigen Judikatur des BAG: In dem der Entscheidung vom 25. September 2008[84] zugrundliegenden Sachverhalt war die Arbeitnehmerin unbefristet als Lehrerin bei einem privaten Schulträger in Berlin beschäftigt. Das Arbeitsverhältnis war beiderseitig mit einer Frist von zwei Monaten jeweils nur zum 31. Juli eines jeden Jahres kündbar, um einen Lehrerwechsel während des laufenden Schuljahres zu vermeiden. Aus persönlichen und beruflichen Gründen wechselte die Arbeitnehmerin Mitte August an eine öffentliche Schule in Hamburg. Die auf die Zahlung der vereinbarten Vertragsstrafe in Höhe von drei Monatsgehältern gerichtete (Wider-)Klage hat das BAG abgewiesen: Mit einer solchen Strafhöhe werde der Schulträger „übersichert", weil er – beispielsweise bei einer die zweimonatige Kündigungsfrist wahrenden Kündigung zum 15. Juli statt zum 31. Juli, wenn dieser Termin gleichfalls in die Sommerferien fallen sollte – nicht in allen denkbaren Fällen ein berechtigtes Interesse an der Beachtung des vertraglich Vereinbarten durch die Arbeitnehmerin habe.[85] Dabei lässt das Gericht außer Acht, dass der

---

[83] BAG, Urt. vom 4.3. 2004 – 8 AZR 196/03, AP Nr. 3 zu § 309 BGB; Urt. vom 28.5. 2009 – 8 AZR 896/07, AP Nr. 6 zu § 306 BGB; ErfK/*Müller-Glöge* (o. Fußn. 16), §§ 339–345 BGB Rn. 14.

[84] BAG, Urt. vom 25.9. 2008 – 8 AZR 717/07, AP Nr. 39 zu § 307 BGB.

[85] Ibid. Rn. 64.

Arbeitgeber gerade im sensiblen und wettbewerbsintensiven Markt der freien Bildungsträger ein elementares Interesse an der Einhaltung seines pädagogischen Konzepts hat, dessen Verletzung – jedenfalls im Wiederholungsfall – ihm einen erheblichen Imageschaden zufügen kann, sich die Höhe des materiellen Schadens und insbesondere die Kausalität aber praktisch nicht beweisen lässt. Dass in einem konstruierten, atypischen Fall die vereinbarte Vertragsstrafe unverhältnismäßig hoch erscheinen kann, lässt Spielraum für die Anwendung des § 343 BGB, sollte aber nicht zur Unwirksamkeit der Vertragsklausel führen.[86]

3. Kompensationsloser Verzicht auf die Erhebung einer Kündigungsschutzklage im Abwicklungsvertrag

a) Der Klageverzicht als kontrollfreie Hauptleistung

Nicht immer konsistent ist die Rechtsprechung des BAG in Bezug auf die AGB-Kontrolle von Vereinbarungen, die die Vertragsparteien anlässlich der Beendigung des Arbeitsverhältnisses typischerweise in einem Aufhebungs-, Abwicklungs- oder Klageverzichtsvertrag treffen. Richtig ist sicher, dass die einvernehmliche Beendigung des Arbeitsverhältnisses in einem Aufhebungsvertrag oder Vergleich einer Inhaltskontrolle nicht unterliegt, weil sie weder von Rechtsvorschriften abweicht noch diese ergänzt.[87] Anders sollen die Dinge nach Auffassung des BAG dagegen hinsichtlich eines Klageverzichts (und damit wohl auch eines Abwicklungsvertrages) liegen: Zum einen stelle ein Klageverzicht „eine Nebenabrede zu dem ursprünglichen Arbeitsvertrag dar, nicht aber die Hauptleistung aus einem gesondert abgeschlossenen Vertrag".[88] Diese – nicht belegte – Behauptung ist in Bezug auf die Kündigungsschutzklage schlicht falsch.

---

[86] Auch der BGH betont, dass eine Klausel nicht deswegen unwirksam ist, weil sie nur in einer „ersonnen Konstellation", die bei „objektiver und vernünftiger Betrachtung" von ihr gar nicht erfasst werden sollte, den Vertragspartner unangemessen benachteiligt: BGH, Urt. vom 20. 10. 1992 – X ZR 74/91, NJW 1993, 657, 658; ähnlich Urt. vom 14. 11. 1984 – VIII ZR 283/83, BGHZ 92, 396, 398 f.; daran anschließend BAG, Urt. vom 25. 5. 2005 – 5 AZR 572/04, AP Nr. 1 zu § 310 BGB.

[87] BAG, Urt. vom 27. 11. 2003 – 2 AZR 135/03, AP Nr. 1 zu § 312 BGB; Urt. vom 22. 4. 2004 – 2 AZR 281/03, AP Nr. 27 zu § 620 BGB Aufhebungsvertrag; Urt. vom 8. 5. 2008 – 6 AZR 517/07, AP Nr. 40 zu § 620 BGB Aufhebungsvertrag; *Kroeschell*, NZA 2008, 560, 561; *Reinecke*, FS Küttner, 2006, S. 327, 333; *Rolfs* in: Ascheid/Preis/Schmidt, Kündigungsrecht, 4. Aufl. 2012, Aufhebungsvertrag Rn. 39; *Stoffels*, ZfA 2009, 861, 868.

[88] BAG, Urt. vom 6. 9. 2007 – 2 AZR 722/06, AP Nr. 62 zu § 4 KSchG 1969; a. A. zu Recht *Preis/Bleser/Rauf*, DB 2006, 2812, 2814; *Linck* in: Schaub, Arbeitsrechts-Handbuch, 14. Aufl. 2011, § 122 Rn. 47.

Die in der Literatur gezogene Parallele zu einzelvertraglichen Ausschlussfristen[89] greift schon deshalb nicht, weil die von diesen Verfallklauseln erfassten Ansprüche tatsächlich aus dem Arbeitsvertrag resultieren, während die Kündigung das Arbeitsverhältnis gerade beenden soll. Widersprüchlich ist ferner, wenn *Preis* zwar die formularmäßige Verzichtsvereinbarung ohne kompensatorische Gegenleistung in der Regel als unangemessen benachteiligend ansieht, zugleich aber meint, dass „diese Vereinbarung – gleichgültig welche Höhe die Gegenleistung hat – eine Hauptabrede sein" könne, wenn „der Klageverzicht durch eine kompensatorische Gegenleistung ‚abgekauft'" werde.[90] Denn der Klageverzicht kann nicht zugleich (mit Gegenleistung) kontrollfreie Hauptleistung eines eigenständigen Klageverzichtsvertrag und (ohne Gegenleistung) unangemessen benachteiligend, also der Inhaltskontrolle voll unterworfen sein. Richtig ist vielmehr: Der Klageverzicht ist eine Reaktion des Arbeitnehmers auf die arbeitgeberseits erklärte Kündigung. Diese ist ebenso wenig wie jener eine „Nebenabrede" zum Arbeitsvertrag. Vielmehr stellt der Verzicht des Arbeitnehmers auf die Erhebung der Kündigungsschutzklage dessen Hauptleistung dar, die unabhängig davon nach § 307 Abs. 3 Satz 1 BGB zu beurteilen ist, ob und ggf. in welcher Höhe sich der Arbeitgeber zu einer Gegenleistung (Abfindung) verpflichtet.[91]

Zum zweiten argumentiert das BAG, das Gesetz sehe in § 4 Satz 1 KSchG (für außerordentliche Kündigungen i.V. mit § 13 Abs 1 Satz 2 KSchG) vor, dass der Arbeitnehmer innerhalb von drei Wochen nach Zugang der schriftlichen Kündigung Klage beim Arbeitsgericht auf Feststellung erheben könne, dass das Arbeitsverhältnis durch die Kündigung nicht aufgelöst worden ist. Ein Klageverzicht weiche von dieser Regelung ab, indem dem Arbeitnehmer die Frist genommen werde.[92] Daran ist zutreffend, dass die vertragliche Hauptleistung von § 307 Abs. 3 Satz 1 BGB nicht generell kontrollfrei gestellt wird, sondern insoweit der Inhaltskontrolle unterliegt, als in Bezug auf sie gesetzliche Regelungen existieren. So ist beispielsweise anerkannt, dass Honorarvereinbarungen von Freiberuflern, für die gesetzliche Vergütungsordnungen einschlägig sind, inhaltlich kontrolliert werden können.[93] Allerdings weichen die Parteien mit einem Klageverzichtsvertrag gar nicht von § 4 KSchG ab. Dies ergibt sich schon

---

[89] ErfK/*Preis* (o. Fußn. 16), §§ 305–310 BGB Rn. 77.

[90] ErfK/*Preis* (o. Fußn. 16), §§ 305–310 BGB Rn. 77.

[91] *Rolfs*, FS Reuter, 2010, S. 825, 832 ff.

[92] BAG, Urt. vom 6. 9. 2007 – 2 AZR 722/06, AP Nr. 62 zu § 4 KSchG 1969.

[93] BGH, Urt. vom 9. 7. 1981 – VII ZR 139/80, BGHZ 81, 229, 232 f.; Urt. vom 30. 10. 1991 – VIII ZR 51/91, BGHZ 115, 391, 395 f.; Urt. vom 19. 2. 1998 – III ZR 106/97, NJW 1998, 1786, 1789; UBH/*Fuchs* (o. Fußn. 44), § 307 BGB Rn. 72.

daraus, dass erstens die gesetzliche Drei-Wochen-Frist als prozessuale Klageerhebungsfrist mit materiell-rechtlicher Ausschlusswirkung[94] generell nicht der Parteidisposition unterliegt. Sie kann also weder in echten Individualabreden noch in den Arbeitnehmer angemessen behandelnden – ihm beispielsweise eine großzügige Abfindung gewährenden – vorformulierten Vertragsbedingungen abbedungen werden.[95] Ein Klageverzicht wäre daher unter keinen Umständen statthaft.[96] Zweitens haben Klageverzicht und Fristversäumung völlig unterschiedliche Wirkungen: Während eine trotz wirksamen Verzichts erhobene (oder eine trotz wirksamen Klagerücknahmeversprechens aufrecht erhaltene) Kündigungsschutzklage als unzulässig abzuweisen ist,[97] bleibt eine verspätet erhobene Klage ohne weiteres zulässig, erweist sich wegen der gesetzlichen Vermutung des § 7 KSchG aber als unbegründet.[98] Entgegen der Auffassung des Zweiten Senats weicht ein Klageverzicht (oder ein Klagerücknahmeversprechen) daher nicht von gesetzlichen Regelungen ab, sodass eine über die Transparenzkontrolle hinausgehende Inhaltskontrolle nicht eröffnet ist.[99]

Schließlich widerspricht die Auffassung des Zweiten Senats auch derjenigen des Vierten: Der hatte nämlich 2005 über die Wirksamkeit einer Verzichtserklärung zu befinden, die ein seit 1989 beschäftigter Arbeitnehmer in einer am 14. Mai 2002 unterzeichneten Ausgleichsquittung abgegeben hatte. Völlig zu Recht hat der Vierte Senat trotz der Übergangsregelung des Art. 229 § 5 Satz 2 EGBGB auf diesen Vertrag bereits § 305c BGB in der Fassung des Schuldrechtsmodernisierungsgesetzes angewandt, weil die Parteien „mit dem negativen Schuldanerkenntnis ein neues Rechtsge-

---

[94] BAG, Urt. vom 13. 4. 1989 – 2 AZR 441/88, AP Nr. 21 zu § 4 KSchG 1969; Urt. vom 24. 6. 2004 – 2 AZR 461/03, AP Nr. 22 zu § 620 BGB Kündigungserklärung; KR/*Friedrich* (o. Fußn. 38), § 4 KSchG Rn. 136.

[95] APS/*Hesse* (o. Fußn. 87), § 4 KSchG Rn. 90; KR/*Friedrich* (o. Fußn. 38), § 4 KSchG Rn. 138; *von Hoyningen-Huene/Linck*, KSchG, 14. Aufl. 2007, § 4 Rn. 92.

[96] Die grundsätzliche Zulässigkeit betont aber gerade BAG, Urt. vom 6. 9. 2007 – 2 AZR 722/06, AP Nr. 62 zu § 4 KSchG 1969 Rn. 36.

[97] Vgl. RG, Urt. vom 6. 2. 1939 – IV 220/38, RGZ 159, 186, 190; Urt. vom 4. 4. 1939 – I 195/38, RGZ 160, 241, 242 ff.; BGH, Urt. vom 20. 5. 1953 – I ZR 52/52, BGHZ 10, 22, 23; BAG, Beschluss vom 8. 9. 2010 – 7 ABR 73/09, AP Nr. 131 zu § 99 BetrVG 1972; OLG München, Beschl. vom 4. 8. 2009 – 32 Wx 33/09, NZM 2011, 491; a. A. LAG Hamm, Urt. vom 9. 10. 2003 – 11 Sa 515/03, NZA-RR 2004, 242, 244; KR/*Friedrich* (o. Fußn. 38), § 4 KSchG Rn. 312.

[98] BAG, Urt. vom 26. 6. 1986 – 2 AZR 358/85, AP Nr. 14 zu § 4 KSchG 1969; Urt. vom 13. 4. 1989 – 2 AZR 441/88, AP Nr. 21 zu § 4 KSchG 1969; APS/*Hesse* (o. Fußn. 87), § 4 KSchG Rn. 91; KR/*Friedrich* (o. Fußn. 38), § 4 KSchG Rn. 217.

[99] *Bauer/Günther*, NJW 2008, 1617, 1621; HWK/*Gotthardt* (o. Fußn. 15), Anh. §§ 305–310 BGB Rn. 55; *Thüsing/Leder*, BB 2005, 1563, 1563; zwischen „reinen" Verzichtserklärungen und Ausgleichsquittungen differenzierend *Preis/Bleser/Rauf*, DB 2006, 2812, 2813 f.

schäft abgeschlossen [haben], das nicht vor dem 1. 1. 2002 entstanden ist".[100]

b) Unangemessene Benachteiligung

Nur wer mit dem Zweiten Senat hier zu einem anderen Ergebnis gelangt, kann die Frage stellen, unter welchen Voraussetzungen der Verzicht auf die Erhebung der Kündigungsschutzklage den Arbeitnehmer i.S. von § 307 Abs. 1 Satz 1 BGB unangemessen benachteiligt. Die Positionierung des BAG ist bislang nicht abschließend: Unangemessen benachteiligt werde der Arbeitnehmer, wenn er ohne kompensatorische Gegenleistung auf die Erhebung der Kündigungsschutzklage verzichte. Denn in einer derartigen vorformulierten Verzichtsklausel liege der Versuch des Arbeitgebers, seine Rechtsposition ohne Rücksicht auf die Interessen des Arbeitnehmers zu verbessern, indem er dem Arbeitnehmer die Möglichkeit einer gerichtlichen Überprüfung der Kündigung entziehe.[101] Hinsichtlich der *Art* der möglichen Kompensation zeigt sich das Gericht allerdings offen; es nennt selbst den Beendigungszeitpunkt, die Beendigungsart, die Zahlung einer Entlassungsentschädigung, den Verzicht auf eigene Ersatzansprüche und meint dies nur exemplarisch („etc."). Völlig ungeklärt ist dagegen der *Umfang* der vom Gericht verlangten Kompensation. Wenn schon der Wechsel der Beendigungsart, also von außerordentlicher zu ordentlicher Kündigung, genügen kann, dann handelt es sich u.U. wirtschaftlich um ein Nullsummenspiel, wenn der Arbeitnehmer während der Kündigungsfrist unter Anrechnung seiner Urlaubsansprüche von der Arbeitsleistung freigestellt wird,[102] während er bei fristloser Beendigung Urlaubsabgeltung (§ 7 Abs. 4 BUrlG) beanspruchen könnte. Auch *Preis* betont, für die Kontrollfreiheit des Verzichts sei es gleichgültig, welche Höhe die Kompensation habe.[103] Hier zeigt sich nochmals die Fehlerhaftigkeit der Grundannahme, die Hauptleistung des Arbeitnehmers unterliege der Inhaltskontrolle. Denn in Wahrheit wird nicht die Angemessenheit der Hauptleistung, sondern diejenige der Gegenleistung kontrolliert, also gefragt, ob der Arbeitnehmer für seinen Verzicht auf die gerichtliche Überprüfung der Kündigung einen angemessenen „Preis" erzielt hat. Gerade dies wird bei Aufhebungs-

---

[100] BAG, Urt. vom 23. 2. 2005 – 4 AZR 139/04, AP Nr. 42 zu § 1 TVG Tarifverträge: Druckindustrie; zustimmend DBD/*Däubler* (o. Fußn. 15), Einl. Rn. 176.

[101] BAG, Urt. vom 6. 9. 2007 – 2 AZR 722/06, AP Nr. 62 zu § 4 KSchG 1969.

[102] Vgl. BAG, Urt. vom 18. 12. 1986 – 8 AZR 481/84, AP Nr. 19 zu § 11 BUrlG; Urt. vom 14. 3. 2006 – 9 AZR 11/05, AP Nr. 32 zu § 7 BUrlG; Urt. vom 19. 5. 2009 – 9 AZR 433/08, AP Nr. 41 zu § 7 BurlG.

[103] ErfK/*Preis* (o. Fußn. 16), §§ 305–310 BGB Rn. 77.

verträgen aber abgelehnt.[104] Nahe liegend ist, dass die Rechtsprechung bei nächster Gelegenheit als Maßstab § 1a Abs. 2 i.V. mit § 10 Abs. 3 KSchG heranziehen, als angemessen also ein halbes Brutto-Monatsgehalt pro Beschäftigungsjahr ansehen wird. § 1a Abs. 2 KSchG ist aber anders als das RVG, die HOAI oder die GOÄ/GOZ keine gesetzliche Vergütungsregelung,[105] sondern stellt dem Arbeitgeber frei, außerhalb des in Abs. 1 der Vorschrift geregelten Verfahrens eine beliebige andere – höhere, niedrigere oder andersartige – Gegenleistung zu offerieren.[106]

Damit lässt sich zusammenfassend festhalten, dass das BAG die Kontrollmechanismen des AGB-Rechts im Bereich der Abwicklungs- und Klageverzichtsvereinbarungen deutlich überdehnt.

VI. Rechtsfolgen

In Rechtsprechung und Literatur gleichermaßen umstritten ist zudem, welche Rechtsfolgen bei Unwirksamkeit einer AGB-Klausel eintreten sollen. Nur im Grundsatz herrscht weitgehend Einigkeit, dass über § 306 BGB das in der Rechtsprechung des BGH seit langem anerkannte Verbot der geltungserhaltenden Reduktion[107] auch für das Arbeitsrecht Geltung beansprucht.[108] Ungeklärt ist demgegenüber, in welchem Umfang eine *ergänzende Vertragsauslegung* nach Maßgabe der §§ 133, 157 BGB in Betracht kommt und einen ersatzlosen Wegfall der unwirksamen Vertragsbestimmung verhindert. Paradigmatisch für die unterschiedlichen Sichtweisen der Literatur sind die Anmerkungen von *Hanau* und *Stoffels* zum

[104] BAG, Urt. vom 27. 11. 2003 – 2 AZR 135/03, AP Nr. 1 zu § 312 BGB; Urt. vom 22. 4. 2004 – 2 AZR 281/03, AP Nr. 27 zu § 620 BGB Aufhebungsvertrag; *Gotthardt*, Arbeitsrecht nach der Schuldrechtsreform, 2. Aufl. 2003, Rn. 308; WLP/*Stoffels* (o. Fußn. 16), ArbR Rn. 84; *Thüsing* (o. Fußn. 15), Rn. 63.

[105] HWK/*Gotthardt* (o. Fußn. 15), Anh. §§ 305–310 BGB Rn. 4.

[106] BAG, Urt. vom 19. 6. 2007 – 1 AZR 340/06, AP Nr. 4 zu § 1a KSchG 1969; Urt. vom 10. 7. 2008 – 2 AZR 209/07, AP Nr. 8 zu § 1a KSchG 1969; ErfK/*Oetker* (o. Fußn. 16), § 1a KSchG Rn. 11; *Hergenröder/von Wickede*, RdA 2008, 364, 366; *Löwisch*, BB 2004, 154, 158; *Raab*, RdA 2005, 1, 4; *Thüsing/Stelljes*, BB 2003, 1673, 1677.

[107] BGH, Urt. vom 17. 5. 1991 – V ZR 140/90, BGHZ 114, 338, 342; Urt. vom 4. 11. 1992 – VIII ZR 235/91, BGHZ 120, 108, 122, Urt. vom 3. 11. 1999 – VIII ZR 269/98, BGHZ 143, 103, 118; Palandt/*Grüneberg* (o. Fußn. 27), § 306 BGB Rn. 6.

[108] BAG, Urt. vom 30. 7. 2008 – 10 AZR 606/07, AP Nr. 274 zu § 611 BGB Gratifikation; Urt. vom 23. 9. 2010 – 8 AZR 897/08, AP Nr. 48 zu § 307 BGB; *Rolfs*, FS Schwerdtner, 2003, S. 151, 158 ff.; *Willemsen/Grau*, RdA 2003, 321, 323 ff.

Urteil des Dritten Senats vom 14. Januar 2009.[109] Während *Hanau* den Überlegungen des Gerichts zur Fruchtbarmachung der ergänzenden Vertragsauslegung positiv gegenübersteht und in ihr eine „Bewahrung der Arbeitnehmern und Arbeitgebern gleichermaßen dienenden Eigenständigkeit des Arbeitsrechts“[110] erblickt, kritisiert *Stoffels* nur wenige Seiten später, es fehle an einer dogmatischen Begründung für die Einschränkung des Grundsatzes der Totalnichtigkeit. Dass es für den Arbeitgeber objektiv schwierig sei, eine korrekte Klausel zu formulieren, sei kein praxistauglicher Maßstab, um die Fälle einer ersatzlosen Unwirksamkeit einer Vertragsbestimmung von einer teilweisen Salvierung in Form der ergänzenden Vertragsauslegung abzugrenzen.[111]

Das Problem resultiert vor allem daraus, dass es im Arbeitsrecht weitgehend an einschlägigem dispositivem Recht fehlt, das im Falle der Klauselunwirksamkeit an die Stelle der Vertragsbestimmung treten könnte.[112] Besonders deutlich wird dies in Bezug auf Vereinbarungen über Aus- und Fortbildungskosten und deren Rückzahlung für den Fall, dass der Arbeitnehmer kurze Zeit später aus dem Unternehmen ausscheidet, um beispielsweise mit seiner neu erworbenen Qualifikation bei der Konkurrenz anzuheuern. Der früher zuständige Neunte Senat hat beispielsweise eine Klausel, nach welcher der Arbeitnehmer vom Arbeitgeber getragene Ausbildungskosten bei Beendigung des Arbeitsverhältnisses ohne jede Rücksicht auf den Beendigungsgrund zurückzahlen muss, wegen unangemessener Benachteiligung des Arbeitnehmers als unwirksam verworfen,[113] und zwar auch dann, wenn im Formulararbeitsvertrag unter Voranstellung des Wortes „insbesondere“ zwei Beispielsfälle genannt sind, für welche wirksam eine Rückzahlungsverpflichtung begründet werden könnte (Eigenkündigung des Arbeitnehmers und Kündigung durch den Arbeitgeber aus einem vom Arbeitnehmer zu vertretenden Grund).[114] Eine ergänzende Vertragsauslegung komme nur dann in Frage, wenn sich das Festhalten am Vertrag für den Verwender als unzumutbare Härte i.S. des § 306 Abs. 3 BGB darstellen würde.[115]

---

[109] BAG, Urt. vom 14.1. 2009 – 3 AZR 900/07, AP Nr. 41 zu § 611 BGB Ausbildungsbeihilfe.

[110] *Hanau*, AP Nr. 41 zu § 611 BGB Ausbildungsbeihilfe, Anmerkung I.

[111] *Stoffels*, AP Nr. 41 zu § 611 BGB Ausbildungsbeihilfe, Anmerkung II.

[112] *Zöllner*, ZfA 2010, 637, 652.

[113] BAG, Urt. vom 11.4. 2006 – 9 AZR 610/05, AP Nr. 16 zu § 307 BGB.

[114] BAG, Urt. vom 23.1. 2007 – 9 AZR 482/06, AP Nr. 38 zu § 611 BGB Ausbildungsbeihilfe, bemerkenswerterweise ohne Transparenzbedenken gegen die „Kündigung durch den Arbeitgeber aus einem vom Arbeitnehmer zu vertretenden Grund“ zu äußern.

[115] Ibid.; wohl auch *Stoffels*, ZfA 2009, 861, 891.

Damit geht der Neunte Senat deutlich über diejenigen Anforderungen hinaus, die der BGH in vergleichbaren Fällen stellt.[116] Dieser formuliert in ständiger Rechtsprechung, dass eine ergänzende Vertragsauslegung schon dann vorzunehmen sei, wenn sich die mit dem Wegfall einer nach § 307 Abs. 1 BGB unwirksamen Klausel entstehende Lücke nicht durch dispositives Gesetzesrecht füllen lässt und dies zu einem Ergebnis führt, das den beiderseitigen Interessen nicht in vertretbarer Weise Rechnung trägt; denn es wäre unbillig und widerspräche der Zielsetzung des AGB-Rechts, dem Kunden einen Vorteil zu belassen, der das Vertragsgefüge völlig einseitig zu seinen Gunsten verschiebt.[117] Eben dies aber ist die Konsequenz der Judikatur des Neunten Senats, der die vertragliche Verpflichtung des Arbeitgebers zur Übernahme der Bildungskosten ausblendet, sich allein auf die Rückzahlungspflicht des Arbeitnehmers fokussiert und so das vertragliche Synallagma der Fortbildungsvereinbarung einseitig durchbricht.

Die Zurückhaltung des Neunten Senats gegenüber der ergänzenden Vertragsauslegung ist aber auch dogmatisch kaum zu rechtfertigen. Eine „unzumutbare Härte" i.S. von § 306 Abs. 3 BGB kann durch das Festhalten an einem durch Nichteinbeziehung oder Unwirksamkeit einzelner Klauseln lückenhaft gewordenen Vertrag nur dann entstehen, wenn die Ausfüllung der Lücken mit Hilfe des dispositiven Gesetzesrechts und der sonstigen nach § 306 Abs. 2 BGB zur Verfügung stehenden Instrumentarien nicht zu einem sachgerechten Ergebnis geführt hat. Zu den „gesetzlichen Vorschriften" i.S. des § 306 Abs. 2 BGB, die an die Stelle der unwirksamen Vertragsklausel treten, zählen aber gerade auch die §§ 133, 157 BGB.[118] Die ergänzende Vertragsauslegung hat demnach Vorrang vor der Prüfung des § 306 Abs. 3 BGB; sie erfolgt schon deutlich unterhalb der Schwelle der unzumutbaren Härte.[119]

Der seit 2008 für das Recht der Berufsbildung einschließlich der Aus- und Fortbildungskosten zuständige Dritte Senat verfolgt demgegenüber eine gänzlich andere, das Fehlen einer dispositiven gesetzlichen Regelung deutlich stärker berücksichtigende Linie. Im bereits eingangs erwähnten

---

[116] Kritisch *Linck*, FS Bauer, 2010, S. 645, 657; *Uffmann*, RdA 2011, 154, 159.

[117] BGH, Urt. vom 1.2. 1984 – VIII ZR 54/83, BGHZ 90, 69, 77f.; Urt. vom 13.11. 1997 – IX ZR 289/96, BGHZ 137, 153, 157; Urt. vom 29.4. 2008 – KZR 2/07, BGHZ 176, 244, 255; kritisch aber *Bieder*, RdA 2011, 142, 151f.

[118] BGH, Urt. vom 1.2. 1984 – VIII ZR 54/83, BGHZ 90, 69, 75; Urt. vom 13.11. 1997 – IX ZR 289/96, BGHZ 137, 153, 157; *Basedow* in: Säcker/Rixecker, Münchener Kommentar zum Bürgerlichen Gesetzbuch, 5. Aufl. 2007, § 306 Rn. 15f.; Palandt/*Grüneberg* (o. Fußn. 27), § 306 BGB Rn. 13; Staudinger/*Schlosser* (o. Fußn. 72), § 306 BGB Rn. 12ff.

[119] *Schlewing*, Jahrbuch des Arbeitsrechts, Band 47 (2010), S. 47, 62.

Urteil vom 14. Januar 2009[120] hat er sich hinsichtlich der Dauer, für die der Arbeitnehmer nach Abschluss der Maßnahme an dem Arbeitsverhältnis festgehalten werden darf, auf den Standpunkt gestellt, dass eine unzulässige Bindung im Wege der ergänzenden Vertragsauslegung auf eine zulässige zurückgeführt werden könne, wenn es wegen der einzelfallbezogenen Betrachtung für den Arbeitgeber objektiv schwierig war, die zulässige Bindungsdauer zu bestimmen. Verwirkliche sich dieses Prognoserisiko, sei die Bindungsdauer durch ergänzende Vertragsauslegung zu bestimmen.

VII. Vertrauensschutz für Altverträge

Uneinheitlich wird in der Rechtsprechung des BAG beurteilt, unter welchen Voraussetzungen und in welchem Umfang Altverträge, also solche, die vor dem 1. Januar 2002 abgeschlossen worden sind, Vertrauensschutz genießen und daher weniger streng zu kontrollieren sind als seit der Schuldrechtsreform abgeschlossene Neuverträge. Art. 229 § 5 Satz 2 EGBGB sieht an sich vor, dass das neue Recht nach einer einjährigen Übergangsfrist, also seit dem 1. Januar 2003, auch auf Altverträge anzuwenden ist. Die dadurch bewirkte unechte Rückwirkung (tatbestandliche Rückanknüpfung) des neuen AGB-Rechts steht aber unter dem in der ständigen Rechtsprechung des BVerfG formulierten Vorbehalt, dass unter Umständen das Vertrauen in die Sicherheit der bestehenden Rechtslage den Vorrang vor dem mit dem Gesetz verfolgten Anliegen genießen kann.[121] Daraus hat der BGH im Zusammenhang mit dem Inkrafttreten des AGB-Gesetzes und dessen Übergangsregelung im seinerzeitigen § 28[122] den Schluss gezogen, dass zwar das gesetzgeberische Anliegen für das Wohl der Allgemeinheit leicht das Übergewicht über das Vertrauen des Verwenders auf den Fortbestand seiner Allgemeinen Geschäftsbedingungen gewinne. Sei andererseits eine verfassungskonforme Auslegung des Gesetzes geboten,

---

[120] BAG, Urt. vom 14. 1. 2009 – 3 AZR 900/07, AP Nr. 41 zu § 611 BGB Ausbildungsbeihilfe.

[121] BVerfG, Beschluss vom 28. 11. 1984 – 1 BvR 1157/82, BVerfGE 68, 287, 307; Urt. vom 16. 7. 1985 – 1 BvL 5/80 u. a., BVerfGE 69, 272, 310; Beschluss vom 13. 5. 1986 – 1 BvL 55/83, BVerfGE 72, 141, 154 f.; Beschluss vom 8. 6. 1988 – 2 BvL 9/85 u. a., BVerfGE 78, 249, 284.

[122] § 28 AGB-Gesetz lautete, soweit hier von Interesse: „(1) Dieses Gesetz gilt vorbehaltlich des Absatzes 2 nicht für Verträge, die vor seinem Inkrafttreten geschlossen worden sind. (2) § 9 gilt auch für vor Inkrafttreten dieses Gesetzes abgeschlossene Verträge über die regelmäßige Lieferung von Waren, die regelmäßige Erbringung von Dienst- oder Werkleistungen sowie die Gebrauchsüberlassung von Sachen, soweit diese Verträge noch nicht abgewickelt sind."

so rechtfertige dies, Eingriffe in Altverträge nur insoweit vorzunehmen, als ihr unveränderter Fortbestand „in unerträglichem Widerspruch" zu den grundlegenden Wertungsmaßstäben des Gesetzes stünde.[123]

Das Urteil des VIII. Zivilsenats vom 20. Juni 1984[124] betraf eine Klausel, die dem Vertragspartner generell die Aufrechnung gegen Forderungen des Verwenders untersagte. Nach der Rechtsprechung des BGH vor Inkrafttreten des AGB-Gesetzes durfte sich der Verwender auf eine solche Klausel nach Treu und Glauben (§ 242 BGB) dann nicht berufen, wenn die Gegenforderung unbestritten oder rechtskräftig festgestellt war.[125] § 11 Nr. 3 AGB-Gesetz (und heute § 309 Nr. 3 BGB) greifen dies auf. Der BGH hat dies zum Anlass genommen, die unwirksame Klausel geltungserhaltend zu reduzieren:

> „Der Schutz des Vertragspartners des Verwenders war damals durch den Einwand unzulässiger Rechtsausübung in gleicher Weise gewährleistet wie nunmehr durch den Einwand, die nicht auf bestrittene Forderungen beschränkte Aufrechnungsverbotsklausel verstoße gegen das Gesetz. Die Aufrechterhaltung dieses Zustandes für ein Dauerschuldverhältnis, das vor Inkrafttreten des AGB-Gesetzes vereinbart worden ist, bedeutet keinen unerträglichen Widerspruch zu den grundlegenden Wertungsmaßstäben des AGB-Gesetzes, das nunmehr als formale Neuerung lediglich eine Formulierung verlangt, die die – gleichgebliebene – materielle Rechtslage eindeutig zum Ausdruck bringt. Das rechtfertigt es, den Aufrechnungsausschluss hier in dem nach § 11 Nr. 3 zulässigen Rahmen aufrechtzuerhalten."[126]

Die Konzepte der verschiedenen Senate des BAG sehen dagegen anders aus: Vom Neunten Senat wird die Anwendung des neuen Rechts auf Altverträge jenseits der Nennung des Art. 229 § 5 Satz 2 EGBGB überhaupt nicht thematisiert,[127] der Zehnte behauptet einigermaßen praxisfern, der Arbeitgeber könne allenfalls dann weitergehenden Vertrauensschutz in Anspruch nehmen, wenn er im Laufe des Jahres 2002 erfolglos versucht hatte, die bestehenden Arbeitsverträge zu ändern und mit seinen Arbeitnehmern AGB-rechtskonforme Vereinbarungen abzuschließen.[128] Der

---

[123] BGH, Urt. vom 20. 6. 1984 – VIII ZR 337/82, BGHZ 91, 375, 385 f.; Urt. vom 27. 2. 1985 – VIII ZR 85/84, NJW 1985, 2693, 2695; *Ulmer* in: Ulmer/Brandner/Hensen, AGB-Gesetz, 9. Aufl. 2001, § 28 Rn. 4; *Horn* in: Wolf/Horn/Lindacher, AGB-Gesetz, 4. Aufl. 1999, § 28 Rn. 4.

[124] BGH, Urt. vom 20. 6. 1984 – VIII ZR 337/82, BGHZ 91, 375, 386 f.

[125] BGH, Urt. vom 9. 2. 1960 – VIII ZR 53/59, NJW 1960, 859; Urt. vom 16. 6. 1976 – VIII ZR 33/75, BB 1976, 1289.

[126] BGH, Urt. vom 20. 6. 1984 – VIII ZR 337/82, BGHZ 91, 375, 386 f.

[127] BAG, Urt. vom 11. 4. 2006 – 9 AZR 610/05, AP Nr. 16 zu § 307 BGB; Urt. vom 19. 12. 2006 – 9 AZR 294/06, AP Nr. 21 zu § 611 BGB Sachbezüge; zustimmend *Bieder*, RdA 2011, 142, 153.

[128] BAG, Urt. vom 10. 12. 2008 – 10 AZR 1/08, AP Nr. 40 zu § 307 BGB; Urt. vom 11. 2. 2009 – 10 AZR 222/08, NZA 2009, 428, 431; dagegen *Gaul/Ludwig*, BB 2010,

Fünfte Senat ist demgegenüber immerhin bereit, zur Schließung der sich aus der Anwendung des AGB-Rechts ergebenden Lücken auf die ergänzende Vertragsauslegung zurückzugreifen, wenn die Klausel nur deshalb unwirksam war, weil sie in formeller Hinsicht den Anforderungen des Gesetzes nicht genügte.[129] Auch er verwirft aber eine im Jahre 2000 arbeitsvertraglich vereinbarte zweimonatige Ausschlussfrist, obwohl eine solche seinerzeit noch ohne weiteres wirksam vereinbart werden konnte.[130]

Dieser Überblick belegt nicht nur die erheblichen Meinungsdifferenzen innerhalb des BAG, sondern auch den fehlenden Rückbezug zur Judikatur des BGH. Konsequenzen erscheinen insoweit insbesondere in Bezug auf das Verbot der geltungserhaltenden Reduktion angezeigt. Insoweit ist nämlich nicht nur zu berücksichtigen, dass die Bereichsausnahme des früheren § 23 Abs. 1 AGB-Gesetz bis weit in die Beratungen des Schuldrechtsmodernisierungsgesetzes hinein nicht zur Disposition stand und die gefestigte Rechtsprechung des BAG bis dahin ein vom Bürgerlichen Recht abweichendes Kontrollkonzept verfolgt hat.[131] Entscheidend ist vor allem, dass diese Rechtsprechung zur Folge hatte, dass die bei anderen Dauerschuldverhältnissen üblichen Bedingungsanpassungsklauseln[132] im Arbeitsrecht weithin für entbehrlich gehalten worden sind und eine einseitige Vertragsanpassung seitens des Arbeitgebers die hohe Hürde des § 2 KSchG überwinden müsste.[133]

55, 57 f.; *Gaul/Mückl*, NZA 2009, 1233, 1235; *Schlewing*, Jahrbuch des Arbeitsrechts, Band 47 (2010), S. 47, 66.

[129] BAG, Urt. vom 12. 1. 2005 – 5 AZR 364/04, AP Nr. 1 zu § 308 BGB; Urt. vom 11. 10. 2006 – 5 AZR 721/05, AP Nr. 6 zu § 308 BGB; Urt. vom 20. 4. 2011 – 5 AZR 191/10, NJW 2011, 2153, 2154.

[130] BAG, Urt. vom 13. 12. 2000 – 10 AZR 168/00, AP Nr. 2 zu § 241 BGB.

[131] Ausführlich *Fastrich*, Richterliche Inhaltskontrolle im Privatrecht, 1992, S. 164 ff.; *Preis*, Grundfragen der Vertragsgestaltung im Arbeitsrecht, 1993, S. 149 ff.; im Überblick *Thüsing* (o. Fußn. 15), Rn. 31.

[132] Etwa Nr. 1 Abs. 2 Satz 1 AGB-Banken 2009 (dazu auch § 675g Abs. 1 BGB), § 18 Musterbedingungen 2009 für die Krankheitskosten- und Krankenhaustagegeldversicherung (MB/KT; dazu auch § 203 Abs. 3 VVG); § 164 VVG für die Lebensversicherung.

[133] *Rolfs*, FS Schwerdtner, 2003, S. 151, 167; hinsichtlich einer ergänzenden Vertragsauslegung in „Altfällen" ebenfalls großzügiger *Stoffels*, ZfA 2009, 861, 893 f. Auch das BAG weist im Urt. vom 20. 4. 2011 – 5 AZR 191/10, NJW 2011, 2153, 2154, zutreffend darauf hin, dass eine Änderungskündigung dem Gebot der Verhältnismäßigkeit widersprochen hätte.

VIII. Scheinbegründungen

Schließlich ist noch auf ein besonderes Phänomen der Schuldrechtsreform einzugehen: Die Instrumentalisierung des AGB-Rechts zur Scheinbegründung der Aufgabe einer früheren Rechtsprechung, an der das Gericht nicht mehr festhalten wollte.

1. Aufgabe der Rechtsprechung zur Wirkung von Bezugnahmeklauseln nach Betriebsübergang, Verbandswechsel oder Verbandsaustritt

Der bekannteste Fall ist sicher die Aufgabe der Rechtsprechung des Vierten Senats zur Bedeutung arbeitsvertraglicher Bezugnahmeklauseln auf einen Tarifvertrag. Unter dem Vorsitz von *Schliemann* interpretierte der Senat die Bezugnahme auf den einschlägigen Tarifvertrag in einem Arbeitsvertrag mit einem nicht tarifgebundenen Arbeitnehmer als Gleichstellungsabrede.[134] Auch bei namentlicher Benennung des Tarifvertrages sollte daher nicht dieser, sondern der für tarifgebundene Arbeitnehmer normativ geltende Tarifvertrag zur Anwendung gelangen, was Konsequenzen namentlich bei einem Verbandswechsel oder einem Verbandsaustritt des Arbeitgebers sowie einem Betriebsübergang zeitigte. An dieser Judikatur wurde teilweise beachtliche Kritik geübt, die sich auch auf das AGB-Recht, namentlich die Unklarheitenregel (§ 305c Abs. 2 BGB) und das Transparenzgebot (§ 307 Abs. 1 Satz 2 BGB) stützen konnte.[135]

Nach dem Wechsel im Senatsvorsitz auf *Bepler* nutzte der Senat gleich die erste sich bietende Gelegenheit, in einem langen obiter dictum die Aufgabe seiner Judikatur für nach dem 31. Dezember 2001 abgeschlossene Arbeitsverträge anzukündigen[136] und diese Ankündigung bei nächster Gelegenheit umzusetzen.[137] Die AGB-rechtliche Begründung, insbesondere

---

[134] BAG, Urt. vom 26. 9. 2001 – 4 AZR 544/00, AP Nr. 20 zu § 1 TVG Bezugnahme auf Tarifvertrag; Urt. vom 21. 8. 2002 – 4 AZR 263/01, AP Nr. 21 zu § 1 TVG Bezugnahme auf Tarifvertrag; Urt. vom 25. 9. 2002 – 4 AZR 294/01, AP Nr. 26 zu § 1 TVG Bezugnahme auf Tarifvertrag; Urt. vom 27. 11. 2002 – 4 AZR 540/01, AP Nr. 29 zu § 1 TVG Bezugnahme auf Tarifvertrag; Urt. vom 19. 3. 2003 – 4 AZR 331/02, AP Nr. 33 zu § 1 TVG Bezugnahme auf Tarifvertrag; Urt. vom 1. 12. 2004 – 4 AZR 50/04, AP Nr. 34 zu § 1 TVG Bezugnahme auf Tarifvertrag.

[135] *Thüsing/Lambrich*, RdA 2002, 193, 195 ff.; *dies.*, NZA 2002, 1361, 1364 ff.

[136] BAG, Urt. vom 14. 12. 2005 – 4 AZR 536/04, AP Nr. 39 zu § 1 TVG Bezugnahme auf Tarifvertrag.

[137] BAG, Urt. vom 18. 4. 2007 – 4 AZR 652/05, AP Nr. 53 zu § 1 TVG Bezugnahme auf Tarifvertrag; dem folgend BAG, Urt. vom 22. 10. 2008 – 4 AZR 793/07, AP Nr. 67 zu § 1 TVG Bezugnahme auf Tarifvertrag; Urt. vom 17. 11. 2010 – 4 AZR 391/09, NZA 2011, 356; Urt. vom 17. 11. 2010 – 4 AZR 127/09, AP Nr. 85 zu § 1 TVG Bezugnahme auf Tarifvertrag.

diejenige für den Vertrauensschutz, den der Senat „Altverträgen" auch nach Ablauf der Jahresfrist des Art. 229 § 5 Satz 2 EGBGB weiterhin gewährt, ist bemerkenswert:

„Dafür spricht entscheidend der Gesichtspunkt des durch das Rechtsstaatsprinzip vorgegebenen Vertrauensschutzes. Der Senat hat die Auslegungsregel in jahrelanger Rechtsprechung entwickelt und durch in der Amtlichen Sammlung des Gerichts veröffentlichte Urteile immer wieder bekräftigt. Die Rechtsprechung der Instanzgerichte hat diese Rechtsprechung ebenso wie die beratende und forensische Praxis von Anwälten und Verbänden – auch auf Arbeitnehmerseite – verbreitet als gefestigt angesehen. Die Arbeitgeber und ihre Berater haben deshalb, soweit sie nur Gleichstellungsklauseln bezweckt hatten, idR keine Versuche unternommen, den Wortlaut der von ihnen abgeschlossenen Verträge in dem angestrebten Sinne klarzustellen und so ihren teilweise erheblichen wirtschaftlichen Interessen, etwa im Zusammenhang mit geplanten Betriebs- oder Betriebsteilveräußerungen, Rechnung zu tragen. Im Schrifttum ist eine rückwirkende Änderung der Rechtsprechung überwiegend auch weder erwartet noch gefordert worden."[138]

Dabei unterbleibt eine Auseinandersetzung mit den weitaus strengeren Vertrauensschutzmaßstäben der anderen Senate[139] ebenso, wie jene mit keinem Wort auf die großzügige Linie des Vierten Senats eingehen. Insgesamt gewinnt man so den Eindruck, dass die Erstreckung der AGB-Kontrolle auf Arbeitsverträge lediglich als willkommenes Vehikel genutzt wurde, um eine aus völlig anderen Gründen für nicht fortsetzungswürdig gehaltene Judikatur aufzugeben.

2. *Aufgabe der Rechtsprechung zur „negativen betrieblichen Übung"*

Denselben Eindruck kann man auch gewinnen, wenn man die Rechtsprechung des Zenten Senats zum Verhältnis zweier nachfolgender, sich widersprechender betrieblicher Übungen betrachtet. Im Urteil vom 26. März 1997[140] hatte das Gericht über einen Anspruch auf Weihnachtsgratifikation zu befinden. Der Arbeitgeber hatte seit 1961 jährlich eine solche Sonderzahlung gewährt. 1978 stellte er sie unter Freiwilligkeitsvorbehalt, zahlte sie aber bis 1992 unverändert weiter. 1993 machte er von dem Freiwilligkeitsvorbehalt teilweise Gebrauch und reduzierte die Leistung auf 70%. Das BAG hat die Klage des Arbeitnehmers auf Zahlung des vollen Weihnachtsgeldes abgewiesen: Die in den 1960er-Jahren begründete Betriebsübung *ohne Vorbehalt* sei durch dreimalige Leistungsgewährung *un-*

---

[138] BAG, Urt. vom 14. 12. 2005 – 4 AZR 536/04, AP Nr. 39 zu § 1 TVG Bezugnahme auf Tarifvertrag.

[139] Oben VII.

[140] BAG, Urt. vom 26. 3. 1997 – 10 AZR 612/96, AP Nr. 50 zu § 242 Betriebliche Übung.

ter Vorbehalt (beginnend 1978) geändert worden und dadurch eine gegenläufige Betriebsübung entstanden. Damit sei nunmehr ein Widerrufsvorbehalt vereinbart, von dem der Arbeitgeber Gebrauch machen durfte. Auch diese Rechtsprechung hat neben Zustimmung[141] teilweise erhebliche Kritik[142] erfahren, obwohl sie sich problemlos mit dem Ordnungsprinzip (Zeitkollisionsregel – lex posterior derogat legi priori) begründen lässt. Fast auf den Tag genau zwölf Jahre später hat der Senat seine Rechtsprechung aufgegeben und sich zur Begründung auf das Verbot gestützt, in Allgemeinen Geschäftsbedingungen die Fiktion von Willenserklärungen zu vereinbaren: Die Annahme, durch eine dreimalige widerspruchslose Entgegennahme einer vom Arbeitgeber ausdrücklich unter dem Vorbehalt der Freiwilligkeit gezahlten Gratifikation werde die Verpflichtung des Arbeitgebers zur Gratifikationszahlung aus betrieblicher Übung beendet, stehe im Widerspruch zum Klauselverbot für fingierte Erklärungen in § 308 Nr. 5 BGB.[143]

Die Begründung überrascht schon deshalb, weil sich das gesamte Rechtsinstitut der betrieblichen Übung kaum sinnvoll in die Struktur der AGB-Kontrolle einfügen lässt. Die vom BAG in ständiger Rechtsprechung vertretene sog. Vertragstheorie[144] vermag nämlich die betriebliche Übung keineswegs für alle Fallgestaltungen stringent zu begründen[145]; man denke nur an die sofortige Geltung der Übung auch für neu eingestellte Arbeitnehmer.[146] Tatsächlich beruht die betriebliche Übung zumindest in erheblichen Teilen auf dem Gedanken der Vertrauenshaftung.[147] Jedenfalls stellt sie eine „Besonderheit des Arbeitsrechts“ i.S. von § 310 Abs. 4 Satz 2 BGB

[141] *Maties*, Die gegenläufige betriebliche Übung, 2003, S. 158ff.

[142] *Franzen*, SAE 1997, 344, 346ff.; *Henssler*, FS 50 Jahre BAG, 2004, S. 683, 704ff.; *Kettler*, NJW 1998, 435, 436f.; *Speiger*, NZA 1998, 510, 511ff.; *Waltermann*, RdA 2006, 257, 268f.

[143] BAG, Urt. vom 18. 3. 2009 – 10 AZR 281/08, AP Nr. 83 zu § 242 BGB Betriebliche Übung; daran anschließend Urt. vom 25. 11. 2009 – 10 AZR 779/08, AP Nr. 87 zu § 242 BGB Betriebliche Übung.

[144] BAG, Urt. vom 24. 3. 1993 – 5 AZR 16/92, AP Nr. 38 zu § 242 BGB Betriebliche Übung; Urt. vom 11. 10. 1995 – 5 AZR 802/94, AP Nr. 9 zu § 611 BGB Arbeitszeit; Urt. vom 18. 9. 2002 – 1 AZR 477/01, AP Nr. 39 zu § 242 BGB Betriebliche Übung; Urt. vom 14. 1. 2004 – 10 AZR 251/03, AP Nr. 19 zu § 1 TVG Tarifverträge: Deutsche Bahn; Urt. vom 29. 9. 2004 – 5 AZR 528/03, AP Nr. 67 zu § 242 BGB Betriebliche Übung.

[145] *Bepler*, RdA 2005, 323ff.; *Waltermann*, RdA 2006, 257ff.

[146] BAG, Urt. vom 5. 7. 1968 – 3 AZR 134/67, AP Nr. 6 zu § 242 BGB Betriebliche Übung; Urt. vom 5. 2. 1971 – 3 AZR 28/70, AP Nr. 10 zu § 242 BGB Betriebliche Übung; *Richardi* in: Richardi/Wißmann/Wlotzke/Oetker, Münchener Handbuch zum Arbeitsrecht, 3. Aufl. 2009, § 8 Rn. 21.

[147] *Canaris*, Die Vertrauenshaftung im deutschen Privatrecht, 1971, S. 254ff.; *Hanau*, AcP 165 (1965), S. 220, 260ff.; *Henssler*, FS 50 Jahre BAG, 2004, S. 683, 685ff.;

dar, die eine uneingeschränkte Übertragung AGB-rechtlicher Kontrollinstrumentarien ausschließt. Dies aber erwähnt der Zehnte Senat mit keinem Wort. Auch hier drängt sich damit die Annahme auf, dass die Schuldrechtsmodernisierung lediglich zum Vorwand genommen worden ist, um eine als unangemessen empfundene Judikatur über Bord zu werfen.

IX. Fazit

Die Erstreckung der AGB-Kontrolle auf das Arbeitsvertragsrecht hat nicht die vom Gesetzgeber erhoffte Annäherung des Arbeitsrechts an das Bürgerliche Recht bewirkt. Die mit der Einbeziehungs- und Inhaltskontrolle arbeitsvertraglicher Bestimmungen befassten Senate des BAG legen höchst unterschiedliche Maßstäbe an und positionieren sich in ein und derselben Frage teils offen, teils verdeckt, teilweise in langen, nur auf die Rechtsprechung anderer Senate zielenden obiter dicta uneinheitlich. Eine Auseinandersetzung mit der Rechtsprechung des BGH unterbleibt weitgehend, obwohl bislang allenfalls abstrakt geklärt ist, was „Besonderheiten des Arbeitsrechts“ sind[148] und welche vom Bürgerlichen Recht abweichenden Ergebnisse sie erforderlich machen.[149] Insgesamt verbleiben deutliche Zweifel, ob die Streichung der früheren Bereichsausnahme „Arbeitsrecht“ im Zuge der Schuldrechtsreform wirklich eine so gute Idee war.[150]

Seiter, Die Betriebsübung, 1967; *Singer*, Das Verbot widersprüchlichen Verhaltens, 1993, S. 235 ff.

[148] Für eine Berücksichtigung auch rein tatsächlicher Besonderheiten des Arbeitslebens BAG, Urt. vom 25. 5. 2005 – 5 AZR 572/04, AP Nr. 1 zu § 310 BGB; Urt. vom 14. 8. 2007 – 9 AZR 18/07, AP Nr. 2 zu § 6 ATG; *Joost*, FS Ulmer, 2003, S. 1199, 1203; *Lingemann*, NZA 2002, 181, 192.

[149] *Stoffels*, ZfA 2009, 861, 864, weist zutreffend darauf hin, dass die „Besonderheiten“ bislang nur wenig praktische Bedeutung erlangt haben.

[150] *Löwisch*, FS Canaris, Bd. I, 2007, S. 1403, 1419; *Zöllner*, ZfA 2010, 637, 639 ff.

Tarifvertragliche Regulierung der Leiharbeit auf der Entleiherseite*

Rüdiger Krause

I. Leiharbeit als Herausforderung der Vertretung von Arbeitnehmerinteressen

1. *Expansion der Leiharbeit*

Keine Beschäftigungsform ist so umstritten wie die Leiharbeit. Diesen Status verdankt die Zeitarbeit zunächst ihrer dynamischen Expansion. So hat sich die Zahl der Leiharbeitnehmer im Anschluss an die Deregulierung der Arbeitnehmerüberlassung durch die Hartz-Reformen von 2004 und 2008

---

* Erheblich erweiterte Fassung des am 20. 7. 2011 auf der Assistententagung im Arbeitsrecht in Osnabrück gehaltenen Vortrags, die zugleich wesentliche Gedanken eines Gutachtens für das Hugo Sinzheimer Institut für Arbeitsrecht aufnimmt.

im Jahresdurchschnitt nahezu verdoppelt (von 385.000 auf 760.000).[1] Nach einem vorläufigen Höchststand von 823.000 im Juli 2008 ging die Anzahl der Zeitarbeitnehmer infolge der Finanz- und Wirtschaftskrise der Jahre 2008/2009 drastisch auf 580.000 im April 2009, also um fast 30%, zurück. Dem massiven Abbau folgte ein ebenso steiler Anstieg auf mehr als 900.000 im November 2010, was einem Zuwachs von 55% entspricht.[2] Seit einiger Zeit hat sich der Bestand an Leiharbeitnehmern auf ein Niveau von rund 900.000 eingependelt.[3] Auch wenn Leiharbeit bezogen auf die Gesamtzahl aller Beschäftigungsverhältnisse (derzeit mehr als 40 Millionen) nach wie vor eine Randgröße ist (etwas mehr als 2%), belegen diese Zahlen doch den enormen Aufwärtstrend der Zeitarbeit.[4]

Hauptgrund für die Ausdehnung der Leiharbeit ist das Nachfrageverhalten der Entleiher. Zum einen dient sie als Instrument zur Reduzierung von Personalkosten, was von arbeitgebernahen Autoren auch unumwunden zugegeben wird[5]. So liegt die durchschnittliche Vergütung von Leiharbeitnehmern nach wie vor[6] ungefähr 40% unter derjenigen von Festangestellten, wobei sich nur die Hälfte der Lohndifferenz auf persönliche Eigenschaften, die Erwerbsbiografie und Beschäftigungsmerkmale zurückführen lässt.[7] Hinzu kommen die Einsparungen, die mangels eines Arbeitsvertrages zwischen dem Entleiher und dem Leiharbeitnehmer durch geringere Transaktionskosten bei der Einstellung sowie vor allem bei der Entlassung von Arbeitnehmern entstehen bzw. entstehen können (insbesondere durch Kündigungsschutz sowie durch etwaige Sozialpläne bei Betriebseinschränkungen durch Personalabbau).[8] Zum anderen hat ein

[1] Vgl. BT-Drs. 17/464 vom 18. 1. 2010, S. 21.

[2] Zahlen nach: IW Consult GmbH/Institut der deutschen Wirtschaft (Hrsg.), Zeitarbeit in Deutschland (2011), S. 10 f., abrufbar unter: http://www.iwkoeln.de (abgerufen am 1. 3. 2012).

[3] So der IW-Zeitarbeitsindex, BAP-Umfrage Januar 2012 (Welle 49), abrufbar unter: http://www.personaldienstleister.de (abgerufen am 1. 3. 2012).

[4] Ausgehend von einem Bestand von rund 100.000 Leiharbeitnehmern im Jahr 1993 (vgl. BT-Drs. 13/5498 vom 6. 9. 1996, S. 9) ist es in knapp 20 Jahren somit zu einer Steigerung um 900% gekommen.

[5] Vgl. *Rieble*, DB 2011, 356.

[6] Schon für die zweite Hälfte der 1990er Jahre wurde ein Lohnabstand von mehr als einem Drittel bei der Personengruppe der geringqualifizierten männlichen Arbeitnehmer ermittelt; vgl. *Rudolph/Schröder*, MittAB 1/1997, S. 102, 117, abrufbar unter: http://doku.iab.de (abgerufen am 1. 3. 2012).

[7] Dazu näher *Jahn*, IAB-Forum, Nr. 1/2011, 40–49. Zum Preisdruck in der Leiharbeitsbranche ferner eindringlich *Siebenhüter*, Integrationshemmnis Leiharbeit, OBS-Arbeitsheft 69 (2011), S. 28 ff.

[8] Die infolgedessen nunmehr beim Verleiher im Falle eines Personalabbaus an sich entstehenden Entlassungskosten scheinen sich dort aus tatsächlichen und/oder rechtlichen Gründen (z. B. Fehlen eines Betriebsrats) nicht oder nur in geringerem Umfang

struktureller Wandel der Leiharbeit stattgefunden.[9] Während Zeitarbeit anfänglich lediglich der Kompensation eines kurzfristigen Personalausfalls diente (ad-hoc-Ersatz), betraf die nächste Stufe die Bewältigung von zeitlich begrenzten Schwankungen des Auftragsvolumens (Flexibilitätspuffer). Mittlerweile ist die dritte Stufe der Nutzung der Leiharbeit erreicht. Danach wird Leiharbeit in einem immer größeren Maße als dauerhafter Bestandteil der Personalpolitik eingesetzt, um den Personalbestand im Einsatzbetrieb in kurzer Zeit an die Marktverhältnisse anpassen zu können und hierdurch die allgemeine Unsicherheit über die künftige Entwicklung der Märkte auf die Beschäftigten zu verlagern. Der rasante Rückgang der Zahl der Leiharbeitnehmer während der Finanz- und Wirtschaftskrise der Jahre 2008/2009 bei gleichzeitiger Beibehaltung der Stammbelegschaften sowie der steile Anstieg nach der Überwindung der Krise hat diesen Funktionswandel der Zeitarbeit eindrucksvoll bestätigt und dürfte bei zahlreichen Personalverantwortlichen den Eindruck verfestigt haben, mit der Leiharbeit in volatilen Märkten die Vorteile externer Flexibilität zu nutzen, die damit kraft Gesetzes an sich verbundenen Nachteile aber weitgehend vermeiden zu können. Flankiert werden diese Entwicklungen durch die Veränderungen im gesetzlichen Rahmenwerk des Arbeitnehmerüberlassungsrechts im Zuge der Hartz-Reformen, die einen seit den 1980er Jahren anhaltenden Trend zur Liberalisierung der Arbeitnehmerüberlassung zu einem vorläufigen Abschluss gebracht haben.[10]

2. *Auswirkungen auf die Arbeitnehmerseite*

Für die Leiharbeitnehmer führt dies alles spiegelbildlich dazu, dass sie ihre Tätigkeit unter vielfach deutlich schlechteren Konditionen als vergleichbare Stammarbeitnehmer zu leisten haben.[11] Das betrifft neben der Vergütung auch sonstige Arbeitsbedingungen (z.B. Urlaub, Altersversorgung),

---

zu realisieren, so dass bei einer Gesamtbetrachtung schon aus diesem Grunde (also selbst bei Ausblendung des Entgeltniveaus) der Preis für den Faktor Arbeit sinkt.

[9] Zum Folgenden *Holst*, WSI Mitteilungen 2009, 143ff.; *Promberger/Bellmann/Dreher/Sowa/Schramm/Theuer*, Leiharbeit im Betrieb – Strukturen, Kontexte und Handhabung einer atypischen Form (2006), S. 69ff., abrufbar unter: http://www.boeckler.de (abgerufen am 1. 3. 2012); *Seifert/Brehmer*, WSI Mitteilungen 2008, 335ff.

[10] Zur Entwicklung siehe nur *Schüren*, in: Schüren/Hamann, AÜG, 4. Aufl. (2010), Einleitung Rn. 58ff.; *Ulber*, AÜG, 4. Aufl. (2011), Einleitung B Rn. 15ff.

[11] Zum Folgenden *Promberger*, WSI Mitteilungen 2008, 223f.; *Siebenhüter*, Integrationshemmnis Leiharbeit, OBS-Arbeitsheft 69 (2011), S. 39ff., mit Blick auch auf die besonders prekäre Lage von Menschen mit Migrationshintergrund; *Waltermann*, Abschied vom Normalarbeitsverhältnis?, Gutachten B zum 68. Deutschen Juristentag (2010), S. B 45ff.

die Dauerhaftigkeit des Beschäftigungsverhältnisses sowie nicht zuletzt den Zugang zu Weiterbildungsmöglichkeiten und Aufstiegschancen. Die Hoffnung, dass Leiharbeit zu großen Teilen nur ein Durchgangsstadium von der Arbeitslosigkeit zur Festanstellung im Einsatzbetrieb ist, hat sich nicht bewahrheitet. Der „Klebe-Effekt" beläuft sich trotz einer geringfügigen Steigerung auf nach wie vor deutlich unter 10%[12] und geht daher an den meisten Zeitarbeitnehmern vorbei. Angesichts der Kumulation von nachteiligen Arbeitsbedingungen als Folge der Wirkung von „Marktkräften" verwundert es nach alledem nicht, dass die Leiharbeitnehmer ihre Arbeitssituation im statistischen Mittel deutlich schlechter beurteilen als Stammarbeitnehmer.[13]

Darüber hinaus ist Leiharbeit für die Arbeitnehmerseite mit zahlreichen weiteren negativen Begleiteffekten verbunden.[14] Zunächst hat die Zweiteilung der Belegschaft in Stammbelegschaft und Leiharbeitnehmerschaft vielfach den Aufbau einer „zweiten Lohnlinie" für vergleichbare Arbeit zur Folge. Dies bedeutet, dass den Stammarbeitnehmern jeden Tag hautnah vor Augen geführt wird, dass ihre Tätigkeit für den Arbeitgeber am Arbeitsmarkt auch zu geringeren Kosten beschaffbar ist. Ferner kann der Einsatz oder auch nur die Ankündigung einer verstärkten Inanspruchnahme von Leiharbeitnehmern von der Arbeitgeberseite strategisch eingesetzt werden, um die Arbeitnehmerseite auf der betrieblichen Ebene oder im Rahmen von Tarifverhandlungen zu Zugeständnissen zu veranlassen.[15] Vor allem bei Tarifauseinandersetzungen kann sich die Kampfkraft der Arbeitnehmerseite verringern. So werden die Leiharbeitnehmer im Allgemeinen kein Interesse daran haben, für einen Tarifvertrag im Einsatzbetrieb zu kämpfen, von dessen Ergebnissen sie ohnehin nicht profitieren. Zudem können sie im Einzelfall sogar als Streikbrecher instrumentalisiert werden, mag ihnen individualrechtlich auch gemäß § 11 Abs. 5 AÜG das Recht zur Verweigerung von Streikarbeit zustehen. Darüber hinaus kann das in den Entleiherbetrieben erzielte Tarifergebnis unterlaufen werden, wenn der Arbeitgeber zur Deckung seines Personalbedarfs im Nachhinein

[12] BT-Drs. 17/464 vom 18. 1. 2010, S. 28.

[13] Näher *Nienhüser/Matiaske*, Leiharbeit ist gleich gut? – Arbeitsbedingungen, Arbeitszufriedenheit und Gleichbehandlung von Leiharbeitern in Europa, in: Martin (Hrsg.), Personal als Ressource (2003), S. 157, 164 ff., abrufbar auch unter: http://www.uni-due.de (abgerufen am 1. 3. 2012).

[14] Zum Folgenden *Berg*, JbArbR 46 (2009), 69, 74 ff.; *Holst*, WSI Mitteilungen 2009, 143 ff.

[15] Drastischer Fall bei *Ulber*, AÜG, Basiskommentar (2008), Einleitung Rn. 26: Schaffung einer eigenen Personalüberlassungsgesellschaft unter der auflösenden Bedingung einer Verschlechterung tariflicher Arbeitsbedingungen (Anhebung der wöchentlichen Arbeitszeit auf 40 Stunden ohne Lohnausgleich).

in größerem Umfang auf Leiharbeitnehmer zurückgreift und für diese Beschäftigten andere Arbeitsbedingungen gelten.

Nach alledem gibt es zwar einzelne Anwendungsfälle (etwa bei Ärzten), in denen Zeitarbeit nicht nur von der Arbeitgeberseite gewünscht wird, sondern auch von den betroffenen Arbeitnehmern aufgrund ihrer persönlichen Situation gegenüber einer Festanstellung im Einsatzbetrieb als vorteilhaft empfunden wird. Diese wenigen Fälle, die dem BVerfG bei seiner grundlegenden Entscheidung über die Unzulässigkeit eines allgemeinen Verbots der Arbeitnehmerüberlassung vor Augen schwebten,[16] dürfen indes nicht den Blick dafür verstellen, dass die Beschäftigungsform der Leiharbeit regelmäßig sowohl für die überlassenen Arbeitnehmer selbst als auch für die Stammarbeitnehmerschaft zu erheblichen Nachteilen führt. Dies ist deshalb zu betonen, weil zuweilen eine völlig konträre rechtstatsächliche Einschätzung vorherrscht. Danach soll die Arbeitnehmerüberlassung für alle Beteiligten[17] oder doch zumindest für die Stammarbeitnehmer[18] nahezu ausschließlich Vorteile mit sich bringen.[19] Durch eine solche Sichtweise werden zahlreiche Facetten des vielschichtigen Phänomens der Leiharbeit allerdings von vornherein ausgeblendet. Wird der Realbereich der einschlägigen Normen[20] nur unvollständig wahrgenommen, können indes keine überzeugenden Lösungen gelingen.[21]

II. Leiharbeitsrechtliche Rahmenbedingungen

1. *Das AÜG nach Hartz-Reform und Änderungsgesetz*

Eine Begrenzung des Anteils, den Leiharbeitnehmer an der Gesamtbelegschaft eines Betriebs oder Unternehmens einnehmen dürfen, sieht das AÜG eindeutig nicht vor, so dass zumindest theoretisch nicht nur große Teile, sondern sogar die gesamte Belegschaft eines Betriebs ausschließlich

[16] BVerfG 4.4. 1967 – 1 BvR 84/65 – BVerfGE 21, 261, 269.

[17] *Picker*, ZfA 2002, 469, 478ff.

[18] *Reuter*, ZfA 2006, 459, 463.

[19] Grds. positive Bewertung auch durch den Sachverständigenrat zur Begutachtung der gesamtwirtschaftlichen Entwicklung, Verantwortung für Europa wahrnehmen, Jahresgutachten 2011/12, Rn. 481ff., obgleich auch er nicht umhin kommt, die Leiharbeit im Vergleich zum Normalarbeitsverhältnis als „inferior" zu bezeichnen (Rn. 492), abrufbar unter: http://www.sachverstaendigenrat-wirtschaft.de (abgerufen am 1.3. 2012).

[20] Dazu *Hoffmann-Riem*, FS Raiser (2005), S. 515, 525ff.

[21] Damit soll die eigenständige Bedeutung rechtsdogmatischen Denkens selbstverständlich nicht geleugnet werden; siehe nur *Heldrich*, AcP 186 (1986), 74, 100.

aus Leiharbeitnehmern bestehen kann, die von einem Verleiher oder auch von mehreren Verleihern überlassen werden.

Rechtlich zweifelhafter ist die Situation in zeitlicher Hinsicht. Im Anschluss an die Hartz-Reform, die zu einer Abschaffung der Höchstüberlassungsdauer führte, bildete sich in der instanzgerichtlichen Rechtsprechung[22] sowie im Schrifttum[23] sogleich die Ansicht heraus, dass nunmehr ein zeitlich unbeschränkter Einsatz von Leiharbeitnehmern zulässig sei. In diesem Sinne hat sich auch das BAG – in einer allerdings nicht entscheidungserheblichen Weise – geäußert.[24] Freilich haben sich von Anfang an auch Gegenstimmen erhoben.[25] Das novellierte AÜG, das am 1. 12. 2011[26] in Kraft getreten ist, erklärt in § 1 Abs. 1 S. 2 AÜG nunmehr ausdrücklich, dass die Überlassung von Arbeitnehmern an Entleiher „vorübergehend" erfolgt. Man wird daraus den Schluss zu ziehen haben, dass damit in Übereinstimmung mit der Leiharbeitsrichtlinie 2008/104/EG[27] eine dauerhafte Überlassung von Leiharbeitnehmern untersagt werden soll, die zu einer Substitution von Stammarbeitnehmern führt.[28] Allerdings sieht auch das modifizierte AÜG nach wie vor keine klare Rechtsfolge für den Fall vor, dass die Überlassung eines Leiharbeitnehmers als unzulässige Dauerüberlassung zu qualifizieren ist. Zudem hat es das BAG in seiner bisherigen Judikatur ausdrücklich abgelehnt, dass bei einer unstatthaften Dauerüberlassung automatisch ein Arbeitsverhältnis mit dem Entleiher begründet wird.[29]

Weiter haben Leiharbeitnehmer für die gesamte Dauer der Überlassung an einen Entleiher gegen den Verleiher als Vertragsarbeitgeber im Ausgangspunkt einen gesetzlichen Anspruch auf Gewährung der für einen

---

[22] LAG Niedersachsen 28. 2. 2006 – 13 TaBV 56/05 – Juris; LAG Düsseldorf 30. 10. 2008 – 15 TaBV 114/08 – LAGE AÜG § 14 Nr. 4.

[23] *Lembke*, BB 2010, 1533, 1538; *Melms/Lipinski*, BB 2004, 2409, 2416; *Willemsen/Annuß*, BB 2005, 437, 438 f.

[24] BAG 25. 1. 2005 – 1 ABR 61/03 – AP BetrVG 1972 § 77 Einstellung Nr. 48 = NZA 2005, 1199 (unter B I 1).

[25] *Schüren*, in: Schüren/Hamann, AÜG, 4. Aufl. (2010), Einleitung Rn. 101; *Ulber*, AÜG, 3. Aufl. (2006), § 1 Rn. 201c; *ders.*, AuR 2003, 7, 10; Thüsing/*Waas*, AÜG, 2. Aufl. (2008), § 1 Rn. 146.

[26] Mit Ausnahme von § 3a AÜG, der bereits am 30. 4. 2011 Geltung erlangt hat.

[27] Vgl. *Hamann*, EuZA 2009, 287, 310 ff.; *Schüren/Wank*, RdA 2011, 1, 3; *Ulber*, AuR 2010, 10, 11; a. A. *Boemke*, RIW 2009, 177, 179.

[28] *Hamann*, RdA 2011, 321, 324 ff.; ähnl. *Schüren/Wank*, RdA 2011, 1, 3; a. A. *Lembke*, DB 2011, 414, 415; *Rieble/Vielmeier*, EuZA 2011, 474, 486 ff.

[29] Vgl. BAG 28. 6. 2000 – 7 AZR 100/99 – AP AÜG § 13 Nr. 3 = NZA 2000, 1160; BAG 19. 3. 2003 – 7 AZR 267/02 – AP AÜG § 13 Nr. 4.; ebenso etwa *Boemke/Lembke*, AÜG, 2. Aufl. (2005), § 1 Rn. 168; *Säcker/Kühnast*, ZfA 2001, 117, 126 ff.; a. A. *Mohr/Pomberg*, DB 2001, 590, 592 ff.; *Ulber*, AÜG, 4. Aufl. (2011), Einleitung D Rn. 47 ff.

vergleichbaren Arbeitnehmer im Einsatzbetrieb geltenden Arbeitsbedingungen einschließlich des Arbeitsentgelts (§§ 3 Abs. 1 Nr. 3 S. 1, 9 Nr. 2 Hs. 1, 10 Abs. 4 S. 1 AÜG). Dieser Grundsatz der Gleichbehandlung von Leiharbeitnehmern und Stammarbeitnehmern (Equal Pay/Equal Treatment) dient nach der gesetzgeberischen Grundkonzeption dem Ausgleich für die Beseitigung von Beschränkungen der Arbeitnehmerüberlassung durch die Hartz-Reform.[30] Im Prinzip soll damit vom ersten Tag der Überlassung an der Grundsatz „gleicher Lohn für gleiche Arbeit" gelten.

2. *Die Verdrängung des Equal-Pay-Grundsatzes*

Der Equal-Pay-Grundsatz ist freilich von Anfang an als dispositives Gesetzesrecht ausgestaltet worden. Neben der ursprünglich vorgesehenen Möglichkeit der Unterschreitung vergleichbarer Entgelte bei Überlassung eines ehemals Arbeitslosen in den ersten sechs Wochen der Beschäftigung (§§ 3 Abs. 1 Nr. 3 S. 1, 9 Nr. 2 Hs. 1 AÜG a. F.), die im Zuge der jüngsten Novellierung des AÜG wegen Unvereinbarkeit mit der Leiharbeitsrichtlinie 2008/104/EG wieder abgeschafft worden ist,[31] sieht das Gesetz vor, dass durch Tarifverträge vom Equal-Pay-Grundsatz zulasten der Arbeitnehmer abgewichen werden darf (§§ 3 Abs. 1 Nr. 3 S. 2, 9 Nr. 2 Hs. 2, 10 Abs. 4 S. 2 AÜG). Diese Ausnahme soll es den Tarifvertragsparteien nach der Vorstellung des Gesetzgebers ermöglichen, die Arbeitsbedingungen flexibel zu gestalten und die Leistungen für Zeiten des Verleihs und des Nichtverleihs in einem Gesamtkonzept zu regeln.[32] Die personelle Reichweite der grundsätzlichen Öffnung des AÜG für tarifvertragliche Abweichungen „nach unten" wird entscheidend dadurch verbreitert, dass auch nicht tarifgebundene Arbeitgeber und Arbeitnehmer im Geltungsbereich eines solchen Tarifvertrages die Anwendung der tariflichen Regelungen vereinbaren können (§§ 3 Abs. 1 Nr. 3 S. 3, 9 Nr. 2 Hs. 3 AÜG). Man kann zwar die Frage aufwerfen, ob die einschränkungslose Abweichung vom Equal-Pay-Grundsatz durch Tarifvertrag sowie insbesondere die Möglichkeit, sich an eine solche Tarifregelung durch schlichte einzelvertragliche Bezugnahmeklausel anzulehnen, mit den Vorgaben der Leiharbeitsrichtlinie 2008/104/EG vereinbar sind, die ebenfalls im Ausgangspunkt die Gel-

---

[30] BT-Drs. 15/25 vom 5. 11. 2002, S. 39. Der leiharbeitsrechtliche Gleichbehandlungsgrundsatz war bereits mit Wirkung zum 1. 1. 2002 durch das so genannte Job-AQTIV-Gesetz erstmals in das AÜG eingeführt worden, galt zunächst aber nur für Arbeitnehmerüberlassungen mit einer Dauer von mehr als 12 Monaten (bei gleichzeitiger Festsetzung einer Überlassungshöchstdauer von 24 Monaten).

[31] BT-Drs. 17/4804 vom 17. 2. 2011, S. 9.

[32] BT-Drs. 15/25 vom 5. 1. 2002, S. 38.

tung des Gleichbehandlungsgrundsatzes anordnet und in Art. 5 Abs. 2 und 3 RL 2008/104/EG hiervon nur konditionierte Ausnahmen zulässt. Dieses Thema soll hier indes nicht weiterverfolgt werden.[33]

Der geschilderte gesetzliche Mechanismus, der – in diametralem Gegensatz zur traditionellen „Gefechtslage" – ein eigenes Interesse der Arbeitgeberseite am Abschluss von Tarifverträgen generiert, um auf diesem Wege zu einer Absenkung von Arbeitsbedingungen zu gelangen, hat von Anfang an die christlichen Arbeitnehmerorganisationen auf den Plan gerufen, die in der Leiharbeitsbranche offenbar ein geeignetes Tätigkeitsfeld sehen, um sich tarifpolitisch zu etablieren. Da es im Unterschied zu anderen Wirtschaftszweigen keine auf die Arbeitnehmerüberlassung als solche bezogene Branchengewerkschaft gibt, weil sich Leiharbeitnehmer nicht als eine eigenständige und einheitliche Arbeitnehmergruppe begreifen, haben mehrere zum CGB gehörende Mitgliedsverbände Ende 2002 die Tarifgemeinschaft Christlicher Gewerkschaften für Zeitarbeit und Personalserviceagenturen (CGZP) gegründet, die in den folgenden Jahren Tarifverträge mit mehreren kleineren Verleiherarbeitgeberverbänden (INZ[34], MVZ[35], zwischenzeitlich fusioniert zu AMP[36], TZ-BVD[37]) vereinbarte. Außerdem schloss die CGZP nach eigenen Angaben über 200 Firmentarifverträge mit Verleiherunternehmen.[38] Inhaltlich sahen diese Tarifverträge von Anfang an sehr niedrige Entgeltsätze vor, die nicht nur deutlich unter den tariflichen Arbeitsbedingungen in den meisten Einsatzbetrieben liegen, sondern auch die Vorstellungen der DGB-Gewerkschaften von einer angemessenen Vergütung für die Zeitarbeitsbranche noch unterboten.[39]

Dass diese Regelungen in der Praxis überhaupt nennenswerte Relevanz entfalten konnten, beruht einzig auf der erwähnten Möglichkeit, sie durch einzelvertragliche Bezugnahme den Arbeitsverträgen der Leiharbeitnehmer zugrundezulegen.[40] Da der Organisationsgrad der Leiharbeitnehmer traditionell sehr gering ist und sich auf nicht mehr als 5% beläuft,[41] ver-

---

[33] Dazu etwa *Hamann*, EuZA 2009, 287, 308 ff.; *Schüren/Wank*, RdA 2011, 1, 5.

[34] Interessengemeinschaft nordbayerischer Zeitarbeitsunternehmen.

[35] Mittelstandsvereinigung Zeitarbeit.

[36] Arbeitgeberverband Mittelständischer Personaldienstleister.

[37] Tarifgemeinschaft Zeitarbeitsunternehmen im B.V.D. – Bundesvereinigung Deutscher Dienstleitungsunternehmen.

[38] Vgl. *Lembke*, NZA 2007, 1333, 1334.

[39] *Berg*, JbArbR 46 (2009), 69, 73; *Waltermann*, Abschied vom Normalarbeitsverhältnis?, Gutachten B zum 68. Deutschen Juristentag (2010), S. B 45.

[40] *Schüren/Riederer von Paar*, AuR 2004, 241, 242; *Waltermann*, Abschied vom Normalarbeitsverhältnis?, Gutachten B zum 68. Deutschen Juristentag (2010), S. B 54.

[41] Vgl. *Schüren*, RdA 2007, 231, 232. *Rieble*, Kollektivarbeitsrechtliche Regulie-

schafft in der Tat erst die grundsätzliche Zulässigkeit einer Bezugnahmeklausel entsprechenden tariflichen Vereinbarungen ihre „Durchschlagskraft". Während Tarifverträge an sich dazu dienen, die strukturelle Unterlegenheit des einzelnen Arbeitnehmers gegenüber dem Arbeitgeber auszugleichen,[42] sind sie im Bereich der Leiharbeit mit der Einführung der Tarifdispositivität des Equal-Pay-Grundsatz somit von Anfang an von weitgehend mitgliederlosen Arbeitnehmerorganisationen als Instrument zur Verfügung gestellt worden, um mittels einer auf Betreiben der Verleiher in die Arbeitsverträge implementierten Bezugnahmeklausel[43] den Gleichbehandlungsgrundsatz abzubedingen und hierdurch von den in den Einsatzbetrieben geltenden Arbeitsbedingungen zum Nachteil der Zeitarbeitnehmer abzuweichen. Nicht ohne Grund wird im Schrifttum insoweit von einer „Zweckentfremdung des Tarifvertrages" gesprochen.[44] In wirtschaftlicher Hinsicht dient Leiharbeit somit dazu, einen Teil der im Betrieb tatsächlich tätigen Arbeitnehmer dem für den Entleiher geltenden Tarifsystem zu entziehen und durch Zwischenschaltung eines Verleihers angesichts der geringen Marktmacht der Leiharbeitnehmer letztlich einseitig niedrigere Entgelte festsetzen zu können.

Der Abschluss von Verbandstarifverträgen durch die CGZP wirkte sich in der Folgezeit auch auf den Abschluss von Verbandstarifverträgen durch die Tarifgemeinschaft Zeitarbeit des DGB mit den beiden größeren Arbeitgeberverbänden im Bereich der Zeitarbeit, nämlich dem Bundesverband Zeitarbeit Personal-Dienstleistungen (BZA)[45] und dem Interessenverband Deutscher Zeitarbeitsunternehmen (iGZ) aus, bei denen zwar etwas höhere Entgeltsätze vereinbart werden konnten, die von der Gewerkschaftsseite aber gleichwohl als unbefriedigend niedrig und nur als dem Vorhandensein einer Unterbietungskonkurrenz geschuldet aufgefasst werden.[46] Während tarifdispositives Recht – im Vergleich zu einem gänzlich ungere-

---

rung beim Entleiher, in: Rieble/Junker/Giesen (Hrsg.), Zukunft der Zeitarbeit (2009), S. 65, 70, spricht sogar von nur ungefähr 3%.

[42] Siehe nur BVerfG 26. 6. 1991 – 1 BvR 779/85 – BVerfGE 84, 212, 229; BVerfG 4. 7. 1995 – 1 BvF 2/86 und 1, 2, 3, 4/87 und 1 BvR 1421/86 – BVerfGE 92, 365, 395; JKO/*Krause*, TVR (2007), § 1 Rn. 17.

[43] Plastischer Fall ArbG Krefeld vom 19. 4. 2011 – 4 Ca 3047/10 – n. v. (Kündigung wegen Weigerung, eine Bezugnahmeklausel auf AMP/CGZP-"Tarifvertrag" in den Arbeitsvertrag aufzunehmen).

[44] *Thüsing*, Arbeitsrechtlicher Diskriminierungsschutz (2007), Rn. 833; krit. auch *Waltermann*, Abschied vom Normalarbeitsverhältnis?, Gutachten B zum 68. Deutschen Juristentag (2010), S. B 53.

[45] Im Jahr 2011 haben sich der BZA und der AMP zum Bundesarbeitgeberverband der Personaldienstleister (BAP) zusammengeschlossen.

[46] *Berg*, JbArbR 46 (2009), 69, 74. Zahlenmaterial bei *Martin*, AuR 2004, 247, 249.

gelten Zustand – an sich gewerkschaftliche Verhandlungsmacht erzeugt, weil es der Arbeitnehmerseite die Möglichkeit verschafft, ein Entgegenkommen gegen Vorteile an anderer Stelle einzutauschen,[47] hatte es hier lediglich die Wirkung, den christlichen Arbeitnehmerorganisationen an den Interessen der Leiharbeitnehmer vorbei ein Aktionsfeld zu eröffnen.

Mit dem CGZP-Beschluss des BAG vom 14. 12. 2010 ist zunächst geklärt worden, dass die CGZP keine tariffähige Spitzenorganisation im Sinne von § 2 Abs. 3 TVG ist.[48] Die aus dieser Entscheidung für die von der CGZP in der Vergangenheit vereinbarten Tarifverträge in arbeits- und sozialrechtlicher Hinsicht zu ziehenden Schlüsse sind sofort zum Gegenstand eines heftigen Streits geworden,[49] der hier indes nicht näher dargestellt werden soll. Festzuhalten bleibt in jedem Fall, dass die christlichen Arbeitnehmerorganisationen schon im Vorfeld der Entscheidung des BAG ihre Tarifpraxis umgestellt haben und die neuen Tarifverträge nunmehr als mehrgliedrige Tarifverträge sowohl im Namen der CGZP als auch aller einzelnen christlichen Gewerkschaften mit dem Ziel abschließen, etwaigen aus der Gestaltung der Satzung der CGZP resultierenden rechtlichen Risiken von vornherein vorzubeugen und die Aushebelung des Equal-Pay-Grundsatzes möglichst umfassend abzusichern.[50] Damit hängt die Verdrängung des Gleichbehandlungsgrundsatzes auf lange Sicht letztlich an der Tariffähigkeit der einzelnen christlichen Arbeitnehmerorganisationen als rechtstatsächliche Voraussetzung eines Unterbietungswettbewerbs.[51] Hiervon abgesehen haben die von der DGB-Tarifgemeinschaft Zeitarbeit für den Bereich der Leiharbeit abgeschlossenen Verbandstarifverträge eine Mindestlaufzeit bis zum 31. 10. 2013. Somit entfaltet der gesetzliche Ausgangspunkt des Equal-Pay-Grundsatzes nach der bisherigen Rechtslage zumindest bis zum Auslaufen der DGB-Tarifverträge in erheblichen Teilen der Leiharbeitsbranche keine Wirkung.

---

[47] *Rieble*, ZfA 2005, 245, 255; *Thüsing*, ZfA 2008, 590, 596.

[48] BAG 14. 12. 2010 – 1 ABR 19/10 – AP TVG § 2 Tariffähigkeit Nr. 7 = NZA 2011, 289.

[49] Dazu LAG Rheinland-Pfalz 15. 6. 2011 – 6 Ta 99/11 – BB 2011, 1916; LAG Baden-Württemberg 21. 6. 2011 – 11 Ta 10/11 – BB 2001, 2557; LAG Berlin-Brandenburg 20. 9. 2011 – 7 Sa 1318/11 – DB 2012, 119; LAG Nürnberg 23. 11. 1011 – 7 Ta 111/11 – DB 2012, 118; *Giesen*, Arbeits- und beitragsrechtliche Folgen der CGZP-Entscheidung des Bundesarbeitsgerichts (2011); *Lembke*, NZA 2011, 1062 ff.; *Lunk/Rodenbusch*, RdA 2011, 375 ff.; *Neef*, NZA 2011, 615 ff.; *Schlegel*, NZA 2011, 380 ff.; *Schüren*, RdA 2011, 368 ff.

[50] Vgl. *Bayreuther*, NZA 2012, 14; dazu nunmehr auch *Stoffels/Bieder*, RdA 2012, 27 ff.

[51] Hierzu jüngst BAG 5. 10. 2010 – 1 ABR 88/09 – AP TVG § 2 Tariffähigkeit Nr. 7 = NZA 2011, 300 (GKH); dazu *Greiner*, NZA 2011, 825 ff.; *Ulber*, RdA 2011, 353 ff.

III. Gewerkschaftliche Gegenstrategien

Die Gewerkschaften bemühen sich seit einigen Jahren, den durch die Leiharbeit hervorgerufenen Friktionen durch tarifvertragliche Regelungen entgegenzutreten. Dabei lassen sich im Wesentlichen zwei Strategien unterscheiden.

Insoweit geht es zunächst darum, durch Firmen- oder Verbandstarifverträge den Umfang der Leiharbeit zu beschränken. Dies geschieht zum einen durch Regelungen, die bestimmte Höchstquoten für die Beschäftigung von Leiharbeitnehmern im Verhältnis zur Stammbelegschaft festlegen. Ein aktuelles Beispiel ist der Zukunftstarifvertrag vom Oktober 2011 bei Airbus, der u.a. vorsieht, dass ab 1.1. 2012 maximal 20% Leiharbeiter und ab 1.1. 2015 maximal 15% Leiharbeitnehmer (sowie maximal fünf Prozent befristet Beschäftigte) bei Airbus tätig sein sollen.[52] Um eine Substitution von Stammarbeitnehmern durch Leiharbeitnehmer zu verhindern, wird zum anderen die Höchsteinsatzdauer begrenzt bzw. der Arbeitgeber dazu verpflichtet, den eingesetzten Leiharbeitnehmern unter bestimmten Voraussetzungen eine Festanstellung anzubieten. So schreibt der Verbandstarifvertrag für die saarländische Eisen- und Stahlindustrie vom Dezember 2010 eine Einsatzdauer des einzelnen Leiharbeitnehmers von grundsätzlich sogar nur drei Monaten, höchstens aber sechs Monaten vor.[53] Ferner regelt der genannte Zukunftstarifvertrag bei Airbus, dass im Jahr 2016 insgesamt 300 Leiharbeitnehmern unbefristete Arbeitsverträge anzubieten sind.

Eine weitere Strategie besteht darin, den Equal-Pay-Grundsatz unmittelbar oder mittelbar wiederherzustellen. Insoweit geht es auf der einen Seite um Vereinbarungen (Tarifverträge), die auf der Arbeitgeberseite (nur) von einzelnen Verleiherunternehmen bzw. von den entsprechenden Verleiherarbeitgeberverbänden geschlossen werden. Hierzu ist aktuell auf die Absichtserklärungen in der chemischen Industrie zu verweisen, wo sich die IG BCE und der Bundesarbeitgeberverband der Personaldienstleister (BAP) Anfang Dezember 2011 im Grundsatz auf ein Zuschlagssystem geeinigt haben, durch das Leiharbeitnehmer bei einem Einsatz in der chemischen Branche in mehreren zeitlichen Stufen an die in diesem Industriezweig gezahlten Entgelte herangeführt werden sollen.[54] Schon früher (2007) hatte die IG Metall mit einem Zeitarbeitsunternehmen für die bei Audi in Ingolstadt eingesetzten Leiharbeitnehmer eine Angleichung der

[52] Für den Anlauf eines neuen Flugzeugprogramms sollen die Quoten nicht gelten.

[53] Ausnahmen sind mit Zustimmung des Betriebsrats bzw. durch Entscheidung einer tariflichen Schlichtungsstelle möglich.

[54] Vgl. F.A.Z. Nr. 285 vom 7.12. 2011, S. 14.

Entgelte durch Zahlung einer Zulage vereinbart. Auf der anderen Seite stehen Vereinbarungen, die auf der Arbeitgeberseite ausschließlich mit einzelnen Entleiherunternehmen bzw. mit den Entleiherarbeitgeberverbänden getroffen werden und mittelbar bewirken sollen, dass den Leiharbeitnehmern der Equal-Pay-Grundsatz zugute kommt.

Die umfassendste Regelung enthält der Tarifvertrag für die nordwestdeutsche Eisen- und Stahlindustrie vom September 2010.[55] In diesem Verbandstarifvertrag wird in § 2 eine Verpflichtung der Mitgliedsunternehmen festgeschrieben, in ihrer Eigenschaft als Entleiher beim Abschluss von Verträgen mit Verleihern darauf hinzuwirken, dass Leiharbeitnehmern während ihres Einsatzes im Betrieb des jeweiligen Mitgliedsunternehmens gegen ihren Vertragsarbeitgeber ein Anspruch auf ein Entgelt zusteht, das sich danach bemisst, wie die ausgeübte Tätigkeit nach der jeweils gültigen Lohn- bzw. Gehaltstabelle für die Stahlindustrie vergütet wird (Vergleichsentgelt). Die Einhaltung des Equal-Pay-Grundsatzes soll nach Maßgabe von § 3 durch eine Schadensersatzpflicht des Entleihers gegenüber dem Leiharbeitnehmer abgesichert werden. Diese Schadensersatzpflicht wird an die Voraussetzung gekoppelt, dass der Leiharbeitnehmer das Vergleichsentgelt nicht erhalten hat und umfasst die Differenz zwischen dem arbeitsvertraglichen Entgeltanspruch des Leiharbeitnehmers gegen seinen Vertragsarbeitgeber (Verleiher) und dem Vergleichsentgelt. Der Schadensersatzanspruch soll nicht bestehen, wenn das Mitgliedsunternehmen nachweist, dass es den Verleiher vertraglich dazu verpflichtet hat, dem Leiharbeitnehmernehmer einen arbeitsvertraglichen Anspruch auf das Vergleichsentgelt einzuräumen. Der Tarifvertrag spricht insoweit von einer „Haftung für fehlerhafte Vertragsgestaltung mit dem Verleiher". Ein direkter Entgeltanspruch des Leiharbeitnehmers gegen das Mitgliedsunternehmen wird dagegen ausdrücklich ausgeschlossen (§ 2 Abs. 1 S. 2). Auf firmentarifvertraglicher Ebene ist der Airbus-Tarifvertrag von 2003 zu nennen, der von Airbus verlangt, gegenüber den beauftragten Verleiherunternehmen darauf hinzuwirken, dass eingesetzte Leiharbeitnehmer ab dem Beginn des vierten Einsatzmonats einen Anspruch auf Equal Pay haben, wobei diese Pflicht allerdings nicht durch etwaige Zahlungsansprüche der überlassenen Arbeitnehmer direkt gegen Airbus unterstützt wird.

Die folgenden Ausführungen beschränken sich auf diejenigen tariflichen Regelungen, die auf die Wiederherstellung des Equal-Pay-Grundsatzes abzielen. In rechtlicher Hinsicht besteht ihr besonderer Reiz darin, dass durch Vereinbarungen mit den Entleihern zumindest mittelbar auf die Arbeitnehmerüberlassungsverträge und auf diesem Wege letztlich auf die Ar-

---

[55] Überblick über die Regelungen bei *Karthaus*, AuR 2010, 494 ff.

beitsbeziehungen zwischen Verleiher und Leiharbeitnehmern eingewirkt werden soll. Hierdurch soll die Organisationsstärke der Gewerkschaften auf der Entleiherseite genutzt werden, um bei Leiharbeitnehmern zu Arbeitsbedingungen zu gelangen, die im direkten Zugriff aus verschiedenen Gründen nicht erreichbar sind. Erstens ist der Organisationsgrad in der Zeitarbeitsbranche wie erwähnt[56] sehr gering. Zweitens verstehen sich Leiharbeitnehmer anders als die Belegschaft eines herkömmlichen Betriebs nicht als eine homogene Gruppe, was in erster Linie darauf beruht, dass keine gemeinsame Tätigkeit an einem festen Arbeitsort erfolgt, aber auch darauf, dass die weitaus überwiegende Anzahl der Leiharbeitnehmer ihre Tätigkeit bei einem Zeitarbeitsunternehmen nur als Durchgangsstadium betrachtet, dem sie möglichst rasch entkommen möchte. Damit fehlt es an den rechtstatsächlichen Voraussetzungen, um durch kollektives Handeln den eigenen beruflichen Interessen eine stärkere Durchsetzungskraft zu verleihen.

IV. Rechtsfragen tarifvertraglicher Regulierung von Leiharbeit

1. *Tarifrechtliche Ausgangspositionen*

Der Versuch, den Equal-Pay-Grundsatz durch eine Vereinbarung zwischen den Tarifparteien auf der Entleiherseite wiederherzustellen, berührt zahlreiche rechtliche Aspekte. Um die verschiedenen Ebenen klar voneinander abzugrenzen, soll im Folgenden zwischen der – gegenständlichen und personellen – *Zuständigkeit* der Tarifvertragsparteien zur grundsätzlichen Regelung bestimmter Angelegenheiten („Innenschranken") und der *Zulässigkeit* der jeweiligen tarifvertraglichen Regelungen („Außenschranken"), d.h. der Frage, ob eine Vereinbarung gegen (höherrangiges) Recht verstößt,[57] unterschieden werden, wobei diese Differenzierung es nicht ausschließt, dass bestimmte Aspekte wie insbesondere das Verhältnis zwischen Arbeitsmarktregulierung und Dienstleistungsmarktregulierung auf beiden Ebenen zur Sprache kommen. Die Analyse der tarifvertraglichen

---

[56] Siehe oben II 2 mit Fn. 41.

[57] Dazu bereits *Krause*, Standortsicherung und Arbeitsrecht (2007), S. 58 m. w. N. Im systematischen Ansatz ebenso die grundlegende Untersuchung von *Säcker/Oetker*, Grundlagen und Grenzen der Tarifautonomie (1992). Vergleichbar im Problemzugang *Gamillscheg*, KollArbR, Bd. I (1997), § 7 III 5 a, S. 339, der im Hinblick auf die Abgrenzung von Tarifautonomie und Unternehmensautonomie zwischen einem äußeren Bereich (= fehlende Zuständigkeit der Tarifparteien) und einem inneren Bereich (= trotz vorhandener Zuständigkeit der Tarifparteien Vorrang grundrechtlich geschützter Interessen des Arbeitgebers) unterscheidet.

Regelungen wird dadurch erschwert, dass über die funktionellen und inhaltlichen Grenzen der Tarifautonomie trotz einer jahrzehntelangen Diskussion[58] bislang noch keine Einigkeit erzielt worden ist. Legt man die heute überwiegend vertretene Auffassung zugrunde, ergeben sich folgende tarifrechtlichen Ausgangspositionen, auf denen die weiteren Überlegungen aufbauen sollen.[59]

Zunächst ist unstreitig, dass das Grundrecht der Koalitionsfreiheit gemäß Art. 9 Abs. 3 GG gleichermaßen Grundlage wie Grenze der funktionellen Zuständigkeit der Tarifparteien ist.[60] Dies bedeutet, dass eine Vereinbarung von vornherein nur dann als rechtmäßiger Tarifvertrag angesehen werden kann, wenn sie als Arbeits- und Wirtschaftsbedingung zu qualifizieren ist. Bei der Interpretation dieser Doppelformel hat sich mehrheitlich eine mittlere Sichtweise durchgesetzt, nach der unter Arbeits- und Wirtschaftsbedingungen sämtliche Bedingungen zu verstehen sind, unter denen abhängige Arbeit geleistet wird oder die sich regulierend auf den Arbeitsmarkt auswirken.[61] Hierdurch wird auf der einen Seite allen Ansätzen eine Absage erteilt, welche die Funktion der Tarifautonomie auf eine bloße Regelung von Arbeitsbedingungen im Einzelarbeitsverhältnis bzw. im Betriebsverhältnis zurückstutzen wollen[62]. Auf der anderen Seite werden damit weitergehende Vorstellungen zurückgewiesen, nach der die Doppelformel unabhängig von einem unmittelbaren oder mittelbaren Bezug zu Arbeitsverhältnissen unter ausdrücklicher Einbeziehung der unternehmerischen Sphäre sämtliche Entscheidungen umfasst, die Rückwirkungen auf die Tätigkeit als Arbeitnehmer oder Arbeitgeber haben,[63] wodurch – zumindest theoretisch – nicht nur das Arbeitsmarktverhalten von Unternehmen, sondern auch das Verhalten auf den allgemeinen Güter- und Dienstleistungsbeschaffungs- und -absatzmärkten in die funktionelle Zuständigkeit der Tarifparteien fallen würde[64].

---

[58] Beginnend mit *Biedenkopf*, Grenzen der Tarifautonomie (1964).

[59] Im Anschluss an JKO/*Krause*, TVR (2007), § 1 Rn. 16 ff.

[60] Statt aller eindringlich jüngst BAG 23. 3. 2011 – 4 AZR 366/09 – NZA 2011, 920 (Rn. 38).

[61] ErfK/*Dieterich*, 12. Aufl. (2012), Art. 9 GG Rn. 73; *Gamillscheg*, KollArbR, Bd. I (1997), § 6 II 1, S. 219 ff.; Sachs/*Höfling*, GG, 6. Aufl. (2011), Art. 9 Rn. 54; v. Mangoldt/Klein/Starck/*Kemper*, GG, Bd. 1, 6. Aufl. (2010), Art. 9 Rn. 89; *Säcker/Oetker*, Grundlagen und Grenzen der Tarifautonomie (1992), S. 48 ff.; *Söllner*, JbArbR 16 (1979), 19, 26 ff.; Wiedemann/*Wiedemann*, TVG, 7. Aufl. (2007), Einleitung Rn. 88 ff.; *ders.*, Unternehmensautonomie und Tarifvertrag, RdA 1986, 231, 232.

[62] In diesem Sinne etwa *Löwisch/Rieble*, TVG, 2. Aufl. (2004), § 1 Rn. 20 ff.

[63] *Däubler*, TVR, 3. Aufl. (1993), Rn. 175 b.

[64] Für eine Ausklammerung von solchen Maßnahmen, die sich ausschließlich auf die Märkte für Waren, Dienstleistungen und Kapital beziehen, gleichwohl *Däubler*, TVR, 3. Aufl. (1993), Rn. 175 b.

Soweit es um die von der funktionellen Regelungszuständigkeit zu unterscheidende Fähigkeit der Tarifparteien zur Normsetzung geht, ist davon auszugehen, dass aus rechtsstaatlichen und demokratischen Grundsätzen ein staatliches Monopol für die Anerkennung gesellschaftlicher Eigenregulierungen als echte Rechtsnormen besteht.[65] Hieraus ergibt sich, dass die Tarifparteien nur solche Rechtsnormen schaffen können, die sich gegenständlich dem Normenkatalog des § 1 Abs. 1 TVG (bzw. des § 4 Abs. 2 TVG) zuordnen lassen. Jenseits dieses Bereiches steht den Tarifparteien der obligatorische Teil des Tarifvertrages zur Regelung von Arbeits- und Wirtschaftsbedingungen zur Verfügung. Dies wird im Schrifttum zwar teilweise bestritten.[66] Für eine Kongruenz in dem Sinne, dass durch schuldrechtliche Abreden zwischen den Tarifvertragsparteien nur solche Arbeits- und Wirtschaftsbedingungen geregelt werden können, die dem Normenkatalog des § 1 Abs. 1 TVG zugeordnet werden können, die also mit anderen Worten auch normativ hätten geregelt werden können, besteht indes kein Anlass. Da die Koalitionsfreiheit und die aus ihr abzuleitende Tarifautonomie die Tarifvertragsparteien in die Lage versetzen sollen, in einer sich ständig wandelnden Arbeitswelt die Interessen der Arbeitgeberseite und der Arbeitnehmerseite immer wieder neu zu einem vertraglichen Ausgleich zu bringen, kann die funktionelle Regelungszuständigkeit der Tarifparteien nicht auf diejenigen Angelegenheiten eingegrenzt werden, die sich in den Normenkatalog des § 1 Abs. 1 TVG hineinzwängen lassen. Vielmehr gebietet es die Entwicklungsoffenheit der Tarifautonomie,[67] neue Problemlagen auf dem Arbeitsmarkt gemeinsam zu bewältigen, auch wenn sich die jeweiligen Angelegenheiten nicht für eine tarifliche Normsetzung eignen.

Vor diesem tarifrechtlichen Hintergrund ist somit in einem ersten Schritt danach zu fragen, ob die hier in Rede stehenden Regulierungen gegenständlich als Arbeits- und Wirtschaftsbedingungen qualifiziert werden können. Sofern dies bejaht werden kann, ist in einem zweiten Schritt die

---

[65] Grdl. *F. Kirchhof*, Private Rechtsetzung (1987), S. 112 ff., 133 f. m. w. N.; ferner *Bachmann*, Private Ordnung (2006), S. 62 ff.

[66] *Beuthien*, ZfA 1983, 141, 159 ff.; *Reuter*, ZfA 1990, 535, 548; *Säcker/Oetker*, Grundlagen und Grenzen der Tarifautonomie (1992), S. 155 ff.; im Ergebnis auch *Löwisch/Rieble*, TVG, 2. Aufl. (2004), § 1 Rn. 425, nach denen den Tarifparteien auf dem Gebiet der Arbeits- und Wirtschaftsbedingungen außerhalb des durch den Normenkatalog in gegenständlicher Hinsicht abgesteckten Bereichs nur der außertarifliche Koalitionsvertrag zur Verfügung steht.

[67] Vgl. BAG 3. 4. 1990 – 1 AZR 123/89 – AP GG Art. 9 Nr. 56 = NZA 1990, 886; ferner Sachs/*Höfling*, GG, 6. Aufl. (2011), Art. 9 Rn. 55, 88; *Säcker/Oetker*, Grundlagen und Grenzen der Tarifautonomie (1992), S. 64 ff.; Maunz/Dürig/*Scholz*, GG (Stand: 1999), Art. 9 Rn. 163, 259.

Zuständigkeit der Tarifparteien gerade auf der Entleiherseite in personeller Hinsicht zu klären. Schließlich ist in einem dritten Schritt danach zu fragen, ob sich die Regelungen dem Normenkatalog des § 1 Abs. 1 TVG zuordnen lassen oder ob sie nur als schuldrechtliche Tarifbestimmungen möglich sind.

2. *Funktionelle Zuständigkeit der Tarifparteien*

Auch wenn die hier in Rede stehenden tarifvertraglichen Vereinbarungen allesamt auf das Phänomen der Leiharbeit bezogen sind, folgt daraus noch nicht zwangsläufig, dass sie gegenständlich unterschiedslos als Arbeits- und Wirtschaftsbedingungen im Sinne von Art. 9 Abs. 3 GG zu qualifizieren sind. Vielmehr sind die einzelnen Bestimmungen jeweils für sich auf ihren rechtlichen Charakter zu untersuchen.

Geht man von der soeben skizzierten Ansicht aus, unter Arbeits- und Wirtschaftsbedingungen alle rechtlichen Bedingungen zu verstehen, unter denen abhängige Arbeit geleistet wird oder die sich regulierend auf den Arbeitsmarkt auswirken werden, ist die Festschreibung des Equal-Pay-Grundsatzes in einem unter Beteiligung des Verleiherunternehmens geschlossenen Tarifvertrag zwar grundsätzlich unproblematisch, weil es insoweit nur um die Regelung derjenigen Arbeitsbedingungen geht, zu denen die Leiharbeitnehmer ihre Arbeitskraft ihrem eigenen Arbeitgeber zur Verfügung stellen. Zweifelhaft erscheinen dagegen prima facie diejenigen tariflichen Regelungen, die der Durchsetzung des Equal-Pay-Grundsatzes dienen, indem der Entleiher dazu gebracht werden soll, auf bestimmte Konditionen im Arbeitnehmerüberlassungsvertrag hinzuwirken. Die Arbeitnehmerüberlassung als solche stellt im Verhältnis zwischen Entleiher und Verleiherunternehmen nämlich eine – selbstständige – Dienstleistung dar. Alle Bestimmungen, die sich auf die Erbringung solcher Dienstleistungen auswirken, beeinflussen damit den Dienstleistungsmarkt. Damit stellt sich die Frage nach dem Verhältnis von Arbeitsmarkt- und Dienstleistungsmarktregulierung.

Dieses Verhältnis kann unter zwei Perspektiven beleuchtet werden: Zum einen geht es um die Wirkung von – deutschem und europäischem – Wettbewerbsrecht als mögliche Grenze von Tarifverträgen.[68] Zum anderen geht es um die vorgelagerte und an dieser Stelle allein interessierende funktionelle Zuständigkeit der Tarifvertragsparteien. Die notwendige Unterscheidung beider Aspekte[69] ergibt sich daraus, dass ein Konflikt zwischen Tarif-

---

[68] Dazu noch unten IV 5 b.

[69] Klare Trennung beider Fragen etwa auch bei *Rieble*, Unternehmerischer Markt-

autonomie und Kartellrecht von vornherein nur dann entstehen kann, wenn sich die Tarifparteien im Rahmen ihrer funktionellen Zuständigkeit bewegen, also Arbeits- und Wirtschaftsbedingungen regeln. Verlassen die Tarifparteien hingegen den durch Art. 9 Abs. 3 GG gewährleisteten Bereich und begeben sich auf den Boden der allgemeinen Privatautonomie, werden sie vom Kartellrecht in vollem Umfang erfasst. Der schlichte Umstand, dass es Unternehmen gelingt, für eine gegenständlich eindeutig außerhalb von Arbeits- und Wirtschaftsbedingungen angesiedelte wettbewerbsbeschränkende Abrede eine Gewerkschaft als zusätzlichen Vertragspartner zu gewinnen, ändert nichts an der Anwendbarkeit des Kartellrechts.[70] Damit spitzt sich alles auf die Frage zu, ob die in Rede stehenden Tarifinhalte noch zu den Arbeits- und Wirtschaftsbedingungen im Sinne von Art. 9 Abs. 3 GG gerechnet werden können.

Die Eigenheit der aktuellen Regelungen im Tarifvertrag für die nordwestdeutsche Eisen- und Stahlindustrie[71] besteht darin, den Entleiher zu einer bestimmten Gestaltung des Arbeitnehmerüberlassungsvertrages zu verpflichten (§ 2) und ihm für den Fall, dass er es unterlassen hat, eine Klausel zu vereinbaren, die den Verleiher zur Gewährung von Equal Pay verpflichtet, eine Schadensersatzpflicht gegenüber dem Leiharbeitnehmer aufzuerlegen (§ 3). Die Bestimmung will damit auf insgesamt drei rechtliche Beziehungen Einfluss nehmen: Sie will erstens unmittelbar das Vertragsverhalten des Entleihers gegenüber den Verleiherunternehmen regeln. Zweitens will sie hierdurch mittelbar auf das arbeitsvertragliche Verhalten der Verleiherunternehmen gegenüber den bei ihnen angestellten Leiharbeitnehmern einwirken. Drittens schließlich will sie eine Regelung für das Verhältnis zwischen Entleiher und Leiharbeitnehmern treffen.

Betrachtet man zunächst die an dritter Stelle genannten Beziehungen zwischen Entleiher und Leiharbeitnehmern, so lässt sich die Einordnung einer Schadensersatzpflicht für den Fall, dass der Entleiher nicht auf eine Verankerung des Equal-Pay-Grundsatzes im Arbeitnehmerüberlassungsvertrag gedrungen hat, zu den Arbeits- und Wirtschaftsbedingungen im Sinne von Art. 9 Abs. 3 GG nicht in Abrede stellen, weil es um eine Fixierung derjenigen Konditionen geht, unter denen abhängige Arbeit geleistet

---

machteinsatz zur tarifpolitischen Lenkung von Kunden/Lieferanten, in: Rieble/Junker/Giesen (Hrsg.), Kartellrecht und Arbeitsmarkt (2010), S. 103, 114.

[70] In diesem Sinne auch *Ackermann*, Kartellrecht und Arbeitsmarkt: Der Geltungsanspruch der §§ 1 f. GWB, in: Rieble/Junker/Giesen (Hrsg.), Kartellrecht und Arbeitsmarkt (2010), S. 17, 36 f.; *Mohr/Wolf*, JZ 2011, 1091, 1098; *Reichold*, FS Reuter (2010), S. 759, 772 f.; *Roth*, Tarifverträge aus kartellrechtlicher Sicht, in: FIW (Hrsg.), Tarifautonomie und Kartellrecht (1990), S. 7, 17; *Schmidt-Eriksen*, AuR 1991, 137, 144.

[71] Dazu bereits oben III.

werden soll. Allgemeiner gesagt fällt die Regulierung des Verhältnisses zwischen Entleiher und Leiharbeitnehmern in die funktionelle Zuständigkeit der Tarifvertragsparteien.[72] Ob die Tarifparteien über die Rechtsmacht verfügen, diese Beziehungen normativ zu strukturieren, ist eine hiervon gesondert zu beantwortende Frage.[73]

Soweit es um die Einwirkung auf die arbeitsvertraglichen Beziehungen zwischen den Verleiherunternehmen und den bei ihnen angestellten Leiharbeitnehmern als solche geht, genügt an dieser Stelle der Hinweis, dass die damit verbundenen Probleme die Zuständigkeit gerade der Tarifparteien auf der Entleiherseite betreffen, nicht aber die Zuständigkeit der Koalitionen für die Arbeitskonditionen der Leiharbeitnehmer in gegenständlicher Hinsicht. Dies zeigt sich daran, dass die Gewerkschaft für diejenigen ihrer Mitglieder, die als Leiharbeitnehmer tätig sind, mit den Verleiherunternehmen bzw. den auf der Verleiherseite tätigen Verbänden ohne weiteres Tarifverträge über das Arbeitsentgelt abschließen könnte. Problematisch ist also nicht der sachliche Gehalt des Tarifinhalts, sondern lediglich, ob die Gewerkschaft den „Umweg" über die Entleiherseite wählen darf, um zugunsten der Leiharbeitnehmer zu besseren Arbeitskonditionen zu gelangen.[74]

In thematischer Hinsicht ist deshalb nur zweifelhaft, ob unter den Begriff der Arbeits- und Wirtschaftsbedingungen auch noch solche Pflichten fallen, die sich auf das Verhalten des Entleihers bei der Ausgestaltung des Arbeitnehmerüberlassungsvertrages und damit auf das an erster Stelle genannte Rechtsverhältnis beziehen, bei dem es sich um einen Dienstleistungsvertrag handelt. Ein Teil des Schrifttums stellt dies vehement in Abrede, weil es sich insoweit nicht um die Arbeitsbedingungen der beim Verleiher beschäftigten Arbeitnehmer handele, sondern ausschließlich um das Marktverhalten des Entleihers auf dem Dienstleistungsmarkt.[75] Ob jede Regulierung eines marktbezogenen Verhaltens des Arbeitgebers automatisch dazu führt, dass der von Art. 9 Abs. 3 GG funktionell abgedeckte Bereich auch dann verlassen wird, wenn das eigentliche Ziel der Abrede in einer Verbesserung des Arbeitnehmerschutzes besteht, ist freilich keineswegs ausgemacht.

---

[72] In diesem Sinne auch *Berg/Platow/Schoof/Unterhinninghofen*, TVG/AKR, 3. Aufl. (2010), § 1 TVG Rn. 210; Schaub/*Treber*, Arbeitsrechts-Handbuch, 14. Aufl. (2011), § 202 Rn. 8; *Ulber*, AÜG, 4. Aufl. (2011), § 9 Rn. 195.

[73] Hierzu unten IV 4 a.

[74] Dazu sogleich unten IV 3.

[75] *Rieble*, Unternehmerischer Marktmachteinsatz zur tarifpolitischen Lenkung von Kunden/Lieferanten, in: Rieble/Junker/Giesen (Hrsg.), Kartellrecht und Arbeitsmarkt (2010), S. 103, 114.

Ausgangspunkt für die Qualifikation einer bestimmten Angelegenheit in der Grauzone von Arbeitsmarkt und Güter- bzw. Dienstleistungsmarkt können nicht allein begriffliche Unterscheidungen sein. Vielmehr muss an den Strukturgesetzlichkeiten von Arbeitsmarkt einerseits und Güter- bzw. Dienstleistungsmärkten andererseits angesetzt werden. Insoweit besteht im Grundsatz Einigkeit darüber, dass die allgemeinen Güter- bzw. Dienstleistungsmärkte als Folge des grundgesetzlichen Votums für Vertragsfreiheit, Berufsfreiheit und Eigentumsfreiheit nach dem Wettbewerbsprinzip strukturiert sind, während dem Arbeitsmarkt das Gegenmachtprinzip zugrunde liegt. Auf den allgemeinen Märkten soll sich im Verhältnis der auf derselben Seite agierenden Marktteilnehmer der geringere Preis als Instrument zur Verwirklichung des Effizienzprinzips durchsetzen.[76] Demgegenüber ist mit der Koalitionsfreiheit und der durch sie gewährleisteten Tarifautonomie die sozialgeschichtliche Erfahrung in geltendes Verfassungsrecht überführt worden, dass gesellschaftlich wünschenswerte Ergebnisse auf dem Arbeitsmarkt gerade nicht horizontal durch einen Unterbietungswettbewerb, sondern vertikal durch eine antagonistische Interessenaustragung zwischen den Marktgegenseiten erzielt werden.[77] Anders ausgedrückt vollzieht sich Entmachtung und damit Freiheitssicherung auf den allgemeinen Güter- bzw. Dienstleistungsmärkten durch Wettbewerb,[78] während Entmachtung der sozial Stärkeren und damit Freiheitssicherung der sozial Schwächeren auf dem Arbeitsmarkt durch Gegenmachtbildung erfolgt.[79] Deshalb ist danach zu fragen, ob die Steuerung bestimmter Angelegenheiten bei funktionaler Betrachtung dem – tariffreien – Wettbewerbsprinzip oder dem – tarifvertragsorientierten – Gegenmachtprinzip zuzuweisen ist.

Hierbei kann eine rein formale Sichtweise nicht überzeugen, die ausschließlich darauf abstellt, ob sich das von der Arbeitgeberseite geforderte Verhalten in gegenständlicher Hinsicht unmittelbar auf seine Rolle als Arbeitsvertragspartei bzw. als Betriebsinhaber auswirken oder ob es sich in einem Dienstvertrag niederschlagen soll. Stattdessen ist die konkrete Angelegenheit daraufhin zu analysieren, wo bei einer materiellen Betrachtung der Schwerpunkt liegt. Da die Koalitionsfreiheit es den abhängig Beschäf-

---

[76] Dazu bereits zu BT-Drs. 2/3644 vom 22. 6. 1957, S. 7f.

[77] Statt vieler *Rieble*, Arbeitsmarkt und Wettbewerb (1996), Rn. 114ff.; *Scholz*, FS Rittner (1990), S. 629, 636ff.

[78] Grdl. *Böhm*, Demokratie und ökonomische Macht, in: Institut für ausländisches und internationales Wirtschaftsrecht (Hrsg.), Kartelle und Monopole im modernen Recht, Bd. I (1961), S. 1, 22.

[79] Siehe nur jüngst *Mohr/Wolf*, JZ 2011, 1091; ferner *Scholz*, FS Rittner (1990), S. 629, 636ff.

tigten ermöglichen soll, durch eine Bündelung ihrer Verhandlungsmacht auf die Gestaltung derjenigen Bedingungen Einfluss zu nehmen, von denen ihre beruflichen Interessen abhängig sind, kann es nicht überzeugen, das Gegenmachtprinzip aus formalen Gründen auszublenden und gegen das Wettbewerbsprinzip einzutauschen, ohne dabei in Rechnung zu stellen, ob ein Arbeitgeberverhalten, das vordergründig allein auf den Güter- bzw. Dienstleistungsmarkt gerichtet ist, tatsächlich in erster Linie die Interessen der abhängig Beschäftigten berührt.

Die hier zu untersuchenden Gestaltungen sind zunächst dadurch gekennzeichnet, dass keine umfassende Einflussnahme auf die vertragsbezogenen Entscheidungen des Entleihers im Verhältnis zur Verleiherseite erfolgen soll. Weder werden der Kreis der in Betracht kommenden Vertragsparteien eingegrenzt und damit andere Anbieter ausgegrenzt noch werden die Konditionen des Personalüberlassungsvertrages in allen Einzelheiten vorgegeben. Erst recht zielen die Maßnahmen nicht darauf ab, kleinere Mitbewerber, die sich auf demselben Güter- oder Dienstleistungsmarkt wie der Entleiher betätigen, durch eine konzertierte Aktion von Entleihern und Gewerkschaft gezielt aus dem Rennen zu werfen. Stattdessen geht es ausschließlich um die Frage, welches Entgelt die Leiharbeitnehmer erhalten sollen, die in den Entleiherbetrieben zum Einsatz kommen. Damit wollen die Tarifverträge auf die Auswahl des konkreten Verleiherunternehmens gerade keinen Einfluss ausüben. Vielmehr wird nur verlangt, dass der Verleiher den bei ihm beschäftigten Arbeitnehmern Equal Pay gewährt.

Hinzu tritt der besondere Charakter der selbstständigen Dienstleistung von Verleiherunternehmen, der gerade darin besteht, unselbstständige Arbeit zum Einsatz in einem anderen Betrieb zur Verfügung zu stellen. Die Aufspaltung der Arbeitgeberfunktionen durch eine strukturelle Entkoppelung von rechtlichem Arbeitsverhältnis und tatsächlichem Beschäftigungsverhältnis kann indes nicht dazu führen, dass die Arbeitgeberseite im Hinblick auf die Entgeltfindung einseitig das Gegenmachtprinzip suspendieren und der Arbeitnehmerseite die Möglichkeit zur Mitsprache bei der Regulierung abhängiger Arbeit in den jeweiligen Einsatzbetrieben weitgehend aus den Händen schlagen kann. Hierzu würde es aber kommen, wenn man die Gewerkschaften für funktionell unzuständig halten würde, auf Arbeitnehmerüberlassungsverträge mit dem Ziel angemessener Arbeitsbedingungen einzuwirken, weil die Entgeltbedingungen bei den Verleiherunternehmen aus strukturellen Gründen (u.a. aufgrund des Fehlens einer betrieblichen Verbundenheit als rechtstatsächliche Voraussetzung für Solidarisierungseffekte) nicht nach dem Gegenmachtprinzip festgelegt werden und deshalb genau der Unterbietungswettbewerb droht, zu dessen Verhinderung die Koalitionsfreiheit gewährleistet ist. Da die Eigenheit der Arbeitnehmerüberlassung es nämlich mit sich bringt, dass der Überlassungspreis im Wesentlichen durch die Personalkosten determiniert wird,[80] führt Leiharbeit vor dem Hintergrund der Möglichkeit, den Equal-Pay-Grundsatz durch Bezugnahme auf die Tarifverträge weitgehend mitgliederloser Arbeitnehmerorganisationen zu derogieren, im Ergebnis dazu, dass für die Arbeitsentgeltfindung das Wettbewerbsprinzip dominiert. Durch Leiharbeit wird eine zentrale Arbeitsbedingung somit zumindest dem Gegenmachtprinzip weitgehend entzogen. Wenn aber der Sinn und Zweck der Koalitionsfreiheit darin besteht, die Festsetzung der Entgelte für abhängige Arbeit gerade nicht dem freien Spiel der Kräfte zu überlassen, sondern der Arbeitnehmerseite durch eine Bündelung ihrer Kräfte einen Einfluss auf die Vergütungshöhe zu verschaffen, kann es nicht außerhalb der funktionellen Zuständigkeit der Tarifvertragsparteien liegen, im Sonderfall der Arbeitnehmerüberlassung dafür zu sorgen, dass das Gegenmachtprinzip im Hinblick auf die Entgelte aller in einem Betrieb tatsächlich abhängig Beschäftigten zur Geltung kommt. Eine Einflussnahme auf die Arbeitnehmerüberlassungsverträge im Hinblick auf das Entgeltniveau der Leiharbeitnehmer ist somit nur bei vordergründiger Betrachtung eine auf den Dienstleistungsmarkt bezogene Regulierung des Überlassungspreises. Vielmehr geht es um eine Regulierung von Arbeitsbedingungen.[81] Dies zeigt sich nicht zuletzt daran, dass die Regulierung der Arbeitsentgelte der Leiharbeitnehmer als Nebenbedingung des Überlassungsvertrages weitgehend ungefiltert auf den Überlassungspreis durchschlägt, weil der Überlassungspreis eben wesentlich aus Personalkosten besteht und der Preiswettbewerb durch entsprechend niedrige Entgelte der Leiharbeitnehmer ausgetragen wird. Die Verhinderung von Unterbietungswettbewerb bei den Arbeitsbedingungen, insbesondere bei den Lohnkosten, ist indes das Kernthema der Koalitionsfreiheit. Im Übrigen ist noch einmal in Erinnerung zu rufen, dass die Durchsetzung des Equal-Pay-Grundsatzes keineswegs allein darauf abzielt, die Situation der Leiharbeitnehmer zu verbessern. Vielmehr verfolgen die Regelungen gleichrangig das Ziel, die eingangs geschilderten negativen Auswirkungen auf die Angehörigen der Stammbelegschaft abzumildern. Unter diesem Blickwinkel handelt es sich somit ebenfalls um eine Arbeits- und Wirtschaftsbedingung.

---

[80] Dazu nochmals eindringlich *Siebenhüter*, Integrationshemmnis Leiharbeit, OBS-Arbeitsheft 69 (2011), S. 28 ff.

[81] In diesem Sinne – allerdings ohne Diskussion – auch *Zachert*, in: Kempen/Zachert, TVG, 4. Aufl. (2006), § 1 Rn. 444.

3. Personelle Zuständigkeit der Tarifparteien

Die tarifvertraglichen Regelungen zur Durchsetzung des Equal-Pay-Grundsatzes führen zu der weiteren und bislang nur ansatzweise erörterten Problematik, ob gerade die Tarifvertragsparteien auf der Entleiherseite dafür zuständig sind, die Arbeitsbedingungen der Leiharbeitnehmer zu verbessern. Dabei geht es um zwei Aspekte, nämlich zum einen um die Frage der Tarifzuständigkeit im technischen Sinne und zum anderen um die Vorfrage der prinzipiellen Zulässigkeit des Einsatzes tariflicher Regelungsmacht zugunsten Dritter.

So sprechen *Löwisch/Rieble* davon, dass der Tarifvertrag nicht jedem beliebigen Dritten Ansprüche gegen den Arbeitgeber zuwenden könne.[82] Die Tarifmacht soll enden, wenn nicht das Interesse einer Arbeitsvertragspartei an der Leistung an den Dritten, sondern das Leistungsinteresse des Dritten im Mittelpunkt stehe.[83] Der Hinweis auf die Grenze der Tarifmacht deutet freilich darauf hin, dass es diesen Autoren zumindest in erster Linie um eine Beschränkung der Normsetzungsbefugnis geht, nicht aber um eine Eingrenzung der Regelungsmacht durch schuldrechtliche Tarifbestimmungen. Im Übrigen ist nicht erkennbar, welche spezifischen Legitimationsanforderungen im Hinblick auf die begünstigten Personen bestehen sollen, sofern sich die Tarifparteien noch im Bereich der Arbeits- und Wirtschaftsbedingungen bewegen. Schließlich könnte man argumentieren, dass die Tarifparteien auf der Entleiherseite die Arbeitsbedingungen beim Verleiher schlicht „nichts angehen" würden. Ein solcher Einwand würde sich auf die an sich durchaus tragfähige Überlegung stützen, dass unabhängig von der sogleich noch zu erörternden Tarifzuständigkeit im technischen Sinne die Tarifparteien keine funktionelle „Allzuständigkeit" haben und der Tarifvertrag ihnen deshalb nicht als Instrument für eine Einwirkung auf beliebige Arbeitsbedingungen zur Verfügung steht, sondern es einer gewissen Nähebeziehung bedarf. Wenn man etwa schuldrechtliche Tarifverträge zugunsten von dritten Arbeitnehmern ohne eingrenzende Kriterien anerkennen würde, scheint auf den ersten Blick jedenfalls in einem Firmentarifvertrag die rechtliche Möglichkeit zu bestehen, beliebigen Arbeitnehmern ohne Rücksicht auf die Frage, bei welchem Arbeitgeber und in welcher Branche sie beschäftigt sind, finanzielle Leistungen zugutekommen zu lassen.

Diese mögliche Uferlosigkeit tariflicher Regelungen darf nun allerdings nicht zum Anlass genommen werden, Arbeitnehmer ausschließlich auf die Regelung ihrer eigenen Arbeitsbedingungen zu beschränken und jede

[82] *Löwisch/Rieble*, TVG, 2. Aufl. (2004), § 1 Rn. 163.
[83] *Löwisch/Rieble*, TVG, 2. Aufl. (2004), § 1 Rn. 163.

Form fremdnütziger Betätigung als Überschreitung von Kompetenzgrenzen zu brandmarken. So zeigt die neuere Rechtsprechung zum Unterstützungsarbeitskampf,[84] dass auch fremdnützige Aktivitäten unter die Betätigungsfreiheit der Gewerkschaft gemäß Art. 9 Abs. 3 GG fallen können. Entscheidend muss daher sein, begrenzende Kriterien zu entwickeln, die einerseits der Koalitionsfreiheit Rechnung tragen, andererseits auch noch mit hinreichender Deutlichkeit erkennen lassen, warum eine Koalition den Weg eines fremdnützigen Tarifvertrages gewählt hat, anstatt den unmittelbaren Arbeitgeber direkt mit der Forderung nach einem Tarifvertrag zu überziehen.

Ob und in welchen Gestaltungen die bei bestimmten Arbeitgebern bestehende Verhandlungsmacht der Arbeitgeberseite eingesetzt werden kann, um nicht bei diesem Arbeitgeber beschäftigten Arbeitnehmern bessere Arbeitsbedingungen zu verschaffen, muss im vorliegenden Zusammenhang nicht allgemein entschieden werden. Jedenfalls bei der Arbeitnehmerüberlassung sprechen gewichtige Gründe für eine hinreichende Näheziehung. Der erste Aspekt besteht darin, dass Stammarbeitnehmer und Leiharbeitnehmer eine in tatsächlicher Hinsicht einheitliche Belegschaft bilden, auch wenn diese in rechtlicher Hinsicht geteilt ist. Ohne diese Teilung würden sich Tarifverhandlungen ohne weiteres auf sämtliche Beschäftigten erstrecken. Auch in einem solchen Fall könnte es aufgrund der unterschiedlichen beruflichen Positionen, welche die Beschäftigten bekleiden, dazu kommen, dass die eigentliche Verhandlungsmacht bei denjenigen Arbeitnehmern liegt, die potentielle Stammarbeitnehmer sind, während diejenigen Arbeitnehmer, die potentiell durch Leiharbeitnehmer ersetzt werden, hiervon profitieren. Die Fremdnützigkeit von Tarifverhandlungen und anschließenden Tarifverträgen ist dem Tarifgeschehen also nicht völlig fremd. Wenn nun der Arbeitgeber die Einheitlichkeit der Belegschaft rechtlich aufspaltet und dadurch die Verhandlungschancen der in seinem Betrieb eingesetzten Arbeitnehmer verringert, fällt es noch in die Koalitionsfreiheit der auf der Entleiherseite tätigen Gewerkschaft, dieser Strategie durch eine Tarifpolitik entgegenzutreten, die auch der Randbelegschaft die Verhandlungsmacht der Stammbelegschaft zugutekommen lässt. Eine uferlose Ausdehnung fremdnütziger Tarifregelungen tritt hierdurch nicht ein. Zudem greift es – wie schon mehrfach erwähnt – zu kurz, die Durchsetzung von Equal Pay durch Tarifverträge auf der Entleiherseite ausschließlich als fremdnützig zu qualifizieren. Vielmehr bestehen genuine Eigeninteressen der Stammarbeitnehmer, dass die im Betrieb eingesetzten Leihar-

[84] BAG 19. 6. 2007 – 1 AZR 396/06 – AP GG Art. 9 Arbeitskampf Nr. 173 = NZA 2007, 1055.

beitnehmer das gleiche Entgelt für vergleichbare Arbeit erhalten. Dies gilt im Hinblick auf den Schutz vor eigener Deklassierung wie auch im Hinblick darauf, dass der Einsatz von für die gleiche Arbeit schlechter bezahlten Leiharbeitnehmern zu erheblichen Missstimmungen in gemischten Arbeitsteams führen kann, die sich negativ auf die Arbeitsatmosphäre auswirken können. Wenn also der Entleiher verpflichtet werden soll, auf eine Anwendung des Equal-Pay-Grundsatzes zugunsten der Leiharbeitnehmer hinzuwirken, dann nehmen die Stammarbeitnehmer und die sie repräsentierenden Gewerkschaften durchaus Eigeninteressen wahr.

Von der soeben diskutierten Frage zu unterscheiden ist die Tarifzuständigkeit im technischen Sinne, bei der es sich um die satzungsmäßige Bestimmung des Geschäftsbereichs einer Gewerkschaft bzw. eines Arbeitgeberverbandes handelt[85] und die nach nahezu allgemeiner Ansicht Wirksamkeitsvoraussetzung für einen Tarifvertrag ist[86]. Soweit es um die Arbeitnehmerseite geht, ist die Tarifzuständigkeit im Ergebnis zu bejahen. So bezieht die IG Metall Leiharbeitnehmer, die in Betrieben eingesetzt werden, die in den Organisationsbereich der IG Metall fallen, ausdrücklich ein.[87] Dasselbe gilt beispielsweise auch für die Satzungen der IG BCE[88] und der Vereinten Dienstleistungsgewerkschaft (ver.di)[89]. Daher bereiten Tarifverträge, die auf die Durchsetzung des Equal-Pay-Grundsatzes zugunsten von solchen Leiharbeitnehmern abzielen, die in den Organisationsbereich der jeweiligen Gewerkschaft hinein überlassen werden, für den jeweiligen Überlassungszeitraum auf der Gewerkschaftsseite keine Probleme. Damit sind freilich zugleich die Grenzen der Tarifzuständigkeit abgesteckt. So erklären sich weder die IG Metall noch die IG BCE für die gesamte Leiharbeitsbranche als solche tarifzuständig. Da von der Tarifzuständigkeit wie erwähnt die Wirksamkeit eines Tarifvertrages abhängt, muss eine tarifliche Regelung, die auf ein Zuschlagssystem zur Einhaltung des Equal-Pay-Grundsatzes hinausläuft, somit auf die jeweilige Branche beschränkt bleiben. Auf der Arbeitgeberseite sehen die einschlägigen Verbandssatzungen üblicherweise eine branchenbezogene Fassung des Organisationsbereiches vor.[90] Dies ist dahin zu interpretieren, dass im Rahmen des rechtlich Zulässigen auch die tarifliche Regulierung von solchen Beschäftigten einbezogen

---

85 Siehe nur JKO/*Oetker*, TVR (2007), § 3 Rn. 19ff. m.w.N.

86 Vgl. BAG 18.7. 2006 – 1 ABR 36/05 – AP TVG § 2 Tarifzuständigkeit Nr. 19 = NZA 2006, 1225 (Rn. 38); JKO/*Oetker*, TVR (2007), § 3 Rn. 19 m.w.N.

87 Vgl. Anhang 2 der Satzung der IG Metall (Stand: 1.1. 2008), der nach § 3 I 3 Bestandteil der Satzung ist.

88 Vgl. § 3 S. 2 der Satzung der IG BCE (Stand: 12.10. 2009).

89 Vgl. Anhang 1.2.4 der Satzung der ver.di (Stand: 30.9. 2009).

90 Vgl. Däubler/*Peter*, TVG, 2. Aufl. (2006), § 2 Rn. 166.

ist, die zwar nicht in arbeitsvertraglichen Beziehungen zum Betriebsinhaber stehen, aber tatsächlich zur Belegschaft gehören.

4. *Qualifikation der Vereinbarungen*

a) *Einordnung als normative Tarifregelungen*

Die Wiederherstellung des Equal-Pay-Grundsatzes kann im Ausgangspunkt durch Inhaltsnormen in Tarifverträgen geregelt werden, die auf der Arbeitgeberseite von den einzelnen Verleiherunternehmen oder vom entsprechenden Arbeitgeberverband abgeschlossen werden. Dagegen ist es von vornherein ausgeschlossen, allein durch einen Tarifvertrag zwischen der Gewerkschaft und der Entleiherseite (entleihendes Unternehmen oder Arbeitgeberverband) die zwischen den Leiharbeitnehmern und dem Verleiher bestehenden Arbeitsverhältnisse normativ zu gestalten. Ein Tarifvertrag bindet auf Arbeitgeberseite nur denjenigen Arbeitgeber, der selbst Partei des Tarifvertrages oder der Mitglied des tarifvertragschließenden Arbeitgeberverbandes ist. Ein Tarifvertrag, der aus sich selbst heraus unbeteiligten Arbeitgebern Zahlungspflichten aufbürdet, ist im Einklang mit allgemeinen zivilrechtlichen Prinzipien[91] unstreitig ausgeschlossen.[92]

Ob es stattdessen möglich ist, durch die Inhaltsnormen eines auf der Entleiherseite geltenden Tarifvertrages die Beziehungen zwischen Entleiher und Leiharbeitnehmer normativ zu strukturieren, ist bislang erst ansatzweise diskutiert. Unmittelbar einschlägige Rechtsprechung ist nicht vorhanden. Soweit diese Frage im Schrifttum angesprochen wird, stehen sich befürwortende[93] und ablehnende[94] Stimmen gegenüber. Ausgangs-

---

[91] Siehe nur *Flume*, Allgemeiner Teil des Bürgerlichen Rechts, Bd. II, 4. Aufl. (1992), § 57, 1 d, S 906; Palandt/*Grüneberg*, BGB, 71. Aufl. (2012), Einf. v. § 328 Rn. 10. Deutlich auch BAG 30. 10. 2003 – 8 AZR 491/02 – AP BGB § 613a BGB = NZA 2004, 481 (Rn. 26): „Ein Vertrag zu Lasten Dritter ist der in Deutschland geltenden Rechtsordnung fremd."

[92] *Rieble*, Kollektivarbeitsrechtliche Regulierung beim Entleiher, in: Rieble/Junker/Giesen (Hrsg.), Zukunft der Zeitarbeit (2009), S. 65, 75; *Sansone*, Gleichstellung von Leiharbeitnehmern nach deutschem und Unionsrecht (2011), S. 246.

[93] Vgl. *Berg/Platow/Schoof/Unterhinninghofen*, TVG/AKR, 3. Aufl. (2010), § 1 TVG Rn. 210; Däubler/*Reim*, TVG, 2. Aufl. (2006), § 1 Rn. 241, 241d; ebenso *Ulber*, AÜG, 4. Aufl. (2011), § 9 Rn. 192 ff., der eine Erstreckung der normativen Wirkung der beim Entleiher geltenden Tarifverträge auf Leiharbeitnehmer nicht grundsätzlich, sondern lediglich deshalb für den Regelfall verneint, weil diese Tarifverträge nach ihrem persönlichen Geltungsbereich einen Arbeitsvertrag zum Entleiher voraussetzen; im Grundsatz auch *Sansone*, Gleichstellung von Leiharbeitnehmern nach deutschem und Unionsrecht (2011), S. 246, wenn auch „seltener Ausnahmefall"; ferner Schaub/*Treber*, Arbeitsrechts-Handbuch, 14. Aufl. (2011), § 202 Rn. 8.

[94] *Löwisch/Rieble*, TVG, 2. Aufl. (2004), § 1 Rn. 35; Wiedemann/*Thüsing*, TVG, 7. Aufl. (2007), § 1 Rn. 391.

punkt für die Antwort auf diese Frage muss die Analyse der rechtlichen Beziehungen zwischen Entleiher und Leiharbeitnehmer sein. Insoweit ist zunächst anerkannt, dass zwar im hier weiter nicht interessierenden Sonderfall des § 10 Abs. 1 S. 1 AÜG ein fingiertes Arbeitsverhältnis zwischen Entleiher und Leiharbeitnehmer zustande kommt, auf das dann auch die beim Entleiher geltenden Tarifverträge anwendbar sind,[95] im Übrigen aber gerade kein Arbeitsvertrag zwischen Entleiher und Leiharbeitnehmer besteht[96]. Vielmehr wird der Arbeitsvertrag lediglich zwischen Leiharbeitnehmer und Verleiher geschlossen.

Dies bedeutet allerdings nicht, dass es zwischen Leiharbeitnehmer und Entleiher keine arbeitsrechtlichen Beziehungen gibt und nur ein rein tatsächlicher Kontakt vorhanden ist. So zeigt ein Blick in das AÜG, dass der Gesetzgeber auf die Integration des Leiharbeitnehmers in den Einsatzbetrieb Rücksicht nimmt und in § 11 Abs. 6 AÜG den Entleiher ausdrücklich zur Einhaltung der einschlägigen Vorschriften des Arbeitsschutzes auch im Verhältnis zum Leiharbeitnehmer verpflichtet. Weitere Vorschriften (§§ 13, 13a, 13b AÜG) bestätigen die Existenz rechtlicher Sonderbeziehungen zwischen dem Entleiher und den Leiharbeitnehmern, wobei sich diese Bestimmungen keinesfalls nur auf den besonders virulenten Bereich der Arbeitssicherheit beziehen, sondern auch das Interesse des Leiharbeitnehmers an einer effektiven Durchsetzung seines grundsätzlichen Anspruchs auf Equal Pay sowie an einer Festanstellung betreffen. Ferner bezeichnet § 6 Abs. 2 S. 2 AGG im Hinblick auf den Diskriminierungsschutz den Entleiher ausdrücklich als Arbeitgeber des Leiharbeitnehmers. Auf der betriebsverfassungsrechtlichen Ebene tragen § 14 Abs. 2 S. 2 und 3 AÜG sowie § 7 S. 2 BetrVG der partiellen Eingliederung des Leiharbeitnehmers in den Betrieb des Entleihers Rechnung. Darüber hinaus nimmt die Rechtsprechung an, dass dem beim Entleiher bestehenden Betriebsrat über § 14 AÜG i. V. m. § 99 BetrVG hinaus im Hinblick auf die Leiharbeitnehmer verschiedene Beteiligungsrechte zustehen können.[97] Soweit es um die Arbeitspflicht selbst geht, wird im Schrifttum im Übrigen mittlerweile mehrheitlich die Ansicht vertreten, dass der zwischen dem Leiharbeitnehmer und dem Verleiher bestehende Arbeitsvertrag als ein echter Vertrag

[95] Vgl. BAG 1. 6. 1994 – 7 AZR 7/93 – AP AÜG § 10 Nr. 1 = NZA 1995, 465; BAG 8. 7. 1998 – 10 AZR 274/97 – AP TVG § 1 Tarifverträge: Bau Nr. 214 = NZA 1999, 493.

[96] Siehe nur BAG 3. 12. 1997 – 7 AZR 764/96 – AP AÜG § 1 Nr. 24 = NZA 1998, 876; BAG 25. 1. 2005 – 1 ABR 61/03 – AP BetrVG 1972 § 99 Einstellung Nr. 48 = NZA 2005, 1199.

[97] BAG 15. 12. 1992 – 1 ABR 38/92 – AP AÜG § 14 Nr. 7 = NZA 1993, 513; BAG 19. 6. 2001 – 1 ABR 43/00 – AP BetrVG 1972 § 87 Arbeitszeit Nr. 92 = NZA 2001, 1263.

zugunsten des jeweiligen Entleihers auszulegen ist und der Entleiher damit Inhaber eines arbeitsvertraglichen Anspruchs gegen den Leiharbeitnehmer ist.[98] Alles in allem bestehen also zahlreiche arbeitsrechtliche Beziehungen zwischen Entleiher und Leiharbeitnehmer, die sich freilich nicht zu einem vollständigen Arbeitsvertrag verdichten.[99] Immerhin spricht das BAG in einer neueren Entscheidung davon, dass zwischen dem Entleiher und dem Leiharbeitnehmer „rechtliche Beziehungen mit arbeitsrechtlichem Charakter" bestehen.[100]

Vor diesem Hintergrund könnte man durchaus dem Gedanken einer prinzipiellen Befugnis der auf der Entleiherseite agierenden Tarifparteien näher treten, auf das ohnehin schon vorhandene Gefüge aus arbeitsrechtlichen Rechten und Pflichten zwischen Entleiher und Leiharbeitnehmer einzuwirken und dieses durch individualbezogene Normen anzureichern. Hierfür streitet der Gedanke, dass eine Verlagerung der formalen Arbeitgeberstellung, zu der es allein durch Vorgänge in der Arbeitgebersphäre kommt, die von der Arbeitnehmerseite grundsätzlich nicht beeinflusst werden können, den von Art. 9 Abs. 3 GG intendierten Mechanismus der kollektiven Aushandlung von Arbeitsbedingungen untergräbt, indem einheitliche Belegschaften künstlich segmentiert werden. Sollen die Koalitionen ihrer Funktion nachkommen können, das Arbeitsleben in seiner jeweiligen Gestalt zu ordnen, so ließe sich durchaus an eine Befugnis denken, die Arbeitsbedingungen auch derjenigen Beschäftigten normativ zu gestalten, die zwar nicht in rechtlicher Hinsicht durch einen Arbeitsvertrag mit dem Entleiher verbunden sind, die aber real in den Betrieb des Entleihers integriert sind und dort durch abhängige Arbeit zur Wertschöpfung beitragen. Mit der Rückführung der Tarifautonomie auf den Gedanken kollektiv ausgeübter Privatautonomie lässt sich diese Vorstellung noch in Einklang bringen, weil es in der Logik kollektiven Handelns liegt, die gebündelte Verhandlungsmacht der Koalitionsmitglieder einzusetzen, um für alle beim selben Arbeitgeber tatsächlich Beschäftigten für dieselbe Arbeit im Ergebnis dasselbe Entgelt durchzusetzen. Einer solchen Konzeption steht der Wortlaut des TVG nicht zwingend entgegen, weil in den §§ 1 Abs. 1, 4 Abs. 1 S. 1 TVG jeweils davon die Rede ist, dass die Arbeits*verhältnisse* und nicht nur die abgeschlossenen Arbeits*verträge* geordnet werden. Hinzu kommt, dass die Arbeitnehmerüberlassung in den ersten Jahrzehnten nach dem Zweiten Weltkrieg verboten war[101] und deshalb keine

[98] *Reinsch*, Das Rechtsverhältnis zwischen Entleiher und Leiharbeitnehmer (2009), S. 199 ff. m. w. N.

[99] Eingehend *Boemke*, Schuldvertrag und Arbeitsverhältnis (1999), S. 563 ff.

[100] BAG 15. 3. 2011 – 10 AZB 49/10 – NZA 2011, 653 (Rn. 9).

[101] Vgl. *Schüren*, in: Schüren/Hamann, AÜG, 4. Aufl. (2010), Einleitung Rn. 42 ff.

Notwendigkeit bestand, sich über die Frage Gedanken zu machen, ob sich die Tarifmacht auch auf Leiharbeitnehmer erstreckt.

Freilich müsste sich eine solche Fortbildung des Tarifrechts auch ernstzunehmenden Einwänden stellen. So können die verschiedenen Regelungen im AÜG, im AGG sowie im BetrVG, die zu rechtlichen Beziehungen zwischen Entleiher und Leiharbeitnehmer führen, durchaus als Ausnahmen von der Regel begriffen werden, die zwar möglicherweise tarifvertraglich modifiziert werden können, die aber nicht den Schluss auf eine breitflächige Tarifregelung zulassen, mag es sich um die normative Begründung von eigenständigen Zahlungsansprüchen des Leiharbeitnehmers gegen den Entleiher für die geleistete Arbeit handeln oder um Schadensersatzansprüche dafür, dass sich der Entleiher nicht hinreichend darum bemüht hat, den Equal-Pay-Grundsatz in den Arbeitnehmerüberlassungsverträgen zu verankern. Letztlich geht es darum, ob man die Aufspaltung der Arbeitgeberfunktionen und die damit verbundene bewusste Entscheidung des Entleihers, sich dem Abschluss eines Arbeitsvertrages mit dem Leiharbeitnehmer zu verweigern, als ein der Rechtsetzungsmacht der Tarifparteien vorgelagertes Datum akzeptiert[102] oder ob man im Interesse einer funktionierenden Tarifautonomie den „Sprung über den Graben" wagt und die Schaffung normativer Regelungen auch im Hinblick auf solche Formen abhängiger Beschäftigung zulässt, die nur partiell rechtlich geregelt sind und bei denen kein Arbeitsvertrag geschlossen wurde. In eine solche Richtung ließe sich denken, wenn eine umfassende normative Strukturierung auch solcher Arbeitsbeziehungen, die materiell als Arbeitsverhältnis erscheinen, obgleich es an einem formalen Arbeitsvertragsschluss fehlt, zur Sicherung der Funktionsfähigkeit der Tarifautonomie als Leitprinzip für eine Fortbildung des Tarifrechts erforderlich wäre.

Nun könnte man auf die Idee kommen, die geschilderten Schwierigkeiten dadurch zu umgehen, dass Inhaltsnormen mit drittschützendem Charakter angenommen werden. Anknüpfungspunkt ist in diesem Fall nicht die Beschäftigungsbeziehung zwischen Entleiher und Leiharbeitnehmer, sondern der unstreitig vorliegende Arbeitsvertrag zwischen Entleiher und Stammarbeitnehmer. Als Vorbild für diese Überlegungen dienen die tradierten und allseits anerkannten Tarifnormen zugunsten von Angehörigen, denen beispielsweise Sozialleistungen beim Tod des Arbeitnehmers

---

[102] In diesem Sinne noch JKO/*Krause*, TVR (2007), § 4 Rn. 17. Insoweit unklar BVerfG 6.10. 1987 – 1 BvR 1086, 1486, 1623/82 – BVerfG 77, 84, 114, weil offen bleibt, worauf das BVerfG seine Aussage stützt, dass die in den Baubereich verliehenen Arbeitnehmer nicht von der Rechtsetzungsmacht der dort tätigen Tarifparteien erfasst werden.

zugesagt werden[103]. In der Sache handelt es sich insoweit um eine mit dem echten Vertrag zugunsten Dritter gemäß § 328 BGB verwandte Gestaltung mit dem einzigen Unterschied, dass die Drittberechtigung nicht unmittelbar aus der schuldrechtlichen Komponente des Tarifvertrages erwächst, sondern der Tarifvertrag Inhaltsnormen schafft, die ihrerseits eine Drittberechtigung enthalten. Aus dieser Wirkungsweise ergeben sich freilich auch die Einwände gegen eine solche Konstruktion. So ist eine tarifliche Inhaltsnorm, die zugunsten von Angehörigen des Arbeitnehmers insbesondere für den Fall des Versterbens Leistungen vorsieht, eine Fortsetzung der Austauschbeziehung im Einzelarbeitsverhältnis. Dagegen ist es rechtlich nicht fassbar, den einzelnen Stammarbeitnehmern jeweils einzelne Leiharbeitnehmer zuzuordnen, die durch eine für das Stammarbeitsverhältnis geltende Inhaltsnorm begünstigt werden sollen. Zudem irritiert die Vorstellung, dass ein Leiharbeitnehmer, der gegen den Entleiher einen Anspruch wegen „fehlerhafter Vertragsgestaltung" geltend macht, einen ihm möglicherweise völlig unbekannten (organisierten) Stammarbeitnehmer benennen müsste, von dessen Arbeitsvertrag er seine Berechtigung ableitet. Eher noch kann man daran denken, dass ein Gesamtinteresse der Stammbelegschaft definiert werden kann, dass es für gleiche Arbeit durch den Einsatz von Leiharbeitnehmern nicht zu einer zweiten Lohnlinie im Betrieb kommt. Dieses Gesamtinteresse lässt sich aber nicht den einzelnen Arbeitsverhältnissen der Stammarbeitnehmer zuordnen. Alles in allem führt somit die Rechtsfigur von tariflichen Inhaltsnormen zugunsten Dritter nicht weiter.

b) Einordnung als obligatorische Tarifregelungen

Vor dem Hintergrund der bisherigen Ausführungen bleibt zu fragen, ob der Equal-Pay-Grundsatz gegebenenfalls durch obligatorische Tarifregelungen durchgesetzt werden kann. In diesem Zusammenhang kann zunächst festgehalten werden, dass es sich in thematischer Hinsicht entsprechend den obigen Darlegungen[104] um Arbeits- und Wirtschaftsbedingungen im Sinne von Art. 9 Abs. 3 GG handelt, die auch dann zum Gegenstand eines Tarifvertrages gemacht werden können, wenn sie nicht dem Normenkatalog des § 1 Abs. 1 TVG zugeordnet werden können. Insbesondere kann aus der Einwirkung auf den Arbeitnehmerüberlassungsvertrag als notwendiges Zwischenziel nicht gefolgert werden, dass der

---

[103] Vgl. BAG 13. 11. 1985 – 4 AZR 269/84 – AP TVG § 1 Tarifverträge: Metallindustrie = NZA 1986, 437; BAG 4. 1. 2001 – 4 AZR 242/00 – AP TVG § 4 Ausschlussfristen Nr. 156.

[104] Siehe hierzu oben IV 2.

funktionelle Schutzbereich der Koalitionsfreiheit verlassen wird und stattdessen ausschließlich eine Regulierung von Dienstleistungsmärkten stattfindet. Vielmehr steht die Einflussnahme auf die Arbeitskonditionen der beim Entleiher tatsächlich beschäftigten Arbeitnehmer ganz im Vordergrund der tariflichen Regelungen bzw. tarifpolitischen Initiativen, während die damit verwobene Einwirkung auf den Arbeitnehmerüberlassungsvertrag nur von untergeordneter Bedeutung ist.

Soweit es um einen Firmentarifvertrag geht, spricht in „konstruktiver" Hinsicht im Grundsatz nichts dagegen, in einem solchen Tarifvertrag eine Drittbegünstigung im Sinne von § 328 BGB zu regeln, also direkte Zahlungsansprüche von Leiharbeitnehmern gegen den Entleiher zu schaffen.[105] Dies gilt auch für den Fall, dass der Arbeitgeber bestimmte Handlungen gegenüber sonstigen Dritten (Verleiher) nicht vornimmt. Der (Verbands-) Tarifvertrag für die nordwestdeutsche Eisen- und Stahlindustrie[106] spricht insoweit von einer „Haftung für fehlerhafte Vertragsgestaltung mit dem Verleiher" und weckt damit Assoziationen zu einem Vertrag mit Schutzwirkung für Dritte.[107] Es fällt allerdings schwer, eine Schutzpflicht im Sinne der allgemeinen Zivilrechtsdogmatik auszumachen. Insbesondere kann nicht davon die Rede sein, dass die Leiharbeitnehmer als Dritte den Risiken aus dem Vertrag in gleicher Weise wie die Hauptvertragspartei selbst, also die Gewerkschaft, ausgesetzt sind. Geradliniger ist es deshalb, von einem echten Vertrag zugunsten Dritter gemäß § 328 BGB auszugehen, der den begünstigten Dritten einen Zahlungsanspruch gegen den Versprechenden einräumen soll, mag dieser auch an die Bedingung geknüpft sein, dass der Versprechende bestimmte Bemühungen unterlässt.

Deutlich komplizierter stellt sich die Situation beim Verbandstarifvertrag dar. Geht man zunächst von der heute praktisch einhellig vertretenen Verbandstheorie[108] aus, haben nur die beiden Verbände, also Arbeitgeberverband und Gewerkschaft, die Stellung als Tarifvertragspartei inne. Folgerichtig treffen die schuldrechtlichen Rechte und Pflichten aus dem Tarifvertrag grundsätzlich nur diese beiden Parteien.[109] Dementsprechend nimmt man im Allgemeinen an, dass die Arbeitsvertragsparteien aus den obligatorischen Bestimmungen eines Verbandstarifvertrages gegeneinan-

---

[105] *Berg*, JbArbR 46 (2009), 69, 86; *Berg/Platow/Schoof/Unterhinninghofen*, TVG/AKR, 3. Aufl. (2010), § 1 TVG Rn. 208 f.; *Ulber*, AÜG, 4. Aufl. (2011), § 9 Rn. 197.

[106] Siehe dazu oben III.

[107] So auch *Karthaus*, AuR 2010, 494, 496.

[108] Siehe nur Wiedemann/*Thüsing*, TVG, 7. Aufl. (2007), § 1 Rn. 175 m.w.N.

[109] *Berg/Platow/Schoof/Unterhinninghofen*, TVG/AKR, 3. Aufl. (2010), § 1 TVG Rn. 400; *Gamillscheg*, KollArbR, Bd. I (1997), § 13 I 2, S. 514; Wiedemann/*Thüsing*, TVG, 7. Aufl. (2007), § 1 Rn. 177.

der keine Ansprüche erwerben.[110] Der nach allgemeinem Zivilrecht bestehende Grundsatz der Unzulässigkeit von Schuldverträgen zulasten Dritter,[111] der als solcher auch im Tarifrecht gilt,[112] scheint daher prima facie die Begründung unmittelbarer Zahlungspflichten der Verbandsmitglieder gegenüber Leiharbeitnehmern mittels obligatorischer Bestimmungen zu verhindern.

Würde man hierbei stehen bleiben, würde das „Enforcement" des Tarifvertrages allerdings erheblich erschwert, weil die tarifvertraglich geschaffenen Pflichten der Entleiher gegenüber den Zeitarbeitnehmern dann nur gleichsam auf Umwegen durchgesetzt werden könnten. Erstens ist der Arbeitgeberverband selbstverständlich gegenüber der Gewerkschaft dazu verpflichtet, auf seine Mitglieder dahingehend einzuwirken, dass diese sich an die vereinbarten Verbandstarifverträge halten.[113] Diese Rechtsschutzform teilt indes die bekannten Schwächen der Einwirkungsklage. Zweitens besteht eine allgemeine innerverbandliche Mitwirkungs- und Folgepflicht, die den einzelnen Arbeitgeber in seiner Eigenschaft als Verbandsmitglied trifft und die ihn dazu anhält, sämtliche von der Koalition wirksam abgeschlossenen Tarifverträge auch tatsächlich durchzuführen.[114] Diese Pflicht gilt nicht nur für die normativen Tarifbestimmungen, sondern auch für rein schuldrechtliche Regelungen.[115] Insoweit handelt es sich allerdings lediglich um eine mitgliedschaftliche Pflicht, deren Gläubiger allein der Arbeitgeberverband ist. Die Arbeitnehmerseite kann daraus für sich genommen keine Rechte herleiten.

Eine Lösung des Dilemmas kann zunächst mit den allgemeinen Instrumenten des Vertretungsrechts herbeigeführt werden. So können sich Tarifvertragsparteien beim Abschluss gemäß §§ 164 ff. BGB vertreten lassen.[116] Der Arbeitgeberverband kann daher die einzelnen Verbandsmitglieder wirksam verpflichten, wenn er erkennbar im Namen der verbandsangehö-

---

[110] *Karsten*, Schuldrechtliche Tarifverträge und außertarifliche Sozialpartnervereinbarungen (2004), S. 156; *Wallisch*, Die tarifvertraglichen Einwirkungspflichten (1998), S. 27; *Zachert*, in: Kempen/Zachert, TVG, 4. Aufl. (2006), § 1 Rn. 739; in diesem Sinne (im Zusammenhang mit tariflichen Maßregelungsverboten) auch *Otto*, Arbeitskampf- und Schlichtungsrecht (2006), § 17 Rn. 20; *Zöllner*, Maßregelungsverbote und sonstige tarifliche Nebenfolgeklauseln nach Arbeitskämpfen (1977), S. 25.

[111] Dazu bereits oben IV 4 a mit Fn. 91.

[112] Däubler/*Reim*, TVG, 2. Aufl. (2006), § 1 Rn. 1049.

[113] Siehe nur JKO/*Krause*, TVR (2007), § 4 Rn. 133 ff.

[114] *Gamillscheg*, KollArbR, Bd. I (1997), § 15 X 2 d (c), S. 634.

[115] MünchArbR/*Löwisch/Rieble*, Bd. 2, 3. Aufl. (2009) § 161 Rn. 31; ferner MünchArbR/*Löwisch/Rieble*, Bd. 3, 2. Aufl. (2000), § 279 Rn. 11: „vereinsrechtlicher Erfüllungsanspruch".

[116] BAG 11. 6. 1975 – 4 AZR 395/74 – AP TV § 2 Nr. 29; BAG 24. 11. 1993 – 4 AZR 407/92 – AP TVG § 1 Tarifverträge: Einzelhandel Nr. 39 = NZA 1994, 564.

rigen Arbeitgeber auftritt und über entsprechende Vollmachten verfügt. Dabei kann der Arbeitgeberverband zugleich sowohl im eigenen Namen als auch im Namen der Mitglieder handeln.[117] Das Ergebnis besteht in einem solchen Fall in einem so genannten mehrgliedrigen Tarifvertrag, der nach dem Parteiwillen als einheitlicher Vertrag anzusehen sein dürfte, um die verbandsweite Einheitlichkeit der geregelten Arbeitsbedingungen zu gewährleisten. Dies würde im Hinblick auf die hier in Rede stehenden Tarifinhalte dazu führen, dass die Entleiher aus den schuldrechtlichen Tarifbestimmungen zugunsten der Leiharbeitnehmer unmittelbar verpflichtet würden. Der springende Punkt besteht bei dieser rechtlichen Konstruktion darin, ob man in dem Beitritt zum Arbeitgeberverband zugleich die Erteilung einer rechtsgeschäftlichen Vollmacht zum Abschluss von schuldrechtlich unmittelbar bindenden Tarifverträgen sehen kann, was nicht zuletzt von der Auslegung der konkreten Verbandssatzung abhängt.

Teile der Literatur wollen offenbar einen Schritt weiter gehen und sprechen zumindest bei einem firmenbezogenen Verbandstarifvertrag davon, dass sich schon aus Art. 9 Abs. 3 GG sowie der Verbandsmitgliedschaft des betroffenen Arbeitgebers die Befugnis des Verbands ergeben soll, schuldrechtliche Pflichten des einzelnen Arbeitgebers zu regeln.[118] Die in diesem Zusammenhang genannten Beispiele betreffen zwar nur solche Tarifinhalte, die über das einzelne Arbeitsverhältnis hinausgehen und – wie beispielsweise Standortsicherungsverträge – das Handeln des Arbeitgebers als solches betreffen. Auch scheint eher an einen Durchsetzungsanspruch der Gewerkschaft gedacht zu werden. Dennoch wäre es durchaus konsequent, wenn auf diesem Wege auch schuldrechtliche Ansprüche einzelner Arbeitnehmer gegen die Arbeitgeberseite begründet werden könnten.

Als Grundlage kommt hierfür eine auf den Verbandsbeitritt gestützte Verpflichtungsermächtigung in Betracht. Die Ratio der Unzulässigkeit schuldrechtlicher Verträge zulasten Dritter kann dagegen nicht mobilisiert werden, weil die einzelnen Arbeitgeber das Handeln der unmittelbaren Kontrahenten durch ihren Verbandsbeitritt und damit privatautonom legitimiert haben.[119] Zwar wird diese Rechtsfigur im allgemeinen zivilrechtlichen Schrifttum überwiegend abgelehnt.[120] Allerdings betreffen die Einwände zumeist die verdeckte Verpflichtungsermächtigung, die daran

---

[117] BAG 29. 6. 2004 – 1 AZR 143/03 – AP TVG § 1 Nr. 36 = NZA 2005, 600.

[118] *Berg/Platow/Schoof/Unterhinninghofen*, TVG/AKR, 3. Aufl. (2010), § 1 TVG Rn. 401.

[119] Vgl. *Gernhuber*, Das Schuldverhältnis (1989), § 20 I 7 b, S. 476.

[120] *Flume*, Allgemeiner Teil des Bürgerlichen Rechts, Bd. II, 4. Aufl. (1992), § 57, 1 d, S 906; Staudinger/*Jagmann*, BGB (Neubearbeitung 2009), Vorbem zu §§ 328 ff. Rn. 50 m. w. N.

scheitert, dass dem Gläubiger in der Tat kein ihm unbekannter Schuldner aufgedrängt werden darf. Dieses Problem stellt sich indes nicht bei der offenen Verpflichtungsermächtigung, bei der die intendierten Drittwirkungen für den Kontrahenten offen erkennbar sind, so dass die Literatur ihr deutlich aufgeschlossener gegenübersteht.[121] Auf dem Gebiet des Tarifrechts kommt hinzu, dass die Normwirkung von Tarifverträgen die Durchsetzungskraft von Tarifinhalten verstärken, nicht aber schwächen soll. Wenn das TVG keine Normwirkung vorsehen würde, wäre es vor dem Hintergrund der vor 1918 geführten Diskussion um die Konstruktion des Tarifvertrages einerseits[122] und dem grundrechtlich durch Art. 9 Abs. 3 GG abgesicherten Leitbild der Gewährleistung einer funktionsfähigen Tarifautonomie andererseits kaum zweifelhaft, dass sich Deutungen durchgesetzt hätten, die auf eine Wirkung von tariflichen Regelungen in den einzelnen Arbeitsverhältnissen hinauslaufen würden. Sofern die Möglichkeit zur Begründung normativer Wirkungen indes zweifelhaft ist und die Tarifvertragsparteien deshalb im Einzelfall hiervon absehen, ist die Überlegung nicht von vornherein von der Hand zu weisen, dass in einer solchen Konstellation auf ältere Begründungsmuster zurückgegriffen werden kann, um das Ziel der Regelung von Arbeits- und Wirtschaftsbedingungen effektiv erreichen zu können. Darüber hinaus hat sich kein Geringerer als *Bettermann* dafür ausgesprochen, den Verbandsbeitritt ganz generell als Verpflichtungsermächtigung zu deuten,[123] und ist hierfür bei *Nikisch*[124] ebenso wie bei *Gamillscheg*[125] auf Zustimmung gestoßen. Mit § 2 Abs. 4 TVG, der eine Art Verpflichtungsermächtigung regelt, indem er eine Mithaftung der Mitgliedsverbände aus einem von einer Spitzenorganisation abgeschlossenen Tarifvertrag anordnet, wäre auch ein gewisses Regelungsmuster vorhanden.[126] Nun stehen bei allen diesen Ansätzen freilich die tarifvertragliche Durchführungspflicht und damit die Gläubigerstellung der Gewerkschaft im Zentrum des Interesses. Immerhin spricht *Nikisch* auch die Ebene der Rechte und Pflichten der Einzelvertragsparteien an und führt insoweit aus, dass bei schuldrechtlichen Tarifinhalten mit der erwähnten Einwirkungspflicht des Verbandes im Allgemeinen den Bedürfnissen des Arbeitslebens genügt wird.[127]

---

[121] Staudinger/*Jagmann*, BGB (Neubearbeitung 2009), Vorbem zu §§ 328 ff. Rn. 50 m. w. N.; ferner *Peters*, AcP 171 (1971), 234, 239 ff.

[122] Dazu *Ramm*, Die Parteien des Tarifvertrages (1961), S. 36 ff.

[123] *Bettermann*, JZ 1951, 321, 325.

[124] *Nikisch*, Arbeitsrecht, Bd. II, 2. Aufl. (1959), § 75 I 5, S. 328.

[125] *Gamillscheg*, KollArbR, Bd. I (1997), § 15 X 2 d (c), S. 634.

[126] Anders aber *Herschel*, JZ 1952, 26, der § 2 Abs. 4 TVG nur als eine den Vermögensverhältnissen der Koalitionen geschuldete Vorschrift auffasst.

[127] *Nikisch*, Arbeitsrecht, Bd. II, 2. Aufl. (1959), § 75 I 5, S. 328.

Sofern ein besonderes Bedürfnis für eine „Tarifvertrags-Compliance“ besteht, ließe sich daher durchaus die Ansicht vertreten, dass der Arbeitgeberverband mit der Vereinbarung obligatorischer Arbeitsbedingungen zugleich eine schuldrechtliche Verpflichtung der Verbandsmitglieder begründet. Während die Normwirkung von Tarifverträgen zur Möglichkeit für die Arbeitnehmer führt, ihre tariflichen Rechte direkt gegen den Arbeitgeber durchzusetzen, ist dieser konstruktive Wege nämlich verbaut, wenn Arbeitsbedingungen (nur) schuldrechtlich vereinbart werden. Der Grundsatz der Relativität von Schuldverhältnissen steht nicht entgegen. Entscheidend ist letztlich auch auf dem Gebiet des Kollektivvertragsrechts, dass die Bindung auf eine privatautonome Unterwerfung zurückgeführt werden kann.[128] Eine solche privatautonome Unterwerfung liegt grundsätzlich im Verbandsbeitritt, weil der Verbandszweck gerade darin besteht, tariflich geregelte Arbeitsbedingungen hervorzubringen und auf diese Weise die Arbeitsverhältnisse der bei den verbandsangehörigen Arbeitgebern Beschäftigten zu ordnen. Wenn man die Grundentscheidung trifft, dass die Tarifvertragsparteien bei der Regulierung von Arbeits- und Wirtschaftsbedingungen nicht auf den Normenkatalog des § 1 Abs. 1 TVG beschränkt sind, sondern auch auf den obligatorischen Teil des Tarifvertrages zurückgreifen können, ist es nur konsequent, das Tarifvertragsrecht so zu justieren, dass die Arbeitnehmer die ihnen zugedachten tariflichen Rechte vom Arbeitgeber unmittelbar beanspruchen können und nicht auf mittelbare und defizitäre Formen der Rechtsdurchsetzung angewiesen sind. In rechtskonstruktiver Hinsicht liegt mit der offenen Verpflichtungsermächtigung ein Instrument vor, das es erlaubt, auch lediglich schuldrechtlich begründete tarifvertragliche Arbeitsbedingungen mit einer unmittelbaren Wirkung in den einzelnen Arbeitsverhältnissen zu versehen. Damit kommt es entscheidend darauf an, ob die Tarifparteien dieses Instrument auch tatsächlich nutzen wollen bzw. ob sich aus einem Tarifvertrag hinreichend deutlich ergibt, dass es den Tarifparteien darum ging, direkte tarifliche Ansprüche gegen die verbandsangehörigen Arbeitgeber zu begründen. Aus dieser Perspektive betrachtet zeigt der Verbandstarifvertrag für die nordwestdeutsche Eisen- und Stahlindustrie[129] in aller Deutlichkeit, dass sich die Tarifvertragsparteien der konkreten Handlungsmöglichkeiten bewusst waren, indem sie auf der einen Seite von der Schaffung eines Entgeltanspruchs des Leiharbeitnehmers gegen das Mitgliedsunternehmen ausdrücklich abgesehen haben (§ 2 Abs. 1 S. 2), während auf der anderen Seite ein als Schadensersatzanspruch deklarierter Zahlungsanspruch etabliert wurde (§ 3 S. 1).

[128] *Rieble*, ZfA 2000, 5, 13.
[129] Dazu bereits oben III.

5. Außenschranken tarifvertraglicher Regelungen

Trotz einer grundsätzlichen Regelungszuständigkeit der Tarifvertragsparteien können die hier in Rede stehenden Tarifinhalte aufgrund eines Verstoßes gegen Außenschranken der Tarifautonomie unzulässig sein. Näher zu untersuchen sind die Grundrechte der Beteiligten sowie das Kartellrecht.

a) Grundrechte der Betroffenen

Auf der Entleiherseite ist als Grenze der tariflichen Regelungsmacht in erster Linie an die Berufsfreiheit gemäß Art. 12 Abs. 1 GG zu denken.[130] Insoweit kann man zunächst in konzeptioneller Hinsicht festhalten, dass es bei der Konkretisierung der Berufsfreiheit des Arbeitgebers im Verhältnis zur Tarifautonomie um zwei Dimensionen geht: Nämlich zum einen – insoweit mit der Situation des Arbeitnehmers vergleichbar – um die Absicherung eines Mindestfreiheitsraumes zur persönlichen Entfaltung des Arbeitgebers in seiner Rolle als Vertragspartner und zum anderen – insoweit abweichend von der Situation des Arbeitnehmers – um die Rolle des Arbeitgebers als Unternehmer.[131] Dabei kommt hier von vornherein nur der zweite Aspekt, also die Unternehmensautonomie, zum Tragen. Die Unternehmensautonomie ist – wie erwähnt[132] – einmal bereits bei der Frage nach der funktionellen Zuständigkeit der Tarifvertragsparteien in Stellung zu bringen und dient der Klärung, welche Angelegenheiten noch bzw. nicht mehr unter die Doppelformel der Arbeits- und Wirtschaftsbedingungen im Sinne von Art. 9 Abs. 3 GG zu fassen sind. Darüber hinaus ist es zwar nicht von vornherein ausgeschlossen, dass die Berufsfreiheit des Arbeitgebers auch innerhalb des Zuständigkeitsbereichs der Sozialpartner dem Zugriff der Tarifvertragsparteien gewisse Grenzen setzt. Soweit tarifvertragliche Bestimmungen nur darauf gerichtet sind, unmittelbar oder mittelbar den Equal-Pay-Grundsatz durchzusetzen, unterliegen sie aber keinen Bedenken, weil sie ausschließlich auf eine simple Anhebung der Vergütung für den Faktor Arbeit hinauslaufen und sich somit im Kernbereich der Tarifpolitik bewegen.

---

[130] Siehe aber auch BVerfG 6. 10. 1987 – 1 BvR 1086, 1486, 1623/82 – BVerfG 77, 84, 114, das beim *gesetzlichen* Verbot der Arbeitnehmerüberlassung im Baugewerbe (§ 1b S. 1 AÜG) auf der Entleiherseite mangels unmittelbarer arbeitsvertraglicher Beziehungen dazu tendiert, nur Art. 2 Abs. 1 GG als einschlägig anzusehen.

[131] Zur Unterscheidung *Dieterich*, FS Wiedemann (2002), S. 229, 244; Wiedemann/*Wiedemann*, TVG, 7. Aufl. (2007), Einl. Rn. 315.

[132] Siehe dazu oben IV 2.

Auf der Ebene der Verleiherunternehmen ist in grundrechtlicher Hinsicht zunächst festzuhalten, dass die Grundrechte nicht nur den Schutz vor unmittelbaren Eingriffen bezwecken, die zu rechtlichen Belastungen für den Grundrechtsrechtsträger führen. Vielmehr kann nach der ständigen Rechtsprechung des BVerfG der Abwehrgehalt auch dann betroffen sein, wenn faktische oder mittelbare Beeinträchtigungen in ihrer Zielsetzung und in ihren Wirkungen unmittelbaren rechtlichen Eingriffen gleichkommen.[133] An einer eingriffsgleichen Wirkung fehlt es indes, wenn sich die Beeinträchtigung einer grundrechtlichen Freiheit lediglich als mittelbarer Reflex einer nicht entsprechend ausgerichteten Regelung darstellt.[134] Diese für staatliches Handeln entwickelten Grundsätze können auf privates Handeln übertragen werden, wobei allerdings zu berücksichtigen ist, dass es im Hinblick auf die Abwehr von privaten Übergriffen von vornherein nur um die Schutzdimension der Grundrechte geht. Bei tarifvertraglichen Regelungen zur Wiederherstellung des Equal-Pay-Grundsatzes, die ausschließlich mit der Entleiherseite getroffen werden, ist zunächst klarzustellen, dass dies keine Verträge zulasten Dritter im Sinne einer rechtlichen Bindung von am Vertrag unbeteiligten Dritten sind. Vielmehr wird durch diese Regelungen lediglich versucht, auf die vertraglichen Arbeitsbedingungen der Leiharbeitnehmer einzuwirken, sobald und solange diese Arbeitnehmer ihre Arbeitsleistung bei bestimmten Entleihern erbringen. Die allgemein anerkannte zivilrechtliche Unzulässigkeit von Verträgen zulasten Dritter,[135] die grundrechtlich zumindest in der allgemeinen Handlungsfreiheit gemäß Art. 2 Abs. 1 GG verortet werden kann, ist daher nicht betroffen. Allerdings ist nicht zu übersehen, dass die beschriebenen tarifvertraglichen Gestaltungen nicht nur reflexartig und eher zufällig die Arbeitsvertragsbedingungen zwischen Verleiherunternehmen und Leiharbeitnehmer betreffen, sondern es gezielt um die Durchsetzung des Equal-Pay-Grundsatzes geht, was seine Ursache darin findet, dass nur zwischen dem Verleiher und dem Zeitarbeitnehmer ein vollgültiges Arbeitsverhältnis besteht, ein gleiches Entgelt also nicht anders als bei der gesetzlichen Ausgangsregelung (§§ 3 Abs. 1 Nr. 3 S. 1, 9 Nr. 2 Hs. 1, 10 Abs. 4 S. 1 AÜG) im Allgemeinen nur durch einen dahingehenden Anspruch innerhalb dieses Rechtsverhältnisses realisiert werden kann. Sollen die arbeitsvertraglichen Beziehungen zwischen Verleiherunternehmen und Leiharbeitnehmer ge-

[133] BVerfG 26.6. 2002 – 1 BvR 558, 1428/91 – BVerfGE 105, 279, 303; BVerfG 17.3. 2004 – 1 BvR 1266/00 – BVerfGE 110, 177, 191; BVerfG 11.7. 2006 – 1 BvL 5/00 – NZA 2007, 42.

[134] BVerfG 17.12. 2002 – 1 BvL 28, 29, 30/95 – BVerfGE 106, 275, 299 f.; BVerfG 11.7. 2006 – 1 BvL 5/00 – NZA 2007, 42.

[135] Dazu bereits oben IV 4 a mit Fn. 91.

zielt beeinflusst werden, ist die Berufsfreiheit der Verleiher betroffen, weil Art. 12 Abs. 1 GG auch die Freiheit des Arbeitgebers schützt, die Arbeitsverträge mit den bei ihm beschäftigten Arbeitnehmern nach dem eigenen Willen zu gestalten.[136] Diese Freiheit besteht allerdings nicht unbegrenzt. Vielmehr ist es aus der hier allein interessierenden grundrechtlichen Perspektive nicht zu beanstanden, wenn die Nachfragemacht des Entleihers dazu genutzt wird, den Equal-Pay-Grundsatz zugunsten der Leiharbeitnehmer durchzusetzen. Aus dem Blickwinkel der Berufsfreiheit der Verleiher stellen die in Rede stehenden tariflichen Bestimmungen gleichsam eine Kombination der Equal-Pay-Entscheidung[137] und der Berliner Tariftreue-Entscheidung des BVerfG[138] dar. Soweit es um den Equal-Pay-Grundsatz als solchen geht, hat das BVerfG zum Ausdruck gebracht, dass das damit verbundene Ziel, nämlich die Herstellung eines angemessenen Schutzniveaus für Leiharbeitnehmer, die damit verbundene Beeinträchtigung der Freiheit der Verleiherunternehmen rechtfertigt. Dasselbe gilt für den Einsatz von Marktmacht mit dem Ziel, bestimmte tarifliche Arbeitsbedingungen zugunsten der Arbeitnehmer eines Auftragnehmers zu gewährleisten. Die Zusammenführung beider Regelungsansätze durch eine entsprechende Ausgestaltung der mit der Entleiherseite geschlossenen Tarifverträge beeinträchtigt zwar die freie Entscheidung der Verleiher, die Arbeitsbedingungen mit ihren Arbeitnehmern autonom festzulegen. Die Berufsfreiheit ist indes nur insoweit betroffen, als den Verleiherunternehmen gezielt die Chance genommen werden soll, bei bestimmten Entleihern Aufträge allein durch das Angebot billiger Arbeitskräfte zu erlangen. Zudem werden sich die höheren Entgelte, die den Leiharbeitnehmern als Voraussetzung für eine Auftragsvergabe zugesagt werden müssen, im Allgemeinen in höheren Überlassungspreisen niederschlagen. Damit liegt keine verfassungsrechtlich bedenkliche faktische Grundrechtseinwirkung zulasten der Verleiherunternehmen vor, der aufgrund der Schutzfunktion der Berufsfreiheit entgegengetreten werden müsste.

Die Berufsfreiheit der Leiharbeitnehmer ist von vornherein nicht in rechtlich relevanter Weise negativ betroffen. So kann man nicht etwa argumentieren, dass jede Regelung, die unmittelbar oder mittelbar auf eine Durchsetzung des Equal-Pay-Grundsatzes hinausläuft, die Chancen der Leiharbeitnehmer verschlechtert, überhaupt zum Zuge zu kommen. In den hier zu untersuchenden Gestaltungen kann nämlich nicht davon ausgegangen werden, dass das Gesamtvolumen der nachgefragten Arbeit bei einer

---

[136] BVerfG 11. 7. 2006 – 1 BvL 5/00 – NZA 2007, 42.

[137] BVerfG 29. 12. 2004 – 1 BvR 2582/03, 1 BvR 2283/03, 1 BvR 2504/03 – NZA 2005, 153.

[138] BVerfG 11. 7. 2006 – 1 BvL 5/00 – NZA 2007, 42.

Anwendung des Equal-Pay-Grundsatzes signifikant sinkt. Selbst wenn dies der Fall sein sollte, handelt es sich indes lediglich um eine Reflexwirkung und nicht um eine gezielte Regelung, so dass Art. 12 Abs. 1 GG insoweit nicht gegen die tarifvertraglichen Bestimmungen in Stellung gebracht werden kann.

b) Kartellrechtliche Grenzen

Sämtliche hier näher zu untersuchenden tariflichen Regelungen wollen in einem mehr oder weniger großen Maße die Nachfrage der Entleiher nach der Überlassung von Leiharbeitnehmern steuern bzw. auf die Konditionen des Arbeitnehmerüberlassungsvertrages mit dem Verleiher Einfluss nehmen. Dies wirft die Frage auf, ob diese Tarifinhalte auf kartellrechtliche Schranken stoßen. Damit ist wiederum das komplexe und noch keineswegs abschließend geklärte Verhältnis von Tarifautonomie und Kartellrecht angesprochen.[139]

Einfachgesetzlicher Ausgangspunkt der kartellrechtlichen Betrachtung ist § 1 GWB, der sämtliche Vereinbarungen zwischen Unternehmen, Beschlüsse von Vereinigungen und aufeinander abgestimmte Verhaltensweisen, die eine Verhinderung, Einschränkung oder Verfälschung des Wettbewerbs bezwecken oder bewirken, ausdrücklich verbietet. Diese Regelung muss nach einhelliger Ansicht im Gleichklang mit dem europäischen Kartellrecht und damit in Übereinstimmung mit Art. 101 AEUV ausgelegt werden. Für Sachverhalte, die den zwischenstaatlichen Handel spürbar berühren, ergibt sich dies unmittelbar kraft Unionsrechts aus Art. 3 Verordnung (EG) 1/2003 (Kartellverfahrensverordnung). Für Sachverhalte unterhalb dieser Schwelle folgt dies zumindest aus der Entscheidung des deutschen Gesetzgebers, der sich mit der 7. GWB-Novelle von 2005 eindeutig für eine Harmonisierung der Maßstäbe von § 1 GWB und Art. 101 AEUV ausgesprochen hat.[140]

Soweit es um Firmentarifverträge geht, wird der Geltungsanspruch des Wettbewerbsrechts schon aus kartellrechtsimmanenten Gründen nicht eröffnet. Art. 101 AEUV bzw. § 1 GWB erfasst nämlich nur solche Vereinbarungen oder Verhaltensweisen, an denen mindestens zwei Unternehmen zur Koordinierung ihres Marktverhaltens beteiligt sind. Wenn ein einzelnes Unternehmen von sich aus erklärt, nur mit solchen Leiharbeitsun-

[139] Dazu bereits oben IV 2.

[140] BT-Drs. 15/3640 vom 12. 8. 2004, S. 21 ff.; *Bechtold*, GWB, 6. Aufl. (2010), Einführung Rn. 84, § 1 Rn. 4; *Nordemann*, in: Loewenheim/Meessen/Riesenkampff, Kartellrecht, Bd. 2, GWB (2006), § 1 Rn. 5 f.; *Reichold*, FS Reuter (2010), S. 759, 760; MünchKommGWB/*Säcker*, Bd. 2 (2008), § 1 GWB Rn. 2.

ternehmen zu kooperieren, die sich gegenüber den bei ihnen Beschäftigten zur Einhaltung des Equal-Pay-Grundsatzes verpflichten, wird das Marktgeschehen beeinflusst, nicht aber beeinträchtigt.[141] Hieran ändert sich auch dadurch nichts, dass das Verhalten des Unternehmens durch einen Firmentarifvertrag vorstrukturiert wird. Die Gewerkschaft tritt beim Abschluss eines Firmentarifvertrages über Arbeits- und Wirtschaftsbedingungen nicht selbst am Markt für Güter und selbstständige Dienstleistungen auf und ist daher nach ganz herrschender Ansicht weder selbst ein Unternehmen[142] noch – mangels Unternehmereigenschaft der einzelnen Arbeitnehmer[143] – eine Unternehmensvereinigung.

Komplizierter gestaltet sich die Lage bei Verbandstarifverträgen. Insoweit könnte man bei einer rein kartellrechtlichen Betrachtung zunächst daran denken, dass zwar nicht der Verbandstarifvertrag als solcher, wohl aber der Zustimmungsbeschluss des Arbeitgeberverbandes zum Tarifvertrag[144] bzw. die Mandatierung des Verbandes zum Tarifvertragsschluss[145] zumindest unter bestimmten Voraussetzungen als Beschluss einer Unternehmensvereinigung eingestuft werden kann. Ob jeder derartige Beschluss

---

141 *Rieble*, Unternehmerischer Marktmachteinsatz zur tarifpolitischen Lenkung von Kunden/Lieferanten, in: Rieble/Junker/Giesen (Hrsg.), Kartellrecht und Arbeitsmarkt (2010), S. 103, 120.

142 BAG 27.6. 1989 – 1 AZR 404/88 – AP GG Art. 9 Arbeitskampf Nr. 113 = NZA 1989, 969; BAG 10. 11. 1993 – 4 AZR 316/93 – AP TVG § 1 Tarifverträge: Bau Nr. 169 = NZA 1994, 622; *Anzinger/Koberski*, NZA 1989, 737, 745; *Nordemann*, in: Loewenheim/Meessen/Riesenkampff, Kartellrecht, Bd. 2, GWB (2006), § 1 Rn. 27; *Reichold*, FS Reuter (2010), S. 759, 763 f.; *Rieble*, Arbeitsmarkt und Wettbewerb (1996), Rn. 437; *Zimmer*, in: Immenga/Mestmäcker, Wettbewerbsrecht, Bd. 2, GWB, 4. Aufl. (2007), § 1 Rn. 63, 74; skeptisch auch *Mohr/Wolf*, JZ 2011, 1096; a. A. *Ackermann*, Kartellrecht und Arbeitsmarkt: Der Geltungsanspruch der §§ 1 f. GWB, in: Rieble/Junker/Giesen (Hrsg.), Kartellrecht und Arbeitsmarkt (2010), S. 17, 27 f.; *Kulka*, WuW 1987, 5, 17 f.; *ders.*, RdA 1988, 336, 338 f.; *Roth*, Tarifverträge aus kartellrechtlicher Sicht, in: FIW (Hrsg.), Tarifautonomie und Kartellrecht (1990), S. 7, 13 f.; FK/Kartellrecht/*Roth/Ackermann* (Stand: 2009), Art. 81 Abs. 1 EG Grundfragen Rn. 53 f.

143 BAG 28. 3. 1990 – 4 AZR 536/89 – AP TVG § 5 Nr. 25 = NZA 1990, 781; *Emmerich*, Kartellrecht, 11. Aufl. (2008), § 3 Rn. 31; *Nordemann*, in: Loewenheim/Meessen/Riesenkampff, Kartellrecht, Bd. 2, GWB (2006), § 1 Rn. 26; *Reichold*, FS Reuter (2010), S. 759, 763; *Rieble*, Arbeitsmarkt und Wettbewerb (1996), Rn. 429; a. A. *Ackermann*, Kartellrecht und Arbeitsmarkt: Der Geltungsanspruch der §§ 1 f. GWB, in: Rieble/Junker/Giesen (Hrsg.), Kartellrecht und Arbeitsmarkt (2010), S. 17, 27; *Kordel*, Arbeitsmarkt und Europäisches Kartellrecht (2004), S. 32 ff.

144 So *Bechtold*, FS Bauer (2010), S. 109, 116; *Mühlbach*, Tarifverträge in der europäischen Kartellkontrolle (2007), S. 144; *Reichold*, FS Reuter (2010), S. 759, 766; MünchKommEuWettbR/*Säcker*, Bd. 1 (2007), Einleitung Rn. 245; *Schoch*, BB 1965, 477, 478.

145 So *Bayreuther*, Tarifautonomie als kollektiv ausgeübte Privatautonomie (2005), S. 145 f. Fn. 388 (unter I 1).

eines Arbeitgeberverbandes automatisch als Beschluss einer Unternehmensvereinigung im wettbewerbsrechtlichen Sinne zu werten ist, erscheint indes fraglich. Immerhin geht es jedenfalls beim tarifpolitischen Kerngeschäft, nämlich bei der Festsetzung von Arbeitszeiten und Arbeitsentgelten für die tarifgebundenen Arbeitsvertragsparteien, nicht um ein unmittelbares Auftreten am Markt für Güter oder selbstständige Dienstleistungen.[146] Wenn und soweit allerdings tarifvertragliche Bestimmungen in Rede stehen, die sich entweder direkt auf das Unternehmerverhalten auf diesen Märkten beziehen oder die doch jedenfalls einen so genannten „janusköpfigen" Charakter haben, weil sie zwar unmittelbar nur eine Regelung von Arbeits- und Wirtschaftsbedingungen bezwecken, sich aber zugleich auf den Güter- oder Dienstleistungsmarkt auswirken, ist die Einordnung der Zustimmung des Arbeitgeberverbandes als Beschluss einer Unternehmensvereinigung jedenfalls nicht von vornherein von der Hand zu weisen.

Die Frage nach den tauglichen Adressaten des Kartellverbots ist freilich nur eine nachgeordnete Thematik. Entscheidend ist letztlich, in welches sachliche Verhältnis Tarifautonomie und Kartellrecht zu setzen sind. Anders gefragt geht es darum, welche Angelegenheiten die Rechtsordnung im Interesse der Herbeiführung erwünschter sozialer Zustände dem Wettbewerbsprinzip überlässt und bei welchen Angelegenheiten die Rechtsordnung die Herbeiführung erwünschter sozialer Zustände gerade nicht dem Wettbewerbsprinzip überantwortet, sondern stattdessen eine Kartellbildung erlaubt und damit auf das Gegenmachtprinzip setzt. Sofern die Materie selbst kartellrechtlich unbedenklich ist, kann für den Zustimmungsbeschluss des Arbeitgeberverbandes nichts anderes gelten.[147]

Insoweit hat der EuGH in seiner bisherigen Judikatur zentrale Wegmarken gesetzt, die aufgrund des erwähnten Gleichklangs von Art. 101 AEUV und § 1 GWB auch für rein nationale Gestaltungen maßgeblich sind. Von grundlegender Bedeutung sind zunächst die verbundenen Rechtssachen Albany,[148] Breentjens'[149] und Drijvende Bokken,[150] bei denen es um die Zulässigkeit der Pflichtmitgliedschaft von Arbeitgebern in einem branchenweiten Betriebsrentenfonds ging. In dieser Urteils-Troika hat der

---

[146] Abl. daher Däubler/*Schiek*, TVG, 2. Aufl. (2006), Einleitung Rn. 465; *Schmidt-Eriksen*, AuR 1991, 137, 143.

[147] So bereits BAG 27.6. 1989 – 1 AZR 404/88 – AP GG Art. 9 Arbeitskampf Nr. 113 = NZA 1989, 969 (unter II 3 b ee); KG 21.2. 1990 – Kart U 4357/989 – NZA 1991, 24; in diesem Sinne etwa auch *Scholz*, FS Rittner (1990), S. 629, 632.

[148] EuGH 21.9. 1999 – C-67/96 – Slg. 1999, I-5751 – Albany.

[149] EuGH 21.9. 1999 – C-115/97 bis C-117/97 – Slg. 1999, I-6025 – Breentjens'.

[150] EuGH 21.9. 1999 – C-219/97 – Slg. 1999, I-6121 – Drijvende Bokken.

EuGH auf der einen Seite die Bedeutung des Kartellverbots hervorgehoben, auf der anderen Seite aber aus verschiedenen Bestimmungen des europäischen Rechts geschlossen, dass es zu den Zielen der Gemeinschaft gehört, den Dialog zwischen den Sozialpartnern zu befördern und kollektive Vereinbarungen zu gewährleisten. Dieses sozialpolitische Ziel wäre bei einer umfänglichen Anwendung des Verbots von Kartellabsprachen auf Kollektivverträge ernsthaft gefährdet. Aus dieser Überlegung hat der EuGH eine Unanwendbarkeit des Kartellverbots auf bestimmte Kollektivvereinbarungen gefolgert, wobei er im Wesentlichen zwei Kriterien aufstellt:[151] Hinsichtlich der Art der Vereinbarung betont der EuGH, dass die Regelung zwischen den Organisationen auf Arbeitgeber- und Arbeitnehmerseite abgeschlossen worden ist, es sich der Form nach um einen Tarifvertrag handelt und die Abrede das Ergebnis von Tarifverhandlungen ist. Hinsichtlich des Gegenstandes der Vereinbarung stellt der EuGH darauf ab, dass die streitbefangene Regelung unmittelbar der Verbesserung der Arbeitsbedingungen der Arbeitnehmer dient.

Versucht man diese Überlegungen zusammenzufassen, kann als gesichert gelten, dass der EuGH zwar auf der einen Seite keine umfassende Bereichsausnahme für die Sozialpolitik kreiert hat, wie sie für die Landwirtschaft (Art. 42 AEUV) oder für die Verteidigung (Art. 346 Abs. 1 lit. b AEUV) vorgesehen ist.[152] Auf der anderen Seite hat der EuGH aber arbeitsrechtliche Kollektivverträge aus dem Kartellverbot vollständig ausklammert, wenn sie bestimmte Voraussetzungen erfüllen. Allerdings hat sich der EuGH bislang nicht zu einer konzeptionell klaren Trennung zwischen Güter- und Dienstleistungsmarkt auf der einen Seite und Arbeitsmarkt auf der anderen Seite mit jeweils unterschiedlichen Ordnungsprinzipien bekannt, was daran liegen mag, dass das Wettbewerbsprinzip im europäischen Primärrecht von Anfang an tief verwurzelt gewesen ist,[153] während die soziale Dimension des Binnenmarktes sowie insbesondere die Bedeutung der Kollektivautonomie und ihrer grundrechtlichen Verankerung erst im Laufe der Zeit ins Bewusstsein getreten ist.

Im Einzelnen besteht über zwei Eckpunkte Einigkeit: Geht es um tarifliche Regelungen, die sich auf Arbeitsbedingungen im engeren Sinne beschränken und sich nicht spürbar auf die Märkte für Güter und selbststän-

---

[151] Klare Analyse der Judikatur des EuGH bei *Kordel*, Arbeitsmarkt und Europäisches Kartellrecht (2004), S. 153 ff.; kürzer MünchKommEuWettbR/*Säcker*, Bd. 1 (2007), Einleitung Rn. 235; etwas anders *Berg*, EuZW 2000, 170 f., der von drei Voraussetzungen spricht.

[152] Vgl. *Fleischer*, DB 2000, 821, 822; MünchKommEuWettbR/*Säcker*, Bd. 1 (2007), Einleitung Rn. 234.

[153] Siehe dazu jüngst *Thomas*, JZ 2011, 485.

dige Dienstleistungen auswirken, ist von vornherein kein Raum für kartellrechtliche Überlegungen. Diese Sichtweise entspricht von Anfang an der Grundkonzeption des GWB.[154] Umgekehrt kommt das Kartellrecht zur Anwendung, wenn eine wettbewerbsbeschränkende Vereinbarung in Verschleierungsabsicht nur pro forma in die Gestalt eines Tarifvertrages gefasst wird.[155] Dies ist zum einen dann der Fall, wenn sich die Tarifparteien von vornherein außerhalb des Bereichs der Arbeits- und Wirtschaftsbedingungen bewegen, der Begriff „Tarifvertrag" also letztlich eine Falschbezeichnung ist. Kartellrecht ist zum anderen aber auch dann anwendbar, wenn Vereinbarungsgegenstand an sich noch eine Arbeits- und Wirtschaftsbedingung ist, es den Parteien aber nicht um den Arbeitnehmerschutz geht, sondern das eigentliche Ziel die Verhinderung von Wettbewerb zwischen Unternehmen ist, die Vereinbarung also mit anderen Worten nicht „at arm's length" abgeschlossen worden ist. In diesen Fällen kann man davon sprechen, dass die geregelte Materie subjektiv außerhalb der Tarifautonomie liegt. Nach alledem wird der Geltungsanspruch des Kartellrechts im Wesentlichen durch die Reichweite des durch die Doppelformel der Arbeits- und Wirtschaftsbedingungen abgesteckten Bereichs und damit durch die funktionelle Zuständigkeit der Tarifparteien begrenzt.

Bei den Regelungen zur Durchsetzung des Equal-pay-Grundsatzes ist zu unterscheiden: Im Hinblick auf die Begründung einer unmittelbaren Verpflichtung der Entleiherseite, an die Leiharbeitnehmer unter Umständen die Differenz zwischen dem arbeitsvertraglichen Entgelt und dem Vergleichsentgelt zu zahlen, bewegen sich die Tarifparteien im Grundansatz außerhalb des Kartellrechts, weil sie Beschäftigungsbeziehungen regulieren. Bedenken können allerdings daraus erwachsen, dass mit der Schaffung einer potentiellen Zahlungspflicht der Entleiherseite für den Fall, dass die Verleiherseite ihren Arbeitnehmern nicht „freiwillig" Equal Pay gewährt, ein gleichförmiger Anreiz generiert wird, auf die Gestaltung der Arbeitnehmerüberlassungsverträge mit den Verleiherunternehmen, also auf eine Dienstleistungsbeziehung, einzuwirken. Insoweit hätte man es also mit einer „januskopfigen" Tarifregelung zu tun, weil eine tatsächliche Arbeitsbeziehung geregelt wird, die sich faktisch auf das Marktverhalten der Entleiher auswirkt. Regelungen dieser Art sind kartellrechtlich indes nicht zu beanstanden, sofern kein Formenmissbrauch vorliegt. Da es den Tarifparteien eindeutig um einen Schutz der Leiharbeitnehmer wie auch

[154] Vgl. BT-Drs. 2/1158 vom 22. 1. 1955, S. 30.

[155] BAG 27. 6. 1989 – 1 AZR 404/88 – AP GG Art. 9 Arbeitskampf Nr. 113 = NZA 1989, 969 (unter II 3 d); Däubler/*Schiek*, TVG, 2. Aufl. (2006), Einleitung Rn. 474; *Schmidt-Eriksen*, AuR 1991, 137, 143 f.; *Gyselen*, Common Market Law Review 37 (2000), 425, 443, spricht insoweit von „sham" collective agreement.

der Stammbeschäftigten geht, nicht aber um eine Dienstleistungsmarktregulierung, ist dies nicht der Fall.

Größere Schwierigkeiten stellen sich dagegen bei einem unmittelbaren Zugriff auf die Arbeitnehmerüberlassungsverträge. Ein Teil des Schrifttums sieht darin die klare Regelung einer Marktbedingung, die somit nicht nur nicht mehr in den Gewährleistungsgehalt von Art. 9 Abs. 3 GG fällt,[156] sondern folgerichtig zugleich dem Kartellverbot unterliegt. Dies entspricht schon frühzeitig angestellten Überlegungen, nach denen jegliche Einwirkung auf die rechtlichen Beziehungen zwischen dem Arbeitgeber und einem Dritten zwangsläufig nichtarbeitsrechtlicher Natur ist und deshalb kartellrechtlich kontrollierbar ist.[157] Die obigen Ausführungen haben indes gezeigt, dass die abgestimmte Einflussnahme auf die Vertragsgestaltung mit den Verleiherunternehmen mit dem Ziel, die überlassenen Leiharbeitnehmer in den Genuss von Equal Pay kommen zu lassen, noch zum Kreis der Arbeits- und Wirtschaftsbedingungen zählt.[158] Insoweit sei zunächst noch einmal daran erinnert, dass die Frage, ob ein Leiharbeitnehmer für die Dauer des Einsatzes in einem Betrieb dasselbe Entgelt wie ein vergleichbarer Stammarbeitnehmer erhält, keineswegs nur die die Innenbeziehung zwischen Leiharbeitnehmer und Verleiherunternehmen betrifft. Vielmehr kann eine niedrigere Vergütung die Arbeitszufriedenheit und Zuverlässigkeit des überlassenen Arbeitnehmers erheblich beeinflussen. Vor allem aber kann es zu erheblichen Spannungen zwischen Leiharbeitnehmern und Stammarbeitnehmern, aber auch zu Verdrängungsängsten in der Stammbelegschaft kommen, wenn „billige" Leiharbeitnehmer die eigene jederzeitige Austauschbarkeit tagtäglich hautnah vor Augen führen. Durchbricht man den „Schleier" der Aufteilung der Arbeitgeberfunktionen auf verschiedene Rechtssubjekte, wird erkennbar, dass es in diesen speziellen Gestaltungen nicht in erster Linie um eine Dienstleistungsmarktregulierung, sondern um eine Absicherung von Arbeitsstandards geht.

Aus kartellrechtlicher Sicht liegt es zwar nahe, darin ein Einkaufspreiskonditionenkartell zu sehen. Die Besonderheit besteht hier freilich darin, dass nicht etwa Anbieter überhöhte Preise absprechen oder umgekehrt Nachfrager konzertiert niedrigere Preise fordern, sondern Nachfrager eine bestimmte Behandlung der beim Anbieter beschäftigten Arbeitnehmer verlangen und dafür auch noch regelmäßig höhere Überlassungspreise ent-

---

[156] In diesem Sinne *Rieble*, Unternehmerischer Marktmachteinsatz zur tarifpolitischen Lenkung von Kunden/Lieferanten, in: Rieble/Junker/Giesen (Hrsg.), Kartellrecht und Arbeitsmarkt (2010), S. 103, 114.

[157] *Schoch*, BB 1965, 477, 478.

[158] Siehe hierzu oben IV 2.

richten werden. Natürlich kann nicht bestritten werden, dass hierdurch auf den Wettbewerb zwischen den Verleiherunternehmen eingewirkt wird. Allerdings geht es dabei nur darum, denjenigen Wettbewerb einzudämmen, der durch die geringe Verhandlungsmacht der Leiharbeitnehmer und ihre dadurch bedingt vergleichsweise niedrigen Entgelte stattfindet. Im Hinblick auf die Abweichung vom Equal-Pay-Grundsatz steht also bei Lichte betrachtet nicht der Wettbewerb mit selbstständigen Dienstleistungen in Rede. Vielmehr geht es um einen Wettbewerb durch Unterbietung von Arbeitskosten. Genau das aber ist der Bereich des Wirtschaftslebens, der gerade nicht durch das Wettbewerbsprinzip, sondern durch das Gegenmachtprinzip reguliert werden soll.[159] Löst man sich von einer rein begrifflichen Argumentation, die den besonderen Charakter der Arbeitnehmerüberlassung aus den Augen verliert und die Leiharbeit mit einer Lieferung von Gütern oder der Erbringung von Dienstleistungen gleichsetzt, wird deutlich, dass tarifliche Anstrengungen zur Durchsetzung des Equal-Pay-Grundsatzes, die hierfür den Arbeitnehmerüberlassungsvertrag ins Visier nehmen, schwerpunktmäßig den Arbeitsmarkt betreffen und nicht als eine dem Kartellrecht zu unterwerfende Dienstleistungsmarktregulierung einzustufen sind. Letztlich geht es bei dieser Frage um das Verhältnis zwischen einer formalen und einer materiellen Betrachtungsweise. Bei einer vordergründigen formalen Betrachtung zielen die in Rede stehenden Tarifbestimmungen auf die Regelung einer Dienstleistungsbeziehung ab, bei einer vorzugswürdigen materiellen Betrachtung geht es dagegen um – kartellrechtsimmune – Arbeitsbeziehungen.

V. Wesentliche Ergebnisse

Die Verhältnisse auf dem Arbeitnehmerüberlassungsmarkt haben bei den Entgelten für Leiharbeitnehmer zu einem Unterbietungswettbewerb geführt, der sich in einem deutlichen Abstand der Vergütung im Vergleich zu festangestellten Arbeitnehmern manifestiert. Der verschwindend geringe Organisationsgrad der Leiharbeitnehmer zeigt, dass die Tarifdispositivität des Equal-Pay-Grundsatzes nicht zur Ausübung kollektiver Privatautonomie genutzt worden ist, sondern dass die einseitige Marktmacht der Entleiher bei der Nachfrage nach abhängiger Arbeit zu einer einseitigen Bestimmungsmacht der Verleiher über die Entgelthöhe geführt hat. Der Versuch der Gewerkschaften, den durch Leiharbeit eintretenden Friktionen entgegenzutreten und durch den Einsatz ihrer Marktmacht auf der Entlei-

[159] Dazu bereits oben IV 2.

herseite das Gegenmachtprinzip wiederherzustellen, fügt sich in das Ordnungsmodell ein, dass der Koalitionsfreiheit des Art. 9 Abs. 3 GG zugrundeliegt. Regelungen, die der Durchsetzung des Equal-Pay-Grundsatzes dienen, zählen daher zu den Arbeits- und Wirtschaftsbedingungen. Dies gilt nicht zuletzt für die Begründung von – gegebenenfalls bedingten – Zahlungspflichten der Entleiher gegenüber den Leiharbeitnehmern sowie für Regelungen, mit denen auf bestimmte leiharbeitnehmerbezogene Konditionen im Arbeitnehmerüberlassungsvertrag hingewirkt werden soll, um neben dem Schutz der überlassenen Arbeitnehmer insbesondere auch Friktionen in den Einsatzbetrieben vorzubeugen. Die Möglichkeit zur normativen Begründung unmittelbarer Zahlungspflichten der Entleiherseite gegenüber Leiharbeitnehmern ist nicht von vornherein „denkunmöglich", allerdings (noch) nicht anerkannt. In jedem Fall können in Firmentarifverträgen durch schuldrechtliche Tarifregelungen im Wege eines Vertrages zugunsten Dritter Zahlungsansprüche zugunsten von Zeitarbeitnehmern geschaffen werden. Bei Verbandstarifverträgen erlaubt die Rechtsfigur der (offenen) Verpflichtungsermächtigung eine Bindung der verbandsangehörigen Entleiher an die schuldrechtliche Regelung von Arbeitsbedingungen, so dass auf diesem Wege unmittelbare Zahlungspflichten der Entleiher zugunsten von Leiharbeitnehmern begründet werden können. Grundrechtliche Positionen der Beteiligten stehen derartigen Tarifregelungen nicht entgegen.

Im Spannungsverhältnis von Kartellrecht und Tarifautonomie sind das europäische Kartellrecht (Art. 101 AEUV) und das deutsche Kartellrecht (§ 1 GWB) übereinstimmend auszulegen. Auf beiden Ebenen sind solche Tarifverträge vom Anwendungsbereich des Kartellverbots ausgenommen, die von den Sozialpartnern im Rahmen von Tarifverhandlungen über tariflich regelbare Gegenstände abgeschlossen werden. Für die konkrete Reichweite des tariflich Regelbaren verweist das europäische Recht grundsätzlich auf das mitgliedstaatliche Recht. Vor diesem Hintergrund sind zunächst alle firmentarifvertraglichen Bestimmungen kartellrechtlich unbedenklich, die lediglich die betrieblichen Handlungsmöglichkeiten einzelner Entleiher steuern. Verbandstarifverträge verstoßen jedenfalls dann nicht gegen das Kartellverbot, wenn sie sich eindeutig auf die Regelung von Arbeits- und Wirtschaftsbedingungen beschränken oder das Verhalten auf Dienstleistungsmärkten nur reflexartig berühren. Dagegen stoßen solche Regelungen in eine Grauzone vor, die unmittelbar auf eine Abstimmung von Unternehmen auf der Entleiherseite beim Abschluss von Arbeitnehmerüberlassungsverträgen im Hinblick auf die Einhaltung des Equal-Pay-Grundsatzes hinauslaufen. Bei vordergründiger Betrachtung könnte man darin einen Kartellrechtsverstoß erblicken. Die Besonderheiten der Leiharbeit sowie die konkreten Inhalte der Tarifverträge, die in erster Linie einen Lohnkostenwettbewerb verhindern wollen, sprechen indes dafür, dass das Kartellverbot seinem Sinn und Zweck nach nicht eingreift.

Privatrechtliche Gerechtigkeit und arbeitsrechtliche Tarifautonomie

Florian Rödl

I. Eduard Pickers These vom Niedergang der Individualfreiheit

In mehreren großen Arbeiten hat sich Eduard Picker mit dem Verhältnis von Privatautonomie und Tarifautonomie beschäftigt.[1] Sein zunächst einmal klassischer Ausgangspunkt lautet: Die Tarifautonomie sei die Kompensation der im Arbeitsverhältnis einst vorgefundenen Imparität der Ver-

[1] *Picker*, in: Schön (Hrsg.), Gedächtnisschrift für Brigitte Knobbe-Keuk, 1997, S. 879; *idem*, in: idem/Rüthers (Hrsg.), Recht und Freiheit, Symposion Reinhard Richardi, 2003, S. 25; *idem*, ZfA 2007, 129.

tragsparteien.[2] Das Problem der Arbeitsrechtstheorie bestehe seit mehr als 100 Jahren darin, die Tarifautonomie gegenüber ihrer allein auf die Sicherung individueller Freiheit angelegten Funktion zu einer Kollektivautonomie zu verselbständigen.[3] Damit sei bis heute individuelle Freiheit konzeptionell verdrängt worden.[4] Dieser irrige Theoriebestand stehe überdies einer heute an sich aufgrund veränderter sozialer Wirklichkeit eigentlich gebotenen Re-Autonomisierung der Arbeitnehmer und einer Ent-Autonomisierung der Verbände entgegen.[5]

Picker verfolgt mit diesen Arbeiten auch rechtspolitische Anliegen. Hervorzuheben erscheint mir seine Kritik an der Rechtsprechung zum Günstigkeitsprinzip nach § 4 Abs. 3 TVG[6], die keinen Tausch einer Senkung tariflicher Arbeitsbedingungen gegen Kündigungsausschluss erlaubt.[7] Picker zielt hier letztlich auf die unmittelbare und zwingende Wirkung des Tarifvertrags. Es geht hier also in Bezug auf das Arbeitsrecht buchstäblich „um alles".

Doch will ich dieses rechtspolitische Programm hier nicht diskutieren. Mich interessiert eine von Pickers grundbegrifflichen Ambitionen, die dahin geht zu zeigen, dass sich die Institution der Tarifautonomie aus den Grundformen des Privatrechts heraus treiben lässt.[8] Diesen Ausgangspunkt teile ich mit ihm. Ein Grundproblem liegt freilich schon im ersten Schritt darin zu bestimmen, welches die maßgeblichen Formen des Privatrechts sind, die dabei zum Tragen kommen müssen. Picker meint, Dreh- und Angelpunkt sei die Privatautonomie. Er spricht es als grundlegenden Zweck des Privatrechts an, die Privatautonomie zu verwirklichen, und das geschehe auch und gerade im Vertragsrecht.[9] Zugleich sei die Idee der Privatautonomie auch der legitimierende Grund dafür, dass Abreden zwischen Privaten rechtlich bindender Vertrag sein können und als solche objektive Rechtslagen kreieren oder ändern können. Verträge könnten legitimer Weise binden, wenn und weil sie auf den freien Willen der Beteiligten zurückgehen. Privatautonomie sei also Grund und Zweck des Vertragsrechts wie des Privatrechts insgesamt. Etwaige Einschränkungen der Privatauto-

---

[2] *Picker*, Gedächtnisschrift Knobbe-Keuk (Fn. 1), S. 880 ff.; *idem*, Symposion Richardi (Fn. 1), S. 137 ff.

[3] Am Beispiel Otto v. Gierkes: *Picker*, Gedächtnisschrift Knobbe-Keuk (Fn. 1), S. 935 ff.; am Beispiel Hugo Sinzheimers: *idem*, ZfA 2007, 129, 165 ff.; mit Hinweis auf zeitgenössische Stimmen: *idem*, Symposion Richardi (Fn. 1), S. 31 f.

[4] *Picker*, Symposion Richardi (Fn. 1), S. 27 f.

[5] *Ibid.*, S. 76 ff.

[6] *Picker*, NZA 2002, 761, 766 ff.

[7] BAG vom 20. 4. 1999, BAGE 91, 210.

[8] Vor allem *Picker*, Symposion Richardi (Fn. 1), S. 56 ff.

[9] Hierzu und zum Folgenden: *Picker*, ZfA 2007, 129, 131.

nomie durch Gesetz oder in Gestalt der Tarifautonomie seien darum nur unter normativem Bezug auf die Privatautonomie selbst zulässig.[10]

Ich selbst meine demgegenüber, es ist die Idee korrektiver Gerechtigkeit, die zwar gleichursprünglich mit der Idee privater Autonomie, jedoch gegenüber der Idee der Vertragsfreiheit grundlegend ist. Das will ich im Folgenden entfalten. Zunächst erörtere ich das Verhältnis von privatrechtlicher Gerechtigkeit und Vertragsfreiheit (II.). Das wird mich zum allgemeinen Problem des gerechten Preises führen, und ich werde Tarifautonomie als Lösung für das Problem des „gerechten Lohns" präsentieren (III.). Am Ende will ich noch exemplarisch zwei tarifrechtliche Implikationen meiner Position ansprechen (IV.).

II. Privatrechtliche Gerechtigkeit und Vertragsfreiheit

1. *Privatrechtliche Gerechtigkeit als korrektive Gerechtigkeit*

Ausgangspunkt der Rede von einer privatrechtlichen Gerechtigkeit ist die grundlegende Unterscheidung der Idee der Gerechtigkeit in zwei Formen, die auf Aristoteles zurück geht. Die zwei Formen sind die distributive Gerechtigkeit und die kommutative oder besser korrektive Gerechtigkeit.[11] Die distributive Gerechtigkeit ist eine komplexe Beziehung. Ihr unterliegt die Verteilung von Gütern innerhalb einer vorgegebenen Gruppe im Hinblick auf einen vorgegebenen Zweck anhand eines Kriteriums. Etwa die Verteilung von Sozialleistungen unter der deutschen Bevölkerung zum Zweck der Sicherung eines menschenwürdigen Lebens anhand sozialer Bedürftigkeit. Die distributive Gerechtigkeit steht also nicht auf eigenen Füßen, sondern sie ist erst durch ihr gegenüber äußerliche Größen bestimmt – die verteilten Güter, die maßgebliche Gemeinschaft, den verfolgten Zweck und das daraus abzuleitende Kriterium. Demgegenüber ist die korrektive Gerechtigkeit von einfacher Struktur.[12] Ihr unterliegt das Verhältnis unter Menschen als Freien und Gleichen. Sie verteilt nichts, Gemeinschaftszugehörigkeiten spielen keine Rolle und sie untersteht keinem äußeren Zweck. Ihr einziger Sinn ist es, Gerechtigkeit zwischen den Menschen

[10] Entsprechend der Appell zur mutigen Reduktion der gesetzlichen Regelung des TVG, namentlich von § 3 Abs. 2 TVG: *Picker*, Symposion Richardi (Fn. 1), S. 65 ff.

[11] *Aristoteles*, Nikomachische Ethik (übersetzt von Wolf), 2006, S. 166 (V. Buch); siehe auch die ideengeschichtliche Studie von *Englard*, Corrective and Distributive Justice, 2009.

[12] *Weinrib*, 52 University of Toronto Law Journal 349 (2002); siehe auch *Canaris*, in: Sitzungsberichte der Bayerischen Akademie der Wissenschaften (Philosophisch-Historische Klasse) 1997, 7, 26 ff.

als Gleichen herzustellen. Korrektive Gerechtigkeit gleicht Unrecht aus, das der eine Gleiche dem anderen Gleichen zugefügt hat.

Während sich distributive Gerechtigkeit vorrangig in Formen des öffentlichen Rechts entfaltet, steht das Privatrecht für eine Ordnung unter der Form korrektiver Gerechtigkeit.[13] Das Privatrecht konstituiert die Menschen mit der allgemeinen Rechts- und Geschäftsfähigkeit als freie Gleiche. Es behandelt sie auch so, indem es aus ihrer Interaktion resultierendes Unrecht, wie etwa Eigentumsverletzung oder Vertragsbruch, nach Maßgabe korrektiver Gerechtigkeit löst. Bei den Antworten, die das Privatrecht charakteristischer Weise gibt, spielen weder die Tugend, die Bedürfnisse, der Status oder die Handlungsorientierungen der Beteiligten eine Rolle. Die Gleichheit entsteht also durch Abstraktion von jeder empirischen und also auch sozialen Besonderheit. Genauso wenig verfolgt das Privatrecht in seiner Bearbeitung des zwischenmenschlichen Unrechts äußere Zwecke, wie sie das öffentliche Recht charakterisieren.[14]

Der Unterscheidung zwischen den beiden Gerechtigkeitsformen entspricht also eine Unterscheidung zwischen öffentlichem Recht und Privatrecht. Es handelt sich dabei nicht um eine positivistische Unterscheidung, die behauptete, das geltende Privatrecht unterstehe ausnahmslos allein der korrektiven Gerechtigkeit.[15] Die Unterscheidung hat auch keinen normativen Sinn, insofern mit ihr das geltende Recht auf seine Vernünftigkeit hin kontrolliert wird. Vielmehr handelt es sich um eine hermeneutische Unterscheidung, die uns das Verständnis der grundlegenden Formen des Privatrechts, darunter Eigentum, Vertrag und Delikt, verständlich macht.

Die Behauptung einer spezifischen privatrechtlichen Gerechtigkeitsidee, die ich hier zugrunde lege, hat eine zweifache Stoßrichtung. Sie richtet sich gegen die Vorstellung, im Privatrecht handle es sich nur um verkleidetes öffentliches Recht („public law in disguise")[16], mit dem letztlich beliebige öffentliche Zwecke verfolgt werden und verfolgt werden können, sei es Wohlstandssteigerung (worauf sich die ökonomische Analyse des Rechts beruft) oder die Herstellung sozialer Gerechtigkeit (was als grundlegende Orientierung des Privatrechts wohl nicht vorgeschlagen wird). Sie richtet sich andererseits gegen die mutmaßlich herrschende Vorstellung, das Privatrecht sei selbst in seinen Grundformen „immer schon" nur als Mi-

---

[13] Grundlegend *Weinrib*, The Idea of Private Law, 1995.

[14] *Ibid.*, S. 3ff.

[15] Ein Gegenbeispiel lieferte etwa die Gefährdungshaftung; dazu *Esser*, Grundlagen und Entwicklung der Gefährdungshaftung, 1969.

[16] Begriffsprägend: *Green*, Tort Law Public Law in Disguise, in: 38 Texas Law Review 1 (1959–60).

schung distributiver und korrektiver Gerechtigkeitsideen[17] oder letztlich nur als inkohärentes Produkt politischen Kampfes[18] verständlich.

Ich kann diese Vorstellung hier nur als meine Ausgangsposition anzeigen und sie nicht begründen und verteidigen. Eines sei nur noch hervorgehoben: Es handelt sich um eine privatrechtstheoretische Position, deren Versprechen von Freiheit und Gleichheit oft als formalistisch kritisiert wurde, das für die wirklichen Menschen, die unter Bedingungen gesellschaftlicher Vermachtung leben, wenig bereit hält. Es handelt sich mithin um eine Position, der man zur Legitimation zwingenden Arbeitsrechts allgemein und der Tarifautonomie im Besonderen nicht viel zutrauen dürfte. Aber das ist, wie sich zeigen wird, ein Vorurteil.

2. *Korrektive Gerechtigkeit und Vertragsfreiheit*

Vor diesem Hintergrund der das Privatrecht charakterisierenden Gerechtigkeitsform der korrektiven Gerechtigkeit stellt sich die Frage danach, welche Rolle dieser Gerechtigkeitsform im Vertragsrecht zukommt. Ich rechne auf gewisse Zustimmung, wenn ich zunächst festhalte, dass die korrektive Gerechtigkeit ihren Ort im Bereich der Haftung für Pflichtverletzungen hat. Wer seine Pflicht zur Erfüllung eines Vertrages gegenüber dem Vertragspartner nicht erfüllt, verletzt das korrespondierende relative Recht seines Vertragspartners. Korrektive Gerechtigkeit verlangt, dass er diese Rechtsverletzung vollständig ausgleicht und also Schadensersatz leistet.[19] Aber hat korrektive Gerechtigkeit auch bei der Bestimmung des Vertragsinhalts eine Rolle zu spielen? Mit anderen Worten: Wie ist das Verhältnis von Vertragsfreiheit und Vertragsgerechtigkeit zu bestimmen?

a. *Vertragsfreiheit ohne Gerechtigkeit*

Eine mögliche Antwort auf die Frage nach dem logischen Verhältnis von Vertragsfreiheit und Vertragsgerechtigkeit ist, dass die Idee der Gerechtigkeit unter der Vertragsfreiheit keine logische Rolle spielt. Dies ist die Position, die man bisweilen als Willenstheorie des Vertrages charakterisiert.[20]

---

[17] Exemplarisch: *Jansen*, Die Struktur des Haftungsrechts, 2003, S. 118 f.

[18] Etwa *Kennedy*, European Review of Private Law 1 (2001), 7; dieser Befund gilt freilich für das Recht generell: *Kennedy*, Legal Reasoning, 2008, S. 153.

[19] Die u.s.-amerikanische Vertragsrechtsdiskussion treibt allerdings seit 100 Jahren bis heute die Frage um, warum Erfüllungs- und nicht bloß Vertrauensschaden zu leisten ist, warum also tatsächlich „*pacta sunt servanda*" gilt; vgl. dazu *Benson*, in: idem (Hrsg.), The Theory of Contract Law, 2001, S. 118 und aus deutscher Sicht: *Dedek*, Negative Haftung aus Vertrag, 2007, S. 61 ff.

[20] Dazu etwa *Barnett*, 86 Columbia Law Review 269, 272 ff. (1986).

Die Willenstheorie geht eben davon aus, dass die Legitimation rechtlicher Bindung des Vertrages allein darin liegt, dass die Parteien seinen Inhalt übereinstimmend wollen. Was die Parteien wollen, ob der Inhalt des Vertrages einen gerechten Austausch repräsentiert, spielt keine Rolle. „Der Preis der zu vertauschenden Sache also, in welchen beide Teile frei einwilligen, ist nach dem natürlichen Privat-Rechte gerecht.“[21]

Das wesentliche Kennzeichen der Willenstheorie ist, dass sie diesen Gedanken strikt durchhält. Ein Vertragsrecht, das dieser Position uneingeschränkt entspräche, enthielte Regeln über den Vertragsschluss, einschließlich von Anfechtungsregeln im Falle von Irrtum, Täuschung oder Drohung. Es enthielte keine zwingenden Schutzvorschriften zugunsten schwächerer Parteien, keine Vorschriften über AGB-Kontrollen und auch kein Wucherverbot. Allenfalls verböte es Verträge, mit denen die Vertragsfähigkeit selbst veräußert würde, also etwa Verträge über die Tötung oder Versklavung des einen Vertragsteils.[22] Das vertritt in der deutschen Vertragstheorie wohl niemand mehr. Aber es ist eine lobenswert klare Alternative.

b. Gerechtigkeit nur bei „Machtungleichgewicht“ (Flume)

Werner Flume steht der willensbezogenen Legitimation des Vertragsrechts zwar nahe. Er schreibt über die „privatautonome Gestaltung von Rechtsverhältnissen“ [23], deren Hauptform der Vertrag sei[24], sie „bedarf, soweit sie vom Recht anerkannt wird, keiner anderen Rechtfertigung als dass der einzelne sie will“. Doch wie schon im Einschub – „soweit sie vom Recht anerkannt wird“ – anklingt, steht es Flume fern, zwingendes Recht zum Schutz von Schwächeren oder AGB-Kontrolle in den Bereich des Illegitimen zu verweisen. Er versucht indessen, diese Rechtsregeln so zu deuten, dass sie in ihrem Kern auf die Legitimation des Vertrags durch den Willen der Parteien bezogen sind. Er schreibt:

> „Weil die Privatautonomie ihre Rechtfertigung nur darin hat, dass die Selbstbestimmung als Wert anerkannt ist, kann die Privatautonomie als Rechtsprinzip nur verwirklicht werden, wenn auch tatsächlich die Macht zur Selbstbestimmung besteht.“[25]

Es sind demnach ungleichgewichtige Machtlagen, die auf Seiten des Schwächeren ähnlich wie im Falle von Irrtum, Täuschung oder Drohung verhin-

---

[21] *Zeiller*, Das natürliche Privat-Recht, 1819, § 128 (S. 185).

[22] Zur Rekonstruktion dieser Implikationen in Kants Vertragstheorie: *Ripstein*, Force and Freedom, 2009, S. 133 ff.

[23] *Flume*, Allgemeiner Teil des Bürgerlichen Rechts, Band II: Das Rechtsgeschäft, 1979, S. 6.

[24] S. *ibid.*, S. 7.

[25] *Ibid.*, S. 10.

dern, dass die Vertragsform ein Werk der Selbstbestimmung wird. Das Problem etwa des Miet- oder Arbeitsvertrages ist aus Flumes Sicht also nicht, dass er ohne flankierendes zwingendes Recht regelmäßig *grob ungerecht* ausfiele. Das Problem ist, dass die schwächere Partei *nicht in Selbstbestimmung* handelt.

Flume will also den Begriff der Vertragsimparität ohne Bezug auf den der Vertragsgerechtigkeit etablieren und so Vertragsimparität als reines Freiheitsproblem akzentuieren. Wolfgang Zöllner hat eindrucksvoll gezeigt, dass das nicht funktioniert.[26] Es ist nur eine andere Version von Zöllners Kritik, wenn ich sage: Wäre Vertragsimparität, so wie Flume meint, ein Freiheitsproblem, dann liefert zwingendes Recht keine Lösung. Denn inwiefern wird die Selbstbestimmung der schwächeren Partei gewahrt, wenn an die Stelle der Fremdbestimmung durch den stärkeren Vertragsteil die Fremdbestimmung durch das Gesetz tritt?

c. *Gerechtigkeit durch Vertragsfreiheit (Larenz)*

Dieser Kritik entgeht Karl Larenz. Dessen Auskunft zur Rolle der Gerechtigkeit geht dahin, dass die Vertragsfreiheit gerade aufgrund des in den Vertragsschluss eingelassenen heteronomen Moments, nämlich das Erfordernis der Zustimmung eines anderen Teils, die Gerechtigkeit des Vereinbarten garantiere.[27] Bei Larenz ist Vertragsfreiheit damit auch ein Instrument zur Generierung gerechter Verträge. Konzentriert man sich allein auf diese Auskunft, bedeutete das, dass die Idee der Vertragsgerechtigkeit logisch Vorrang vor der Privatautonomie hätte.[28] Letztere kann rechtlich eröffnet werden, wenn und weil sie zu gerechten Verträgen führt.

Auf der begrifflichen Ebene ist das natürlich ein Paukenschlag gegenüber Flume. Allerdings gerät dieser Kontrast schnell aus dem Blick. Dies liegt zum einen an Larenz' Zugeständnis, dass die Vertragsfreiheit die Gerechtigkeit des Vertrags nur im Normalfall garantiert und im Ausnahmefall sehr wohl auch zu ungerechten Verträgen führen kann, den das Vertragsrecht aber zugunsten der Vertragsfreiheit nicht sanktioniert.[29] Die Differenz zu Flume kommt damit nur im logischen Raum zum Tragen. Rechtlich spielt sie keine Rolle, weil das Recht bei Verträgen unter Glei-

---

[26] *Zöllner*, AcP 196 (1996), 1, 15ff.

[27] *Larenz*, Lehrbuch des Schuldrechts. Band I: Allgemeiner Teil, 14. Aufl., 1987, S. 77f.; siehe auch *Larenz/Wolf*, Allgemeiner Teil des Bürgerlichen Rechts, 9. Aufl., 2004, § 42 Rn. 1.

[28] Larenz spricht etwas weniger zugespitzt davon, Vertragsfreiheit und Vertragsgerechtigkeit „forderten sich wechselseitig" (*Larenz*, Lehrbuch des Schuldrechts (Fn. 27), a.a.O.).

[29] *Ibid.*, S. 79.

chen die Gerechtigkeit des Vereinbarten unwiderleglich unterstellt. Insofern steht auch bei Larenz das Problem der ungleichen Machtlagen im Zentrum. In ungleichen Machtlagen kann man sich auch für den Normalfall nicht mehr auf den Konsens verlassen, um Vertragsgerechtigkeit zu wahren, sondern man muss mit zwingendem Vertragsrecht helfen. Auch bei Larenz wird also eine strikte Grenze markiert zwischen Verträgen unter Gleichen und Verträgen unter Ungleichgewichtsbedingungen.

d. Alternative: Vertragsfreiheit in Gerechtigkeit

Damit trennt Larenz immer noch ein Schritt von der klaren Alternative zur Willenstheorie. Die besagt, dass die Vertragsgerechtigkeit nicht nur logisch Vorrang hat, sondern sich dieser Vorrang auch im Recht niederschlägt: Das Recht kontrolliert auch den Vertrag unter Gleichen auf seine Gerechtigkeit hin.[30] Die Willenstheorie verwies die Idee der Vertragsfreiheit des logischen Feldes, die Gerechtigkeit hatte hier nichts zu suchen. Die Alternative verweist die Vertragsfreiheit zwar nicht des Feldes, aber auf die Plätze. Die private Autonomie, um die es im Privatrecht geht, bedeutet im Vertragsrecht nicht das Recht, Verträge beliebigen Inhalts zu schließen. Sie bedeutet nur das Recht, gerechte Verträge zu schließen.

Eines ist hier sogleich klarzustellen: Es wäre ein Missverständnis, in diese Position die Aufhebung der Vertragsfreiheit hineinzulesen. Vertragsfreiheit bedeutet weiterhin, dass der einzelne frei ist darin, welche seiner möglichen Leistungen er zum Gegenstand eines Vertrages macht. Es bedeutet auch weiterhin, dass er frei ist, mit welchem Gegenüber er einen Vertrag über die jeweilige Leistung schließt. Schließlich bleibt die Möglichkeit vollständig erhalten, für die eigene Leistung eine beliebige Gegenleistung zu akzeptieren. Die einzige Einschränkung ist diejenige, dass der nach Belieben eingegangene Vertrag mit beliebigem Inhalt und beliebigem Gegenüber gerecht sein muss. Eigentlich ist das gar nicht viel verlangt.

3. Zum rechtlichen Vorrang der Gerechtigkeit

Den gerade nur behaupteten auch rechtlichen Vorrang der Gerechtigkeit vor der Vertragsfreiheit kann man auf zweierlei Weise zu begründen versuchen, zum einen grundbegrifflich, zum anderen anhand des geltenden Rechts. Um den grundbegrifflichen Ansatz gibt es in der u.s.-amerikanischen Vertragstheorie eine interessante Kontroverse zwischen James Gordley und Peter Benson, wobei Gordley seine Position auf Aristoteles

---

[30] *Weinrib* (Fn. 13), S. 138 f.

und Benson die seinige auf Hegel stützt.[31] Aber das kann ich hier nicht verfolgen. Ich begnüge mich mit einem rechtspositivistischen Ansatz.

Die Idee des materiell ungerechten Vertrages finden wir im geltenden Recht in § 138 BGB. Er wird in § 138 Abs. 2 BGB präzise gefasst als Vertrag, in dem Leistung und Gegenleistung in einem „auffälligen Missverhältnis" stehen, in dem also mit anderen Worten für eine Leistung kein gerechter Preis bezahlt wird. Auf die wichtige Frage, wann das Merkmal des auffälligen Missverhältnisses erfüllt ist, ist später noch genauer einzugehen.[32] Jedenfalls repräsentiert das Merkmal des auffälligen Missverhältnisses von Leistung und Gegenleistung die Vorstellung des BGB vom „ungerechten Vertrag".

a. § 138 Abs. 2 BGB als Grundnorm zur Vertragsimparität (Canaris)

Neben dem ungerechten Austausch setzt § 138 Abs. 2 BGB voraus, dass der begünstigte Teil eine qualifizierte Schwäche seines Vertragspartners ausgenutzt hat. In einer vertragsrechtstheoretischen Deutung der Vorschrift hat Claus Wilhelm Canaris betont, dass das Prinzip der Vertragsgerechtigkeit nicht für sich allein, sondern nur in Verbindung mit subjektiven Elementen relevant würde, die sich auf Seiten des Benachteiligten als Einschränkungen der Entscheidungsfreiheit verstehen lassen.[33] Diese Akzentuierung zielt auf den Umkehrschluss, dass § 138 Abs. 2 BGB und das Vertragsrecht insgesamt gegen ungerechte Verträge nichts einzuwenden haben, wenn sie in Entscheidungsfreiheit geschlossen wurden. Die gemeinsame Festlegung von Flume und Larenz, dass die Idee der Vertragsgerechtigkeit unter Gleichen *rechtlich* keine Rolle spielt, erscheint sich also anhand von § 138 Abs. 2 BGB demonstrieren zu lassen.

b. Alternative: § 138 Abs. 2 als Gebot des „gerechten Preises"

Ich möchte eine andere Deutung von § 138 Abs. 2 BGB entgegenstellen.[34] In dieser Deutung sind die zusätzlichen Voraussetzungen nicht als selbstständige Voraussetzungen zu lesen, die neben die objektive Voraussetzung des ungerechten Vertrages treten müssen. Für die alternative Lesart gehören die Voraussetzungen des § 138 Abs. 2 BGB vielmehr zum ungeschriebenen Tatbestandsmerkmal des Austauschvertrages. § 138 Abs. 2 BGB

---

[31] *Gordley*, in: Benson (Fn. 19), 265; *Benson* (Fn. 19).

[32] *Sub* III.1.

[33] *Canaris* (Fn. 12), S. 51 f.

[34] Ich folge hierbei Peter Bensons Deutung der *unconscionability*-Doktrin im Common Law: *Benson* (Fn. 19), S. 184 ff.

kommt nämlich nur bei Austauschverträgen zur Anwendung.[35] Das hat auch einen tieferen Grund. Denn die Frage nach Vertragsgerechtigkeit stellt sich von vornherein nur bei Austauschverträgen und nicht bei unentgeltlichen Verträgen wie allem voran der Schenkung. Der Inhalt eines Schenkungsversprechens ist vielleicht knickrig oder großzügig, aber von Gerechtigkeit kann man insoweit nicht sprechen.

Ob ein Austauschvertrag oder eine reine Schenkung vorliegt, ist regelmäßig leicht zu entscheiden. Schwierig ist aber der Fall einer gemischten Schenkung. Bei einer gemischten Schenkung erfolgt ein Teil der Leistung unentgeltlich. Vergleichsweise häufige Beispiele liefern Veräußerungen unter Wert zum Freundschaftspreis und über Wert zum Liebhaberpreis.[36] Regelmäßig wird hier der überschießende Wert unentgeltlich zugewendet. Wenn sich ein vordergründig auffälliges Missverhältnis von Leistung und Gegenleistung dadurch erklären lässt, dass es sich um eine gemischte Schenkung handelt, dann handelt es sich nicht um Wucher nach § 138 Abs. 2 BGB. Insofern ist im Falle eines auffälligen Missverhältnisses nach § 138 Abs. 2 BGB regelmäßig vor allem eines zu klären: Handelt es sich um einen *Austauschvertrag* oder handelt es sich um eine *gemischte Schenkung*?

Genau in diesem Zusammenhang haben die subjektiven Voraussetzungen in § 138 Abs. 2 BGB ihre Rolle zu spielen. Die Voraussetzungen des § 138 Abs. 2 BGB liefern je für sich hinreichende Indizien gegen das Vorliegen einer gemischten Schenkung. Befand sich der Benachteiligte in einer Position qualifizierter Schwäche, die der andere Teil ausnutzte, steht fest, dass es sich nicht um eine gemischte Schenkung, sondern um einen reinen Austauschvertrag handelt. Es geht also nicht um subjektive Voraussetzungen, die auf logisch gleicher Stufe neben den ungerechten Vertragsinhalt treten, sondern mithilfe der subjektiven Voraussetzungen wird geklärt, ob es sich tatsächlich um einen ungerechten (Austausch-)Vertrag und nicht vielmehr um eine gemischte Schenkung handelt. Liegt ein reiner Austauschvertrag und darum ein ungerechter Vertrag vor, ist er nichtig. Das bedeutet im Umkehrschluss: Aus § 138 Abs. 2 BGB lässt sich ersehen, dass der Grundsatz der Privatautonomie soweit es um Austauschverträge geht, nur den Abschluss gerechter Verträge erlaubt. Dieser alternativen Deutung zufolge belegt § 138 Abs. 2 BGB also nicht die These von Flume oder Larenz, sondern meine.

---

[35] BGH vom 8. 7. 1982, NJW 1982, 2767; *Sack*, in: Staudinger, BGB, 2003, § 138 Rn. 175 f.

[36] *Koziol*, AcP 188 (1988), 183, 193.

Es sei betont: Es geht hier nicht um eine praktisch umstürzende Neudeutung von § 138 Abs. 2 BGB. Wenn ich recht sehe, führt die hier entfaltete Deutung zu keinen anderen Ergebnissen in der Rechtsanwendung. Es geht um einen *hermeneutischen* Kontrast. Wie sollen wir die Idee der Vertragsfreiheit verstehen? Canaris zufolge repräsentiert § 138 Abs. 2 BGB die grundlegende Struktur, der zufolge die Gerechtigkeit im Vertragsrecht zwar logisch immer im Spiel sein mag, aber nur bei Ungleichgewichten auch rechtlich zum Tragen kommt. Unter Gleichen hingegen ist sie unwiderleglich durch den Konsens gesichert. Im Ergebnis erlaubt darum die Vertragsfreiheit unter Gleichen den Abschluss ungerechter Verträge. *Freiheit geht vor Gerechtigkeit.* Meiner Auffassung nach repräsentiert § 138 Abs. 2 BGB die grundlegende Struktur, dass die Gerechtigkeit im Vertragsrecht immer zum Tragen kommt, wenn es um Austauschverträge geht. Im Ergebnis erlaubt darum die Vertragsfreiheit, soweit Austauschverträge in Rede stehen, nur den Abschluss gerechter Verträge. *Freiheit entfaltet sich in Gerechtigkeit.*

Ich muss allerdings einräumen, dass ich keine Argumente auf der Hand habe, um die Auffassung von Canaris zum Sinn von § 138 Abs. 2 BGB zu *widerlegen.* Mein Anliegen ist nur zu zeigen, dass die hier alternativ vorgestellte Deutung von § 138 Abs. 2 BGB *möglich* ist. Sollte mir das geglückt sein, dann bedeutet das, dass das Gesetz das begriffliche Verhältnis von Vertragsfreiheit und Gerechtigkeit offen lässt. Darum will ich ein paar begriffliche Vorzüge anführen, die meines Erachtens dafür sprechen, § 138 Abs. 2 BGB so zu deuten, wie ich es hier vorgeführt habe.

Der erste ist, dass auf diese Weise die Kluft der Lösung des BGB zu Rechtsordnungen mit einem Verbot der *laesio enormis* entfällt, wie sie etwa das österreichische Recht enthält (§ 934 ABGB).

Der zweite Vorteil ist, dass wir die Idee korrektiver Gerechtigkeit, die an sich die Form des Privatrechts kennzeichnet, nicht systematisch aus dem Kern des Privatrechts, der Vertragsfreiheit unter Gleichen, aussparen müssen.

Der dritte Vorteil ist, dass wir auf dieser Basis die revolutionäre Botschaft des modernen Privatrechts, als Ordnung unter freien Gleichen, nicht verunklaren müssen. Dies geschieht nämlich, wenn das radikale Gleichheitsversprechen des Privatrechts zugunsten seiner Desintegration in „Sonderprivatrechte für Ungleichgewichtslagen“[37] verabschiedet wird.

Und viertens macht das von mir empfohlene Verständnis schließlich begreiflich, warum auch die Tarifautonomie nicht im Widerspruch zum Pri-

---

[37] In terminologischem Anschluss an: *Lieb*, Sonderprivatrecht für Ungleichgewichtslagen, AcP 178 (1978), 196.

vatrecht steht. Vielmehr ist die Tarifautonomie eine Institution, deren Sinn und Funktion sich aus der hier erläuterten Grundstruktur des Vertragsrechts begründen lässt.

III. Vom Problem des „gerechten Lohns" zur Tarifautonomie

Ich möchte also zeigen, dass die Tarifautonomie keine Antwort auf eine im Arbeitsverhältnis gestörte Vertragsparität darstellt. Tarifautonomie ist notwendig, weil wir anders über keine Orientierung für die auch im Vertragsrecht leitende Idee der Vertragsgerechtigkeit verfügen würden. Tarifautonomie löst das Problem einer Bestimmung des gerechten Lohns als gerechten Preis für die Arbeitskraft.

1. Der „gerechte Preis" als kompetitiver Marktpreis

Das ist freilich der Punkt, an dem ich aufklären muss, wie sich generell der „gerechte Preis" bestimmt. Mutmaßlich ist die Antwort des Rechts in Gestalt der Rechtsprechung zu § 138 Abs. 2 BGB bekannt. Abzustellen ist auf den objektiven Wert der Leistung, die subjektiven Auffassungen oder besonderen Interessen der Beteiligten spielen keine Rolle.[38] Den objektiven Wert liefert der marktübliche Preis.[39] Leistung und Preis stehen dann in einem *Missverhältnis*, wenn der Preis vom Marktpreis abweicht. Das Missverhältnis ist dann *auffällig* und die Grenze zum ungerechten Preis überschritten, wenn das Verhältnis vom objektiven Wert der Leistung und Preis 1:2 bzw. 2:1 beträgt.[40] Je nach Leistung, etwa im Bereich der Wohnraummiete, kann auch eine niedrigere Abweichung ausreichen, um einen Preis als ungerecht zu qualifizieren.[41] Mit anderen Worten: ein ungerechter Preis liegt vor im Falle einer qualifizierten Abweichung vom Marktpreis. Ein gerechter Preis ist der, der sich innerhalb des so gesteckten Rahmens hält.

Dass der gerechte Preis nicht mit dem Marktpreis sondern mit einer qualifizierten Abweichung von diesem identifiziert wird, ist indessen kein

[38] *Sack*, in: Staudinger (Fn. 35), § 138 Rn. 177 mit Nachweisen zur Rechtsprechung.
[39] *Sack*, in: Staudinger (Fn. 35), § 138 Rn. 179 mit Nachweisen zur Rechtsprechung.
[40] *Sack*, in: Staudinger (Fn. 35), § 138 Rn. 179 mit Nachweisen zur Rechtsprechung.
[41] Zur Wohnraummiete: BGH vom 8. 12. 1981, BGHSt 30, 280, 281: etwa 50%.

Zugeständnis an die Vertragsfreiheit, etwa in dem Sinne, dass dann eben wenigstens in gewissen Grenzen auch ungerechte Verträge erlaubt wären. Es wäre nämlich gar nicht möglich, den gerechten Preis als bezifferte Größe rechtlich zur Geltung zu bringen. Denn wenn man sich auf den Marktpreis als rechtlich maßgebende Größe festlegen will, muss die Festlegung auch dessen dynamischen Charakter reflektieren. Der Marktpreis kann sich ändern. Mit einem gerechten Preis als bezifferter Größe wäre er auf diese Größe fixiert und könnte sich künftig nicht mehr der Marktlage entsprechend ändern.[42]

Freilich ist nach alldem noch nicht beantwortet, ob die Maßgabe des Marktpreises für den objektiven Wert einer Leistung auch zu rechtfertigen ist. Aber das ist an dieser Stelle nicht zu leisten.[43] Insofern sei nur herausgehoben, dass eine Alternative zum Marktpreis als Orientierung des gerechten Preises nicht ernsthaft diskutiert wird. Gleichwohl ist eine Qualifizierung erforderlich. Gemeint ist nicht jeder Marktpreis, sondern der Preis, wie er sich auf polypolistischen oder auch kompetitiven Märkten herausbildet. Diese Anforderung an den Marktpreis ist in der Rechtsprechung und der Kommentarliteratur nicht klar herausgearbeitet. Aber die Traditionslinie im Privatrechtsdenken, die die Norm des gerechten Preises immer verteidigt hat, sie reicht von Aristoteles über Thomas von Aquin bis zu den genannten amerikanischen Autoren der Gegenwart, ist immer vom kompetitiven Marktpreis ausgegangen.[44] Es ist wohl auch leicht einzusehen, warum ein Monopolpreis nicht als Maßstab taugen kann. Der Monopolist kann gegen den Vorwurf eines ungerechten Preises nicht einwenden, bei ihm sei es immer so teuer. Aber auch ein Oligopolist kann nicht auf den Oligopolpreis verweisen. Denn letzterer würde bei einer kompetitiven Marktstruktur regelmäßig sinken. Es kann aber nicht sein, dass der objektive Wert einer Leistung von der Anbieterstruktur abhängt. Die hat nämlich mit der Leistung selbst und ihrem Wert nichts zu tun.

---

[42] In diesem Sinne auch BGH vom 28.4. 1999, BGHZ 141, 257, 265: § 138 BGB (im Fall: Absatz 1) liefert keine Grundlage zum regulierenden Eingriff der Rechtsprechung in die freie Marktpreisbildung.

[43] Gordley bringt vor, dass nur der Austausch auf der Basis von Marktpreisen die redistributive Ausgangslage aufrecht erhält (*Gordley*, 69 California Law Review, 1587, 1609ff. (1981)).

[44] *Gordley*, in: Benson (Fn. 19), S. 311.

2. *Das Problem der Bestimmung des „gerechten Lohns"*

a. *Das Konkurrenzparadox des Arbeitsmarktes*

Der gerechte Preis ist also der kompetitive Marktpreis. Im ökonomischen Modell der Neoklassik werden auf kompetitiven Märkten Preis und Menge durch Angebot und Nachfrage bestimmt. Wenn die *Nachfrage steigt*, dann *steigen* sowohl der *Preis* der Ware als auch die hergestellte *Menge*. Wenn die *Nachfrage sinkt*, dann *sinken Preis und Menge*. Wenn hingegen das *Angebot steigt*, dann *sinkt der Preis* aber die *Menge nimmt zu*. Wenn das *Angebot sinkt*, dann *steigt der Preis* aber die *Menge nimmt ab*. Diese ökonomische Kommunikation von Angebot und Nachfrage führt zum kompetitiven Gleichgewichtspreis.[45]

Abb. 1

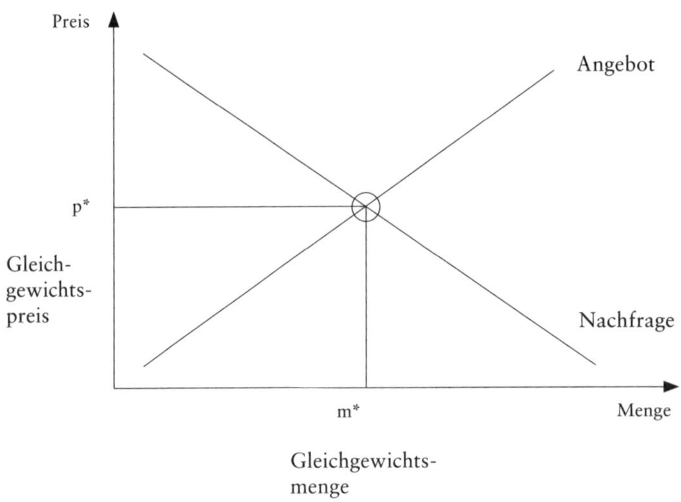

Beim Arbeitsmarkt aber gehen die Dinge ökonomisch anders vonstatten. Das hat unter anderem der Ökonom Wolfgang Stützel herausgearbeitet[46], ein wichtiger Vordenker der Theorie sozialer Marktwirtschaft. Die von Stützel analysierte Anomalie des Arbeitsmarktes lässt sich wie folgt demonstrieren: Nehmen wir den Fall, dass von einem gedachten Gleichgewichtspunkt aus die Nachfrage der Unternehmen nach Arbeitskraft sinkt,

[45] *Wiese*, Mikroökonomik, 2010, S. 248 f.

[46] *Stützel*, Paradoxa der Geld- und Konkurrenzwirtschaft, 1979, S. 375 ff.; siehe auch *Stützel*, Marktpreis und Menschenwürde, 1982, S. 75 f.

etwa durch den typischen Fall der Rationalisierung. Die Nachfragekurve verschiebt sich also im normalen Modell „nach links". Bei einer gewöhnlichen Ware hätte dies zur Folge, dass der Preis und Menge bis auf einen neuen Gleichgewichtspunkt sinken. Die anbietenden Unternehmen würden die über die sinkende Nachfrage frei werdenden Kapazitäten in andere Verwertungsmöglichkeiten investieren.

Abb. 2

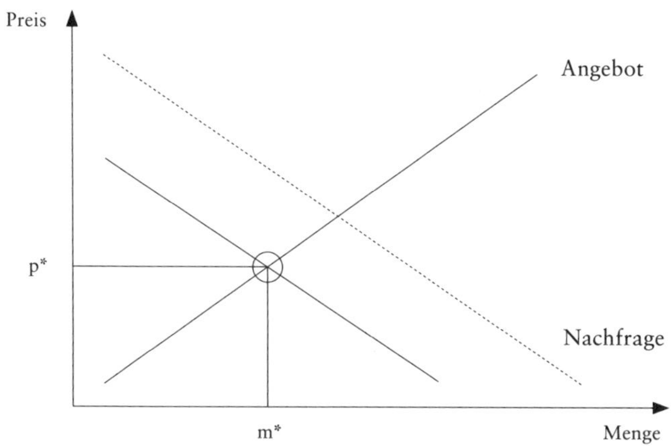

Die Arbeitskraft ist jedoch keine Ware, die der Arbeitnehmer unter bestimmten Kosten herstellt, sondern er ist selbst seine Arbeitskraft. Arbeitskraft ist – mit dem Wort des großen Wirtschaftssoziologen Karl Polanyi – eine „fiktive Ware".[47] Der Arbeitnehmer bietet sie an, um eine soziale Existenz zu wahren. Hinter der Arbeitskraft des Arbeitnehmers steht kein Kapital, das er im Falle sinkender Nachfrage nach Arbeitskraft in die Produktion einer anderen Ware stecken könnte. Eben das ist der Grund, warum in Ansehung des sinkenden Preises nicht wie sonst zugleich weniger Arbeitskraft angeboten wird. Denn wenn der einzelne Arbeitnehmer aufgrund der insgesamt gesunkenen Nachfrage weniger Lohn erhält für seine Arbeitskraft, er aber seinen Lebensstandard halten will, dann muss er nicht weniger, sondern *mehr* Arbeitskraft anbieten. Da dies für alle Arbeitnehmer gleichermaßen gilt, wäre die Folge eine Erhöhung des Angebots. Die Angebotskurve verschiebt sich „nach rechts". Hierauf wird zwar wiederum mehr Arbeitskraft beschäftigt, aber zu einem noch einmal niedrigeren Preis.

[47] *Polanyi*, The Great Transformation, 1944 (dt. 1978), S. 102 ff.

Abb. 3

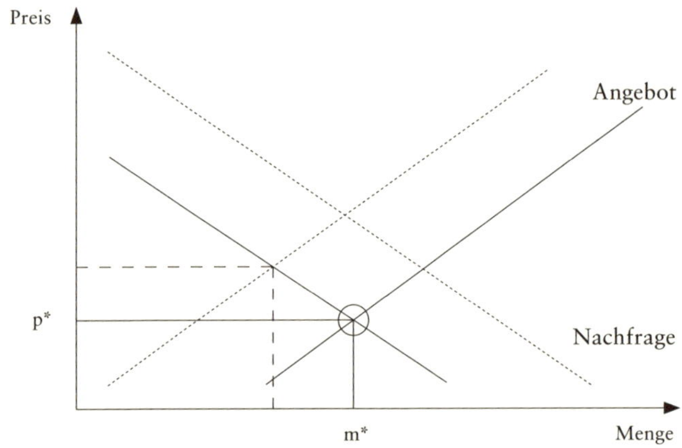

Der neue Gleichgewichtspreis fiele also erheblich niedriger aus als im Falle einer gewöhnlichen Ware. Ähnlich des Oligopolpreises erklärte sich dieser Preis aus der besonderen Struktur des Arbeitsmarktes und er hätte insofern mit dem Wert der Ware nichts zu tun. Der auf einem freien Arbeitsmarkt herausgebildete Preis ist immer zu niedrig. Der Arbeitsmarkt generiert also zwar einen Marktpreis, aber der kann kein Maß liefern für einen „gerechten Lohn".

b. Tarifautonomie als Prozedur zur Bestimmung des „gerechten Lohns"

Auf dieses Problem, den Mangel des Maßes eines gerechten Preises, antwortet der Verfassungsstaat nun mit der Tarifautonomie. Wäre er ein Staat, der sich nicht um die gleiche Freiheit seiner Bürger sorgte, könnte er die Dinge natürlich auf sich beruhen lassen. Er ließe dann zu, dass in einem für die meisten Bürger wesentlichen Bereich Verträge geschlossen werden, die anders als im übrigen Vertragsrecht keinem Gerechtigkeitsmaß unterliegen. Wenn er aber das Privatrecht als rechtliche Ordnung unter freien Gleichen ernst nimmt, dann wird er sich darum sorgen, wie ein Maß des gerechten Lohns entstehen kann. Da könnte er zunächst an eine Festsetzung durch eigene Gesetzgebung denken. So geschieht es ja auch in anderen Bereichen, in denen staatliche Gesetzgebung die Vertragsgerechtigkeit durch zwingendes Recht und im Einzelfall auch durch Preisfestlegungen garantiert.[48] Im Bereich abhängiger Arbeit geht der staatliche Gesetzgeber

[48] So geschieht es mit den Honorarordnungen für die freien Berufe, etwa der Gebührenordnung für Ärzte (GoÄ), des Gesetzes über die Vergütung der Rechtsanwäl-

diesen Weg im Regelfall nur zur Festsetzung eines allgemeinen gesetzlichen Mindestlohns.[49] Alles andere überlässt er den Tarifparteien. Tarifautonomie ist mithin das funktionale Äquivalent zur staatlichen Festsetzung gerechten Arbeitslohns.

Wer Tarifautonomie als funktionales Äquivalent zur staatlichen Gesetzgebung versteht, muss freilich einen Kommentar zur spezifischen Form der deutschen Arbeitsverfassung abgeben. Denn jede primär funktionalistische Deutung der Tarifautonomie wird ebenso wie einst die Delegationstheorie[50] befragt, wie sie mit der spezifisch grundrechtlichen Form der Gewährleistung von Tarifautonomie als Freiheitsrecht und nicht als Selbstverwaltungskompetenz zurecht kommt und was die Begrenzung der Tarifwirkung durch ihre primär mitgliedschaftliche Vermittlung nach § 4 Abs. 1 TVG rechtfertigt.

In der Tat ist festzuhalten, dass der Grundgesetzgeber mit Art. 9 Abs. 3 GG die Tarifautonomie in der formalen Gestalt eines Freiheitsrechts ins Werk gesetzt hat. Aber diese spezifische Form ist vor allem vor dem Hintergrund der Entwicklung der kollektiven Arbeitsbeziehungen seit dem 19. Jahrhundert verständlich. Für die grundrechtliche Ausgestaltung nach 1945 ist dabei vor allem die Erfahrung mit der Zwangsschlichtung gerade in der Endphase der Weimarer Republik maßgeblich.[51] Anders als etwa bei der Eigentumsgewährleistung oder den Grundrechten auf Meinungsfreiheit oder Religions- und Gewissensfreiheit hat die Tarifautonomie insofern kein vernunftrechtliches Fundament.[52] Sondern sie ist das Ergebnis eines historischen Kompromisses. In Verfassungsrechtsform gegossen ist er natürlich rechtlich ernst zu nehmen. Aber die grundrechtliche Form des Kompromisses zur Tarifautonomie definiert nicht vollständig ihren Sinn. Das verkennt die grundrechtspositivistische Kritik funktionalistischer Lesarten der Tarifautonomie. Der wesentliche Sinn der Tarifautonomie bleibt die privatrechtlich geforderte Bestimmung des gerechten Lohns.

In Bezug auf die primär mitgliedschaftlich vermittelte Form kann ich hier nur die Richtung einer Erläuterung angeben, wobei ich dabei, wenn ich recht sehe, Franz Gamillschegs Spuren folge.[53] Die mitgliedschaftliche

---

tinnen und Rechtsanwälte (RVG) oder der Honorarordnung für Architekten und Ingenieure (HOAI).

[49] Im deutschen Fall ist auf das etwas umständlich anmutende System einer Mindestlohnersatzgesetzgebung mit §§ 7, 11 AEntG, § 3a AÜG und § 4 MiArbG zu verweisen.

[50] Hierzu: *Thüsing*, in: Wiedemann (Hrsg.), Tarifvertragsgesetz, 7. Aufl., 2007, § 1 Rn. 45 mit weiteren Nachweisen.

[51] *Kittner*, Arbeitskampf, 2005, S. 453 ff.

[52] *Kempen*, AuR 2011, 51, 53.

[53] *Gamillscheg*, Kollektives Arbeitsrecht, Band I, 1997, S. 560 ff.

Vermittlung der normativen Tarifwirkung führt dazu, dass die Funktion der Festlegung des gerechten Preises auf Arbeitnehmerseite einen demokratisch lebendigen Unterbau erhält. Es entsteht ein starker Anreiz zur Mitgliedschaft, die Arbeitnehmer werden gewissermaßen gelockt, Inhaber von Teilhaberechten zu werden. Der Preis ist freilich, dass nur die Tarifgebundenen zwingend die tariffierten und damit im erläuterten Sinn gerechte Löhne erhalten. Aber immerhin steht damit auch für die Ungebundenen ein rechtliches Maß des gerechten Preises parat, das wiederum über § 138 Abs. 2 BGB auch im geltenden Recht zur Geltung gebracht wird.[54] Damit erscheint das deutsche Modell privatrechtstheoretisch – noch – zu rechtfertigen.

3. *Im Kontrast: die herrschende Meinung*

a. *Tarifautonomie als „kollektiv ausgeübte Privatautonomie"*

Ich halte es also für möglich, meine privatrechtstheoretisch fundierte funktionalistische Lesart der Tarifautonomie mit ihrer grundrechtlichen Gestalt und der mitgliedschaftlichen Vermittlung der Tarifgeltung zu versöhnen. Das ist ein erheblicher Gewinn gerade auch gegenüber der herrschenden Meinung, woran ich kurz erinnern will. Die wohl herrschende Meinung versteht Tarifautonomie bekanntlich als „kollektive" oder „kollektiv ausgeübter Privatautonomie".[55]

In der jüngeren Arbeitsrechtsgeschichte bildet die kollektive Privatautonomie diejenige Figur, mit der die Idee delegierter Rechtssetzung vor allem zur Zurückdrängung der unmittelbaren Grundrechtsbindung erfolgreich aus dem Feld geschlagen wurde.[56] Mit ihrer Hilfe wird zunächst betont, dass die deutsche Tarifautonomie das Problem des Arbeitsvertrages gerade nicht durch staatliches Gesetz oder ein Gesetzesäquivalent wie Rechtsverordnung oder genereller Allgemeinverbindlichkeit, sondern vermittels privatautonomer Formen löst. Die Tarifbindung gründet in der Mitglied-

[54] BGH vom 22.4. 1997, BGHSt 43, 53; *Sack*, in Staudinger (Fn. 35), § 138 Rn. 179; *Peter*, AuR 2001, 510 ff. mit Nachweisen zur Rechtsprechung der Landesarbeitsgerichte.

[55] Beide Redeweisen – für „kollektive Privatautonomie": *Dieterich*, in: Erfurter Kommentar, 11. Aufl., 2011, Art. 9 GG, Rn. 55 f., für „kollektiv ausgeübte Privatautonomie": *Bayreuther*, Tarifautonomie als kollektiv ausgeübte Privatautonomie, 2005 – sind freilich nicht gleichsinnig. Die letztere nuanciert eine individualistische Fundierung, der gegenüber die erstere neutral ist.

[56] Wegweisend: *Dieterich*, in: Schlachter/Ascheid/Friedrich (Hrsg.), Tarifautonomie für ein neues Jahrhundert. Festschrift für Günter Schaub, 1998, S. 117, 120 ff.

schaft als erster Erscheinung von Privatautonomie und dem Vertragsschluss der Tarifparteien als zweiter Erscheinung von Privatautonomie.

Doch die Vorstellung, die mit dem Begriff kollektiver oder kollektiv ausgeübter Privatautonomie evoziert wird, ist unvollständig. Denn sofern nur auf die Momente von Mitgliedschaft und korporativem Vertragsschluss abgestellt wird, bildete auch die Vertragspraxis von Vereinen oder Gesellschaften eine Form kollektiver oder kollektiv ausgeübter Privatautonomie. Was hinzutritt ist die unmittelbare und zwingende Normwirkung der vereinbarten Tarifverträge.[57]

b. Das Problem der normativen Wirkung

Die meisten sprechen davon, dass zu den privatautonomen Schritten ein staatlicher Anerkennungsakt hinzutreten müsse, der anders als beim gewöhnlichen Vertrag diesen nicht nur mit rechtlicher Verbindlichkeit ausstattet, sondern gerade darüber hinausgeht und den vertraglichen Abreden zwischen den Tarifparteien die Wirkung einer zwingenden Rechtsnorm verleiht.[58]

So stellt sich aber die Frage, warum das Gesetz die Wirkung des Tarifvertrages gerade weiter treibt als den gewöhnlichen Vertrag. Otto Ernst Kempen meint, dies sei die Gegenleistung für die Friedenspflicht[59], und damit hat er historisch sicher recht. Die unmittelbare und zwingende Wirkung repräsentiert die Entscheidung gegen das englische Modell der industriellen Beziehungen. Aber das erweist noch nicht ihre Vernünftigkeit. Thomas Dieterich leitet die Notwendigkeit der Normwirkung aus dem Sinn der verfassungsrechtlichen Garantie in Art. 9 Abs. 3 GG ab, genauer: aus dessen Schutzkonzept.[60] Aber auch die Stützung im Verfassungstext – wenn der denn so aussagekräftig überhaupt ist – ersetzt keine theoretische Rechtfertigung. Die Frage ist doch, warum Art. 9 Abs. 3 GG genau diese Schutzkonzeption aufstellt und keine andere, die vielleicht durchaus weniger Schutz bietet, dafür aber mit weniger Einschränkungen der Privatautonomie auskommt. Im Ergebnis scheint es so, also könne das Verständnis der Tarifautonomie als kollektiv ausgeübter Privatautonomie die normative Wirkung des Tarifvertrags nicht rekonstruieren.

---

[57] Aus diesem Grund stellt die Koalitionsfreiheit auch keinen Spezialfall der Vereinigungsfreiheit dar; so richtig BVerfG vom 26. 5. 1970, BVerfGE 28, 295 und vom 26. 6. 1991, BVerfGE 84, 212; a. A. Scholz, in Maunz/Dürig, Grundgesetz, Art. 9 Rn. 7 ff.

[58] Hierzu *Thüsing*, in: Wiedemann (Fn. 50), § 1 Rn. 51 ff. mit weiteren Nachweisen.

[59] *Kempen*, Arbeitsrecht der Gegenwart 31 (1993), 97, 121 f.

[60] *Dieterich*, in: Erfurter Kommentar (Fn. 55), Art. 9 GG, Rn. 60.

Demgegenüber lautet meine Antwort, dass die normative und zwingende Wirkung notwendig ist, um das Problem der Unbestimmtheit des Maßstabs des „gerechten Lohnes" zu lösen. Die Begründung der Tarifautonomie in der Idee privatrechtlicher Gerechtigkeit verlangt, dass die Bestimmung des Arbeitslohns vom individualistisch strukturierten Marktmechanismus unabhängig ist. Deswegen, das klang eben schon an, würde meine Linie an sich auch eine generelle Allgemeinverbindlichkeit des Tariflohns legitimieren. Sofern der (Verfassungs-)Gesetzgeber zugunsten eines demokratisch getragenen Kollektivgeschehens auf Seiten der Arbeitnehmer davon Abstand nimmt, muss er wenigstens die normative und zwingende Wirkung für die Mitglieder der Koalitionen aufrecht erhalten. Wenn diese nämlich entfiele und die Arbeitsvertragsparteien verdrängende Abreden auch zu Lasten des Arbeitnehmers treffen könnten, dann käme wieder das Konkurrenzparadox zum Tragen. Lediglich wäre seine Entfaltung durch die für den Arbeitnehmer günstigere Ausgangssituation verlangsamt.

Die normative und zwingende Wirkung der Tarifnormen ist also erforderlich, damit wie überall im Privatrecht gesichert ist, dass Vertragsfreiheit sich nur im Abschluss gerechter Verträge äußert. Das ist ihre Legitimation, und sie ist essentiell privatrechtlich, aber nicht unter gründendem Bezug auf eine missverstandene Privatautonomie. Sie ist privatrechtlich unter Bezug auf die spezifische Idee korrektiver Gerechtigkeit als normatives Verhältnis unter freien Gleichen, die sich im und durch Privatrecht artikuliert.

IV. Tarifrechtliche Implikationen

Meine hier dargelegte Auffassung und ihre Begründung hat eine Vielzahl von Implikationen. Generell lässt sich festhalten, dass diejenigen Ansätze, die der Privatautonomie gegen die Normwirkung von Tarifverträgen mehr Raum verschaffen wollen, Skepsis verdienen. Denn einerseits fußen diese Ansätze regelmäßig auf einem Missverständnis des Sinns der Tarifautonomie, das wiederum in einem Missverständnis des Verhältnisses von Vertragsfreiheit und Vertragsgerechtigkeit allgemein gründet. Andererseits steht mit den Schwächungen der normativen Wirkung stets die wesentliche Funktion der Bestimmung des gerechten Lohns in Frage.

Eine konkretere Implikation, und mit deren Besprechung will ich abschließen, betrifft die umstrittene verfassungsrechtliche Zulässigkeit der neugefassten Ermächtigungen zum Erlass von Rechtsverordnungen über Mindestlöhne in § 7 Arbeitnehmerentsendegesetz und in § 4 Gesetz über die Festsetzung von Mindestarbeitsbedingungen. Die Ermächtigungen zeichnen sich jeweils dadurch aus, dass die erlassenen Rechtsverordnungen ungünstigere Tarifnormen verdrängen sollen. Einige Autoren, unter ihnen Thüsing, Sodan/Zimmermann und Willemsen/Sagan[61], haben diese Regelungen als Verstöße gegen die Koalitionsfreiheit gewertet mit Bezug auf die Parteien eines verdrängten Tarifvertrages. Aus ihrer Sicht lassen sich die Eingriffe insbesondere auch nicht auf das Sozialstaatsprinzip stützen, weil die Ermächtigungen nicht nur die Verordnung von echten Mindestlohntarifverträgen erlauben, die lediglich ein Existenzminimum sichern.

Doch dieser Ansatz verkennt die funktionale Grundierung der grundrechtlichen Gewähr der Tarifautonomie. Ebenso wie die Funktionalität anerkanntermaßen dazu beiträgt, die Reichweite der Tarifautonomie abzustecken[62], rahmt sie zugleich den Freiheitsraum. Tarifautonomie wird gewährt, weil und soweit sie in der Lage ist, einen „gerechten Lohn" zu bestimmen. Ist sie dazu aufgrund interner oder transnationaler Unterbietungspraxis oder einer mangelnden Breite der Tarifbindung nicht in der Lage, dann wird der vordergründige Freiheitseingriff zur Funktionssicherung. Die ist nicht nur verfassungsrechtlich zulässig, sondern auch geboten – jedenfalls *privatrechtstheoretisch.*

---

[61] *Thüsing*, ZfA 2008, 590; *Sodan/Zimmermann*, ZfA 2008, 526; *Willemsen/Sagan*, NZA 2008, 1216.

[62] Vgl. nur *Scholz*, in: Isensee/Kirchhof (Hrsg.), Handbuch des Staatsrechts, Band 8, 3. Aufl., 2010, § 175 Rn. 104ff. mit weiteren Nachweisen.

Die ablösende Betriebsvereinbarung

Zum Verhältnis von privatautonomer und betriebsverfassungsrechtlicher Regelungsmacht

Christian Picker

A. Einleitung

Die Entscheidung des Großen Senats vom 16. 9. 1986 zu der Frage, ob und unter welchen Voraussetzungen vertraglich begründete Ansprüche der Arbeitnehmer, die auf einer Einheitsregelung, Gesamtzusage oder betrieblichen Übung beruhen, durch eine nachfolgende Betriebsvereinbarung aufgehoben oder beschränkt werden können, liegt mittlerweile ein Vierteljahrhundert zurück. Die Diskussion um die Zulässigkeit arbeitsvertragliche Einheitsregelungen ablösender, insbesondere diese verschlechternder Betriebsvereinbarungen ist damit jedoch nicht verstummt. Im Gegenteil: Ganz überwiegend hält man die Entscheidung des Großen Senats weder für rechtsdogmatisch überzeugend noch rechtspraktisch ausreichend.[1] Vielfach möchte man den Betriebsparteien zumindest die Befugnis einräumen, arbeitsvertragliche Einheitsregelungen über sogenannte Sozialleistungen durch eine nachfolgende Betriebsvereinbarung verschlechtern zu können.[2] Bei diesen Zusatzleistungen handelt es sich typischerweise um

---

[1] *Belling*, DB 1987, 1888, 1893 f.; *Blomeyer*, DB 1987, 634, 636; *Herrmann*, ZfA 1989, 577, 619; *Joost*, RdA 1989, 7, 19; MünchArbR/*Matthes*, 3. Aufl., 2009, § 238 Rn. 82 m.w.N.; *Moll*, NZA 1988, Beil. 1, 17, 31; *Otto*, Anm. zu BAG GS vom 16. 9. 1986, EzA Nr. 17 zu § 77 BetrVG 1972; *Veit*, Die funktionale Zuständigkeit des Betriebsrats, 1998, S. 383; *Zöllner/Loritz/Hergenröder*, Arbeitsrecht, 6. Auflage, 2008, § 7 II. 2. b.

[2] *Benecke*, SAE 2001, 149, 155 ff.; *Blomeyer*, NZA 1985, 641 ff.; *Fastrich*, RdA

Gratifikationen, Urlaubs-, Jubiläums- oder Ruhegelder, die der Arbeitgeber zusätzlich zum vertraglich vereinbarten oder tarifvertraglich geschuldeten Arbeitsentgelt einseitig gewährt.

Gegenstand meiner Untersuchung ist die Frage, ob und inwieweit die hierzu vertretenen Begründungsansätze mit einer der Privatautonomie verpflichteten Arbeitsrechtsordnung vereinbar sind. Das hiermit angesprochene grundlegende Problem des Verhältnisses von Privatautonomie und betriebsverfassungsrechtlicher Regelungsmacht werde ich freilich im Rahmen meiner nur skizzenhaften Überlegungen weder umfassend noch in der gebotenen dogmatischen Tiefe beantworten können. Entsprechendes gilt für meinen abschließenden Versuch aufzuzeigen, wie einheitlich gewährte Zusatzleistungen privatrechtskonform veränderten rechtlichen und tatsächlichen Umständen angepasst werden können.

B. Stand der Diskussion

I. Ablösbarkeit arbeitsvertraglicher Einheitsregelungen

1. Ordnungsprinzip

Bis zu einer Entscheidung des 3. Senats im Jahre 1970[3] löste das BAG das aufgezeigte Kollisionsproblem mit Hilfe des von *Nipperdey*[4] begründeten und von *Siebert*[5] fortentwickelten Ordnungsprinzips. Arbeitsvertragliche Einheitsregelungen konnten danach durch eine nachfolgende kollektivvertragliche Regelung auch zum Nachteil der Arbeitnehmer geändert werden.[6] Denn nur mit Hilfe des zum „Wesen" des Kollektivrechts gehörenden Ordnungsprinzips sei eine Anpassung allgemeiner Arbeitsbedingungen an veränderte Verhältnisse rechtspraktisch durchführbar.[7]

In der Literatur wird diese Ansicht bis heute vertreten. Dabei bestreitet man teilweise bereits die individualvertragliche Regelungsform allgemei-

---

1994, 129ff.; *Herrmann*, ZfA 1989, 577ff.; *Hromadka*, NZA 1996, 1233, 1235; *Linsenmaier*, RdA 2008, 1, 3ff.; *Löwisch*, JZ 1996, 812ff.; MünchArbR/*Matthes* (Fn. 1), § 238 Rn. 47; *Reuter*, RdA 1991, 193, 196ff.

[3] BAG vom 30. 1. 1970, AP Nr. 142 zu § 242 BGB Ruhegehalt.

[4] *Nipperdey*, FS Lehmann, 1937, S. 257, 262ff.

[5] *Siebert*, FS Nipperdey, 1955, S. 119, 124.

[6] Zur Ablösbarkeit durch Tarifvertrag: BAG vom 1. 2. 1950, BAGE 3, 274 (277); vom 1. 2. 1957, BAGE 3, 274 (277); vom 20. 12. 1957, AP Nr. 11 zu Art. 44 Truppenvertrag; vom 26. 10. 1962, AP Nr. 87 zu § 242 BGB Ruhegehalt; vom 30. 1. 1970, BAGE 22, 252, 258ff.; vom 25. 3. 1971, BAGE 23, 257, 274ff. Zur Ablösbarkeit durch Betriebsvereinbarung: BAG vom 1. 2. 1957, AP Nr. 1 zu § 32 SchwBeschG; vom 26. 10. 1962, AP Nr. 87 zu § 242 BGB Ruhegehalt.

[7] BAG vom 4. 2. 1960, AP Nr. 7 zu § 4 TVG Günstigkeitsprinzip.

ner Arbeitsbedingungen. Nach Ansicht von *Reuter* etwa errichtet derjenige, der betriebseinheitliche Regelungen begründet, damit stets auch eine normative Ordnung. Es handele sich daher bei der Schaffung einer Einheitsregelung wie bei Abschluss einer Betriebsvereinbarung gleichermaßen um Normsetzung.[8] Die arbeitsvertragliche Einheitsregelung sei gewissermaßen eine normative Ersatzform der Betriebsvereinbarung von relativ minderer Legitimität.[9] Da allgemeine Arbeitsbedingungen somit als Betriebsnormen zu qualifizieren seien, könnten sie auch durch eine nachfolgende Betriebsvereinbarung nach dem Grundsatz *lex posterior derogat legi priori* abgelöst werden.

Überwiegend ordnet man arbeitsvertragliche Einheitsregelungen zwar formal der individualvertraglichen Ebene zu. Tatsächlich seien diese jedoch auf Grund ihres kollektiven Bezugs „quasi-kollektivrechtliche" Regelungen.[10] Für die Anwendbarkeit des Ordnungsprinzips komme es aber allein auf den Regelungs*inhalt* und nicht die Regelungs*form* an.[11] Das Günstigkeitsprinzip gelte daher für arbeitsvertragliche Einheitsarbeitsbedingungen nicht.[12] Dessen Anwendungsbereich beschränke sich vielmehr auf solche arbeitsvertragliche Abreden, „die irgendwelche individuellen Umstände des einzelnen Arbeitsverhältnisses berücksichtigen"[13] bzw. „den einzelnen um seiner Person und um seiner Leistung willen" begünstigen würden.[14] Arbeitsvertragliche Einheitsarbeitsbedingungen berücksichtigten jedoch weder das Leistungs- noch das Bedürftigkeitsprinzip noch ein sonstiges individuelles Moment. Durch Gesamtzusage oder betriebliche Übung begründete Rechtspositionen seien daher typischerweise nicht das Ergebnis einer durch das Günstigkeitsprinzip geschützten, individuell verwirklichten Privatautonomie.[15] Wende man hier gleichwohl systemwidrig das Günstigkeitsprinzip an, so „habe das einzelne Gefolgschaftsmitglied einen unentziehbaren Rechtsanspruch erworben, wodurch es einem ich-

---

[8] *Reuter*, SAE 1983, 201, 202.

[9] *Reuter*, SAE 1983, 201, 202f. Entsprechend wird etwa die betriebliche Übung in der Literatur auch heute noch vereinzelt als normative Ordnung bezeichnet, die nach dem Ordnungsprinzip durch eine spätere Betriebsvereinbarung als prinzipiell „stärkerer" Rechtsquelle abgelöst werden könne, so etwa *Gamillscheg*, FS Hilger/Stumpf, 1983, S. 227, 235f.; *Thüsing*, NZA 2005, 718; MünchArbR/*Matthes* (Fn. 1), § 238 Rn. 82.

[10] *Joost*, RdA 1989, 7, 13ff.; MünchArbR/*Matthes* (Fn. 1), 238 Rn. 82; *Herrmann*, ZfA 1989, 577, 639.

[11] *Siebert* (Fn. 5), S. 119, 127; *Hilger*, BB 1958, 417, 418.

[12] MünchArbR/*Matthes* (Fn. 1), § 238 Rn. 82.

[13] *Siebert* (Fn. 5), S. 119, 127.

[14] *Nipperdey* (Fn. 4), S. 257, 263ff.; *Hilger*, BB 1958, 417, 418.

[15] BAG, Urteil vom 20. 12. 1957, AP Nr. 11 zu Art. 44 Truppenvertrag; Urteil vom 4. 2. 1960, AP Nr. 7 zu § 4 TVG Günstigkeitsprinzip; *Bepler*, RdA 2005, 323, 328.

süchtigen Gefolgschaftsmitglied ermöglicht werde, seine eigennützigen Interessen ohne Rücksicht auf die Interessen des Betriebes und der Gesamtheit der Gefolgschaft durchzusetzen".[16] Diese Begrenzung des Günstigkeitsprinzips auf „echte", tatsächlich individualvertraglich „verdiente" Ansprüche des Arbeitnehmers hat jüngst *Bepler* wiederzubeleben versucht.[17]

2. *Planwidrige Regelungslücke*

Der 3. Senat versuchte in seiner Entscheidung vom 30. 1. 1970[18] mit dem Hinweis auf „das unabweisbare Bedürfnis der Praxis", vertragliche Einheitsregelungen veränderten rechtlichen wie ökonomischen Gegebenheiten anzupassen, die prinzipielle Ablösbarkeit arbeitsvertraglicher Einheitsregelungen durch eine nachfolgende Betriebsvereinbarung zu begründen. Dieses Bedürfnis bestehe insbesondere bei Ruhegeldanordnungen, die auf lange Zeit angelegt und von zahlreichen betrieblichen, ökonomischen, steuer- und sozialversicherungsrechtlichen Faktoren abhängig seien. Alle diese Faktoren könnten sich im Laufe der Zeit ändern und zu einer Anpassung der betrieblichen Ruhegeldordnung drängen. Arbeitsvertraglich begründete Einheitsregelungen dürften daher nicht „versteinern".

Einzelvertragliche Mittel würden sich jedoch in aller Regel als untauglich erweisen, die individuellen Besitzstände der Arbeitnehmer einer neuen kollektiven Regelung zuzuführen. Andererseits könne aber auch nicht auf das Ordnungsprinzip rekurriert werden, da dieses mit dem geltenden Recht nicht in Einklang stehe. Die insofern bestehende offene Regelungslücke müsse daher im Wege der richterlichen Rechtsfortbildung geschlossen werden, wonach die Ablösung einheitlicher vertraglicher Arbeitsbedingungen durch Betriebsvereinbarung in gleicher Weise zulässig sein müsse, wie die Ablösung einer Betriebsvereinbarung durch eine spätere Betriebsvereinbarung.[19] Allerdings unterliege die Änderung stets einer gerichtlichen Billigkeitskontrolle, bei der die Auswirkungen der Änderung für alle betroffenen Arbeitnehmer nach Treu und Glauben unter besonderer Berücksichtigung des Vertrauensschutzgedankens zu prüfen sind. Auch der 1.[20] und 2. Senat[21] hielten bis zur Entscheidung des Großen Senats Betriebsvereinbarungen, die in einheitsvertragliche Ansprüche verschlech-

---

[16] *Reuß*, in: Reuß/Siebert, Die konkrete Ordnung des Betriebs, 3. Auflage, 1943, S. 48.

[17] *Bepler*, RdA 2004, 226, 240; *ders.*, RdA 2005, 323, 328.

[18] BAG vom 30. 1. 1970, AP Nr. 142 zu § 242 BGB Ruhegehalt.

[19] BAG vom 30. 1. 1970, AP Nr. 142 zu § 242 BGB Ruhegehalt.

[20] BAG vom 26. 10. 1962, AP Nr. 87 zu § 242 BGB Ruhegehalt.

[21] BAG vom 25. 3. 1971, BAGE 23, 257, 275.

ternd eingriffen, in den Grenzen der Billigkeit ohne Rücksicht auf die Regelungsmaterie für zulässig. Im Schrifttum hält insbesondere *Fastrich* die „offene Anerkennung“ der verschlechternden Betriebsvereinbarung „als Mittel der durch die Individualisierung des Kündigungsschutzes entstandenen Regelungslücke“ für geboten.[22]

3. *Mitbestimmungsrecht als Kompetenznorm*

Der 6. Senat ging bis zur Entscheidung des Großen Senats bei mitbestimmungspflichtigen Angelegenheiten von einer Normsetzungsprärogative der Betriebsparteien aus.[23] Die Betriebsparteien seien in diesem Bereich befugt, „auch Einzelverträge zu Lasten der Arbeitnehmer [zu] ändern“. Für den Bereich der in dieser „Kompetenznorm“ aufgeführten Regelungsgegenstände gelte das Günstigkeitsprinzip nicht. Hingegen fehle dem Betriebsrat im Bereich der freiwilligen betrieblichen Mitwirkung nach § 88 BetrVG die Befugnis, auf einzelvertragliche Ansprüche einwirken zu können.

Entsprechend leitet *Blomeyer*[24] aus den Mitbestimmungsrechten des § 87 Abs. 1 Nr. 8 und Nr. 10 BetrVG einen gesetzlichen Änderungsvorbehalt zugunsten der Betriebsparteien ab: Diese seien kraft Gesetzes dazu befugt, arbeitsvertragliche Einheitsregelungen über mitbestimmungspflichtige Angelegenheiten wie Gratifikationen oder betriebliche Ruhegelder zu ändern. Angesichts des Initiativrechts des Betriebsrats könne kein Arbeitnehmer darauf vertrauen, dass ihm eine kollektiv gewährte Sonderleistung auf Dauer erhalten bleibt.[25]

II. *„Kollektiver Günstigkeitsvergleich“*

Die unterschiedlichen Ansichten der einzelnen Senate des BAG zur Frage der Ablösbarkeit einzelvertraglicher Einheitsregelungen durch eine Betriebsvereinbarung veranlassten schließlich den 5. Senat, dem Großen Senat die Frage vorzulegen, ob und in welchem Umfang einheitsvertragliche Rechte durch eine Betriebsvereinbarung verschlechtert werden dürfen.[26]

[22] *Fastrich*, RdA 1994, 129, 137.
[23] BAG vom 12. 8. 1982, AP Nr. 4 zu § 77 BetrVG 1972.
[24] *Blomeyer*, NZA 1985, 641, 645.
[25] *Blomeyer*, NZA 1985, 641, 645 f.
[26] BAG vom 8. 12. 1982, AP Nr. 6 zu § 77 BetrVG 1972.

1. *„Modifikation" des Günstigkeitsprinzips*

Ausgangspunkt der grundsätzlichen Überlegungen des Großen Senats ist die Feststellung, dass im Verhältnis zwischen individualvertraglicher Abrede und Betriebsvereinbarung grundsätzlich und unabhängig von der Regelungsform der einzelvertraglichen Abrede das Günstigkeitsprinzip gelten müsse.[27] Arbeitsrechtliche Gestaltungsfaktoren könnten nämlich im Verhältnis zu rangniedrigeren Regelungen nur einseitig zwingendes Recht schaffen. Sie könnten daher Verbesserungen nicht ausschließen. Wende man das Günstigkeitsprinzip nicht im Verhältnis von Individual- und Betriebsvereinbarung an, so reiche die Regelungskompetenz der Betriebsparteien weiter als diejenige der Tarifvertragsparteien. Die gesetzliche Regelung des § 77 Abs. 4 BetrVG sei insofern unvollständig und müsse durch das Günstigkeitsprinzip ergänzt werden. Zwar wiesen etwa aus betrieblicher Übung entstandene vertragliche Ansprüche inhaltliche Besonderheiten auf. Gleichwohl hätten diese keine Auswirkungen auf die Rechtsnatur der hieraus erwachsenen Ansprüche, die sich daher nicht von sonstigen arbeitsvertraglichen Ansprüchen unterschieden. Eine betriebliche Übung könne somit prinzipiell nicht durch eine verschlechternde Betriebsvereinbarung abgelöst werden.[28]

Die Entscheidung, welche Regelung jeweils die günstigere ist, sei jedoch im Bereich freiwilliger, auf vertraglicher Einheitsregelung oder Gesamtzusage beruhender Sozialleistungen mit einem für die Arbeitnehmer erkennbar kollektiven Bezug nicht im Rahmen eines *individuellen* Günstigkeitsvergleichs der jeweiligen Ansprüche zu treffen, sondern vielmehr im Rahmen eines die gesamte Belegschaft einzubeziehenden *kollektiven* Günstigkeitsvergleichs.[29] Charakteristisch für derartige Einheitsregelungen sei, dass die Leistungen untereinander in einem Bezugssystem stünden, das auf einer wirtschaftlichen Grundentscheidung des Arbeitgebers beruhe: Dieser habe frei über das „Ob", die Dotierung und die Verteilungsgrundsätze zu entscheiden. Da sich der Betriebsrat diesen mitbestimmungsfreien Dotierungsrahmen entgegenhalten lassen müsse, könnten nicht alle individuellen Besitzstände geschützt werden. Es müsse vielmehr ein kollektiver Günstigkeitsvergleich erfolgen.

Deshalb könnten etwa durch betriebliche Übung begründete Ansprüche der Arbeitnehmer auch durch eine nachfolgende Betriebsvereinbarung geändert werden, wenn diese die individuelle Rechtsstellung eines einzelnen Arbeitnehmers verschlechtere, sofern die Betriebsvereinbarung nur insge-

---

[27] BAG GS vom 16. 9. 1986, SAE 1987, 175, 179.

[28] BAG GS vom 16. 9. 1986, SAE 1987, 175, 179 ff.

[29] BAG GS vom 16. 9. 1986, SAE 1987, 175, 182.

samt für die Belegschaft günstiger sei als die vorherige kraft betrieblicher Übung bestehende Regelung. Die in der nachfolgenden Betriebsvereinbarung vereinbarten Leistungen dürften in ihrem Gesamtumfang daher nicht hinter dem bisherigen Gesamtleistungsniveau zurückbleiben. Die wirtschaftliche „Gesamtlast" könne der Arbeitgeber folglich durch eine ablösende Betriebsvereinbarung nicht verringern, sondern nur unter den von der Regelung betroffenen Arbeitnehmern neu verteilen. Nach Ansicht des Großen Senats ist damit nur eine umstrukturierende, nicht hingegen eine *insgesamt* verschlechternde Betriebsvereinbarung möglich. Letztere komme nur in Betracht, wenn den allgemeinen Arbeitsvertragsregelungen ein entsprechender Vorbehalt der „Betriebsvereinbarungsoffenheit" entnommen werden könne oder wenn eine Anpassung nach den Grundsätzen des Wegfalls der Geschäftsgrundlage in Betracht komme. Der kollektive Günstigkeitsvergleich ist mithin kein taugliches Mittel zur Senkung betrieblicher Leistungen.

2. *Voraussetzungen und Einschränkungen*

Die Möglichkeit eines kollektiven Günstigkeitsvergleichs ist zunächst auf einheitsvertraglich gewährte Sozialleistungen mit einem erkennbar kollektiven Bezug beschränkt. Leistungen des Arbeitgebers sind nach Ansicht des Großen Senats als „Sozialleistungen" zu qualifizieren, „wenn die Zuwendung nicht unmittelbar das Entgelt für die erbrachte Arbeitsleistung darstellt"[30]. Hierzu zählen nach Ansicht des BAG insbesondere Gratifikationen, Jubiläumszahlungen und Leistungen der betrieblichen Altersversorgung, nicht aber das Arbeitsentgelt.[31] Ein kollektiver Bezug ist nach einer späteren Präzisierung des 1. Senats nur bei solchen Sozialleistungen anzunehmen, für die ein Dotierungsrahmen und Verteilungsgrundsätze festgelegt sind.[32] Hier stünden die Leistungen notwendigerweise in einem geschlossenen Bezugssystem zueinander und könnten daher nicht isoliert, sondern nur im Rahmen eines kollektiven Günstigkeitsvergleichs betrachtet werden.[33] Häufig wird der Arbeitgeber jedoch Sonderleistungen wie Weihnachtsgratifikationen oder Urlaubsgelder gewähren, ohne dass er durch einen entsprechenden Dotierungsrahmen die Verteilungsmasse und Verteilungsgrundsätze festgelegt hat. Paradebeispiel ist die betriebliche Übung. In diesem Fall muss ein kollektiver Günstigkeitsvergleich nach der Rechtsprechung ausscheiden. Ferner muss die kollektive Ausgestaltung für

---

[30] BAG vom 21. 9. 1989, AP Nr. 43 zu § 77 BetrVG 1972 unter B I der Gründe.
[31] BAG vom 21. 9. 1989, AP Nr. 43 zu § 77 BetrVG 1972.
[32] BAG vom 28. 3. 2000, NZA 2001, 49, 51.
[33] BAG GS vom 7. 11. 1989, AP Nr. 46 zu § 77 BetrVG 1972.

den Arbeitnehmer erkennbar sein, d.h. ihm muss klar sein, dass ihm die Leistung nicht aus individuellen Gründen, sondern als Mitglied des Betriebes gezahlt wird.[34]

3. Rechtsfolgen der Ablösung

Bis heute nicht höchstrichterlich geklärt ist die Frage, ob eine umstrukturierende Betriebsvereinbarung die bisherige arbeitsvertragliche Einheitsregelung nur für den Zeitraum ihres Bestehens „überlagert" oder endgültig beseitigt.

Konsequenz der ersten Alternative wäre, dass die vertraglichen Ansprüche bei Wegfall der Betriebsvereinbarung „wiederaufleben". Konsequenz der zweiten, dass die Arbeitnehmer bei Wegfall der ablösenden Betriebsvereinbarung keinen Anspruch mehr auf die fragliche Zusatzleistung hätten. Die ablösende Betriebsvereinbarung könnte dann jederzeit durch eine neue Betriebsvereinbarung verschlechtert werden. Gegenüber dieser Lösung, die an sich Folge der Ablösungskonstruktion des Großen Senats ist, hat der 1. Senat zwar Bedenken geäußert: Es fehle in dem Beschluss des Großen Senats eine Erklärung dafür, warum ein Arbeitnehmer, der einen vertraglichen Anspruch auf ein Weihnachtsgeld von 500 DM habe und dem später durch Betriebsvereinbarung ein Weihnachtsgeld von 1.000 DM eingeräumt werde, bei Wegfall dieser Betriebsvereinbarung keinen Anspruch auf ein Weihnachtsgeld mehr haben soll.[35] Jedoch hat er die aufgeworfene Frage letztlich nicht beantwortet. Er hat lediglich festgestellt, dass arbeitsvertraglichen Ansprüchen, bei denen es sich *nicht* um Sozialleistungen handelt und die *nicht* auf einer arbeitsvertraglichen Einheitsregelung, einer Gesamtzusage oder einer betrieblichen Übung beruhen, keine ablösende Wirkung zukommt, so dass die Normen der Betriebsvereinbarung nicht dauerhaft an die Stelle der vertraglichen Vereinbarung treten.[36]

In der Arbeitsrechtswissenschaft geht man teilweise davon aus, dass die betriebsverfassungsrechtliche Regelung die arbeitsvertragliche Einheitsregelung nur für die Zeit ihres Bestehens verdrängt und daher mit deren Beendigung wiederauflebt.[37] Nur im Falle des kollektiven Günstigkeitsvergleichs gehe der ursprüngliche vertragliche Anspruch endgültig unter.[38] Ende hier die unmittelbare und zwingende Wirkung der Betriebsvereinba-

---

[34] BAG vom 21.9. 1989, AP Nr.43 zu § 77 BetrVG 1972 unter C II 4d der Gründe.

[35] BAG vom 21.9. 1989, NZA 1990, 351, 353.

[36] BAG vom 21.9. 1989, NZA 1990, 351, 353.

[37] *Benecke*, SAE 2001, 149, 156; *Däubler*, ArbuR 1987, 349, 357; *Löwisch*, Anm. zu AP Nr.43 zu § 77 BetrVG 1972; *Richardi,* NZA 1990, 331, 332.

[38] *Benecke*, SAE 2001, 149, 156.

rung, so hätten die Arbeitnehmer gar keinen Anspruch mehr. Andere halten die Annahme einer derartigen „Überlagerung" für unhaltbar.[39] Die subsidiäre Fortgeltung der einheitsvertraglichen Regelung wäre unter dem Gesichtspunkt der Rechtsklarheit und Rechtssicherheit unbefriedigend: Hier würden im Falle einer erst viele Jahre später erfolgenden Kündigung der Betriebsvereinbarung vertragliche Ansprüche wiederaufleben, an deren Existenz die Arbeitsvertragsparteien häufig gar nicht mehr gedacht haben.[40] Auch *Däubler* räumt ein, dass sich für Sozialleistungen, die auf einer Betriebsvereinbarung beruhen, bezüglich des Dotierungsrahmens keine Ewigkeitsgarantie ableiten lässt.[41] Die Gefahr einer Umgehung des individualvertraglichen Kündigungsschutzes durch Absenkung des Leistungsniveaus über den Umweg einer Betriebsvereinbarung mit Hilfe eines „arglosen" Betriebsrats könne dadurch begegnet werden, dass die Gründe, die zu einer Verschlechterung der Betriebsvereinbarung führen, nach deren Abschluss entstanden sein müssen.

III. Betriebsvereinbarungsoffenheit

1. Prinzipielle Geltung des Günstigkeitsprinzips

In der Literatur ist man sich zwar überwiegend darin einig, dass das Günstigkeitsprinzip trotz seiner fehlenden Normierung im BetrVG grundsätzlich auch im Betriebsverfassungsrecht gilt.[42] Dabei wird entweder darauf verwiesen, dass das Günstigkeitsprinzip „Ausdruck eines umfassenden Grundsatzes" sei, der unabhängig von der Rechtsquelle und deshalb auch außerhalb des Tarifvertragsgesetzes gelte[43]. Oder es wird eine planwidrige Regelungslücke angenommen[44], die eine analoge Anwendung des § 4 Abs. 3 TVG rechtfertige,[45] sowie auf die positivrechtliche Regelung des Günstigkeitsprinzips in § 28 Abs. 2 S. 1, 2 SprAuG verwiesen.

Gleichwohl erachtet man die damit verbundene Folge, dass durch Gesamtzusage, betriebliche Übung und arbeitsvertragliche Einheitsregelung geregelte allgemeine Arbeitsbedingungen nicht durch eine nachfolgende

---

[39] *Ahrend/Förster/Rühmann*, BB 1987, Beilage 7/1987 S. 9; *Blomeyer*, DB 1987, 643, 638; *Fastrich*, RdA 1994, 129, 139.

[40] *Fastrich*, RdA 1994, 129, 139.

[41] *Däubler*, ArbuR 1987, 349, 357.

[42] *Gamillscheg* (Fn. 9), S. 227, 235; *Richardi*, Kollektivgewalt und Individualwille bei der Gestaltung des Arbeitsverhältnisses, 1968, S. 392 ff.; *ders.*, NZA 1990, 331; *Säcker*, Gruppenautonomie und Übermachtkontrolle im Arbeitsrecht, 1972, S. 90 f.

[43] BAG, Urteil vom 12. 8. 1982, AP Nr. 4 zu § 77 BetrVG 1972 unter C II 3a der Gründe.

[44] *Richardi*, NZA 1990, 331.

[45] *Otto*, Anm. zu BAG GS vom 16. 9. 1986, EzA Nr. 17 zu § 77 BetrVG 1972.

Betriebsvereinbarung verschlechtert werden können, als nicht interessengerecht.[46] Mit den vorhandenen individualvertraglichen Änderungs- und Beendigungsinstrumenten, insbesondere mit der Änderungskündigung, könnten arbeitsvertragliche Einheitsregelungen nicht einheitlich beendet, gekürzt oder an veränderte Umstände angepasst werden. Angesichts ihres kollektiven Bezugs sei vielmehr die Betriebsvereinbarung das zweckmäßigste Mittel.[47]

2. *Annahme konkludenter Abänderungsvorbehalte*

Vielfach will man der kollektiven Zusage freiwilliger Sonderleistungen durch Auslegung einen konkludenten Vorbehalt zugunsten einer nachträglichen Abänderbarkeit durch eine Betriebsvereinbarung entnehmen.[48] Der Arbeitnehmer wisse, dass er die freiwilligen Zusatzleistungen „nicht aus mit seiner Individualität im Zusammenhang stehenden Gründen erhalten hat, sondern als Mitglied des Betriebs oder einer Arbeitnehmergruppe".[49] Insbesondere Rechtspositionen aus betrieblicher Übung seien daher typischerweise „betriebsvereinbarungsoffen" ausgestaltet.[50]

Die Annahme, arbeitsvertragliche Einheitsregelungen enthielten in der Regel einen stillschweigenden Vorbehalt zugunsten einer späteren Ablösbarkeit durch Betriebsvereinbarung, wird aber auch grundsätzlich bestritten.[51] Eine solche Auslegung unterliege stets der Gefahr, aus bloßen Zweckmäßigkeitserwägungen eine Betriebsvereinbarungsoffenheit zu fingieren.[52]

---

[46] *Benecke*, SAE 2001, 149, 155; *Bepler*, RdA 2004, 226, 240; *ders.*, RdA 2005, 323, 328; *Fastrich*, RdA 1994, 129ff.; *Hromadka*, DB 1985, 864, 866f.; *Löwisch*, SAE 1987, 185, 186; *ders.*, Anm. zu BAG vom 16.9. 1986, AP Nr. 43 zu § 77 BetrVG 1972; MünchArbR/*Matthes* (Fn. 1), § 238 Rn. 83; *Mengel*, Die betriebliche Übung, 1967, S. 113f.; *Richardi*, RdA 1960, 401, 403ff.; *Säcker*, RdA 1971, 59, 60.

[47] *Bepler*, RdA 2004, 226, 240; *ders.*, RdA 2005, 323, 328; *Hromadka*, DB 1985, 864, 867; *Löwisch*, SAE 1987, 185, 186; MünchArbR/*Matthes* (Fn. 1), § 238 Rn. 83; *Mengel* (Fn. 46), S. 113f.; *Richardi*, RdA 1960, 401, 403ff.

[48] *Bepler*, RdA 2004, 226, 240; *ders.*, RdA 2005, 323, 328; *Eberle*, Betriebliche Übung, 1971, S. 142; *G. Hueck/Fastrich*, Betriebsübung, 1966, E. IV. 2; *Hromadka*, DB 1985, 864, 866f.; *Löwisch*, SAE 1987, 185, 186; *Mengel* (Fn. 46), S. 113f.; *Merten/Schwartz*, DB 2001, 646, 647; *Richardi*, RdA 1960, 401, 404.

[49] *Bepler*, RdA 2005, 323, 328.

[50] *Bepler*, RdA 2004, 226, 240; *ders.*, RdA 2005, 323, 328. Einschränkend MünchArbR/*Matthes* (Fn. 1), § 238 Rn. 85.

[51] *Buchner*, DB 1983, 883; MünchArbR/*Matthes* (Fn. 1), § 238 Rn. 85; *Maties*, Gegenläufige betriebliche Übung, 2003, S. 69: „Fiktion in der Fiktion"; *Preis/Genenger*, JbArbR 47 (2010), 93, 117; *Seiter*, Die Betriebsübung, 1967, S. 128; *Waltermann*, RdA 2006, 257, 263; *Walker*, JuS 2007, 1, 8.

[52] *Fastrich*, RdA 1994, 129, 131; *Maties* (Fn. 51), S. 69; MünchArbR/*Matthes* (Fn. 1), § 238 Rn. 85.

Die höchstrichterliche Rechtsprechung zeigt ein uneinheitliches Bild. Der 1. und der 3. Senat gingen ursprünglich davon aus, dass arbeitsvertraglichen Einheitsregelungen typischerweise ein stillschweigender Vorbehalt zu Gunsten der Abänderbarkeit durch eine spätere kollektivvertragliche Regelung entnommen werden könne, da nur die Annahme einer solchen „kollektivvereinbarungsoffenen" einheitlichen Arbeitsbedingung den wirklichen Tatsachen, der Interessenlage und dem Willen der Beteiligten entspreche, die sich des kollektiven Ursprungs bewusst seien.[53] In nachfolgenden Entscheidungen sind die Senate des BAG von der Auffassung, arbeitsvertraglichen Einheitsregelungen sei *generell* ein entsprechender Vorbehalt der Betriebsvereinbarungsoffenheit zu entnehmen, jedoch zunehmend abgerückt.[54] Der 3. und der 8. Senat wollen einer einheitsarbeitsvertraglichen Regelung einen derartigen *stillschweigenden* Vorbehalt dann entnehmen, wenn der Arbeitgeber bei Abgabe seiner Zusage darauf hingewiesen habe, dass die Leistung im Einvernehmen mit dem Betriebsrat gewährt werde.[55] Ein stillschweigender Vorbehalt soll weiter in Betracht kommen, wenn die vertragliche Einheitsregelung nicht schriftlich abgefasst worden sei und sich aus den Umständen des Zustandekommens der Regel ergebe, dass eine etwaige Ablösung durch kollektivrechtliche Regelung eröffnet sein sollte.[56]

Der 10. Senat hat nunmehr in einem Urteil aus dem Jahre 2009[57] die Auffassung, auf betrieblicher Übung beruhende Ansprüche stünden grundsätzlich unter dem stillschweigenden Vorbehalt einer ablösenden Betriebsvereinbarung, ausdrücklich abgelehnt. Wolle ein Arbeitgeber seinen Arbeitnehmern eine Sonderzahlung unter dem Vorbehalt einer ablösenden Betriebsvereinbarung leisten, so müsse dieser Vorbehalt ebenso wie ein Freiwilligkeits- oder Widerrufsvorbehalt dem Transparenzgebot des § 307 Abs. 1 S. 2 BGB genügen.[58] Bringe der Arbeitgeber nicht hinreichend klar und verständlich zum Ausdruck, dass er die Sonderzahlung „betriebsvereinbarungsoffen" leisten wolle, so könne ein „durchschnittlicher", verständiger Arbeitnehmer dies nicht erkennen. Die Arbeitsvertragsparteien seien rechtlich nicht befugt, das Verhältnis der Betriebspartner untereinander zu regeln, unabhängig davon, ob die Mitbestimmungsrechte des Be-

[53] BAG vom 26. 10. 1962, AP Nr. 87 zu § 242 BGB Ruhegehalt; vom 30. 1. 1970, AP Nr. 142 zu § 242 BGB Ruhegehalt.
[54] BAG vom 18. 3. 2003, NZA 2004, 1099; vom 23. 10. 2001, NZA 2003, 986.
[55] BAG vom 3. 11. 1987, NZA 1988, 509, 510; vom 10. 12. 2004, NZA 2004, 271, 273 f.
[56] BAG vom 23. 10. 2001, NZA 2003, 986, 990.
[57] BAG vom 5. 8. 2009, NZA 2009, 1105.
[58] BAG vom 5. 8. 2009, NZA 2009, 1105, 1107.

triebsrats beschränkt oder erweitert werden sollen. Eine solche Befugnis widerspräche ersichtlich dem System der Betriebsverfassung. Weiter könnten Arbeitsentgelte und sonstige Arbeitsbedingungen, die durch Tarifvertrag geregelt sind oder üblicherweise geregelt werden, nach § 77 Abs. 3 S. 1 BetrVG nicht Gegenstand einer Betriebsvereinbarung sein. Auf Grund dieser Regelungssperre seien die Betriebsparteien regelmäßig gehindert, Betriebsvereinbarungen über Weihnachtsgeld und andere Sonderzahlungen abzuschließen.[59]

3. Ergänzende Vertragsauslegung

Fehlen konkrete Anhaltspunkte, um von einer konkludenten Vereinbarung eines Änderungsvorbehalts ausgehen zu können, so versucht man schließlich, einen solchen im Wege der ergänzenden Vertragsauslegung zu begründen.[60] Die Parteien hätten einen regelungsbedürftigen Punkt schlicht übersehen und der Vertrag könne auf der Grundlage der von beiden Parteien angenommenen Bewertungsmaßstäbe und unter Berücksichtigung der gesamten Interessenlage in diesem Sinne zu Ende gedacht werden. Bei allen auf Dauer angelegten individualrechtlichen Sonderleistungen mit kollektivem Bezug könne daher regelmäßig von einer Änderungsermächtigung zugunsten der Betriebsparteien ausgegangen werden.[61]

C. Stellungnahme

I. Grenzen betriebsverfassungsrechtlicher Regelungsmacht

Nach ständiger Rechtsprechung des BAG und herrschender Lehre besitzen die Betriebsparteien eine „umfassende Regelungskompetenz“: Danach sind sie nicht nur zur Gestaltung aller betrieblichen und betriebsverfassungsrechtlichen Fragen berufen. Vielmehr sollen sie grundsätzlich auch alle Fragen, die Inhalt, Abschluss und Beendigung von Arbeitsverhältnissen betreffen, umfassend durch Betriebsvereinbarung regeln dürfen.[62] Insbesondere sollen sie auch freiwillige Betriebsvereinbarungen über das Arbeitsentgelt abschließen dürfen. Ihre Regelungsbefugnis ende erst dort, wo

---

[59] BAG vom 5. 8. 2009, NZA 2009, 1105, 1107.

[60] *Hromadka*, NZA 1987 Beil. Nr. 3, 2, 6; *Richardi*, NZA 1987, 185, 189.

[61] *Löwisch*, SAE 1987, 185, 186; zustimmend *Fastrich*, RdA 1994, 129, 132.

[62] BAG GS vom 16. 3. 1956, AP Nr. 1 zu § 57 BetrVG unter I. 1. der Gründe; vom 7. 11. 1989, NZA 1990, 816, 818; BAG vom 11. 7. 2000, NZA 2001, 462 ff.; vom 12. 12. 2006, AP Nr. 94 zu § 77 BetrVG 1972; *Hromadka*, NZA 1996, 1233, 1235; *Linsenmaier*, RdA 2008, 1, 3 ff.; *Löwisch*, JZ 1996, 812 ff.; MünchArbR/*Matthes* (Fn. 1), § 238 Rn. 47 m. w. N.

nicht mehr das Arbeitsverhältnis oder das Verhalten der Arbeitnehmer im Betrieb, sondern deren private Lebensführung betroffen ist.[63]

1. *Fehlende privatautonome Legitimation*

Die Annahme einer solch umfassenden Regelungskompetenz der Betriebsparteien ist indes verfehlt.[64] Denn dem Betriebsrat fehlt die rechtsgeschäftliche Ermächtigung durch die einzelnen Arbeitnehmer, um deren Arbeitsbedingungen umfassend regeln zu können. Während Tarifverträge das Ergebnis kollektiv ausgeübter Privatautonomie sind und sich die Bindung der Tarifunterworfenen an die tarifvertraglich ausgehandelten materiellen Arbeitsbedingungen so mühelos aus der mitgliedschaftlichen Legitimation der Tarifvertragsparteien begründen lässt[65], fehlt eben diese legitimatorische Basis für die Regelungen der Betriebsparteien.[66] Die Betriebsverfassung stellt für den einzelnen Arbeitnehmer vielmehr „eine unentrinnbare zwangskorporatistische Ordnung“[67] dar.

Dieses legitimatorische Defizit kann auch durch die „demokratische“ Legitimation des Betriebsrats nicht ausgeglichen werden.[68] Im Gegenteil verstärkt diese gerade die Gefahr einer fremdbestimmten Benachteiligung einzelner Arbeitnehmer: Als „Repräsentant der Belegschaft“ fühlt sich der Betriebsrat typischerweise dazu berufen, im tatsächlichen oder vermeintlichen Interesse aller, genauer: der Mehrheit der Arbeitnehmer zu handeln. Nach § 2 Abs. 1 BetrVG ist der Betriebsrat zudem auch dem Wohl des Betriebs zu dienen bestimmt. Auf die Wahrung individueller Besitzstände und Befindlichkeiten einzelner Arbeitnehmer wird er dabei im Interesse der betrieblichen Solidargemeinschaft regelmäßig gerade keine Rücksicht nehmen wollen und können.

Auf Grund des Fehlens einer entsprechenden sachlichen Legitimation sind der betriebsverfassungsrechtlichen Regelungsmacht folglich „alle die Bereiche verschlossen, die in der geltenden Ordnung der Privatautonomie des Individuums unterliegen“[69]. Die Regelung der materiellen Arbeitsbedingungen ist damit grundsätzlich nicht von der Regelungsbefugnis der

---

[63] *Linsenmaier*, RdA 2008, 1, 4.

[64] Ebenso *Canaris*, ArbuR 1966, 129 ff.; *E. Picker*, NZA 2002, 761, 769 f.; *Kreutz*, Grenzen der Betriebsautonomie, 1979, S. 98; *Lobinger*, Anm. zu BAG AP Nr. 19 zu § 77 BetrVG 1972 Tarifvorbehalt; *Veit* (Fn. 1), S. 290, 333; *Waltermann*, RdA 2007, 251, 260 ff.; *Wank*, NJW 1996, 2273, 2280.

[65] *Rieble*, ZfA 2000, 5, 12 ff.; ErfK/*Dieterich*, 11. Aufl., 2011, Art. 9 GG Rn. 57.

[66] *Canaris*, ArbuR 1966, 129, 139; *Richardi* (Fn. 42), S. 313.

[67] *E. Picker*, NZA 2002, 761, 769.

[68] So aber *Hänlein*, RdA 2003, 26, 30.

[69] *E. Picker*, NZA 2002, 761, 769.

Betriebsparteien umfasst. Die Ausgestaltung dieses Kernbereichs persönlicher Wirtschafts- und Lebensplanung ist vielmehr den Trägern individuell oder kollektiv ausgeübter Privatautonomie vorbehalten.

Eine umfassende Regelungskompetenz der Betriebsparteien lässt sich auch nicht positivrechtlich mit einem Umkehrschluss zu § 77 Abs. 3 BetrVG begründen. Nach dieser Norm können Arbeitsentgelte und sonstige Arbeitsbedingungen, die durch Tarifvertrag geregelt sind oder üblicherweise geregelt werden, nicht Gegenstand einer Betriebsvereinbarung sein, es sei denn, ein Tarifvertrag lässt den Abschluss ergänzender Betriebsvereinbarungen ausdrücklich zu.[70] Durch einen Umkehrschluss kann aus einer Verbotsnorm keine Regelungskompetenz hergeleitet werden.[71] Mittelbar bestätigt diese Norm vielmehr das hier gefundene Ergebnis. Denn § 77 Abs. 3 BetrVG hindert die Arbeitsvertragsparteien selbst gerade nicht, die materiellen Arbeitsbedingungen unabhängig von den Tarifvertragsparteien privatautonom zu gestalten. Der Zweck des § 77 Abs. 3 BetrVG kann so durchaus darin gesehen werden, eine hinreichende privatautonome Legitimation der materiellen Arbeitsbedingungen zu gewährleisten. Er erschöpft sich mithin – entgegen der h. M.[72] – nicht lediglich darin, die Funktionsfähigkeit der Tarifautonomie zu gewährleisten.

Schließlich lässt sich eine umfassende Regelungskompetenz der Betriebsparteien auch nicht mit einem Erst-Recht-Schluss aus § 28 Abs. 1 SprAuG begründen.[73] Mit dieser Sonderregelung wollte der Gesetzgeber der „Sonderstellung der leitenden Angestellten" Rechnung tragen, der Einheitsregelungen „nicht immer gerecht werden".[74] Ein weiterer Grund dürfte der Umstand gewesen sein, dass SprA-Vereinbarungen angesichts des geringen Organisationsgrads der leitenden Angestellten das einzig wirksame kollektivrechtliche Schutzinstrument bilden. Deshalb gilt für sie auch nicht der Vorrang des Tarifvertrags.[75] Folgerichtig hat der Gesetzgeber daher bei der – zeitlich nach § 28 Abs. 1 SprAuG erfolgenden – Neufassung des § 77 BetrVG davon abgesehen, dort eine umfassende Regelungskompetenz zu statuieren. Im Übrigen widerspräche die Implementierung einer umfassenden Betriebsautonomie – wie dargelegt – dem geltenden, der Privatautonomie der Arbeitsvertragsparteien verpflichteten Rechtssystem.

---

[70] So *Linsenmaier*, RdA 2008, 1, 4.

[71] *Veit* (Fn. 1), S. 209.

[72] BAG vom 24.2. 1987, NZA 1987, 639; MünchArbR/*Matthes* (Fn. 1), § 238 Rn. 55.

[73] Zutreffend *Veit* (Fn. 1), S. 287. A. A. aber BAG GS vom 7. 11. 1989, EzA Nr. 34 zu § 77 BetrVG 1972.

[74] BT-Drs. 11/2503, S. 42.

[75] *Hromadka/Sieg*, SprAuG, 2. Aufl., 2010, § 28 Rn. 17.

2. Folge: Begrenzung der Regelungskompetenz

Die Regelungskompetenz der Betriebsparteien und der Arbeitsvertragsparteien betrifft somit unterschiedliche Regelungsbereiche: Den Betriebsparteien ist die Regelung der *formellen* Arbeitsbedingungen vorbehalten: Hierzu zählt die Regelung der Art und Weise der Leistungserbringung, insbesondere die Regelung der innerbetrieblichen „Verteilungsgerechtigkeit". Betroffen sind mithin die Kernfragen der betrieblichen Ordnung und des Verhaltens der Arbeitnehmer im Betrieb. Arbeitnehmerbelastende Betriebsvereinbarungen, welche die Regelung der formellen Arbeitsbedingungen betreffen und zu denen der Arbeitgeber eines betriebsratslosen Betriebs kraft seines einseitigen Bestimmungsrechts berechtigt wäre (wie etwa die Einführung eines Rauchverbots), sind demnach grundsätzlich zulässig.

Die Regelung der *materiellen* Arbeitsbedingungen, welche die Bestimmung des Verhältnisses von Leistung und Gegenleistung, insbesondere die Höhe des Lohns betreffen, ist ihnen hingegen verschlossen.[76] Entsprechend hat der Betriebsrat etwa in Lohnfragen nach § 87 Abs. 1 Nr. 10 BetrVG nur bei der die betriebliche Ordnung unmittelbar berührenden Frage der „Verteilungsgerechtigkeit" mitzubestimmen.[77] Mitbestimmungsfrei ist der Arbeitgeber in seiner grundsätzlichen Entscheidung, ob er überhaupt zusätzliche Leistungen gewährt, sowie in welchem Umfang, mit welchen Einschränkungen[78] und zu welchem Zweck er dies tut.[79]

Regeln die Betriebsparteien die materiellen Arbeitsbedingungen in einem Bereich, in welchem die Tarif- und Arbeitsvertragsparteien bislang nicht tätig geworden sind durch Betriebsvereinbarung, so fehlt ihnen zwar an sich die Kompetenz hierzu. Freilich werden die Arbeitnehmer eine Betriebsvereinbarung, durch die ihre materiellen Arbeitsbedingungen lediglich *verbessert* werden, in aller Regel begrüßen und nicht als Zwangsbeglückung empfinden. Jedenfalls wenn sie die im Rahmen der Betriebsvereinbarung zugesagten Zusatzleistungen entgegennehmen, bringen sie ihr Einverständnis mit der Vorgehensweise der Betriebsparteien zum Ausdruck. Entsprechend sind auch bei Sonderleistungen des Arbeitgebers, die dieser einseitig auf Grund einer Gesamtzusage oder einer betrieblichen Übung gewährt, an die Annahmeerklärung der Arbeitnehmer nach dem Rechtsgedanken des § 516 Abs. 2 S. 2 BGB geringe Anforderungen zu stel-

---

[76] *Canaris*, ArbuR1966, 129, 131.

[77] St. Rspr. des BAG seit BAG vom 12. 6. 1975, AP Nr. 1 zu § 87 BetrVG 1972 Altersversorgung.

[78] BAG GS vom 3. 12. 1991, AP Nr. 51 zu § 87 BetrVG 1972 Lohngestaltung.

[79] *Richardi*, BetrVG, 12. Auflage, 2010, § 87 Rn. 46.

len. Die begünstigende Betriebsvereinbarung stellt insoweit einen Vertrag zugunsten Dritter dar. Dies hat freilich auch zur Folge, dass dem begünstigten Arbeitnehmer als Dritten in jedem Fall ein Zurückweisungsrecht nach § 333 BGB zusteht.[80]

3. Geltung des Günstigkeitsprinzips?

Fehlt den Betriebsparteien somit bereits die Kompetenz zur Regelung der *materiellen* Arbeitsbedingungen, so droht auch keine Kollision arbeitsvertraglicher Regelungen und Betriebsvereinbarungen mit identischem Regelungsinhalt. Einer Regelung des Günstigkeitsprinzips als Regelungsmechanismus für diesen Konfliktfall bedarf es daher nicht. Die unterbliebene Normierung des Günstigkeitsprinzips im BetrVG ist mithin keine planwidrige Regelungslücke, sondern nur folgerichtig.

a. Funktion des Günstigkeitsprinzips

Die Frage nach der Geltung des Günstigkeitsprinzips im Betriebsverfassungsrecht stellt sich folglich nur, wenn man der Auffassung der h. M. von der „umfassenden Regelungskompetenz" der Betriebsparteien folgt. Nimmt man dies an, so ist im Verhältnis einer arbeitsvertraglichen Einheitsregelung zu einer nachfolgenden Betriebsvereinbarung jedenfalls zwingend das Günstigkeitsprinzip als „Mittel zur Sicherung des Vorrangs der Privatautonomie"[81] zu beachten. Denn das Günstigkeitsprinzip enthält einen allgemeinen Vorbehalt zu Gunsten der individuellen Vertragsfreiheit.[82] Die kollektive Regelungsmacht steht nicht im Gegensatz zur Privatautonomie, sondern ist vielmehr deren Funktionsfähigkeit zu dienen bestimmt.[83] Der Kollektivismus hat die Aufgabe, einen *Mindestschutz* der Arbeitnehmer durch die Festlegung von Mindestarbeitsbedingungen zu gewährleisten.[84] Die Kollektivvertragsparteien besitzen folglich niemals ein Regelungsmonopol bei der Festsetzung der Arbeitsbedingungen.[85] Günstigere Vereinbarungen zwischen den Arbeitsvertragsparteien sind

---

80 *Veit* (Fn. 1), S. 273.

81 *Martens*, RdA 1983, 217, 222; *Blomeyer*, DB 1987, 634, 637; *Fastrich*, RdA 1994, 129, 131.

82 *Blomeyer*, NZA 1996, 337, 340f.; *Canaris*, RdA 1974, 18, 22ff.; *Däubler*, ArbuR 1987, 349, 354f.; *Richardi*, RdA 1983, 201, 210; *ders.*, NZA 1987 185, 190; *Seiter* (Fn. 51), S. 126ff.; *Zöllner*, RdA 1969, 252ff. Unzutreffend *Herrmann*, ZfA 1989, 577, 619: „allein Ausdruck des arbeitsrechtlichen Schutzprinzips".

83 *Richardi*, NZA 1987, 185, 186.

84 *Zöllner*, RdA 1969, 250, 256.

85 *Canaris*, RdA 1974, 18ff.; *Seiter* (Fn. 51), S. 126ff.; *Zöllner*, RdA 1969, 250, 256.

dem Eingriff und der Kontrolle durch die kollektiven Vertragsparteien damit bewusst entzogen. Ein Arbeitnehmer hat somit grundsätzlich nicht zu befürchten, dass seine günstigeren arbeitsvertraglich vereinbarten Arbeitsbedingungen von einer späteren Betriebsvereinbarung beeinträchtigt werden.

Hat das Günstigkeitsprinzip damit die Sicherung der Vertragsansprüche des einzelnen Arbeitnehmers zum Ziel, so wirkt es zwingend individuell. Eine Kollektivierung dieses Prinzips, durch welche die Belegschaft systemwidrig zu einer Art rechnerischen „Gesamtvertragspartner" des Arbeitgebers[86] und einer solidarischen Schicksalsgemeinschaft wird, ist damit ausgeschlossen. Anderenfalls würde das Günstigkeitsprinzip nicht mehr dem Schutz der Vertragsfreiheit durch Aufrechterhaltung von Einzelabreden dienen, sondern würde zweckwidrig zu einem Instrument für Eingriffe in eben diese Rechtspositionen denaturiert.[87]

Unabhängig von seiner rechtsdogmatischen Verfehltheit ist der kollektive Günstigkeitsvergleich auch rechtspraktisch bedeutungslos: Der Arbeitgeber kann hiermit, wie schon betont, sein Ziel, die wirtschaftliche *Gesamtbelastung* durch die Zusatzleistungen zu verringern, nicht erreichen. Vielmehr muss der vom Arbeitgeber auf Grund einer betrieblichen Übung geschaffene Dotierungsrahmen der Höhe nach erhalten bleiben.

b. Teleologische Reduktion?

Nach Ansicht vieler ist das privatautonome Element bei arbeitsvertraglichen Einheitsregelungen, namentlich bei Sonderleistungen, die im Rahmen einer Gesamtzusage oder betrieblichen Übung gewährt werden, nur schwach ausgeprägt.[88] Dies kulminiert in der eingangs beschriebenen Ansicht, derartige Rechtspositionen seien „nicht Ergebnis einer durch das Günstigkeitsprinzip geschützten, individuell verwirklichten Privatautonomie"[89].

Eine solche Unterscheidung zwischen individualvertraglich „verdienten" Ansprüchen einerseits und Ansprüchen, die „unabhängig von jedem Verhalten oder persönlichen Befindlichkeiten" entstanden sind[90], andererseits ist indes von fundamentaler Verfehltheit. Dabei wird zunächst verkannt, dass der Formulararbeitsvertrag in der modernen Arbeitswelt den Regelfall bildet. Arbeitsverträge werden typischerweise nicht individuell ausge-

---

[86] *Blomeyer*, DB 1987, 634, 637.

[87] *Fastrich*, RdA 1994, 129, 131; *Herrmann*, ZfA 1989, 577, 619.

[88] *Fastrich*, RdA 1994, 129, 136; *Benecke*, SAE 2001, 149, 155.

[89] *Bepler*, RdA 2005, 323, 328.

[90] So *Bepler*, RdA 2004, 226, 241. Entsprechend MünchArbR/*Matthes* (Fn. 1), § 238 Rn. 82.

handelt, sondern vom Arbeitgeber mittels vorformulierter, standardisierter Vertragsmuster einseitig durchgesetzt.[91] Nur höchst selten wird eine Arbeitsvertragsbestimmung daher auf dem besonderen Verhandlungsgeschick, der besonderen Leistungsfähigkeit oder auf sonstigen individuellen Gründen des einzelnen Arbeitnehmers beruhen. Nach Ansicht von *Bepler* und *Reuter* könnten streng genommen alle in einem Formulararbeitsvertrag enthaltenen und damit einseitig vom Arbeitgeber vorgegebenen materiellen Arbeitsbedingungen auf Grund ihres „kollektiven Charakters" nicht Ausdruck der Privatautonomie sein. Sie könnten folglich auch nicht dem Schutz durch das Günstigkeitsprinzip unterliegen. *Richardi* weist daher mit Recht darauf hin, dass der Wesensgehalt der Vertragsfreiheit im Arbeitsrecht beeinträchtigt wäre, wenn für die Bindungswirkung arbeitsvertraglicher Absprachen nicht mehr der Wille der Vertragsparteien als ausreichend erachtet wird, sondern davon abhängig gemacht wird, ob und inwieweit diese der individuellen Leistung oder Bedürftigkeit des Arbeitnehmers Rechnung tragen.[92]

Zudem ist die Entscheidung des Arbeitgebers, im Rahmen einer Gesamtzusage oder betrieblichen Übung zusätzliche Entgeltleistungen zu gewähren, mehr noch als die vertragliche Vereinbarung der Mindestarbeitsbedingungen Ausdruck „echter" Privatautonomie. Das arbeitsvertraglich vereinbarte Entgelt schuldet der Arbeitgeber häufig als geltenden Tariflohn. Dagegen ist der Arbeitgeber in seiner Entscheidung, ob und in welcher Höhe er freiwillige Sonderleistungen gewähren will und wie er diese inhaltlich ausgestalten will, frei und keinen betriebsverfassungsrechtlichen Beschränkungen unterworfen. Der Arbeitgeber ist zur Gewähr derartiger, ihn finanziell belastender Leistungen typischerweise nur bereit, wenn er sich hiervon eine entsprechende Gegenleistung des Arbeitnehmers verspricht. Entsprechend handelt es sich bei überobligatorischen Sonderleistungen wie Gratifikationen nicht um unverbindliche „Freigiebigkeiten" des Arbeitgebers und – entgegen der unzutreffenden Bezeichnung – auch nicht um karitative „Sozialleistungen". Vielmehr handelt es sich um eine „Vergütung besonderer Art", durch die der Arbeitgeber die Arbeitsleistung seiner Arbeitnehmer besonders honorieren will und so ihre Arbeitsmotivation weiter steigern und sich ihrer Betriebstreue versichern will. Vor dem Hintergrund des arbeitsrechtlichen Austauschverhältnisses stellen derartige überobligatorische Leistungen daher eine unmittelbare Gegenleistung für die Arbeitsleistung oder Betriebstreue des Arbeitnehmers dar. Ein Ar-

---

[91] MünchArbR/*Richardi*, 3. Aufl., 2009, § 14 Rn. 41; *Zöllner*, AcP 176 (1976), 221, 236ff.

[92] *Richardi*, NZA 1987, 185, 186.

beitgeber kann einem Arbeitnehmer mithin seine „Wertschätzung" kaum deutlicher bekunden als durch die Gewähr derartiger Sonderleistungen.[93]

Die *kollektive* Gewähr der freiwilligen Zusatzleistungen an alle Arbeitnehmer des Betriebs oder einer bestimmten Gruppe ist zudem häufig ein Gebot ökonomischer Klugheit: Sie ist aus betriebswirtschaftlichen Gründen geboten und zur Wahrung des Betriebsfriedens erforderlich. Sie ist weiter auch Ausdruck der rechtlichen Bindung des Arbeitgebers an den Gleichbehandlungsgrundsatz. Die gleichförmige Gestaltung der Rechtsbeziehungen steht einer privatautonomen Gestaltung dieser Leistungsbeziehungen damit gerade nicht entgegen.[94]

c. Zwischenergebnis: Zwingende Schranke heteronomer Regelungsmacht

Freiwillige Sonderleistungen wie Weihnachtsgratifikationen oder Urlaubsgelder sind daher tatsächlich „verdiente" individualvertragliche Rechtspositionen der Arbeitnehmer. Auch wenn der Arbeitgeber im Rahmen der kollektiven Leistungsgewähr eine Vielzahl gleichartiger Einzelzusagen abgibt, so gewährt er doch jedem einzelnen Arbeitnehmer eine entsprechende Sonderleistung. Er will somit ersichtlich jeden einzelnen Arbeitnehmer begünstigen. Folglich erwirbt auch jeder einzelne begünstigte Arbeitnehmer einen individuellen Anspruch auf die fragliche Leistung, der dem Schutz durch das Günstigkeitsprinzip unterfällt.

4. Mitbestimmungsrecht als Eingriffskompetenz?

Eine Normsetzungsprärogative der Betriebsparteien lässt sich somit nur begründen, wenn das BetrVG eine Eingriffskompetenz der Betriebsparteien vorsieht.

a. „Vertragsrechtsakzessorietät" der Betriebsverfassung

Nach der von *Reichold* begründeten Lehre von der „Vertragsrechtsakzessorietät der Betriebsverfassung"[95] findet sich „im Arbeitsvertrag die alleinige und ausreichende privatautonome Legitimation für die Normenwirkung der Betriebsvereinbarung"[96]. Die betriebliche Mitbestimmung dient danach einzig dazu, die Vertragsfreiheit und damit die grundrechtlich ge-

---

[93] Eingehend hierzu *Chr. Picker*, Die betriebliche Übung, 2011, S. 216 ff.

[94] *Flume*, Allgemeiner Teil des Bürgerlichen Rechts, Bd. 2, Das Rechtsgeschäft, 4. Aufl., 1992, § 8 2. (S. 97); *Zöllner*, AcP 176 (1976), 221, 236 ff.

[95] *Reichold*, Betriebsverfassung als Sozialprivatrecht (1995), passim. Ferner *Rieble*, Arbeitsmarkt und Wettbewerb, 1996, Rn. 1418 ff.

[96] *Reichold* (Fn. 95), S. 542.

schützte Freiheit der Berufsausübung des Arbeitnehmers im Betrieb zu verwirklichen, die angesichts der Abhängigkeit des Arbeitnehmers vom Arbeitsvertrag und der betrieblichen Organisation anderenfalls nicht oder nur unzureichend gewährleistet wäre. Der Betriebsrat ist danach „Vertragshelfer" der Arbeitnehmer; er vertritt kraft staatlichen Auftrags deren Interessen und begrenzt das Weisungsrecht des Arbeitgebers.[97]

Hat der Betriebsrat demnach nur die Funktion, die Entscheidungsmacht des Arbeitgebers zu begrenzen und zu beeinflussen, so entsteht im Verhältnis des Betriebsrats zu den Arbeitnehmern überhaupt kein Legitimationsproblem: Den Betriebsparteien stehen danach nicht mehr Rechte zu als dem Arbeitgeber.[98] Der einseitige Eingriff der Betriebsparteien in individualvertragliche Rechtspositionen der Arbeitnehmer ist somit ausgeschlossen.

b. Regelungsmacht kraft staatlicher Delegation

Auch wenn man davon ausgeht, dass der Staat den Betriebsparteien eine *weitergehende* kollektive Wahrnehmung der Arbeitnehmerinteressen im Betrieb übertragen hat, bedarf es zumindest bei „Betriebsvereinbarungen mit Grundrechtsrelevanz" einer gesetzlichen Grundlage, welche die wesentlichen Eingriffsmodalitäten hinreichend genau selbst regelt.[99] Da sich die Betriebsparteien nicht auf ihre originäre Betriebsautonomie berufen können, benötigen sie nicht nur für die normative Gestaltung der Arbeitsbedingungen, sondern gerade auch bei dem viel schwerer wiegenden Eingriff in bestehende privatautonom begründete Rechtspositionen einzelner Arbeitnehmer eine hinreichend klare Ermächtigung durch den demokratisch legitimierten Gesetzgeber.[100] Denn staatlich verliehene Rechtsetzungsbefugnisse dürfen nicht zur Disposition der zur Normsetzung Ermächtigten stehen.[101] Das Fehlen einer entsprechenden Ermächtigungsgrundlage für die verschlechternde Betriebsvereinbarung kann daher nicht etwa durch den Verweis auf die Möglichkeit eines schonenden Ausgleichs des Interessenkonflikts zwischen Individuum und Kollektiv im Rahmen einer „umfassenden Interessenabwägung im Einzelfall"[102] oder durch den

[97] *Reichold* (Fn. 95), S. 489, 493.
[98] *Rieble* (Fn. 95), Rn. 1422.
[99] *Waltermann*, Rechtssetzung durch Betriebsvereinbarung zwischen Privatautonomie und Tarifautonomie, 1996, S. 148 ff.
[100] *Waltermann* (Fn. 99), S. 144.
[101] *Waltermann*, RdA 2007, 257, 263.
[102] So aber *Benecke*, SAE 2001, 149, 156.

Hinweis auf das Vorliegen einer offensichtlichen Regelungslücke[103] kompensiert werden.

Eine solche Ermächtigungsgrundlage fehlt aber. Aus § 77 Abs. 4 S. 1 BetrVG selbst kann sie keinesfalls abgeleitet werden.[104] Denn diese Norm enthält keine hinreichend bestimmte, dem verfassungsrechtlichen Vorbehalt des Gesetzes genügende Ermächtigungsgrundlage.

Den in § 87 Abs. 1 BetrVG enumerativ aufgeführten Mitbestimmungstatbeständen kann eine derartige Kompetenz der Betriebsparteien ebenfalls nicht entnommen werden. Der Norm ist unmittelbar nur zu entnehmen, dass der Arbeitgeber die genannten Maßnahmen nicht allein, sondern nur gemeinsam mit dem Betriebsrat als – vertragsakzessorisch betrachtet – Vertragshelfer der Arbeitnehmer durchführen kann. Telos des § 87 BetrVG ist mithin, „den Einfluß des Betriebsrats auf die Arbeitgeberentscheidung sicherstellen, nicht aber Eingriffe in vertraglich begründete Ansprüche oder Anwartschaften [zu] ermöglichen“[105].

Aber selbst wenn man der h.M. folgt, dass die in § 87 Abs. 1 BetrVG enumerativ aufgeführten Mitbestimmungstatbestände die Betriebsparteien berechtigen, die Arbeitnehmer eigenständig und weitergehend zu belasten, als dies der Arbeitgeber allein könnte[106], besteht jedenfalls keine Kompetenz der Betriebsparteien, in bestehende *Entgelt*ansprüche der Arbeitnehmer einzugreifen. Denn das Mitbestimmungsrecht des Betriebsrats ist bei Fragen der betrieblichen Lohngestaltung nach § 87 Abs. 1 Nr. 10 BetrVG auf die Wahrung der innerbetrieblichen Lohngerechtigkeit beschränkt. Die Frage der individuellen Entgelt*höhe*, d.h. die inhaltliche Ausgestaltung des Synallagmas, ist seiner Mitbestimmung entzogen. Der vorgegebene Dotierungsrahmen schränkt mithin das Initiativrecht des Betriebsrats ein, nicht aber den Inhaltsschutz bestehender individualvertraglicher Rechtspositionen der Arbeitnehmer. Ob im Rahmen einer umstrukturierenden Betriebsvereinbarung auch diese Ansprüche an ein neues Leistungssystem angepasst werden können, hängt somit allein davon ab, ob der Arbeitgeber einseitig die Macht hat, diese Neuregelung durchzusetzen.

Fehlt es hieran, so ist die „Verteilungsgerechtigkeit“ in dem Fall, dass Arbeitnehmer bei der Gewähr von Zusatzleistungen gleichheitswidrig übergangen wurden, eben nur durch eine „Anpassung nach oben“ zu erreichen. Dabei ist auch zu beachten, dass freiwillige Entgeltleistungen des Arbeitgebers mit Ausnahme von Leistungen der betrieblichen Altersvor-

---

[103] *Fastrich*, RdA 1994, 129, 136.

[104] So aber *Herrmann*, ZfA 1989, 577, 632f.

[105] BAG GS vom 16.9. 1986, AP Nr. 17 zu § 77 BetrVG 1972 unter C II 3 c der Gründe.

[106] *Blomeyer*, NZA 1985, 641, 645f.; *Hänlein*, RdA 2003, 26, 30.

sorge typischerweise nicht aus einem zweckgebundenen Sondervermögen des Arbeitgebers heraus erbracht werden. Die Annahme eines der Höhe nach festgelegten „Leistungstopfes“, welcher der beliebigen Neuverteilung durch die Betriebsparteien im Rahmen eines „kollektiven Günstigkeitsvergleichs“ unterliegt, ist damit weder rechtlich begründbar noch entspricht sie der betrieblichen Realität.

Eine umstrukturierende Betriebsvereinbarung, die die Lohnhöhe neu festlegt, ist eine freiwillige Betriebsvereinbarung. Aus § 88 BetrVG kann eine entsprechende Ermächtigungsgrundlage jedoch keinesfalls abgeleitet werden.[107] Bereits dem Wortlaut und der Systematik dieser Norm kann – entgegen der h.M.[108] – keine umfassende funktionelle Zuständigkeit des Betriebsrats in allen Arbeitsbedingungen entnommen werden. So können Fragen der Lohnhöhe, der Dauer der Arbeitszeit oder die Festlegung materieller Kündigungsbestimmungen kaum als Regelung „sozialer Angelegenheiten“ angesehen werden, zumal das Betriebsverfassungsgesetz bewusst zwischen sozialen Angelegenheiten, Angelegenheiten der Arbeitsgestaltung, personellen Angelegenheiten und wirtschaftlichen Angelegenheiten unterscheidet.[109] Die Auflistung in § 88 BetrVG ist zwar in der Tat nicht abschließend („insbesondere“); gleichwohl werden in ihr – mit Ausnahme von Nr. 3 – ausschließlich Fragen geregelt, die im Kern die betriebliche Ordnung und die „innerbetriebliche Gerechtigkeit“ betreffen. Weiter lässt sich angesichts der systematischen Stellung des § 88 BetrVG *nach* § 87 BetrVG kaum begründen, dass § 88 BetrVG die generelle Regelungsbefugnis der Betriebspartner enthält und § 87 BetrVG hiervon eine Ausnahme macht.[110] Schließlich betreffen die in § 88 BetrVG aufgeführten Regelbeispiele stets eine *Verbesserung* der Arbeitsbedingungen der Arbeitnehmer.[111]

c. Zwischenergebnis: Keine Eingriffskompetenz

Würde man den Betriebsparteien gleichwohl die Befugnis zugestehen, vertragliche Einheitsregelungen durch eine verschlechternde Betriebsvereinbarungen abzulösen, so wäre damit nicht lediglich eine „Einschränkung“ der eigenverantwortlichen Gestaltung des Arbeitsverhältnisses verbun-

---

[107] BAG vom 12.12. 2006, AP Nr. 94 zu § 77 BetrVG 1972; *Linsenmaier*, RdA 2008, 1, 4.

[108] BAG GS vom 7.11. 1989, EzA Nr. 34 zu § 77 BetrVG 1972; *Otto*, NZA 1997, 97, 101.

[109] *Waltermann*, NZA 1996, 357, 360.

[110] *Veit* (Fn. 1), S. 267.

[111] *Richardi*, ZfA 1990, 211, 236; *Waltermann*, NZA 1996, 357, 360.

den.[112] Vielmehr würde man hiermit den grundsätzlichen Vorrang heteronomer vor privatautonomer Regelungsmacht im Arbeitsvertragsrecht begründen: Privatautonom begründete Rechtspositionen stünden stets zur Disposition der Betriebsparteien. Diese könnten den Arbeitsvertragsparteien jederzeit einen fremdbestimmten Regelungsinhalt aufoktroyieren. Die Annahme einer generellen Befugnis der Betriebsparteien, in individualvertragliche Rechtspositionen der einzelnen Arbeitnehmer verschlechternd eingreifen zu können, würde auf Grund der damit verbundenen Anerkennung der Betriebsvereinbarung als „stärkerer" Rechtsquelle gerade bei einem einflussreichen Betriebsrat de facto auf ein Regelungsmonopol der Betriebsparteien hinauslaufen. Die Annahme einer Verschlechterungskompetenz der Betriebsparteien widerspräche daher nicht nur dem Schutzzweck der Mitbestimmung, sondern gerade auch einer der Privatautonomie verpflichteten Arbeitsrechtsordnung.

II. Betriebsvereinbarungsoffenheit?

1. Vereinbarkeit mit der Privatautonomie

Enthält die arbeitsvertragliche Einheitsregelung den Vorbehalt zugunsten einer späteren Änderung durch eine Betriebsvereinbarung, so ist dieser Vorbehalt mit der Privatautonomie der Arbeitsvertragsparteien vereinbar.[113] Die Verschlechterungskompetenz der Betriebsparteien beruht hier nämlich nicht auf ihrer betriebsautonomen Regelungskompetenz, sondern auf einer privatautonomen Mandatierung. Richtig ist auch, dass dieser Vorbehalt nicht ausdrücklich erfolgen muss, sondern sich auch konkludent aus den Umständen ergeben kann. Ein derartiger konkludenter Vorbehalt ist etwa anzunehmen, wenn die Einheitsregelung auf eine Betriebsvereinbarung in ihrer jeweiligen Form oder auf die jeweiligen Richtlinien, die mit dem Betriebsrat abzustimmen sind, verweist.[114]

2. Auslegung oder Fiktion?

Allerdings darf ein solch konkludenter Vorbehalt nicht leichtfertig unterstellt werden. Vielmehr müssen besondere Anhaltspunkte dafür vorliegen. Solche Umstände, die die Annahme eines konkludenten Vorbehalts der Betriebsvereinbarungsoffenheit im Rahmen der Auslegung rechtfertigen, werden jedoch nur selten vorliegen. Denn die *Arbeitnehmer* können grundsätzlich davon ausgehen, dass eine Änderung oder Aufhebung ihrer durch

[112] So aber die Einschätzung von *Fastrich*, RdA 1994, 129, 135 ff.
[113] Ebenso *Fastrich*, RdA 1994, 129, 131.
[114] Vgl. BAG vom 3. 11. 1987, AP Nr. 25 zu § 77 BetrVG 1972.

betriebliche Übung privatautonom begründeten Rechtspositionen durch das Rechtssubjekt vorgenommen wird, welches sie geschaffen hat, und durch ein Gestaltungsrecht erfolgt, welches dem Rechtscharakter und Inhalt ihrer privatautonom begründeten Rechtsposition entspricht. Die Ablösbarkeit vertraglich begründeter Ansprüche durch eine „verschlechternde" Betriebsvereinbarung entspricht auch nicht dem mutmaßlichen Interesse der Arbeitnehmer. Ein Arbeitnehmer kann typischerweise kein Interesse daran haben, dass ihm ein rechtsgeschäftlich begründeter Anspruch durch hierzu nicht hinreichend legitimierte Regelungssubjekte, ohne objektive Beschränkung durch einen sachlichen Grund und ohne eigene Beteiligungsmöglichkeit entzogen werden kann.

Umgekehrt ist auch das Bewusstsein des leistungsgewährenden *Arbeitgebers* regelmäßig darauf beschränkt, den Arbeitnehmern unter den gegebenen Umständen zusätzliche Leistungen zu gewähren. An eine weitergehende kautelare Vorsorge in Form eines Abänderungsvorbehalt zugunsten einer späteren Betriebsvereinbarung wird er dabei typischerweise nicht gedacht haben, zumal er von einer Regelung durch Betriebsvereinbarung insgesamt bewusst Abstand genommen hat.

3. *Verbleibender Anwendungsbereich*

Gewährt der Arbeitgeber Sonderleistungen wie Gratifikationen oder betriebliche Ruhegelder auf Grund einer arbeitsvertraglichen Einheitsregelung (wozu ausdrücklich auch die Gesamtzusage und die betriebliche Übung[115] zählen), so ändert die Vielzahl gleichartiger Zusagen nichts an der Tatsache, dass es sich in jedem Einzelfall um eine selbstständige vertragliche Zusage handelt.[116] Wie beim Vertragsschluss durch AGB im modernen Massenverkehr handelt es sich um eine Vielzahl gleichartiger Einzelzusagen. Auf einen fiktiven Vorbehalt der Betriebsvereinbarungsoffenheit dieser Entgeltzusage kann sich der Arbeitgeber nicht berufen.

Stellt der Arbeitgeber hingegen allen Arbeitnehmern des Betriebs eine betriebliche Sozialeinrichtung wie eine Betriebskindertagesstätte, eine Werkskantine oder einen Sportplatz zur Verfügung, so ist damit regelmäßig keine individuelle Leistungszusage oder gar eine Anspruchsgarantie für den einzelnen Arbeitnehmer verbunden. Vielmehr wird der Arbeitnehmerschaft hier nur generell die Möglichkeit eingeräumt, vom Arbeitgeber bereitgestellte zweckgebundene und dem Umfang nach begrenzte Ressourcen zu nutzen. Eine rechtsgeschäftliche Verpflichtungserklärung des Ar-

[115] Zur rechtgeschäftlichen Qualifikation der betrieblichen Übung eingehend *Chr. Picker* (Fn. 93), S. 189, 371 ff.

[116] Vgl. *Richardi*, RdA 1983, 201, 210.

beitgebers jedem einzelnen Arbeitnehmer gegenüber anzunehmen, wäre lebensfremd.

Stellt der Arbeitgeber der Arbeitnehmerschaft derartige betriebliche Sachmittel zur Verfügung, so werden dadurch schwerpunktmäßig Fragen der kollektiven Verteilungsgerechtigkeit und damit im Kern *betriebsverfassungsrechtliche* Fragen berührt. Entsprechend hat der Gesetzgeber in § 88 Nr. 2 BetrVG hierfür gerade die freiwillige Betriebsvereinbarung als Regelungsform vorgesehen. Da die Begründung, inhaltliche Ausgestaltung und Organisation betrieblicher Sozialeinrichtungen damit grundsätzlich der betriebsverfassungsrechtlichen Ebene zugewiesen sind, ist hier eine Änderung der inhaltlichen wie sachlichen Ausgestaltung der Sozialeinrichtung durch eine Betriebsvereinbarung unter Beachtung des Verhältnismäßigkeitsgrundsatzes und des Vertrauensschutzes zulässig. Man kann *hier* einen gesetzlichen Vorbehalt der Betriebsvereinbarungsoffenheit annehmen.

D. Skizze einer privatautonomen Lösung

I. Das bestehende Anpassungsbedürfnis

Zu Recht verweisen diejenigen, die die Ablösbarkeit arbeitsvertraglicher Einheitsregelungen durch eine Betriebsvereinbarung zulassen wollen, auf das grundlegende Bedürfnis des Arbeitgebers, seine auf freiwilliger Basis gewährten Sonderleistungen veränderten rechtlichen und ökonomischen Bedingungen anpassen zu können.

Nicht gefolgt werden kann jedoch ihrer Schlussfolgerung, dass angesichts der bestehenden Insuffizienz der individualvertraglichen Abänderungsinstrumente kollektiv gewährte arbeitsvertragliche Einheitsleistungen nur durch eine Betriebsvereinbarung geändert werden könnten. Bestünde diese Insuffizienz tatsächlich, so wäre der Gesetzgeber aufgerufen, dem Arbeitgeber rechtspraktisch geeignete wie systemkonforme individualvertragliche Regelungsinstrumente zur Verfügung zu stellen. Jedenfalls kann den Betriebsparteien keine weitergehende Eingriffsbefugnis zugebilligt werden, als sie dem Arbeitgeber selbst zukommt. Anderenfalls wäre der Betriebsrat nicht mehr „Vertragshelfer" des Arbeitnehmers, sondern würde systemwidrig zum „Vertragsbeseitigungshelfer" des Arbeitgebers. Zwischen dem Mitbestimmungsrecht des Betriebsrats und der Abänderbarkeit der individualvertraglichen Rechtsposition ist somit strikt zu trennen.

II. Inhalt und Umfang des pactum

Den Charakter arbeitsvertraglicher Einheitsregelungen als rechtsgeschäftlich begründete Ansprüche versucht man häufig mit dem Hinweis zu verwischen, Arbeitnehmer vertrauten auf den Fortbestand arbeitsvertraglicher Einheitsregelungen nicht mehr als auf den Fortbestand von Kollektivvereinbarungen.[117] Da aber eine nach § 87 Abs. 1 Nr. 10 BetrVG nur teilmitbestimmte Betriebsvereinbarung über betriebliche Sonderleistungen stets durch eine nachfolgende Betriebsvereinbarung abgelöst werden könne, müsse dies auch für individualvertragliche Einheitsregelungen gelten.

Geltungsgrund für eine vertragliche Absprache ist indes nicht der Vertrauensschutz, sondern der Grundsatz *pacta sunt servanda*.[118] Zudem kann der Arbeitnehmer die freie Ablösbarkeit wie Kündbarkeit freiwilliger (bzw. nur teilmitbestimmter) Betriebsvereinbarungen unmittelbar § 77 Abs. 5 BetrVG und die fehlende Weitergeltung der bisherigen Betriebsvereinbarung unmittelbar § 77 Abs. 6 BetrVG entnehmen[119]. Das Vertrauen der Arbeitnehmer in den Fortbestand freiwilliger Betriebsvereinbarungen ist somit *kraft Gesetzes* nicht schutzwürdig.[120] Für arbeitsvertragliche Einheitsregelungen gelten diese Normen aber gerade nicht.

1. Eingeschränkter Verpflichtungswille des Arbeitgebers

Richtig ist aber, dass ein Arbeitgeber, der freiwillige Sonderleistungen zusätzlich zum arbeitsvertraglich ausgehandelten oder tarifvertraglich geschuldeten Entgelt im Rahmen einer Gesamtzusage oder betrieblichen Übung gewährt, in aller Regel keinen grundlegend stärkeren *Bindungswillen* hat als ein Arbeitgeber, der über solche Zusatzleistungen eine freiwilli-

[117] *Säcker* (Fn. 42), S. 357; *Lieb*, SAE 1983, 132.

[118] *Canaris*, RdA 1974, 18, 20; *Richardi* (Fn. 42), S. 402.

[119] Nach st. Rspr. des BAG, vgl. nur BAG vom 23. 1. 2008, NZA 2008, 774; vom 21. 8. 2001, NZA 2002, 575; Urteil vom 11. 5. 1999, AP Nr. 6 zu § 1 BetrAVG Betriebsvereinbarung, kann eine freiwillige Betriebsvereinbarung vom Arbeitgeber grundsätzlich jederzeit grundlos gekündigt werden. Die gegenteilige Auffassung, welche für die Kündigung einer Betriebsvereinbarung über freiwillige Zusatzleistungen das Vorliegen eines sachlichen Grundes verlangte (so *Hilger/Stumpf*, BB 1990, 929, 936 und *Schaub*, BB 1990, 289, 290 ff.) konnte sich ebenso wenig durchsetzen wie die Ansicht, die bei der Kündigung einer (nur teilmitbestimmten) Betriebsvereinbarung über betriebliche Zusatzleistungen von einer Nachwirkung gem. § 77 Abs. 6 BetrVG ausgeht (so *Blomeyer*, DB 1985, 2506, 2508 f.; *Schirge*, DB 1991, 441, 444). Auch eine analoge Anwendung von § 4 Abs. 5 TVG (so *Blomeyer*, DB 1990, 173 unter Aufgabe seiner DB 1985, 2506, 2508 f. vertretenen Auffassung) scheidet mangels planwidriger Regelungslücke aus: Der Gesetzgeber hat die Nachwirkung in § 77 Abs. 6 BetrVG ausdrücklich nur für die mitbestimmungspflichtige Betriebsvereinbarung angeordnet. Dazu eingehend *Loritz*, RdA 1991, 65 ff.

[120] *Käppler*, FS Kissel, 1994, S. 475, 493; *Loritz*, RdA 1991, 65, 71.

ge Betriebsvereinbarung abschließt.[121] So ist es in der betrieblichen Praxis häufig purer Zufall, ob vermögenswerte Zusatzleistungen durch eine freiwillige Betriebsvereinbarung festgelegt werden oder der Arbeitgeber die fraglichen Leistungen im Rahmen einer Gesamtzusage oder betrieblichen Übung gewährt.

Selbst ein Arbeitgeber, der ein unbefristetes Arbeitsverhältnis abschließt und sich damit zur Gewähr des vertraglich vereinbarten oder tarifvertraglich geschuldeten Kernentgelts verpflichtet, will sich nicht bedingungslos und zeitlich unbegrenzt hierzu verpflichten.[122] Indem der Gesetzgeber dem Arbeitgeber ein Recht zur Änderungs- wie Beendigungskündigung einräumt, bringt er gerade zum Ausdruck, dass der unveränderte Fortbestand des Arbeitsverhältnisses nicht Bestandteil des Grundsatzes *pacta sunt servanda* ist.[123]

Gewährt der Arbeitgeber zu dem bestehenden ausgehandelten oder tarifvertraglich geschuldeten Arbeitsentgelt zusätzliche *Sonder*leistungen, so ist sein Verpflichtungswille für die Zukunft noch viel eingeschränkter: Derartige Zusatzleistungen weisen typischerweise eine Akzessorietät zur jeweiligen Wirtschaftslage auf.[124] So zeigt die arbeitsrechtliche Realität, dass Sonderleistungen vornehmlich in Zeiten wirtschaftlicher Hochkonjunktur in vielen Unternehmen eingeführt werden.[125] Sie sind nach *Gamillscheg* regelmäßig „Ausdruck einer ‚Schönwetterlage', bei der die Vorstellung verbreitet ist, daß man in widrigen Zeiten auch Abstriche hinnehmen muß; die echte Einzelzusage ist dagegen typischerweise das Ergebnis des Aushandelns, gewissermaßen von zähen ‚Bleibeverhandlungen', die nach der Vorstellung der Beteiligten gerade nicht unter der ungeschriebenen clausula rebus sic stantibus stehen."[126]

Dies gilt in besonderer Weise für eine betriebliche Übung: Zu Recht betont der 10. Senat, dass der Arbeitgeber, der Sonderleistungen freiwillig zum vereinbarten Kernentgelt und außerhalb der Reihe erbringt, sich damit „oft" nicht für die Zukunft binden wolle.[127] Sein Wille gehe regelmäßig dahin, in Zukunft möglichst flexibel entscheiden zu können, ob und unter welchen Voraussetzungen und gegebenenfalls in welcher Höhe er eine zusätzliche Leistung gewähren wolle.

---

[121] Ebenso *Hromadka*, SAE 1986, 283, 284.

[122] *Franz/Rüthers*, RdA 1999, 32, 36.

[123] *Fastrich*, RdA 1994, 129, 135.

[124] *Bepler*, RdA 2005, 226, 236; *Hanau/Hromadka*, NZA 2005, 73, 77.

[125] BAG GS, Beschluss vom 16. 9. 1986, SAE 1987, 175, 176; *Reiserer*, NZA 2007, 1249; *Roeder*, NZA 2009, 883.

[126] *Gamillscheg* (Fn. 9), S. 227, 235.

[127] BAG vom 30. 7. 2008, NZA 2008, 1173, 1177.

2. *Erkennbarkeit für die Arbeitnehmer*

Der Große Senat weist in diesem Zusammenhang zu Recht darauf hin, dass ein Arbeitnehmer bei arbeitsvertraglichen Einheitsregelungen nicht darauf vertrauen könne, dass ihm diese immer erhalten bleiben.[128] Die geringere rechtsgeschäftliche Schutzwürdigkeit des Vertrauens der Arbeitnehmer beruht jedoch nicht etwa auf dem erkennbaren „kollektiven Bezug" der Leistungen:[129] Die meisten modernen Entgeltsysteme weisen einen derartigen Bezug auf. Der Grund liegt vielmehr darin, dass derartige Zusatzleistungen typischerweise Ausdruck der oben beschriebenen „Schönwetterlage" sind.

Gewährt der Arbeitgeber eine Sonderleistung aber erkennbar zu einem konkreten Anlass oder verfolgt mit ihr einen bestimmten Zweck und fallen Anlass bzw. Zweck später weg, so kann dem Verhalten des Arbeitgebers hier kein Verpflichtungswille entnommen werden, die Leistung auf jeden Fall auch in Zukunft weiter erbringen zu wollen. Gewährt der Arbeitgeber etwa eine Sonderleistung erkennbar als Tantieme am Ende und auf Grund eines erfolgreichen Geschäftsjahres, so darf der Arbeitnehmer nur darauf vertrauen, diese am Ende des folgenden Geschäftsjahres erneut zu erhalten, *wenn* das Geschäftsjahr entsprechend erfolgreich war.

Aber auch wenn solch konkrete Gründe für die Leistungsgewähr nicht erkennbar sind, so wird die Belegschaft doch regelmäßig erkennen können und erkennen müssen, dass der Arbeitgeber *Sonder*leistungen als besonderes entgeltliches „Extra" auf Grund einer entsprechend positiven wirtschaftlichen Lage gewährt[130] und sie daher typischerweise eine Akzessorietät zur jeweiligen Wirtschaftslage aufweisen[131]. Die erleichterte Möglichkeit, einseitig und freiwillig gewährte Sonderleistungen zurücknehmen zu können, ist somit nach den willensprägenden Vorstellungen der Arbeitsvertragsparteien „der Preis für die zusätzliche Leistung"[132].

3. *Zwischenergebnis: Bedingte Entgeltzusage*

Nur in den wenigsten Fällen wird man dem Verhalten des Arbeitgebers, der im Rahmen einer Gesamtzusage oder einer betrieblichen Übung freiwillige Sonderleistungen gewährt, eine *unbedingte* Entgeltzusage für die Zukunft entnehmen können. Die pauschale Unterstellung eines solch unbedingten Verpflichtungswillens des Arbeitgebers, der freiwillige Sonder-

[128] BAG GS vom 16.9. 1986, AP Nr. 17 zu § 77 BetrVG 1972.
[129] So aber *Veit* (Fn. 1), S. 387; *Benecke*, SAE 2001, 149, 155.
[130] *Blomeyer*, NZA 1985, 641.
[131] *Hanau/Hromadka*, NZA 2005, 73, 77.
[132] *Hromadka*, RdA 1992, 234, 241.

leistungen durch Gesamtzusage einseitig verspricht oder im Rahmen einer betrieblichen Übung schlicht gewährt, ist zwar bequem – werden die Gerichte doch davon befreit, im Wege mitunter mühsamer Auslegung aller Begleitumstände des Erklärungsverhaltens zu ermitteln, ob die Leistungsempfänger davon ausgehen mussten, dass die Leistungen nur unter bestimmten Bedingungen, nur für eine bestimmte Zeit oder nur einmalig erbracht werden sollten.[133] Sie verkennt indes, dass das *Vorliegen* und nicht das Nichtvorliegen eines entsprechenden Verpflichtungswillens begründet werden muss. Sie ist so der entscheidende Grund für die gerügte Insuffizienz der individualvertraglichen Ablösemechanismen.[134]

III. Eingeschränkter Vertragsinhaltsschutz

Lässt sich aber aus dem auf der Privatautonomie der Parteien beruhenden Grundsatz *pacta sunt servanda* keine unbedingte und zeitlich unbegrenzte zukünftige Bindung des Arbeitgebers begründen, so kann allenfalls eine „besondere soziale Schutzbedürftigkeit" des Arbeitnehmers den überschießenden Vertragsinhaltsschutz bei auf Grund arbeitsvertraglicher Einheitsregelungen gewährter Leistungen rechtfertigen. Der Vertragsinhaltsschutz ist jedoch im Bereich der zusätzlichen freiwilligen Sonderleistungen typischerweise deutlich schwächer ausgestaltet als im Bereich des arbeitsvertraglich ausgehandelten Kernentgelts.

Durch die Gewähr freiwilliger Sonderleistungen partizipiert der Arbeitnehmer typischerweise außerplanmäßig am wirtschaftlichen Erfolg des Betriebs oder Unternehmens. Daher ist es auch nicht unbillig, wenn das *Wirtschaftsrisiko* insofern auf ihn mit verlagert wird, als er im Falle einer Verschlechterung der für die Leistungsgewähr maßgeblichen Rahmenbedingungen die Kürzung oder Beendigung dieser freiwilligen, grundsätzlich an den Betriebs- oder Unternehmenserfolg gekoppelten Zusatzleistungen hinzunehmen hat. Während die an sich dispositive Norm § 615 BGB im Bereich des arbeitsvertraglich vereinbarten Kernentgelts Ausdruck einer „elementaren Gerechtigkeitsvorstellung" ist,[135] wonach der Arbeitnehmer, der grundsätzlich nicht am Gewinn des Unternehmens beteiligt ist, auch nicht mit dessen Risiken belastet werden darf, steht § 615 BGB hier einer begrenzten Abwälzung des Wirtschaftsrisikos auf den Arbeitnehmer nicht

---

[133] Exemplarisch hierfür etwa die Ansicht des BAG zur betrieblichen Übung (vgl. nur BAG, Urteil vom 18. 3. 2009, NZA 2009, 601), die dem Arbeitgeber, der eine freiwillige Sonderleistung drei Mal vorbehaltlos gewährt, einen unbedingten Verpflichtungswillen für die Zukunft unterstellt.

[134] Eingehend hierzu *Chr. Picker* (Fn. 93), S. 399 f., 404 ff.

[135] Staudinger/*Richardi* [2005], § 615 Rn. 10.

entgegen.[136] Die Gefahr, dass der Arbeitgeber seine wirtschaftliche Überlegenheit gegenüber dem Arbeitnehmer ausnutzt, um ein für diesen ungünstiges Verhandlungsergebnis durchzusetzen,[137] besteht bei freiwilligen Zusatzleistungen, die im bereits bestehenden Vertragsverhältnis geleistet werden, gerade nicht.

Es ist somit grundsätzlich zwischen dem vertraglich vereinbarten Kernentgelt, welches das Ergebnis echten Aushandelns zwischen den Arbeitsvertragsparteien bzw. den hierzu mandatierten Tarifvertragsparteien ist, und zusätzlich gewährten Sonderleistungen, die der Arbeitgeber im Rahmen einer betrieblichen Übung einseitig, freiwillig und typischerweise auf Grund einer „Schönwetterlage" leistet, zu unterscheiden. Die Sonderleistung ist somit typischerweise die „Variable im Lohn- und Gehaltsgefüge, durch die die Austauschgerechtigkeit im Einzelfall hergestellt" werden soll.[138]

IV. Die vorhandenen individualvertraglichen Abänderungsmöglichkeiten

1. Die Insuffizienz einer nur antizipierten Flexibilisierungsmöglichkeit

Die Rechtsprechung trägt dem typischerweise nur eingeschränkten Verpflichtungswillen des Arbeitgebers, der freiwillige Sonderleistungen gewährt, zwar dadurch Rechnung, dass sie dem Arbeitgeber umfassend die Möglichkeit zur kautelaren Vorsorge mittels Freiwilligkeits-[139], Widerrufsvorbehalts[140] oder doppelter Schriftformklausel[141] eröffnet. Während eine *antizipierte* Flexibilisierung des vertraglich vereinbarten „laufenden Entgelts" wegen der befürchteten Umgehung des Kündigungsschutzes weitgehenden Restriktionen unterliegt, wird diese im Bereich freiwilliger Zusatzleistungen vollumfänglich für zulässig erachtet.

Vielfach wird ein Arbeitgeber eine entsprechende kautelare Vorsorge – die bezeichnenderweise nach Ansicht des 10. Senats dem typischen Willen eines Arbeitgebers bei der Gewähr von Zusatzleistungen entspricht – jedoch schlicht vergessen haben. Da der Arbeitgeber bei der Gewähr freiwilliger Sonderleistungen typischerweise über keinen unbedingten Verpflich-

[136] Vgl. BAG vom 12. 1. 2005, NZA 2005, 465, 467; ErfK/*Preis*, 11. Aufl., 2011, § 615 Rn. 8; Staudinger/*Richardi* [2005], § 615 Rn. 10f.; *Singer*, RdA 2006, 362, 368.

[137] BAG vom 25. 4. 2007, DB 2007, 1757, 1758.

[138] *Hromadka*, SAE 1986, 283, 285.

[139] BAG vom 30. 7. 2008, NZA 2008, 1173.

[140] St. Rspr., vgl. nur BAG vom 23. 10. 2002, NZA 2003, 557.

[141] BAG vom 20. 5. 2008, NZA 2008, 1233.

tungswillen für die Zukunft verfügt, wird er sich auch über die Notwendigkeit einer kautelaren Vorsorge zur Verhinderung einer künftigen privatautonomen Leistungsverpflichtung keine Gedanken machen.

Bei einer betrieblichen Übung kommt hinzu, dass bei dieser nicht nur jede Eindeutigkeit, sondern gerade auch jede Ausdrücklichkeit fehlt. Der Arbeitgeber, der von einer kautelaren Regelung seines Leistungsversprechens *insgesamt* absieht, wird daher auch eine kautelare Vorsorge unterlassen. In der betrieblichen Praxis wird allenfalls die Rechtsprechungskenntnis den Arbeitgeber zur Aufnahme entsprechender Vorbehalte bewegen. Eine solche Kenntnis kann jedoch für sich niemals eine Haftung *ex voluntate* begründen.

2. *Die Untauglichkeit der anerkannten Anpassungsmechanismen*

Es bedarf daher *nachträglicher* individualvertraglicher Anpassungsmechanismen, die dem typischerweise nur eingeschränkten zukünftigen Verpflichtungswillen des Arbeitgebers bei der Gewähr freiwilliger Sonderleistungen und deren geringeren Bestandsschutz Rechnung tragen. Zu Recht merkt *Loritz* an: „Die Änderung eines Individualvertrages ist stets etwas anderes als der Abbau einer freiwilligen Zusatzleistung".[142] Ordnet man derartige Leistungen jedoch wie das BAG pauschal dem vertraglich vereinbarten Kernentgelt zu und unterwirft diese einem strikten Vertragsinhaltsschutz, so ist eine Anpassung auf individualvertraglicher Ebene faktisch undurchführbar.

a. *Einvernehmliche Vertragsänderung*

Arbeitsvertragliche Einheitsregelungen können zwar jederzeit einvernehmlich zwischen den Arbeitsvertragsparteien durch Änderungsvertrag aufgehoben oder abgeändert werden. Der Arbeitgeber bedarf hierfür jedoch der Zustimmung jedes einzelnen Arbeitnehmers. Der Arbeitgeber wird jedoch kaum jemals *alle* Arbeitnehmer zu einem freiwilligen Verzicht auf ihre vertraglich begründeten Besitzstände bewegen können.

Freilich lässt sich hier die bestimmungsgemäße Funktion des Betriebsrats als „Vertragshelfer" der Arbeitnehmer fruchtbar machen. Ein gutes Beispiel bietet der Sachverhalt, welcher der Burda-Entscheidung des BAG[143] zu Grunde lag: Dort hatten 98,5% der Arbeitnehmer dem zwischen Arbeitgeber und Betriebsrat ausgehandelten „Sparmaßnahmenkatalog" zugestimmt und erhielten im Gegenzug eine unbeschränkte Beschäftigungs-

---

[142] *Loritz*, RdA 1991, 65, 69.

[143] BAG vom 20.4. 1999, NZA 1999, 887.

zusage. Die Arbeitnehmer vertrauten hier offenbar der sachlichen Kompetenz der Betriebsparteien, nachdem der Arbeitgeber dem Betriebsrat zuvor detailliert die Notwendigkeit einer umfassenden Sanierung darlegen konnte. Den 1. Senat beeindruckte dies freilich wenig: Ausgehend von einem verfehlten Verständnis des Günstigkeitsprinzips negierte er die privatautonome Entscheidung der Arbeitnehmer für den Erhalt ihrer Arbeitsplätze.

Der Arbeitgeber kann schließlich neu eintretende Arbeitnehmer ab einem bestimmten Stichtag generell vertraglich von einer bestimmten Zusatzleistung ausschließen.[144] Der Gleichbehandlungsgrundsatz steht dem nicht entgegen: Das BAG erachtet derartige Stichtagsregelungen als „Typisierung in der Zeit" grundsätzlich für zulässig.[145] Der Arbeitgeber hat hierdurch jedoch lediglich die Möglichkeit, die fragliche Zusatzleistung über eine mehr oder weniger lange Übergangsphase (abhängig von der Fluktuation der Arbeitnehmer) „auslaufen" zu lassen.

b. Änderungskündigung

Der Arbeitgeber muss bei einer Änderungskündigung zwingend eine Kündigung des gesamten Arbeitsverhältnisses aussprechen und dem Arbeitnehmer gleichzeitig das Angebot unterbreiten, das Arbeitsverhältnis über den Beendigungszeitpunkt hinaus zu den angebotenen geänderten Arbeitsbedingungen fortzusetzen. Eine Änderungskündigung ist damit notwendigerweise immer auch eine echte Beendigungskündigung, mit der der Bestand des gesamten Vertragsverhältnisses in Frage gestellt wird. Damit wird zwar der privatautonomen Entscheidungsfreiheit des einzelnen Arbeitnehmers in besonderer Weise Rechnung getragen, da er die freie Wahl zwischen der freiwilligen oder bedingten Annahme der Änderung oder aber der Beendigung seines Arbeitsverhältnisses hat. Selbst eine moderate einseitige Veränderung des Arbeitsvertrags wie die geringfügige Kürzung übertariflicher Sonderleistungen kann der Arbeitgeber aber nur durch die Androhung des Arbeitsplatzverlustes erreichen. Die Änderungskündigung ist in einem solchen Fall ersichtlich ein zu schweres Geschütz.[146]

Die betriebsbedingte Änderungskündigung ist weiter bereits aus *formellen* Gründen ungeeignet, arbeitsvertragliche Einheitsregelungen veränderten Umständen anzupassen. Sie ist nach § 2 S. 1 KSchG wie eine normale Beendigungskündigung ausgestaltet, so dass deren Voraussetzungen

---

144 BAG vom 28. 7. 2004, NZA 2004, 1152; vom 14. 11. 2001, AiB 2003, 46; *Bepler*, RdA 2004, 226, 238; MünchArbR/*Richardi* (Fn. 90), § 8 Rn. 21; § 9 Rn. 49; *Waltermann*, RdA 2006, 257, 268.

145 BAG vom 28. 7. 2004, NZA 2004, 1152, 1154.

146 *Bepler*, RdA 2004, 226, 240.

einzuhalten sind. Für die betriebsbedingte Massenänderungskündigung bedeutet dies, dass der Arbeitgeber bei jeder Kündigung eine Einzelprüfung vornehmen muss und dabei unterschiedliche Kündigungsfristen, etwaigen Sonderkündigungsschutz, das Mitbestimmungsrecht des Betriebsrats nach § 102 BetrVG, die Anzeigepflicht gegenüber der Agentur für Arbeit nach § 17 KSchG[147] und schließlich im Rahmen der Sozialauswahl auch noch die sozialen Auswahlkriterien beachten muss.

Zudem sieht das BAG auch in der einseitigen Kürzung oder Streichung zusätzlicher Sozialleistungen eine Änderungskündigung zum Zweck der Entgeltsenkung. Eine solche hält es jedoch nur für *sozial gerechtfertigt*, wenn durch die Senkung der Personalkosten die Stilllegung des Betriebs oder doch zumindest die Reduzierung der Belegschaft verhindert werden kann und die Kosten durch andere Maßnahmen nicht zu beseitigen sind. Regelmäßig setzt eine derartige Änderungskündigung damit eine akute wirtschaftliche Existenzgefährdung des Betriebs voraus.[148] In jedem Fall hat der Arbeitgeber zur Substantiierung seines Tatsachenvortrags einen umfassenden Sanierungsplan vorzulegen und so darzulegen, dass mildere Mittel als eine Entgeltreduzierung nicht in Betracht kommen.[149] Der Arbeitgeber muss somit die Auswirkungen seiner Organisationsentscheidung auf den betrieblichen Beschäftigungsbedarf im Einzelnen nachprüfbar darlegen.[150] Können die Kosten durch andere, weniger einschneidende Maßnahmen gesenkt werden, so scheidet eine Änderungskündigung aus. Auf Grund dieser hohen materiellen Anforderungen ist die Änderungskündigung kein taugliches Instrument zur Entgeltflexibilisierung in Krisenzeiten.[151] Dies räumt das BAG selbst ein.[152]

c. Störung der Geschäftsgrundlage

Nach Ansicht des Großen Senats des BAG können vertragliche Ansprüche der Arbeitnehmer auf Sonderleistungen kraft Gesetzes angepasst oder gekündigt werden, wenn die Geschäftsgrundlage für die Zusage nachträglich weggefallen oder wesentlich erschüttert worden ist und dem Arbeitgeber daher ein Festhalten am bisherigen Vertrag nicht mehr zugemutet

---

[147] Das BAG stellt die Änderungskündigung der Entlassung gleich, vgl. nur BAG vom 10. 3. 1982, AP Nr. 2 zu § 2 KSchG 1969.

[148] St. Rspr. seit BAG vom 20. 3. 1986, NZA 1986, 824; vom 12. 1. 2006, NZA 2006, 587; vom 26. 6. 2008, NZA 2008, 1182.

[149] BAG vom 10. 9. 2009, DB 2010, 563 (566); vom 12. 11. 1998, DB 1999, 536.

[150] BAG vom 10. 9. 2009, DB 2010, 563 (566); vom 12. 11. 1998, DB 1999, 536.

[151] *Junker*, SAE 2006, 219 f.; *Raab*, FS Birk, 2008, S. 559, 560; *Singer*, RdA 2006, 362; *Stoffels*, ZfA 2002, 401, 402.

[152] BAG GS vom 16. 9. 1986, AP Nr. 17 zu § 77 BetrVG 1972.

werden kann.[153] Zur Geschäftsgrundlage zählen nach der ständigen höchstrichterlichen Rechtsprechung von BAG und BGH die bei Abschluss des Vertrages zutage getretenen, dem anderen Teil erkennbar gewordenen und von ihm nicht beanstandeten Vorstellungen einer Partei oder die gemeinsamen Vorstellungen beider Parteien vom Vorhandensein oder dem künftigen Eintritt gewisser Umstände, sofern der Geschäftswille der Parteien hierauf aufbaut.[154] Geschäftsgrundlage kann folglich nur sein, was die Parteien *nicht* ausdrücklich oder konkludent als Vertrags*inhalt* festgelegt haben.[155]

Während die frühe Rechtsprechung des BAG eine vorübergehende Kürzung oder Streichung von Gratifikationsleistungen noch für zulässig erachtete, wenn dem Arbeitgeber auf Grund einer nachhaltigen Verschlechterung der wirtschaftlichen Umstände eine Aufrechterhaltung des bisherigen Leistungsniveaus nicht mehr zuzumuten war[156], hat das LAG Hamm[157] dies nunmehr ausdrücklich abgelehnt. Die mangelnde Zahlungsfähigkeit des Schuldners lasse seine bestehenden Leistungsverpflichtungen grundsätzlich unberührt.[158] Die gegenwärtige oder künftige Leistungsfähigkeit des Versprechenden könne daher regelmäßig nicht als Geschäftsgrundlage angesehen werden, da sie in die vom Gesetz der einen Vertragspartei zugewiesenen Risikosphäre falle. In der Tat: Geht man mit dem BAG bei einem Arbeitgeber, der Sonderleistungen im Rahmen einer betrieblichen Übung oder Gesamtzusage gewährt, von einem *unbedingten* Leistungsversprechen aus, so kann das Rechtsinstitut der Störung der Geschäftsgrundlage nur bei gravierenden Störungen der Äquivalenz von Leistung und Gegenleistung Anwendung finden.

Im Bereich der *betrieblichen Altersversorgung* verbleibt für die Störung der Geschäftsgrundlage als Anpassungs- oder Beseitigungsinstrument hingegen noch ein eigenständiger Anwendungsbereich.[159] Denn eine Änderungskündigung setzt ein bestehendes Arbeitsverhältnis voraus, so dass eine einheitliche Anpassung des Versorgungssystems an veränderte rechtliche und tatsächliche Umstände hiermit nicht zu erreichen ist. So ist das

[153] BAG GS vom 16. 9. 1986, SAE 1987, 175, 182.

[154] BAG vom 6. 11. 2002, NZA 2003, 1148; BGH vom 5. 1. 1995, BGHZ 128, 230.

[155] Palandt/*Grüneberg*, 70. Aufl., 2011, § 313 Rn. 10.

[156] BAG vom 18. 12. 1964, AP Nr. 51 zu § 611 BGB Gratifikation; vom 26. 10. 1961, AP Nr. 7 zu § 322 ZPO; vom 17. 4. 1957, AP Nr. 5 zu § 611 BGB Gratifikation.

[157] LAG Hamm vom 13. 9. 2004, NZA-RR 2005, 237 ff.

[158] LAG Hamm vom 13. 9. 2004, NZA-RR 2005, 237, 240.

[159] Vgl. BAG vom 10. 12. 1971, AP Nr. 154 zu § 242 BGB Ruhegehalt; vom 9. 7. 1985, SAE 1987, 195, 196 f.; vom 18. 3. 2003, NZA 2004, 1099, 1102; *Otto*, Anm. zu EzA Nr. 17 zu § 77 BetrVG 1972.

BAG im Zusammenhang mit einer Gesamtversorgungszusage davon ausgegangen, dass deren Anpassung wegen Äquivalenzstörung verlangt werden könne, „wenn der ursprüngliche Dotierungsrahmen auf Grund der Änderungen der Rechtslage um mehr als 50% überschritten wird“[160]. Dabei ist stets zu beachten, dass entstandene *Ruhegeldanwartschaften rechtsformunabhängig* einem besonderen Bestandsschutz unterliegen.[161] Grund hierfür ist allerdings nicht ein besonderes „Vertrauen“ der Arbeitnehmer[162], sondern die Tatsache, dass der Arbeitnehmer zum Kündigungszeitpunkt die von ihm erwartete Leistung in Form erbrachter Betriebstreue bereits ganz oder teilweise geleistet und sich so die ihm vom Arbeitgeber versprochene Gegenleistung „verdient“ hat.

V. Lösungsvorschläge

Hingegen ist bei den übrigen übertariflichen Sonderleistungen, die der Arbeitgeber wie Weihnachts-, Urlaubs- oder Jubiläumsgelder einseitig und freiwillig initiiert hat und kollektiv allen Arbeitnehmern zusätzlich zum vereinbarten Arbeitsentgelt gewährt, dem besonderen Flexibilisierungsinteresse des Arbeitgebers und dem geringeren Bestandsschutzinteresse der Arbeitnehmer für die Zukunft Rechnung zu tragen.

1. Folgerungen für die inhaltliche Ausgestaltung des Gestaltungsrechts

Der Arbeitgeber muss hier bei Vorliegen eines sachlichen Grundes zum einen in der Lage sein, den Arbeitnehmern die kollektiv gewährten Leistungen auch einheitlich zu entziehen. Da die individuelle Lage des einzelnen Arbeitnehmers bei der Einführung der Sonderleistung keine Rolle gespielt hat, kann sie grundsätzlich auch im Rahmen ihrer Beendigung keine Bedeutung haben.

Zum anderen können diese Zusatzleistungen nicht wie das arbeitsvertraglich ausgehandelte oder tarifvertraglich geschuldete Kernentgelt einem strikten Vertragsinhaltsschutz unterworfen werden. Denn vom Arbeitgeber zusätzlich und freiwillig gewährte Sonderleistungen stehen grundsätzlich nicht nur unter dem Vorbehalt der Leistungsfähigkeit, sondern gerade auch unter dem Vorbehalt des Fortbestands der Äquivalenz des Austausch-

---

160 BAG vom 19. 2. 2008, AP Nr. 5 zu § 313 BGB. In der Literatur wird hingegen bei unerwarteten Änderungen der Rechtslage bereits eine Mehrbelastung des Arbeitgebers von 10–20% als für eine Vertragsanpassung ausreichend erachtet, so *Blomeyer/Rolfs/Otto*, Betriebsrentengesetz, 5. Aufl., 2010, Anh § 1 Rn. 509; *Wiese*, FS Zöllner, 1998, S. 983, 998.

161 *Hilger*, Das betriebliche Ruhegeld, 1959, S. 138; *Loritz*, RdA 1991, 65, 71, 73.

162 *Benecke*, SAE 2001, 149, 155.

verhältnisses. Man wird dem Arbeitgeber daher bereits bei einer nachhaltigen Verschlechterung der wirtschaftlichen Lage seines Betriebs oder Unternehmens das Recht einräumen, die Zusatzleistungen zu kürzen oder einzustellen, und nicht erst, wenn sich der Betrieb oder das Unternehmen in einer konkreten Notlage befinden.[163] Dem Arbeitgeber ist somit prinzipiell das Recht zuzugestehen, die „in guten Zeiten" außerhalb des eigentlichen Vertragsregimes gewährten Vergünstigungen „in schlechten Zeiten" wieder abbauen zu können.[164]

2. *„Reformierte" Änderungskündigung?*

Zwar wird man die vom Gesetzgeber konzipierte Individualisierung des Änderungskündigungsschutzes im Rahmen einer teleologischen Reduktion ein Stück weit zurückdrängen können.[165] So besteht hier etwa für die Anwendbarkeit des Sonderkündigungsschutzes kein vernünftiger Grund. Denn dieser will den Bestand der Arbeitsverhältnisse bestimmter benachteiligter Arbeitnehmer schützen, diese aber nicht bei einheitlich gewährten Sonderleistungen sachwidrig privilegieren. Auch wird man angesichts des erkennbar kollektiven Bezugs der Leistungen auf eine Einzelfallabwägung sowie auf die Sozialauswahl verzichten können. In Hinblick auf die Anforderungen an die soziale Rechtfertigung kann schließlich auf die Rechtsprechung des 2. Senats zu Änderungskündigungen zur Anpassung vertraglicher Nebenabreden verwiesen werden: Danach unterliegen Änderungskündigungen von Nebenabreden, die an Umstände anknüpfen, die erkennbar nicht während der gesamten Dauer des Arbeitsverhältnisses gleich bleiben müssen, nicht denselben strengen Maßstab wie Änderungskündigungen zum Zwecke der Absenkung des vereinbarten Kernentgelts.[166]

Gleichwohl: Die Änderungskündigung ist nach ihrer gesetzlichen Grundkonzeption kein taugliches Mittel, um Ansprüche der gesamten Belegschaft oder zumindest von einem großen Teil der Belegschaft einheitlich zu beseitigen bzw. neu zu ordnen. De lege lata handelt es sich bei ihr stets um eine echte Beendigungskündigung.

---

[163] Entsprechend *Lieb*, SAE 1983, 130, 132; *Hanau/Hromadka*, NZA 2005, 73, 78; *Söllner*, SAE 1969, 19, 21.

[164] *Singer*, FS Canaris I, 2007, S. 1467, 1477.

[165] Vgl. hierzu *Franzki* (Hrsg.), Gutachten D zum 59. DJT, D 124f.; *Hromadka*, NZA 1996, 1233, 1234; *dens.*, RdA 1992, 223, 257.

[166] BAG vom 23. 11. 2000, NZA 2001, 492.

3. *Anerkennung der Teilkündigung*

Im Gegensatz zur Änderungskündigung berührt die Teilkündigung nicht das Arbeitsverhältnis als Ganzes, sondern löst lediglich die vertragliche Bindung an einzelne Vertragsbedingungen auf.[167] Eine solche auf bestimmte Arbeitsbedingungen beschränkte Kündigung wird in der Rechtsprechung wie Arbeitsrechtswissenschaft indes ganz überwiegend abgelehnt.[168] Durch die Teilkündigung könne sich eine Vertragspartei der Vertragsbindung entziehen, ohne gleichzeitig auf ihre Rechte aus der Bindung der anderen Partei zu verzichten. Eine Teilkündigung störe daher das von den Parteien vereinbarte einheitliche Äquivalenzgefüge.

Der 5. Senat hält indes die einseitige Änderung von Arbeitsbedingungen für statthaft, „wenn ein Gesamtvertragsverhältnis sich aus mehreren Teilverträgen zusammensetzt und diese Teilverträge selbst nach dem Gesamtbild des Vertrages jeweils für sich nach dem Vertrag selbständig lösbar angesprochen sind und von vornherein eindeutig als selbständig lösbar aufgefaßt werden müssen“[169]. Einheitliche Arbeitsbedingungen über zusätzliche Sonderleistungen haben aber typischerweise den Charakter einer Zusatzvereinbarung, die sich von dem arbeitsvertraglich vereinbarten Kernentgelt trennen lässt und insofern isoliert beendet werden kann.

4. *Anerkennung des Rechts zum Widerruf*

Wenn ich demgegenüber im Folgenden für ein Widerrufsrecht des Arbeitgebers plädiere und das Problem der Teilkündigung nicht weiter vertiefe, so beruht dies allein auf der Erwägung, dass das Recht zum Widerruf im Gegensatz zum Rechtsinstitut „Teilkündigung“ allgemein anerkannt und hinreichend dogmatisch durchdrungen ist.

Dieses Widerrufsrecht lässt sich freilich nicht etwa aus einem konkludent miterklärten Widerrufsvorbehalt des Arbeitgebers herleiten.[170] Es wäre eine doppelte Fiktion, wenn man dem Arbeitgeber, der freiwillig und außerplanmäßig zusätzliche Leistungen gewährt, einerseits einen unbedingten Verpflichtungswillen für die Zukunft unterstellen will und ande-

---

[167] ErfK/*Oetker*, 11. Aufl., 2011, § 2 KSchG Rn. 9; ErfK/*Müller-Glöge*, 11. Aufl., 2011, § 620 BGB Rn. 49.

[168] St. Rspr., vgl. nur BAG vom 14. 11. 1990, NZA 1991, 377, 378; *Gamillscheg* (Fn. 9), S. 227, 237; *G. Hueck*, RdA 1968, 201 ff.; *Söllner*, SAE 1969, 19, 20; *Wank*, Anm. zu BAG vom 3. 11. 1987, EzA Nr. 20 zu § 77 BetrVG 1972. Für deren Zulässigkeit hingegen: *Hanau/Preis*, NZA 1991, 81, 86; Stahlhacke/Preis/Vossen/*Preis*, Kündigungsschutz, Rn. 167; *Bepler*, RdA 2005, 323, 329.

[169] BAG vom 14. 11. 1990, NZA 1991, 377, 378.

[170] So *Bepler*, RdA 2004, 226, 240; *ders.*, RdA 2005, 323, 327; *Söllner*, SAE 1969, 19, 20.

rerseits eben dieses Leistungsversprechen dann doch noch mit einem konkludenten Widerrufsvorbehalt versieht. Nach der hier vertretenen Konzeption einer bedingten Entgeltzusage besteht hingegen gar kein Bedürfnis, einen Widerrufsvorbehalt in das Vertragsangebot „hineinzuinterpretieren". Der Widerrufsvorbehalt soll das Recht begründen, an sich verbindlich zugesagte Leistungen einseitig zu ändern. Hat der Arbeitgeber jedoch die fragliche Leistung nicht unbedingt für die Zukunft zugesagt, so bedarf es auch keines entsprechenden Vorbehalts.

Die Annahme einer auflösenden Bedingung des Fortbestands der Äquivalenz des Austauschverhältnisses wird indes der beiderseitigen Interessenlage der Arbeitsvertragsparteien nicht gerecht: Insbesondere die bislang begünstigten Arbeitnehmer haben ein schutzwürdiges Interesse, dass der Arbeitgeber ihnen gegenüber eindeutig, nachvollziehbar und überprüfbar erklärt, dass und warum er die bislang gewährten zusätzlichen Leistungen nunmehr einstellen will. Hierin liegt der entscheidende Grund für die Notwendigkeit, dass der Arbeitgeber sich von der fraglichen Leistung nur durch Ausübung seines Gestaltungsrechts lösen kann. Dem Arbeitgeber steht daher grundsätzlich – und somit auch bei unterlassener kautelarer Vorsorge – ein Widerrufsrecht zu.

Damit bestehen gegenüber der Konzeption einer ablösenden Betriebsvereinbarung zwei Unterschiede: Zum einen braucht der Arbeitgeber, der die Gewähr außerplanmäßiger Zusatzleistungen für die Zukunft einstellen will, stets einen *sachlichen Grund*. Zwar wird in diesem Zusammenhang von den Befürwortern einer Verschlechterungskompetenz der Betriebsparteien darauf hingewiesen, dass durch die Mitwirkung des Betriebsrats in aller Regel eine „gerechte" Lösung gewährleistet sei.[171] Die bloße Vermutung, dass bei der Beteiligung des Betriebsrats ein sachlicher Grund auch tatsächlich vorliegt, ist aber kein ausreichendes Surrogat. Entsprechend wollen auch diejenigen, die den Betriebsparteien eine Verschlechterungskompetenz zugestehen, deren Ergebnis stets sowohl einer abstrakten als auch einer konkreten Billigkeitskontrolle unterwerfen[172]. Sie gestehen damit ein, dass für die Betriebsvereinbarung – anders als für einen Tarifvertrag – eben keine „Vermutung einer Richtigkeitsgewähr" besteht. Zudem sind Betriebsvereinbarungen, die auf Grund arbeitsvertraglicher Einheitsregelungen entstandene Rechtspositionen auf freiwillige Sonderleistungen ablösen, stets *freiwillige* Betriebsvereinbarungen. Diese können nach § 77 Abs. 5 BetrVG vom Arbeitgeber jederzeit frei gekündigt

---

[171] *Merten/Schwartz*, DB 2001, 646, 647; *Maties* (Fn. 51), S. 169f.

[172] *Fastrich*, RdA 1994, 129, 136; *Hromadka*, DB 1985, 864, 866; *Bepler*, RdA 2004, 226, 240.

werden. Eine Nachwirkung gem. § 77 Abs. 6 BetrVG kommt nicht in Betracht. Über den „Umweg“ einer freiwilligen Betriebsvereinbarung könnte sich der Arbeitgeber folglich grundlos von vertraglichen Ansprüchen auf zusätzliche Entgeltleistungen lösen.

Zum anderen muss der Arbeitgeber den Widerruf als einseitige empfangsbedürftige Willenserklärung jedem einzelnen Arbeitnehmer gegenüber erklären. Dem Charakter der einheitsvertraglichen Zusatzleistung als abstrakt-genereller Leistungszusage lässt sich insofern Rechnung tragen, als der Arbeitgeber den Widerruf durch standardisierte Schreiben an die einzelnen Arbeitnehmer oder im Wege betriebsüblicher Bekanntgabe, etwa durch Aushang am Schwarzen Brett oder Bekanntgabe in der Betriebsversammlung, erklärt. Im Interesse der Rechtssicherheit empfiehlt es sich weiter, eine pauschale Widerrufsfrist von drei Monaten in analoger Anwendung des § 77 Abs. 5 BetrVG anzunehmen.

Bejaht man die Möglichkeit eines Widerrufs übertariflicher Sonderleistungen, so führt dies schließlich auch nicht zu einer unangemessenen Verlagerung des Wirtschaftsrisikos auf die Arbeitnehmer oder zu einer Umgehung des Kündigungsschutzes. BAG wie h. M. halten – in Anlehnung an § 4a S. 2 EFZG – die Vereinbarung eines Widerrufsvorbehalts für zulässig, soweit der widerrufliche Anteil am Gesamtverdienst unter 25 bis 30% liegt und der Tariflohn nicht unterschritten wird.[173] Diese Grenzen gelten grundsätzlich auch hier.

E. Zusammenfassung in Thesen

1. Den Betriebsparteien fehlt eine umfassende Regelungskompetenz: Sie haben keine Befugnis, die materiellen Arbeitsbedingungen, insbesondere die Höhe des Arbeitsentgelts zu regeln. Grund hierfür ist ihre fehlende privatautonome Legitimation.

2. Geht man gleichwohl von einer umfassenden Regelungskompetenz der Betriebsparteien aus, so gilt im Verhältnis einer arbeitsvertraglichen Einheitsregelung zu einer nachfolgenden Betriebsvereinbarung jedenfalls das Günstigkeitsprinzip. Eine „Relativierung“ oder ein Ausschluss des Günstigkeitsprinzips für den Bereich kollektiv gewährter „Sozialleistungen“ ist nicht gerechtfertigt.

---

173 BAG vom 12. 1. 2005, NZA 2005, 465, 467; vom 11. 10. 2006, NZA 2007, 87; MünchArbR/*Krause*, 3. Aufl., 2009, § 56 Rn. 12, 19; *Hanau/Hromadka*, NZA 2005, 73, 74; *Singer*, RdA 2008, 362, 369; *Bayreuther*, BB 2009, 102, 104.

3. Die Arbeitsvertragsparteien können vertragliche Zusatzleistungen auf Grund ihrer Vertragsfreiheit zwar „betriebsvereinbarungsoffen" ausgestalten. Ein konkludenter Vorbehalt der Betriebsvereinbarungsoffenheit lässt sich jedoch nur bei Vorliegen besonderer Anhaltspunkte begründen.

4. Eine Verschlechterungskompetenz der Betriebsparteien kann positivrechtlich weder § 77 Abs. 4 S. 1 BetrVG, § 87 Abs. 1 BetrVG, § 88 BetrVG noch einer anderen Vorschrift des BetrVG entnommen werden. § 87 Abs. 1 Nr. 10 BetrVG ermächtigt die Betriebsparteien insbesondere nicht, die Höhe vertraglicher Entgeltansprüche neu zu regeln.

5. Die Annahme einer Verschlechterungskompetenz widerspräche zudem dem Schutzzweck der Betriebsverfassung: Das Mitbestimmungsrecht dient der Beschränkung der einseitigen Regelungsmacht des Arbeitgebers. Folglich ist die einseitige Regelungsmacht des Arbeitgebers Voraussetzung für die Mitbestimmung des Betriebsrats.

6. Zwischen dem Mitbestimmungsrecht des Betriebsrats und der Abänderbarkeit der individualvertraglichen Rechtsposition ist danach strikt zu trennen. Ist der Arbeitgeber gezwungen, einheitlich vertraglich zugesagte Sonderleistungen veränderten wirtschaftlichen oder rechtlichen Umständen anzupassen oder diese zu streichen, so kann er dies nur durch ein einseitiges Gestaltungsrecht erreichen, welches dem Rechtscharakter und Inhalt der privatautonom begründeten Rechtsposition entspricht.

7. Für die Insuffizienz der anerkannten vertraglichen Ablösemechanismen bestehen zwei Gründe: Zum einen unterstellt man einem Arbeitgeber, der zusätzliche Sozialleistungen einheitlich gewährt, zu Unrecht einen unbedingten Verpflichtungswillen für die Zukunft. Zum anderen sind die Anforderungen an den Vertragsinhaltsschutz zu hoch. Denn bei freiwilligen, in aller Regel übertariflichen Zusatzleistungen steht anders als beim vertraglich ausgehandelten oder tarifvertraglich geschuldeten Kernentgelt nicht der Entgeltschutz, sondern die autonome Rechtfertigung der Mehrleistung im Vordergrund.

8. Diesen Besonderheiten ist dadurch Rechnung zu tragen, dass man dem Arbeitgeber das Recht zugesteht, Sonderleistungen bei Vorliegen eines sachlichen Grundes, wozu regelmäßig die nachhaltige Verschlechterung der wirtschaftlichen Lage zählt, durch Widerruf für die Zukunft einheitlich zu kürzen oder zu beenden.

Insolvenzanfechtung und Arbeitsrecht

Sebastian Kolbe

Die Insolvenzanfechtung ausgezahlter Arbeitsentgelte ist durch die – erst vom Gemeinsamen Senat der obersten Gerichtshöfe des Bundes entschiedene – Rechtswegfrage Thema auch in der arbeitsrechtlichen Diskussion. Indes können in der Arbeitgeber-Insolvenz zahlreiche Rechtshandlungen mit arbeitsrechtlichem Bezug anfechtbar sein, von der Abführung von Sozialversicherungsbeiträgen bis zur Betriebsvereinbarung, und die Rechtsprobleme beschränken sich keineswegs auf die Zuständigkeitsabgrenzung der Gerichtsbarkeiten.

I. Insolvenzanfechtung als insolvenzrechtliche Besonderheit

Das Recht des Insolvenzverwalters, gläubigerbenachteiligende Rechtshandlungen nach den §§ 129 ff. InsO anzufechten, ist in zahlreichen Insolvenzverfahren von zentraler Bedeutung. Nicht wenige Verfahren werden überhaupt nur mit Blick auf potentielle Anfechtungsansprüche eröffnet.[1] Sieht man von Ausnahmekonstellationen wie der Eigenverwaltung[2] ab, ist die Anfechtung Sache nur des Insolvenzverwalters im eröffneten Insolvenzverfahren. Der Schuldner[3] oder ein vorläufiger Verwalter im Antragsverfahren[4] können Anfechtungsansprüche weder geltend machen noch über diese Ansprüche verfügen[5].

1. Rechtsfolge und Zwecke

Vergleichbar ist die Insolvenzanfechtung der vollstreckungsrechtlichen Anfechtung nach dem AnfG, von der Anfechtung wegen Willensmängeln nach den §§ 119 ff. BGB hingegen ist sie grundverschieden. Der dogmatische Unterschied liegt in den Rechtsfolgen beider Institute: Die (wirksame) Insolvenzanfechtung führt nicht zur Unwirksamkeit der angegriffenen Rechtshandlung, sondern begründet einen Rückgewähranspruch zur Masse nach § 143 InsO. Der Verwalter muß aber nicht aktiv werden, sondern kann einen späteren „Angriff" auf die Masse laut § 146 Abs. 2 InsO auch noch nach Verjährung des Anfechtungsanspruchs mit der Einrede der Anfechtbarkeit abwehren.

Auf die Anfechtung des Verwalters muß der Anfechtungsgegner zurückgewähren, was der Masse durch die anfechtbare Rechtshandlung entzogen

[1] *Peters-Lange*, info also 2008, 255.

[2] Hier kann nach § 280 InsO nicht der Schuldner als „Eigenverwalter", sondern nur der gerichtlich bestellte Sachwalter anfechten.

[3] Soweit im Folgenden vom „Schuldner" die Rede ist, ist damit der Arbeitgeber gemeint. In der Arbeitnehmer-Insolvenz stellt sich die Frage nach der Anfechtung „spezifisch arbeitsrechtlicher" Rechtshandlungen typischerweise nicht.

[4] Das gilt auch für einen „starken" vorläufigen Verwalter mit begleitendem Verfügungsverbot (§§ 22 Abs. 1, 21 Abs. 2 Satz 1 Nr. 2 InsO); Uhlenbruck/*Hirte*, InsO, 13. Aufl., 2010, § 129 Rn. 11 m. w. N.

[5] Zur Abtretung des Anfechtungsanspruchs durch den Insolvenzverwalter BGH vom 17. 2. 2011, ZInsO 2011, 1154 ff.

wurde. Dabei orientiert der BGH nicht nur die Auslegung der Anfechtungstatbestände, sondern auch die Entscheidung über den Inhalt des Rückgewähranspruchs weniger an „formalrechtlichen" als an wirtschaftlichen Gesichtspunkten.[6] Der Rückgewährschuldner wird nach § 143 Abs. 1 S. 2 InsO grundsätzlich wie ein bösgläubiger Bereicherungsschuldner behandelt, kann sich insbesondere nicht auf Entreicherung berufen. Im Gegenzug lebt gemäß § 144 Abs. 1 InsO die Forderung des Anfechtungsgegners gegen den Schuldner wieder auf, weil die Insolvenzanfechtung die Wirksamkeit der angefochtenen Rechtshandlung nicht berührt. Diese Forderung nimmt nach § 144 Abs. 2 Satz 2 InsO nur als Insolvenzforderung am Verfahren teil. Als Massegläubiger wird der Anfechtungsgegner mit seiner Forderung nach § 144 Abs. 2 Satz 1 InsO nur bedient, wenn seine Gegenleistung in der Masse noch unterscheidbar vorhanden ist und die Masse um ihren Wert bereichert ist.

Teleologisch geht es der sogenannten „besonderen" Insolvenzanfechtung darum, den zentralen Insolvenzrechts-Satz der „par conditio creditorum" in die Krise unmittelbar vor Insolvenzeröffnung ausstrahlen zu lassen. Demgegenüber sollen die großzügiger befristeten Anfechtungstatbestände der „allgemeinen" Insolvenzanfechtung sachlich ungerechtfertigte Vermögensverschiebungen rückgängig machen, welche die spätere Masse verkürzt haben.[7]

2. *Anwendungsbereich*

Diesen Zwecken entspricht der weite Anwendungsbereich des Anfechtungsrechts, den die allgemeine Meinung richtig durch eine extensive Auslegung des gesetzlichen Schlüsselbegriffs „Rechtshandlung" in § 129 Abs. 1 InsO sichert: Der BGH läßt „jede Willensbetätigung" ausreichen, „die eine rechtliche Wirkung auslöst, gleichgültig ob diese selbst gewollt ist oder nicht"[8]. § 129 Abs. 2 InsO stellt die Unterlassung der Rechtshandlung gleich. Eine Konkretisierung der Rechtshandlung etwa auf Rechtsgeschäfte oder auf Handlungen bestimmter Personen wie den späteren Insolvenzschuldner kennen zwar einzelne Anfechtungstatbestände. Diese besonderen Voraussetzungen gelten aber jeweils nur für die betreffende Vorschrift, nicht etwa generell für das Anfechtungsrecht.

---

[6] Schon zur KO BGH vom 14. 6. 1978, BGHZ 72, 39, 44; zurückhaltender Uhlenbruck/*Hirte* (Fn. 4), § 129 Rn. 2 m. w. N.

[7] Uhlenbruck/*Hirte* (Fn. 4), § 129 Rn. 1 f.

[8] Nur BGH vom 12. 2. 2004, ZInsO 2004, 342, 343: „Kontosperre" als anfechtbare Rechtshandlung.

Anfechtbar sind nach § 129 Abs. 1 InsO Rechtshandlungen, die i. S. d. § 140 InsO vor Eröffnung des Insolvenzverfahrens vorgenommen worden sind[9] und die Gläubiger[10] benachteiligen. Dabei reicht regelmäßig die mittelbare Gläubigerbenachteiligung aus. Das betrifft etwa Fälle, in denen der Schuldner eine angemessene Gegenleistung nachträglich beiseite schafft.[11] Im arbeitsrechtlichen Kontext relevanter ist die Zahlung auf Forderungen, die im Insolvenzverfahren nicht oder nicht in demselben Umfang zu erfüllen wären.[12]

3. *Anfechtungstatbestände*

Anfechtbar ist eine Rechtshandlung nur, wenn ein Anfechtungstatbestand der §§ 130ff. InsO erfüllt ist. Die wesentlichen Anfechtungstatbestände gliedern sich in drei Gruppen, die hier nur grob skizziert werden können. Dabei zeigt sich eine charakteristische Interdependenz von objektiven und subjektiven Voraussetzungen. Fallen die objektiven Anforderungen an die angreifbare Rechtshandlung in Gestalt der Frist und der näheren Konkretisierung von Handlung und Wirkung streng aus, erlaubt der Gesetzgeber die Anfechtung unter erleichterten subjektiven Voraussetzungen. Das betrifft vor allem die „besondere Insolvenzanfechtung" nach den §§ 130 bis 132 InsO, die die Anfechtbarkeit von Vorgängen in der sogenannten Krise regeln. Erfaßt sind Rechtshandlungen im Eröffnungsverfahren und in einem Zeitraum von drei Monaten, bevor der Insolvenzantrag gestellt wurde. In dieser Phase zeichnet sich die spätere Insolvenz des Schuldners typischerweise deutlich ab. Die „Deckungsanfechtung" nach den §§ 130, 131 InsO, also die Anfechtung von Rechtshandlungen, die einem (späteren) Insolvenzgläubiger Befriedigung oder Sicherung gewährt oder erlaubt haben, sowie die Anfechtung wegen unmittelbarer Gläubigerbenachteiligung nach § 132 InsO regeln deshalb nur geringe subjektive Anforderungen und setzen insbesondere keine bestimmte Motivation des Schuldners voraus.

Die §§ 133 und 134 InsO erweitern den Anfechtungszeitraum erheblich, greifen aber nur, wenn die Rechtshandlung aus insolvenzrechtlicher Per-

---

[9] Entscheidend ist nach § 140 InsO regelmäßig der Zeitpunkt, in dem die rechtlichen Wirkungen einer Rechtshandlung eintreten.

[10] Insoweit kommt es zunächst auf die Benachteiligung der Insolvenzgläubiger i. S. d. §§ 38f. InsO an. Wenigstens im Falle späterer Masseunzulänglichkeit muß aber auch die Benachteiligung nur der Massegläubiger ausreichen; Uhlenbruck/*Hirte* (Fn. 4) § 129 Rn. 10, 109.

[11] Bork/*Ehricke*, Handbuch des Insolvenzanfechtungsrechts, 2006, Kap. 4 Rn. 31.

[12] Mit Blick auf Zahlungen auf einen erzwingbaren Sozialplan MünchKommInsO/*Kirchhof*, 2. Aufl., 2007/2008, § 129 Rn. 122.

spektive zu mißbilligen und der Begünstigte nicht schutzwürdig ist: So sind nach § 133 Abs. 1 InsO Rechtshandlungen des Schuldners mit Gläubigerbenachteiligungsvorsatz noch binnen zehn Jahren vor dem Insolvenzantrag anfechtbar, sofern der Begünstigte den Vorsatz des Schuldners kannte. § 133 Abs. 2 InsO unterwirft Verträge des Schuldners mit nahestehenden Personen i. S. d. § 138 InsO in den letzten beiden Jahren vor dem Insolvenzantrag der Anfechtung, sofern die Insolvenzgläubiger durch diese Verträge unmittelbar benachteiligt werden. Unentgeltliche Leistungen des Schuldners kann der Verwalter bis zu vier Jahre vor der Antragstellung nach § 134 InsO anfechten. Die Anfechtungstatbestände der §§ 135 und 136 InsO vervollständigen das gesellschaftsrechtliche Kapitalersatzrecht. Im hier untersuchten Zusammenhang interessieren sie nicht.

Zwischen den einzelnen Tatbeständen besteht kein Rangverhältnis: Soweit sich die objektiven Voraussetzungen – insbesondere die Fristen – überschneiden, kann der Verwalter ohne weiteres nach verschiedenen Vorschriften anfechten.[13] Ebenso möglich ist die Insolvenzanfechtung unwirksamer Rechtshandlungen,[14] was etwa für faktische Arbeitsverhältnisse praktisch werden kann.

4. *Fristberechnung*

Die Berechnung der Anfechtungsfristen ist in § 139 InsO besonders geregelt: Das gilt nach § 139 Abs. 1 InsO zunächst für den Fristbeginn, der mit Rücksicht auf die rückwärts gerichtete Perspektive der Anfechtungsfristen von der Antragstellung her bestimmt werden muß. Abs. 2 des § 139 InsO legt fest, welcher von mehreren Insolvenzanträgen für die Fristberechnung maßgeblich ist. Das ist grundsätzlich der erste zulässige und begründete Antrag, auch wenn das Verfahren letztlich auf einen anderen Antrag hin eröffnet wird. Ungeregelt aber im arbeitsrechtlichen Kontext durchaus interessant ist dabei, daß zurückgenommene und für erledigt erklärte Anträge nicht berücksichtigt werden.[15] Praktisch wird das etwa, wenn der Schuldner den früh gestellten Antrag eines Sozialversicherungsträgers mit letzten Zahlungsanstrengungen noch abwenden kann.

[13] Nur *Huber*, NJW 2009, 1928, 1929.
[14] Mit umfangreichen Nachweisen Uhlenbruck/*Hirte* (Fn. 4) § 129 Rn. 76.
[15] Statt aller MünchKommInsO/*Kirchhof* (Fn. 12), § 139 Rn. 9a m. w. N.

II. Anfechtung von Verträgen

1. Arbeits- und Änderungsverträge

Schließt der Schuldner vor Insolvenzeröffnung Arbeitsverträge ab, können diese neuen schuldrechtlichen Verpflichtungen die vorhandenen Gläubiger benachteiligen. Ob die Aktivmasse verringert wird oder zusätzliche Verbindlichkeiten begründet werden, spielt insoweit keine Rolle: Die Befriedigungsaussichten der Gläubiger können sich in beiden Fällen verschlechtern.

Mit Blick auf die Insolvenzanfechtungstatbestände kommt es auf diese Unterscheidung freilich gerade an: Die Deckungsanfechtung greift nur, wenn einem Insolvenzgläubiger eine Sicherung oder Befriedigung seiner Forderung gewährt wird. Sie scheidet bei Abschluß neuer Arbeits-, Änderungs- oder Abfindungsverträge von vornherein aus.[16] Denkbar sind aber die Anfechtung wegen unmittelbarer Gläubigerbenachteiligung gem. § 132 InsO und die Vorsatzanfechtung nach § 133 InsO.[17]

a) Unmittelbare Benachteiligung

Ob eine Rechtshandlung die Insolvenzgläubiger unmittelbar benachteiligt, ist anhand des Wertverhältnisses von Leistung und Gegenleistung zu beurteilen.[18] Schließt der Schuldner einen neuen Arbeitsvertrag ab oder ändert einen bestehenden im Einvernehmen mit dem Arbeitnehmer, benachteiligt er seine Gläubiger etwa dann unmittelbar, wenn er unangemessen hohe Bezüge vereinbart, denen keine objektiv gleichwertigen Gegenleistungen gegenüberstehen. Die „objektive Gleichwertigkeit" von Arbeitsleistungen meint dabei weder die Betriebsüblichkeit, noch das nur theoretische „pretium iustum", sondern vielmehr Marktüblichkeit.[19] Die betriebsübliche Vergütung kann kein Maßstab sein, weil die Anfechtung sonst daran scheiterte, daß der Schuldner alle Arbeitnehmer ungewöhnlich hoch vergütet. Richtigerweise entscheidet deshalb ähnlich wie mit Blick auf die Sittenwidrigkeit von Arbeitsentgelten[20] die marktübliche, regelmäßig tarifliche Vergütung. Weil den Beteiligten mit Blick auf das Marktniveau ein gewisser Beurteilungsspielraum einzuräumen ist,[21] wird

[16] Anders für „Ausnahmefälle" Gottwald/*Heinze*/*Bertram*, Insolvenzrechts-Handbuch, 4. Aufl., 2010, § 105 Rn. 31a.

[17] Nerlich/Römermann/*Hamacher*, InsO, Stand: September 2010, § 113 Rn. 26.

[18] MünchKommInsO/*Kirchhof* (Fn. 12), § 132 Rn. 12.

[19] Allgemein Bork/*Schoppmeyer* (Fn. 11), Kap. 9 Rn. 26.

[20] Aktueller Überblick über die „Lohnwucher-Rechtsprechung" bei *Böggemann*, NZA 2011, 493 ff.

[21] Bork/*Schoppmeyer* (Fn. 11), Kap. 9 Rn. 26.

die Anfechtung neu abgeschlossener Arbeitsverträge selten in Betracht kommen. Der Arbeitnehmer erbringt mit der Arbeitsleistung zugunsten der Masse eine typischerweise gleichwertige Gegenleistung.[22] Die Gläubigerbenachteiligung kann dann aber noch darin liegen, daß der Arbeitgeber diese Gegenleistung nicht benötigt. Freilich darf der Anspruch des späteren Gemeinschuldners auf die Arbeitsleistung nicht nur an der Einsetzbarkeit im eigenen Betrieb gemessen werden. Dieser Anspruch ist auch dann werthaltig, wenn der Arbeitnehmer bereit oder verpflichtet ist, bei einem Dritten tätig zu werden.[23]

Wichtigster Anfechtungsfall ist der Arbeitsvertrag mit nahen Angehörigen i.S.d. § 138 InsO. Nicht nur gilt dann mit Blick auf die subjektiven Voraussetzungen der Anfechtung die Vermutung des §§ 132 Abs. 3 i.V.m. 130 Abs. 3 InsO; es bietet sich auch rein praktisch an, nahestehende Personen in der Krise zu begünstigen.[24] Praxisrelevant ist weiter die Anfechtung von Abfindungsvereinbarungen (auch von solchen nach § 1a KSchG)[25] oder Änderungsverträgen, die „verdiente Mitarbeiter" über Gebühr begünstigen, indem ihnen in der Krise etwa noch Sondergratifikationen, Tantiemen oder Rechte aus einer Direktversicherung versprochen werden.[26]

Ist i.d.S. eine unmittelbare Gläubigerbenachteiligung zu bejahen, hängt die Anfechtung noch davon ab, ob der Vertrag binnen dreier Monate vor dem Insolvenzantrag geschlossen wurde und dem Arbeitnehmer zu diesem Zeitpunkt die Zahlungsunfähigkeit des Schuldners bekannt war. Wurde der Vertrag erst nach dem Eröffnungsantrag geschlossen, reicht es aus, daß der Arbeitnehmer von dem Eröffnungsantrag oder der Zahlungsunfähigkeit des Schuldners wußte.

b) Vorsätzliche Benachteiligung

Die großzügig befristete Vorsatzanfechtung nach § 133 Abs. 1 InsO greift auch bei Äquivalenz von Leistung und Gegenleistung, stellt aber hohe subjektive Anforderungen. Der Insolvenzverwalter muß sowohl den Benachteiligungsvorsatz des Schuldners als auch die Kenntnis des anderen Teils hiervon nachweisen. Diese Kenntnis wird nach § 133 Abs. 1 Satz 2 InsO

---

22 Gottwald/*Heinze/Bertram* (Fn. 16), § 105 Rn. 31a.

23 Dazu BGH vom 11. 12. 2003, ZInsO 2004, 149, 150.

24 Hierzu Uhlenbruck/*Hirte* (Fn. 4), § 129 Rn. 66; Nerlich/Römermann/*Hamacher* (Fn. 17), § 113 Rn. 28.

25 Vgl. *Stiller*, NZI 2005, 77, 82.

26 Dazu Gottwald/*Heinze/Bertram* (Fn. 16), § 105 Rn. 31a; MünchKommInsO/*Kirchhof* (Fn. 12), § 143 Rn. 16a.

vermutet, wenn der andere Teil wußte, daß die Zahlungsunfähigkeit des Schuldners droht und daß die Handlung die Gläubiger benachteiligt.

Die Vorsatzanfechtung ist also ein vergleichsweise „stumpfes Schwert", das der BGH indes geschärft hat: Der IX. Zivilsenat hatte die Vermutungsregel des § 133 Abs. 1 Satz 2 InsO um eine tatsächliche Vermutung entsprechend der §§ 130 Abs. 2, 131 Abs. 2 Satz 1 InsO ergänzt.[27] Auch wenn der Senat inzwischen keine Vermutung mehr annimmt, sondern nur noch von „mehr oder weniger gewichtige[n] Beweisanzeichen" spricht[28], heißt das in der Sache, daß dem Anfechtungsgegner nicht positive Kenntnis der drohenden Zahlungsunfähigkeit des Schuldners und der Gläubigerbenachteiligung nachgewiesen werden muß. Der Verwalter muß nur die Kenntnis von Umständen beweisen, die zwingend auf beides schließen lassen. Bei der damit entscheidenden Frage, welche tatsächlichen Umstände der Bevorzugte kennen muß, gibt sich der BGH anfechtungsfreundlich: So indizieren etwa ständig steigende Steuerschulden, Rückstände bei den Sozialversicherungsbeiträgen und auch die schleppende Zahlung von Arbeitsentgelten eine drohende Zahlungsunfähigkeit. Presseberichte über finanzielle Probleme können Nachforschungsobliegenheiten auslösen.[29] Aber: Für „Kleingläubiger", insbesondere für Arbeitnehmer, gelten inzwischen andere, weniger strenge Regeln – darauf ist in Zusammenhang mit der Anfechtung von Zahlungen zurückzukommen.[30]

c) Rechtsfolge

Also: Die Anfechtung neuer Arbeits- und Änderungsverträge ist praktisch selten. Im Vordergrund stehen Fälle, in denen der Schuldner seinen Angehörigen oder besonders geschätzten Mitarbeitern angesichts der Krise „noch schnell" finanzielle Vorteile verschaffen will. Dann freilich läßt sich die Anfechtung auch nicht mit dem Argument beiseite schieben, der Kündigungsschutz könnte umgangen werden.[31] Das belegt schon § 184 Abs. 1 Nr. 2 SGB III, der anfechtbar erworbene Entgeltansprüche gerade voraussetzt.

Ficht der Verwalter einen Arbeitsvertrag mit Erfolg an, bleibt das Arbeitsverhältnis bestehen. Wie bei der Anfechtung einzelner Zahlungen

[27] BGH vom 27. 5. 2003, BGHZ 155, 75, 85 f; vom 10. 2. 2005, BGHZ 162, 143, 153.

[28] BGH vom 3. 8. 2009, IX ZR 159/06, ZInsO 2009, 1909, 1910; vom 8. 10. 2009, ZInsO 2009, 2148, 2149.

[29] Mit Nachweisen *Huber*, NJW 2009, 1928, 1930.

[30] Vgl. III. 1. b) (2).

[31] Dazu *Zwanziger*, Kommentar zum Arbeitsrecht der Insolvenzordnung, 4. Aufl., 2010, Einführung Rn. 395.

muß der betroffene Arbeitnehmer aber den empfangenen Nettolohn zugunsten der Masse zurückgewähren.[32] Wird der Vertrag im Ganzen angefochten, bleibt dem Anfechtungsgegner auch keine Insolvenzforderung, die zumindest noch mit der kärglichen Quote bedient würde. Er hat sich dem Verwalter gegenüber zu verhalten, als bestünde die Schuld nicht.[33] Ob die Wirkung der Anfechtung eines Arbeitsvertrags auf einen „überschießend" vergüteten Teil beschränkt werden kann,[34] ist fraglich. Rechtsgeschäfte müssen grundsätzlich im Ganzen angefochten werden; die Anfechtung kann nur dann beschränkt werden oder beschränkt wirken, wenn sich das angegriffene Rechtsgeschäft in voneinander unabhängige, selbständige Teile zerlegen läßt.[35] Insbesondere sind unmittelbar gläubigernachteilige Rechtsgeschäfte i. S. d. § 132 InsO insgesamt anfechtbar, nicht nur in Höhe der Gläubigerbenachteiligung.[36] Das muß auch für Arbeitsverträge gelten, die über Marktniveau dotiert sind. Daß der BGH[37] in einer älteren Entscheidung die Vergütung eines Rechtsanwalts in den gesetzlichen Gebührentatbestand und einen überschießenden Betrag geteilt hat, ändert die Rechtsfolge des § 132 InsO contra legem von der Anfechtung zur Vorteilsabschöpfung. Die Entscheidung überzeugt nicht und wird im insolvenzrechtlichen Schrifttum zu Recht kritisiert.[38]

Anfechtbare Verträge, mit denen der Schuldner seinen Arbeitnehmern Leistungen zusagt, werden qua Insolvenzanfechtung mithin nicht auf ein marktkonformes Maß zurechtgestutzt. So ist eine vereinbarte Abfindung nicht etwa auf das Niveau der §§ 9, 10 KSchG zurückzufahren,[39] sondern vollständig zur Masse zu erstatten.

---

[32] Hierzu *Cranshaw*, ZInsO 2009, 257, 258; *Laws*, ZInsO 2009, 1465, 1473f. Dazu, daß die Fiktion des § 28e Abs. 1 Satz 2 SGB IV nicht dazu führen kann, daß der anfechtende Verwalter den Arbeitnehmeranteil am Gesamtsozialversicherungsbeitrag vom Arbeitnehmer verlangen kann, BGH vom 5. 11. 2009, IX ZR 233/08, BGHZ 183, 86 = ZInsO 2009, 2293 – Rn. 15. Entsprechendes gilt für sonstige Abzüge von der Vergütung.

[33] Bork/*Jacoby* (Fn. 11), Kap. 12 Rn. 25.

[34] Dafür Jaeger/*Henckel*, InsO, Band 4, 2008, § 129 Rn. 48, der sich auf die Grundsätze des faktischen Arbeitsverhältnisses beruft. Noch weitergehend *Häsemeyer*, Insolvenzrecht, 4. Aufl., 2007, Rn. 21.71, der die Rechtsfolgen einer Anfechtung nach § 132 Abs. 1 InsO generell teleologisch auf die Vorteilsabschöpfung begrenzen will.

[35] Mit umfangreichen Nachweisen Uhlenbruck/*Hirte* (Fn. 4), § 129 Rn. 72ff.

[36] MünchKommInsO/*Kirchhof* (Fn. 12), § 143 Rn. 17.

[37] Vom 11. 6. 1980, BGHZ 77, 250, 255.

[38] *Eckardt*, ZInsO 2004, 888, 894f. m. w. N.

[39] Demgegenüber geht OLG Düsseldorf vom 13. 4. 1989, ZIP 1989, 1072, 1074 von einer teilweise unentgeltlichen Leistung aus und erlaubt die Teilanfechtung nach § 134 InsO; zustimmend Uhlenbruck/*Hirte* (Fn. 4), § 134 Rn. 32.

2. *Betriebsvereinbarungen (insbesondere Sozialpläne)*

Auch Betriebsvereinbarungen und Tarifverträge können angefochten werden – freilich nur nach den §§ 132, 133 InsO. Die Deckungsanfechtung scheidet aus, weil die Normenverträge nur Verpflichtungen des Schuldners begründen, statt die Befriedigung der Arbeitnehmer zu gewähren oder zu ermöglichen.

a) Keine vorrangigen Sonderregeln

Die Anfechtung von Betriebsvereinbarungen ist nicht durch insolvenzrechtliche Sonderregelungen gesperrt: Das Sonderkündigungsrecht des Verwalters für massebelastende Betriebsvereinbarungen (§ 120 InsO) zielt nicht auf die Rückgewähr von Leistungen an die Masse und kann schon deshalb die Anfechtung nicht hindern.[40] Für „insolvenznahe" Sozialpläne, die in den letzten drei Monaten vor dem Insolvenzantrag vereinbart wurden, kennt die InsO zwar ein besonderes Widerrufsrecht für Verwalter und Betriebsrat in § 124 InsO. Dieser Widerruf ist aber gleichfalls keine vorrangige Spezialregelung gegenüber der Insolvenzanfechtung;[41] Letztere erlaubt dem Verwalter etwa, Zahlungen auf Sozialplanforderungen trotz des Rückforderungsverbots in § 124 Abs. 3 InsO zurück zur Masse zu ziehen.[42]

Ebensowenig schließt das Betriebsverfassungsrecht die Anfechtung aus; namentlich § 76 Abs. 5 Satz 4 BetrVG bewirkt keine „Anfechtungssperre".[43] Vielmehr kann die Anfechtung einer Betriebsvereinbarung gerade darauf gestützt werden, daß der Schuldner das Arbeitsgericht nicht angerufen hat, obschon ein Verfahren Aussicht auf Erfolg gehabt hätte. Die Betriebsvereinbarung beruht dann auch auf dieser Unterlassung, die § 129 Abs. 2 InsO einer Rechtshandlung gleichstellt, und kann angefochten werden.[44]

---

[40] Richtig für Anfechtbarkeit von Betriebsvereinbarungen daher Uhlenbruck/*Berscheid*/*Ries* (Fn. 4), § 120 Rn. 22; Nerlich/Römermann/*Hamacher* (Fn. 17), § 120 Rn. 51.

[41] H.M., etwa Jaeger/*Henckel* (Fn. 34), § 129 Rn. 50 m.w.N.

[42] Jaeger/*Henckel* (Fn. 34), § 129 Rn. 50 m.w.N.

[43] Anders Gottwald/*Heinze*/*Bertram* (Fn. 16), § 104 Rn. 76; noch zur KO *Richardi*, Sozialplan und Konkurs, 1975, S. 74f.; einschränkend *Willemsen*, ZIP 1982, 649, 651, der die Konkursanfechtung nur zulassen wollte, wenn die Frist des § 76 Abs. 5 S. 4 BetrVG bei Konkurseröffnung abgelaufen ist.

[44] *Richardi* (Fn. 43), S. 74f. Zum vergleichbaren Fall des Unterlassens aussichtsreicher Rechtsbehelfe gegen Zwangsvollstreckungsmaßnahmen *Bork*, ZIP 2004, 1684, 1685; *Rendels*, ZIP 2004, 2085, 2086.

b) Rechtshandlung des Schuldners und Anfechtungsgegner

Rechtshandlung i.S.d. § 129 InsO ist auch die über die Einigungsstelle erzwungene Betriebsvereinbarung.[45] Die §§ 132, 133 InsO verlangen indes eine Rechtshandlung gerade des Schuldners. Hierfür reicht die bloße Mitwirkung des Schuldners aus;[46] die Mitbestimmung des Betriebsrats hindert die anfechtungsrechtliche Zuordnung der Rechtshandlung an den Schuldner nicht.[47] Dasselbe hat aber auch für das Zwangsschlichtungsverfahren vor der Einigungsstelle zu gelten: Der verbindliche Spruch der Einigungsstelle ersetzt die Einigung der Betriebspartner und teilt deren Rechtscharakter.[48] Er muß auch anfechtungsrechtlich wie diese Einigung behandelt werden.[49] Daß der Zwangscharakter des Einigungsstellenverfahrens keine andere Wertung rechtfertigt, belegt der Rechtsgedanke des § 141 InsO:[50] Die Anfechtung ist auch dann erlaubt, wenn der Schuldner eine Rechtshandlung nicht aus eigenem Antrieb vornimmt, sondern erst auf hoheitlichen Zwang. Ob dieser Zwang wie im Fall des § 141 InsO vom Vollstreckungsrecht oder vom Betriebsverfassungsrecht angeordnet wird, kann keine Rolle spielen.

Anfechtungsgegner sind nicht der Betriebsrat oder die Einigungsstelle; vielmehr ist die Anfechtung gegen jeden einzelnen Arbeitnehmer zu richten.[51] Der Rückgewähranspruch zur Masse kann nur denjenigen treffen, der einen Vermögensvorteil erhalten hat.

c) Vorsatzanfechtung

Den für § 133 Abs. 1 InsO erforderlichen Gläubigerbenachteiligungsvorsatz muß der Verwalter dem Arbeitgeber-Schuldner nachweisen, sofern eine Betriebsvereinbarung einvernehmlich abgeschlossen wird. Mit Blick auf die gleichfalls erforderliche Kenntnis des „anderen Teils“ kommt es aber nicht auf den Kenntnisstand der einzelnen Arbeitnehmer als Anfech-

---

[45] Richtig MünchKommInsO/*Kirchhof* (Fn. 12), § 129 Rn. 13.

[46] Allgemeine Meinung, nur Uhlenbruck/*Hirte* (Fn. 4), § 133 Rn. 7 mit umfangreichen Nachweisen.

[47] Noch zur KO BGH vom 14. 6. 1978, NJW 1978, 1921, 1923. Zur InsO Richardi/*Annuß*, BetrVG, 12. Aufl., 2010, Anhang zu § 113 Rn. 10; implizit auch Uhlenbruck/*Hirte* (Fn. 4), § 129 Rn. 69.

[48] *Richardi* (Fn. 47), § 76 Rn. 109 f.

[49] Noch zur KO *Richardi* (Fn. 43), S. 72; anders *Willemsen*, ZIP 1982, 649, 651.

[50] Dazu MünchKommInsO/*Kirchhof* (Fn. 12), § 129 Rn. 13.

[51] Für den Sozialplan schon zur KO *Willemsen*, ZIP 1982, 649, 650 und *Schlüter*, Die konkursrechtliche Behandlung der Sozialplanansprüche und der Ausgleichsansprüche nach § 113 BetrVG, 1977, S. 85. Anders LAG Hamm vom 20. 1. 1982, ZIP 1982, 615; gegebenenfalls für Anfechtung auch gegenüber dem Betriebsrat Jaeger/*Henckel* (Fn. 34), § 129 Rn. 53; FK-InsO/*Dauernheim*, 6. Aufl., 2010, § 129 Rn. 14.

tungsgegner an, sondern auf den des Betriebsrats. Die Arbeitnehmer müßten sich das Wissen ihrer Repräsentanten zurechnen lassen.[52] Diese Wissenszurechnung kann mit Richardi[53] als Fall der „Wissensvertretung“ erklärt werden. Dabei geht es um ein allgemeines Prinzip, das sich in § 166 BGB zeigt, aber nicht auf die Stellvertretung beschränkt ist.[54] I.d.S. hat der BGH bei der Konkursanfechtung eine Wissenszurechnung auch außerhalb des § 166 BGB bejaht, wenn ein Dritter so an die Stelle des Anfechtungsgegners tritt, daß er als dessen „andere[s] Ich“ gesehen werden kann.[55] Das trifft auch auf die kollektivarbeitsrechtliche Repräsentation[56] der Belegschaft bei Abschluß von Betriebsvereinbarungen zu. Bei Anfechtung des Einigungsstellenspruchs kann es auf den Vorsatz des Arbeitgebers und die Kenntnis des Betriebsrats nicht ankommen.[57] Aus der Perspektive des Anfechtungsrechts tätigt die Einigungsstelle eine Art In-sich-Geschäft, so daß die Motivationslage der Entscheidungsträger im Gremium maßgebend sein muß. Regelmäßig wird es dem Verwalter leichter fallen, die Betriebsvereinbarung anzufechten, weil der Schuldner es unterlassen hat, das Arbeitsgericht anzurufen.

Mit Blick auf die strengen Voraussetzungen ist die Anfechtung erzwingbarer Betriebsvereinbarungen selten aussichtsreich, hätte doch der Verwalter etwa nachzuweisen, daß ein Sozialplan „ersichtlich überhöhte“ Leistungen festsetzt.[58] Praktisch wird demgegenüber die Anfechtung freiwilliger Betriebsvereinbarungen, etwa des nicht erzwingbaren Quasi-Sozialplans in Kleinunternehmen:[59] hier ist ein dem Betriebsrat erkennbarer Benachteiligungsvorsatz indiziert, weil ohne gesetzlichen Zwang und ohne zusätzliche Gegenleistung neue Insolvenzforderungen begründet werden.

---

[52] Schon zur KO *Richardi* (Fn. 43), S. 73. Zustimmend MünchKommInsO/*Kirchhof* (Fn. 12), § 133 Rn. 18.

[53] (Fn. 43), S. 73.

[54] Eingehend *Richardi*, AcP 169 (1969), 385 ff.

[55] BGH vom 15. 1. 1964, BGHZ 41, 17, 22.

[56] Als Repräsentanten der Arbeitnehmer im Betrieb sieht den Betriebsrat etwa GK-BetrVG/*Franzen*, 9. Aufl., 2010, § 1 Rn. 64.

[57] Anders zur KO *Richardi* (Fn. 43), S. 74: Anfechtung nur bei Kollusion von Arbeitgeber und Einigungsstelle; *Schlüter* (Fn. 51), S. 86 will auf die Kenntnis des Betriebsrats abheben.

[58] MünchKommInsO/*Kirchhof* (Fn. 12), § 133 Rn. 32; Gottwald/*Heinze*/*Bertram* (Fn. 16), § 104 Rn. 76.

[59] LAG München vom 5. 9. 1986, 3 Sa 446/86, ZIP 1987, 589, 590 bejaht Konkursanfechtung nach § 30 Nr. 1 Var. 1 KO wegen unmittelbarer Gläubigerbenachteiligung.

d) Unmittelbare Benachteiligung

Die Anfechtung wegen unmittelbarer Benachteiligung spielt bei Betriebsvereinbarungen keine wesentliche Rolle. Zahlungen auf Ansprüche aus der Betriebsvereinbarung kann der Verwalter in derselben Frist als kongruente Deckungen nach § 130 InsO anfechten, ohne daß es auf die Frage der „angemessenen" Dotierung ankäme. Einen in der Krise abgeschlossenen Sozialplan kann er sachgrundlos widerrufen.

3. Tarifverträge

Bei der Insolvenzanfechtung von Tarifverträgen ist wie bei der Anfechtung von Betriebsvereinbarungen zu berücksichtigen, daß der Vertragspartner des Schuldners und die tarifvertraglich Begünstigten auseinander fallen.[60] Die Anfechtung kommt in der Praxis soweit ersichtlich nicht vor und ohnehin nur beim Haustarifvertrag in Betracht. Beim Flächentarif fehlt es schon an einer Rechtshandlung, die anfechtungsrechtlich dem Schuldner zugeordnet werden könnte.[61]

Anfechtungsfest ist weiter der Verbandsbeitritt des Arbeitgebers, auch wenn mit der Tarifbindung nach § 3 Abs. 1 TVG de facto eine Lohnerhöhung eintreten sollte. Abgesehen von der Frage der Gläubigerbenachteiligung scheidet jedenfalls eine Wissenszurechnung an die Arbeitnehmer aus. Wird die Tarifgeltung indes nicht tarifrechtlich, sondern schuldrechtlich durch nachträgliche Bezugnahme im Arbeitsvertrag begründet, ist die eingefügte Bezugnahmeklausel ebenso anfechtbar wie jeder Änderungsvertrag.[62]

III. Anfechtung von Zahlungen

1. Arbeitsentgelte

Praktisch relevanter als die Anfechtung arbeitsrechtlicher Verpflichtungsverträge ist die – gewissermaßen isolierte – Anfechtung von Zahlungen an Arbeitnehmer. Nicht nur das Grundgeschäft, sondern auch die einzelne Erfüllungshandlung ist Rechtshandlung des Arbeitgebers. Sie kann auch dann angefochten werden, wenn die zugrundeliegenden Verträge selbst anfechtungsfest sind.

---

[60] Soeben 2. b).

[61] Immerhin theoretisch kommt ein Sondereinfluß gerade des Schuldners bei unternehmensbezogenen Verbandstarifverträgen in Betracht.

[62] Zur Anfechtung von Änderungsverträgen bereits 1.

a) Exkurs: Sozialschutz in KO und InsO

Das bietet deshalb Stoff für öffentliche Diskussionen[63], weil der Gesetzgeber bei Übergang von der KO zur InsO im Jahre 1999[64] die Entscheidung getroffen hat, die Insolvenzabwicklung nicht durch einen besonderen Sozialschutz im Interesse der Arbeitnehmer zu „belasten“.[65] „Arbeitsrechtliche Altlasten“ – vom Arbeitsverhältnis bis zur massebelastenden Betriebsvereinbarung – überdauern zwar die Insolvenzeröffnung, können vom Verwalter aber (oft) zu erleichterten Bedingungen beendet werden. Den Entgeltschutz der Arbeitnehmer soll das Insolvenzgeld der §§ 183 ff. SGB III gewährleisten, freilich begrenzt auf drei Monate vor dem maßgebenden Insolvenzereignis, etwa der Insolvenzeröffnung. Der Paradigmenwechsel gegenüber der KO liegt darin, daß Entgeltansprüche nicht mehr durch Vorrechte im Gesamtvollstreckungsverfahren gesichert werden.[66] Insolvenzrechtlich sind die Arbeitnehmer nur noch Insolvenzgläubiger, soweit sie für den Schuldner oder für einen „schwachen“ vorläufigen Verwalter (vgl. § 55 Abs. 2 InsO) gearbeitet haben.[67]

Das aber bedeutet: Sie müssen damit rechnen, daß rückständige Forderungen im Insolvenzverfahren kaum oder nicht bedient werden – und in deutlich erhöhtem Maße mit der Anfechtung rechnen.[68] Ein Anfechtungsverzicht des Verwalters aus sozialer Rücksichtnahme widerspräche demgegenüber nicht nur dem Gläubigergleichbehandlungsziel des Insolvenzrechts, sondern kann überdies die Verwalterhaftung nach § 60 InsO auslösen.[69]

b) Begrenztes Anfechtungsrisiko

(1) Schutz des „unmittelbaren“ Leistungsaustauschs

Freilich ist das Anfechtungsrisiko für Arbeitnehmer überschaubar: Der Leistungsaustausch im Arbeitsverhältnis ist als sogenanntes Bargeschäft i. S. d. § 142 InsO geschützt. Die Vorschrift legt fest, daß eine Leistung – etwa die Entgeltzahlung – des Schuldners, die unmittelbar durch eine

---

[63] Vgl. die kleine Anfrage verschiedener Abgeordneter und der Fraktion DIE LINKE vom 27. 2. 2009, BT-Drucks. 16/11928.

[64] § 359 InsO i. V. m. Art. 110 Abs. 1 EGInsO.

[65] Vgl. die Begründung zum RegE-InsO, BT-Drucks. 12/2443, S. 76.

[66] Dazu *Huber*, NJW 2009, 1928, 1929 f.

[67] Näher zur insolvenzrechtlichen Qualifikation von Entgeltansprüchen der Arbeitnehmer Gottwald/*Bertram* (Fn. 16), § 107 Rn. 2 ff.

[68] *Bork*, ZIP 2007, 2337.

[69] Gottwald/*Heinze*/*Bertram* (Fn. 16), § 105 Rn. 32. Zum Ermessen des Verwalters beim Anfechtungsverzicht Uhlenbruck/*Sinz* (Fn. 4), § 60 Rn. 14.

gleichwertige Gegenleistung in die spätere Masse kompensiert wird, allenfalls wegen vorsätzlicher Gläubigerbenachteiligung angefochten werden kann. Das gilt auch für die werthaltige Arbeitsleistung.[70]

Die Unmittelbarkeit meint in § 142 InsO einen engen zeitlichen Zusammenhang. Das Bargeschäft ist das Gegenstück zum Kreditgeschäft – jeder Zahlungsaufschub schließt ein Bargeschäft aus.[71] Bei der Frage, wie eng dieser Zusammenhang ausfallen muß, will die Literatur angelehnt an eine BGH-Entscheidung[72] ausreichen lassen, daß der Arbeitgeber nicht später als 30 Tage nach Fälligkeit der Vergütung zahlt.[73] Das ist riskant: Der BGH[74] hatte es mit der Vergütung eines langfristig für den Schuldner tätigen Rechtsanwalts zu tun. Die Frist von 30 Tagen hat der IX. Senat dabei auf den Zeitraum vom Beginn der Tätigkeit bis zur Zahlung der Vergütung bezogen. Der Zeitpunkt der Beendigung der Dienstleistung oder einer isolierbaren Teilleistung wird ausdrücklich als irrelevant bezeichnet. Für die Zahlung von Arbeitsentgelten ist hieraus allenfalls abzuleiten, daß die pünktliche Zahlung zum Monatsende oder (entsprechend § 614 Satz 2 BGB[75]) zum Ersten des Folgemonats den Bargeschäfts-Charakter nicht hindert. Richtig ist darüber hinaus nur, daß ein Bargeschäft nicht schon deshalb scheitert, weil der Schuldner nicht punktgenau mit Fälligkeit zahlt. Der zeitliche Spielraum ist im Einzelfall zu bestimmen; betroffene Arbeitnehmer sollten sich daher nicht auf eine Frist von 30 Tagen ab Fälligkeit verlassen. Zwanziger[76] meint, ein Bargeschäft könne nur bejaht werden, wenn allenfalls „einige Tage“ verspätet gezahlt wird. Das ist übertrieben vorsichtig: Die Beschäftigten können jedenfalls mit der im Insolvenzrecht anerkannten „Faustregel“ von drei Wochen ab Fälligkeit[77] kalkulieren.

---

[70] Statt aller *Zwanziger*, BB 2007, 42, 43.

[71] Uhlenbruck/*Hirte* (Fn. 4), § 142 Rn. 13.

[72] BGH vom 13. 4. 2006, BGHZ 167, 190, 201.

[73] *Bork*, ZIP 2007, 2337, 2339; *Peters-Lange*, info also 2008, 255, 256.

[74] Fn. 72.

[75] Dazu etwa MünchArbR/*Krause*, 3. Aufl., 2009, § 62 Rn. 3.

[76] BB 2007, 42, 43.

[77] *Huber*, NJW 2009, 1928, 1929; *Wegener*, NZI 2009, 225; *Laws*, ZInsO 2009, 1465, 1469. Weiter MünchKommInsO/*Kirchhof* (Fn. 12), § 142 Rn. 19. Deutlich großzügiger jetzt BAG vom 6. 10. 2011, NZI 2011, 981 ff.: Insolvenzgeldgesicherte Entgeltansprüche aus dem in § 183 Abs. 1 Satz 1 SGB III festgesetzten Zeitraum soll der Arbeitgeber stets „als Bargeschäft“ erfüllen. [Die aktuelle Rechtsprechung des BAG zur Anfechtung ausgezahlter Arbeitsentgelte konnte in diesem Vortrag nicht mehr inhaltlich berücksichtigt werden. S. K.]

(2) Kongruente Deckungen

Jenseits dieser Grenze steigt das Anfechtungsrisiko rapide, weil in der Sache rückständiges Entgelt kreditiert wird. Dann droht insbesondere die Deckungsanfechtung von Zahlungen in der Krise. Bei den Deckungsgeschäften, zu denen die Zahlung auf Entgeltforderungen gehört, ist die kongruente von der inkongruenten Deckung zu unterscheiden. Typisch für Entgeltzahlungen ist die Kongruenz: die Arbeitnehmer erhalten mit der Zahlung eben das, was ihnen von Rechts wegen zusteht – und zwar in der Art und Weise, wie sie es beanspruchen können. Daß rückständige Entgeltforderungen beglichen werden, bedeutet freilich, daß der Arbeitgeber später zahlt als geschuldet. Dieser Umstand führt aber anders als die vorzeitige Zahlung nicht zur Inkongruenz der Deckung und damit auch nicht zur erleichterten Anfechtbarkeit nach § 131 InsO.[78]

Solche kongruenten Deckungen sind in der Krise anfechtbar, wenn der Schuldner bei Zahlung zahlungsunfähig war, also einen erheblichen[79] Teil der fälligen Forderungen nicht bedienen konnte, und der Arbeitnehmer dies wußte. Mit Blick auf diesen Zusammenhang zwischen der Fälligkeit von Entgeltansprüchen und der Anfechtungsvoraussetzung Zahlungsunfähigkeit wird vertreten, daß Arbeitnehmer ihre Forderungen bei verspäteter Zahlung konkludent stunden würden[80] oder bei kollektiv und dauerhaft verzögerter Zahlung mit einer entsprechenden betrieblichen Übung[81] einverstanden wären. Insoweit ist schon sehr zweifelhaft, ob aus dem bloßen „Stillhalten" der Mitarbeiter der rechtsgeschäftliche Wille abgeleitet werden kann, später bezahlt zu werden.[82] Vor allem aber hat der BGH zu Recht betont, daß eine vom Arbeitgeber „erzwungene" Stundung die Zahlungsunfähigkeit nicht hindert, weil die andernfalls drohende Verzögerung der Insolvenzeröffnung allen Gläubigern schadete.[83]

Den Eintritt der Zahlungsunfähigkeit kann der Verwalter im Anfechtungsprozeß zuverlässig nachweisen, der Nachweis der Kenntnis des Arbeitnehmers hingegen ist de facto nicht zu führen – wenn nicht nach § 130 Abs. 2 InsO die Kenntnis von Umständen ausreichte, die zwingend auf die Zahlungsunfähigkeit schließen lassen. Die entscheidende Frage geht also dahin, welche Umstände der Arbeitnehmer kennen muß, um auf eine Zahlungsunfähigkeit schließen zu müssen. Hätte der BGH hier seine anfech-

[78] MünchKommInsO/*Kirchhof* (Fn. 12), § 131 Rn. 40a.

[79] Faustregel: mehr als 10 Prozent für mehr als drei Wochen. Dazu BGH vom 24. 5. 2005, BGHZ 163, 135, 145; MünchKommInsO/*Eilenberger* (Fn. 12), § 17 Rn. 15ff.

[80] *Peters-Lange*, info also 2008, 255, 257.

[81] LAG Dresden vom 29. 4. 2008, ZInsO 2008, 1157, 1158.

[82] Richtig *Wegener*, NZI 2009, 225.

[83] BGH vom 14. 2. 2008, ZInsO 2008, 378, 380.

tungsfreundliche Rechtsprechung zur Indizwirkung unter anderem der schleppenden Zahlung von Arbeitsentgelten zugrunde gelegt[84], wäre die Anfechtung von Entgeltzahlungen in der Krise aussichtsreich. Indes hat der IX. Senat das Anfechtungsrisiko mit zwei Entscheidungen aus dem Jahre 2009, die beide dasselbe Insolvenzverfahren betrafen, stark eingeschränkt:[85] Strenge Regeln sollen nur noch für „institutionelle" Gläubiger – etwa Sozialversicherungsträger – und „Insider" gelten. Ob Arbeitnehmer i.d.S. Insider[86] sind, entscheidet sich nach ihrer Stellung in der betrieblichen „Informationshierarchie": Einem Elektroinstallateur haben die Bundesrichter tiefere Einblicke in die wirtschaftlichen Verhältnisse des kriselnden Unternehmens abgesprochen. Auch wenn solche Mitarbeiter wissen, daß große Teile der Belegschaft ihre Vergütung nur schleppend ausgezahlt bekommen, könnten sie nicht einschätzen, ob die Lohnrückstände bei allen Arbeitnehmern gleich ausgeprägt sind und welchen Anteil die Rückstände an den insgesamt fälligen Forderungen haben.[87] Anders sei dies zu beurteilen, wenn der Arbeitgeber auf einer Betriebsversammlung den sicheren Eindruck vermittelt, er sei zahlungsunfähig. Der Elektroinstallateur mußte mithin nicht von der Zahlungsunfähigkeit seines Arbeitgebers ausgehen. Der langjährige Bauleiter hingegen wußte zu viel – der BGH gab der zweiten Anfechtungsklage statt.

Zusammengefaßt: Bei Arbeitnehmern fehlt es regelmäßig an den subjektiven Voraussetzungen der Insolvenzanfechtung. Riskant sind Insider-Kenntnisse über die wirtschaftliche Situation des Arbeitgebers. Ob diese Informationen vom Arbeitgeber betriebsöffentlich gemacht oder dem Arbeitnehmer durch seine Tätigkeit bekannt werden, ist irrelevant. Nichts anderes kann gelten, wenn Arbeitnehmervertreter aus Betriebsrat, Wirtschaftsausschuß oder Aufsichtsrat die Belegschaft über die Zahlungsunfähigkeit des Arbeitgebers unterrichten.[88] Eine Zurechnung von Sonderwissen aus der Amtstätigkeit an die anderen Mitarbeiter scheidet demgegen-

---

[84] Hierzu bereits II. 1. b).

[85] BGH vom 19. 2. 2009, ZInsO 2009, 515, 517; vom 15. 10. 2009, DB 2009, 2599, 2600. Noch zurückhaltender jetzt BAG vom 6. 10. 2011, NZI 2011, 981 ff.

[86] Gemeint sind Arbeitnehmer, die nicht schon nach § 138 Abs. 1 Nr. 3 und Abs. 2 Nr. 2 InsO als dem Schuldner nahestehende Personen einzustufen sind und deshalb der Vermutung des § 130 Abs. 3 InsO unterfallen. Solche „Insider kraft Gesetzes" sind vor allem leitende Angestellte in den für die Beurteilung der Finanzlage wesentlichen Unternehmensbereichen und Prokuristen; Uhlenbruck/*Hirte* (Fn. 4), § 138 Rn. 12a, 47.

[87] BGH vom 19. 2. 2009, ZInsO 2009, 515, 517; zustimmend LAG Erfurt vom 9. 9. 2010, NJW-Spezial 2011, 119 (Kurzwiedergabe). Strenger *Zwanziger*, BB 2007, 42, 44; *Sander*, ZInsO 2009, 702, 707 f., deren Ansicht nach das Wissen um „kollektive" Lohnrückstände i. d. R. zwingend auf die Zahlungsunfähigkeit schließen läßt.

[88] Dazu etwa *Wegener*, NZI 2009, 225, 226.

über aus: Anders als bei Abschluß von Betriebsvereinbarungen[89] tritt der Betriebsrat bei Auszahlung rückständiger Entgelte nicht „an die Stelle“ der einzelnen Arbeitnehmer. Zu klären ist mithin nur, ob die Sonderkenntnisse dem Amtsträger selbst anfechtungsrechtlich schaden. In der Literatur wird dies mit dem Hinweis auf das betriebsverfassungsrechtliche Benachteiligungsverbot des § 78 Satz 2 BetrVG abgelehnt.[90] Dem ist mit Nachdruck entgegenzutreten:[91] Betriebsräte dürften andernfalls zu Lasten der übrigen Gläubiger – auch der Kollegen im Betrieb – einen individuellen Sondervorteil annehmen und behalten, obwohl sie um die Zahlungsunfähigkeit des Arbeitgebers und damit zwangsläufig auch um die gläubigerbenachteiligende Wirkung der Zahlung wissen. Das Betriebsverfassungsrecht setzte – im krassen teleologischen Widerspruch zum Anfechtungsrecht – einen starken Anreiz, in der Krise den eigenen Vorteil zu suchen, und leistete dem „Mitbestimmungsfilz“ Vorschub.

c) Anfechtungsgefahr in Sonderfällen

(1) Inkongruente Deckungen

Müssen die Arbeitnehmer mithin im Regelfall keine Insolvenzanfechtung ausbezahlter Entgelte befürchten, gibt es andererseits sehr wohl Situationen, in denen der Verwalter solche Zahlungen zurück zur Masse ziehen darf und wird.

Zunächst und vor allem ist damit der Fall angesprochen, daß Arbeitnehmer eine inkongruente Deckung ihrer Entgeltansprüche hereinnehmen. Die inkongruente Deckung, nach Michael Huber[92] die „anfechtungsrechtliche Todsünde“, meint in diesem Zusammenhang eine Zahlung oder sonstige Befriedigung, die der Arbeitnehmer so nicht beanspruchen durfte. Darunter fällt die Entgeltzahlung durch Dritte[93] ebenso wie die Ausgabe von Kundenschecks an Arbeitnehmer zur Verrechnung auf das Arbeitsentgelt[94] oder ein Vorschuß auf künftige Forderungen. Auch die (Einzel-) Zwangsvollstreckung wertet der BGH in der Krise als inkongruent.[95] Akzeptieren Arbeitnehmer solche Deckungen im letzten Monat bevor der Insolvenzantrag gestellt wird, greift die Anfechtung nach § 131 Abs. 1 Nr. 1 InsO. In den beiden Monaten zuvor muß der Verwalter entweder nur

---

[89] Bereits II. 2. c).

[90] *Zwanziger*, BB 2007, 42, 44; *derselbe* (Fn. 31), Einführung Rn. 375; *Peters-Lange*, info also 2008, 255, 258 f.

[91] Im Ergebnis auch *Laws*, ZInsO 2009, 1465, 1472 f.

[92] NJW 2009, 1928, 1931.

[93] *Huber*, NJW 2009, 1928, 1929.

[94] AG Bremen vom 31. 3. 2006, Az: 7 C 272/05, juris.

[95] Dazu mit Nachweisen MünchKommInsO/*Kirchhof* (Fn. 12), § 131 Rn. 26 ff.

die Zahlungsunfähigkeit des Schuldners nachweisen oder nur die Kenntnis des Arbeitnehmers von der Gläubigerbenachteiligung.

Dazu kommt die Indizwirkung der Inkongruenz im Rahmen der Vorsatzanfechtung: Der BGH wertet sie als deutliches Anzeichen für den Vorsatz der Gläubigerbenachteiligung. Warum sonst sollte der Schuldner mehr oder früher oder anders leisten als geschuldet, wenn nicht, um einen Gläubiger zu Lasten der übrigen zu bevorzugen? Entsprechendes gilt für die Kenntnis des Anfechtungsgegners: Auch er wird regelmäßig erkennen, daß der Schuldner seine Gläubiger mit einer inkongruenten Leistung benachteiligen will.[96]

(2) Zahlungen im Eröffnungsverfahren

Anfechtbar können die Entgeltzahlungen des Schuldners vor Insolvenzeröffnung selbst dann sein, wenn der vorläufige Insolvenzverwalter der Zahlung zugestimmt hat. Soweit die §§ 130 ff. InsO die Anfechtung nicht ausdrücklich auf Rechtshandlungen des Schuldners beschränken, unterfallen auch die Rechtshandlungen Dritter der Anfechtung, sogar die eines vorläufigen Insolvenzverwalters.[97] Bei Personengleichheit kann der Verwalter „eigene" Rechtshandlungen anfechten.

Praktisch wird das, wenn sich Lieferanten nur zu weiteren Lieferungen bereit erklären, sofern ihre offenen Alt-Forderungen beglichen werden. Die Anfechtung greift aber auch, wenn Arbeitnehmer ihre Weiterarbeit im Eröffnungsverfahren – gestützt auf vermeintliche oder bestehende Zurückbehaltungs- oder Kündigungsrechte – von der Befriedigung aufgelaufener Entgeltrückstände abhängig machen. Dabei interessiert wiederum nicht das „laufende" Entgelt, das regelmäßig ohnehin nicht aus der Masse, sondern über die Vorfinanzierung des Insolvenzgeldes geleistet wird.[98] Zahlungen auf Rückstände indes sind in erhöhtem Maße anfechtungsbedroht, weil die Arbeitnehmer i.S.v. § 130 Abs. 1 Satz 1 Nr. 2 InsO den Eröffnungsantrag kennen, sobald der vorläufige Insolvenzverwalter im Betrieb auftritt.[99]

Entscheidend kommt es dann darauf an, ob sie nach § 242 BGB darauf vertrauen durften, eine „anfechtungsfeste" Leistung zu erhalten: Der BGH bejaht einen schützenswerten Vertrauenstatbestand, wenn der „schwache"

---

[96] Schon zur KO BGH vom 30.9. 1993, NJW 1993, 3267, 3268. Zur InsO BGH vom 18.12. 2003, ZInsO 2004, 145, 147; vom 8.12. 2005, NZI 2006, 159, 161. Freilich sinkt die Indizwirkung mit dem zeitlichem Abstand zur Krise; Uhlenbruck/*Hirte* (Fn. 4), § 133 Rn. 15.

[97] Nur *Kirchhof*, ZInsO 2000, 297 ff.

[98] *Bork*, ZIP 2009, 2337, 2338.

[99] BAG vom 27.10. 2004, ZIP 2005, 86, 87.

vorläufige Verwalter mit bloßem Zustimmungsvorbehalt der Zahlung auf Altverbindlichkeiten „vorbehaltlos" zustimmt und mit der Zahlung künftige (wohlgemerkt: ihrerseits entgeltliche) Leistungen des Zahlungsempfängers „erkauft" werden sollen.[100] Das Vertrauen werde aber zerstört, wenn der Verwalter bei Zahlung die spätere Anfechtung ankündigt, oder wenn der Vertragspartner seine wirtschaftliche Machtstellung ausnutzt, um die Befriedigung seiner Altverbindlichkeiten gegen den Widerstand des vorläufigen Verwalters zu erzwingen. Dieses Vertrauensschutzkonzept ist abzulehnen: Der BGH prämiert Verwalter, die einer bevorzugten Befriedigung zunächst Widerstand leisten, sich aber dann dem Druck des Gläubigers beugen.[101] Das hiermit angeregte „Laienschauspiel" schadet der Verläßlichkeit im Rechtsverkehr. Richtig ist es, jeder Zusage einer insolvenzrechtswidrigen Behandlung den Vertrauensschutz zu versagen – unabhängig vom Verhalten des Verwalters.[102] In der Sache bedeutet jener Vertrauensschutz, das Recht des wirtschaftlich Stärkeren anzuerkennen, der entgegen dem Gläubigergleichbehandlungsgrundsatz einen Sondervorteil durchsetzen kann.[103]

Statt dessen ist der Anfechtungsschutz allein am Gesichtspunkt der Gläubigerbenachteiligung auszurichten: Nur wenn der Masse gerade für die Erfüllung der Altverbindlichkeiten ein gleichwertiger wirtschaftlicher Vorteil unmittelbar zufließt, darf der bevorzugte Gläubiger auf die „Insolvenzfestigkeit" seiner Befriedigung vertrauen. Der BGH hat diesen entscheidenden Punkt in seinen grundlegenden Entscheidungen aus dem Jahre 2003[104] für den Fall herausgearbeitet, daß die Beteiligten durch eine neue Abrede einen zusätzlichen Verpflichtungsgrund für die Altverbindlichkeiten setzen. Entscheidend aber ist nicht jene Doppelung, sondern der unmittelbare Zusammenhang zwischen der vollen Befriedigung von Insolvenzforderungen und einem kompensatorischen Vorteil der Masse. Zu Recht läßt der BGH mittelbare und außerdem ungewisse Vorteile durch die Möglichkeit unterbrechungsloser Betriebsfortführung nicht ausrei-

[100] BGH vom 9.12.2004, BGHZ 161, 315, 320f.; vom 15.12.2005, BGHZ 165, 283, 286. Dazu noch *Bork*, ZIP 2006, 589, 589ff.; *Hörmann*, MDR 2006, 601, 601ff.

[101] Zur Anfechtung von Zahlungen des Schuldners mit Zustimmung des schwachen vorläufigen Insolvenzverwalters OLG Celle vom 12.12.2002, NZI 2003, 266; zustimmend *Laws*, ZInsO 2009, 1465, 1473. Ähnlich BAG vom 27.10.2004, ZIP 2005, 86, 87; *Stiller*, ZInsO 2005, 529, 529ff.

[102] Ebenso *Adam*, DZWIR 2007, 357, 361.

[103] Dazu *Undritz*, NZI 2007, 65, 67f. In diese Richtung auch *Spliedt*, ZInsO 2007, 405, 408f.

[104] BGH vom 13.3.2003, BGHZ 154, 190, 195f.; vom 13.3.2003, ZInsO 2003, 420, 421.

chen.[105] Meines Erachtens ist daraus – entgegen der überwiegenden Meinung[106] – zu folgern, daß sich Arbeitnehmer im Eröffnungsverfahren grundsätzlich keine Zurückbehaltungs- und Kündigungsrechte gegen Zahlungen auf Insolvenzforderungen „abkaufen" lassen dürfen. Anfechtungsfest ist nur der gewissermaßen umgekehrte Fall, daß der Arbeitnehmer gegen Zahlungen auf Entgeltrückstände einen Aufhebungsvertrag unterschreibt.[107]

Entsprechendes hat im übrigen auch dann zu gelten, wenn ausnahmsweise ein „starker" vorläufiger Verwalter mit begleitendem Verfügungsverbot eingesetzt wurde.[108] Besonderer Vertrauensschutz ist hier nur gerechtfertigt, soweit der starke vorläufige Verwalter Masseverbindlichkeiten neu begründet,[109] nicht aber bei der systemwidrigen bevorzugten Befriedigung von Insolvenzforderungen.[110]

(3) Exkurs: Insolvenzgeld

Während anfechtbare Entgeltansprüche nach § 184 Abs. 1 Nr. 2 SGB III nicht insolvenzgeldgesichert sind,[111] ist der betroffene Arbeitnehmer bei Anfechtung von Zahlungen unter Umständen sozialrechtlich geschützt.[112] Mit dem Antrag auf Insolvenzgeld gehen dann nicht nur rückständige Entgeltansprüche auf die Bundesagentur für Arbeit über, sondern die BA wird nach § 187 Satz 3 SGB III auch Anfechtungsgegner bei Anfechtung bereits ausgezahlter Entgelte, trägt also das Anfechtungsrisiko wirtschaftlich. Wird der Arbeitnehmer von der Insolvenzanfechtung überrascht und hat die Frist für den Antrag auf Insolvenzgeld nach § 324 Abs. 3 Satz 1 SGB III versäumt, ist ein verspäteter Antrag nach § 324 Abs. 3 Satz 2 SGB III zuzulassen.[113]

---

[105] BGH vom 13. 3. 2003, BGHZ 154, 190, 196; vom 13. 3. 2003, ZInsO 2003, 420, 421.

[106] *Gundlach/Frenzel/Schmidt*, DZWIR 2005, 324, 326; weiter *Zwanziger*, BB 2007, 42, 46; derselbe (Fn. 31), Einführung Rn. 358; *Peters-Lange*, info also 2008, 255, 258.

[107] *Gundlach/Frenzel/Schmidt*, DZWIR 2005, 324, 326.

[108] Nachweise bei Binder, KTS 2006, 1, 7f. Anders *Zwanziger*, BB 2007, 42, 45; *Peters-Lange*, info also 2008, 255, 258.

[109] MünchKommInsO/*Haarmeyer* (Fn. 12), § 22 Rn. 191; Uhlenbruck/*Hirte* (Fn. 4), § 129 Rn. 17.

[110] *Adam*, DZWIR 2007, 357, 360f. Noch weiter *Spliedt*, ZInsO 2007, 405, 406ff., der Rechtshandlungen des starken vorläufigen Insolvenzverwalters generell der Anfechtung unterstellen will.

[111] Zu einer europarechtskonformen Reduktion auf Mißbrauchsfälle *Cranshaw*, ZInsO 2009, 257ff.

[112] Dazu etwa *Cranshaw*, ZInsO 2009, 257, 263.

[113] *Peters-Lange*, info also 2008, 255, 262.

In Zusammenhang mit dem sozialrechtlichen Arbeitnehmerschutz qua Insolvenzgeld ist anzumerken, daß sogar der Antrag eines Arbeitnehmers auf Insolvenzgeld anfechtbare Rechtshandlung sein kann.[114] Praktisch geworden sind Fälle, in denen die Verwalter insolventer Personal-Service-Agenturen gegen die BA Ansprüche auf Fallpauschalen geltend machten. Die BA verteidigte sich, indem sie mit übergegangenen Entgeltforderungen aufrechnete. Der BGH hat eine auf die Herstellung der Aufrechnungslage beschränkte Anfechtung nach § 130 Abs. 1 Nr. 2 InsO gebilligt; die Aufrechnung ist dann gemäß § 96 Abs. 1 Nr. 3 InsO untersagt.

2. *Sozialversicherungsbeiträge*

Hat der Schuldner noch Sozialversicherungsbeiträge abgeführt, so gelten für die Insolvenzanfechtung dieser Zahlungen keine Sonderregeln. Der BGH hat mehrfach entschieden, daß Sozialversicherungsträger keine hervorgehobene Stellung unter den Insolvenzgläubigern einnehmen.[115] Insbesondere die Vorsatzanfechtung nach § 133 Abs. 1 InsO greift mit Blick auf abgeführte Beiträge häufig: Der BGH unterstellt einen Erfahrungssatz, nach dem es sich einem Sozialversicherungsträger geradezu aufdrängen muß, daß seine Forderungen bevorzugt – will heißen: mit Vorsatz der Benachteiligung anderer Gläubiger – erfüllt werden, weil die Nichtabführung von Arbeitnehmerbeiträgen in § 266a StGB unter Strafe gestellt ist.[116]

Der Belastung der Sozialkassen durch eine zunehmend aggressive Anfechtungspraxis der Verwalter wollte der Gesetzgeber bereits mehrfach entgegen treten.[117] Bislang gibt es für ein „hartes" Vorrecht für Sozialversicherungsträger allerdings keine politische Mehrheit; Gesetz geworden ist (zum 1. 1. 2008) „nur" § 28e SGB IV, der in Abs. 1 Satz 2 anordnet, daß der Arbeitnehmeranteil des Gesamtsozialversicherungsbeitrags als aus dem Vermögen des Arbeitnehmers erbracht gilt. Ob damit wie beabsichtigt Gläubigerbenachteiligung und Anfechtung ausscheiden müssen, ist in

---

[114] BGH vom 17. 12. 2009, Kurzwiedergabe GWR 2010, 97; OLG Brandenburg vom 1. 7. 2009, ZIP 2009, 1478 ff.; OLG Hamm vom 8. 5. 2009, ZIP 2010, 296, 297. Skeptisch *Zwanziger* (Fn. 31), Einführung Rn. 392.

[115] Dazu etwa BGH vom 3. 11. 2005, ZInsO 2005, 1268, 1269; vom 8. 12. 2005, ZInsO 2006, 94, 96.

[116] BGH vom 27. 5. 2003, BGHZ 155, 75, 86.

[117] Zum Entwurf eines Gesetzes zur Verbesserung des Pfändungsschutzes der Altersvorsorge und zur Anpassung des Rechts der Insolvenzanfechtung *Huber*, ZIP 2007, 501 ff.

der Literatur umstritten.[118] Der BGH hat die Frage klar verneint;[119] für die Anfechtungspraxis ist § 28e SGB IV damit irrelevant.[120]

3. *Direktversicherungs-Prämien*

Das OLG Karlsruhe hat die Deckungsanfechtung (§ 130 InsO) bezahlter Prämien für eine durch Entgeltumwandlung finanzierte Direktversicherung erlaubt.[121] Dagegen ist nichts zu erinnern: Die Entgeltumwandlung hindert eine Anfechtung ebensowenig wie die wirtschaftliche Zuordnung von Sozialversicherungsbeiträgen zum Arbeitnehmervermögen nach § 28e Abs. 1 Satz 2 SGB IV.[122] Begreift man die Entgeltumwandlung richtig als Schuldänderungsvertrag,[123] fehlt ohnehin jeder Ansatzpunkt für ein anfechtungshinderndes Treuhandverhältnis.[124]

Auch § 142 InsO hilft nicht,[125] weil mit der Arbeitsleistung zwar eine gleichwertige Gegenleistung ins Schuldnervermögen kommt – aber nicht auf der Grundlage einer Vereinbarung zwischen dem Arbeitgeber und der Versicherung als Anfechtungsgegner.[126] Den Arbeitnehmer trifft das hart: Er steht anfechtungsrechtlich schlechter als ein Kollege, der sich das Entgelt voll auszahlen läßt und privat vorsorgt.

---

[118] Eingehend und mit umfangreichen Nachweisen Uhlenbruck/*Hirte* (Fn. 4), § 129 Rn. 105.

[119] BGH vom 5. 11. 2009, BGHZ 183, 86, 91 f.; bestätigt BGH vom 30. 9. 2010, ZIP 2010, 2209, 2210; vom 7. 4. 2011, ZInsO 2011, 916.

[120] Vgl. aber V.

[121] OLG Karlsruhe vom 18. 1. 2007, ZIP 2007, 286, 287. Zustimmend Uhlenbruck/*Hirte* (Fn. 4), § 134 Rn. 15.

[122] Soeben 2.

[123] *Rieble*, BetrAV 2001, 584, 585 f.; *Steigenberger*, Entgeltumwandlung in der Insolvenz, 2007, S. 31 ff.; *Blomeyer/Rolfs/Otto*, BetrAVG, 5. Aufl., 2010, § 1 Rn. 124. Zustimmend OLG Karlsruhe vom 18. 1. 2007, ZIP 2007, 286, 289. In der Sache auch BSG vom 14. 7. 2004, BetrAV 2004, 679, 680 – freilich spricht das BSG mißverständlich davon, die Entgeltschuld des Arbeitgebers werde „zukunftsgerichtet erneuert (noviert) und im Umfang der Zusage [...] ersetzt."

[124] OLG Karlsruhe vom 18. 1. 2007, ZIP 2007, 286, 289 f.; *Steigenberger* (Fn. 123), S. 145 f. Anders *Kießling*, NZI 2008, 469 ff. m. w. N.

[125] Anders *Schäfer*, NZI 2008, 151, 152 f.; Braun/*Bäuerle*, InsO, 4. Aufl., 2010, § 47 Rn. 77.

[126] Für die Anfechtung abgeführter Sozialversicherungsbeiträge BGH vom 8. 12. 2005, ZInsO 2006, 94 ff.

IV. Anfechtung unentgeltlicher Leistungen

Geradezu das Musterbeispiel einer anfechtbaren Rechtshandlung ist die unentgeltliche Leistung des späteren Insolvenzschuldners – anfechtbar nach § 134 Abs. 1 InsO innerhalb von vier Jahren vor dem Insolvenzantrag. In der Arbeitgeber-Insolvenz wird diese Schenkungsanfechtung bei Leistungen des Arbeitgebers an Dritte praktisch, etwa bei unentgeltlicher Arbeitnehmerüberlassung.[127]

Leistungen an Arbeitnehmer sind hingegen nur ausnahmsweise erfaßt. Unentgeltlichkeit ist im Arbeitsverhältnis die klare Ausnahme;[128] echte Schenkungen des Arbeitgebers an seine Mitarbeiter werden regelmäßig als Gelegenheitsgeschenke i. S. d. § 134 Abs. 2 InsO der Anfechtung entzogen sein. Das Anfechtungsrecht hat hier der arbeitsrechtlichen Wertung zu folgen[129]. Vor diesem Hintergrund ist es bedenklich, wie großzügig die herrschende Ansicht in der insolvenzrechtlichen Literatur[130] die Anfechtung einer für Mehrarbeit gezahlten Vergütung erlaubt, wenn Überstunden laut Arbeitsvertrag mit dem Grundgehalt abgegolten sein sollen. Die dabei als Referenz bemühte Entscheidung des LAG Hamm[131] ist zwar in der Sache richtig – aber ein Sonderfall: Wenn der Fahrer des Geschäftsführers in der Krise und unter dubiosen Umständen einen Barscheck über 25.000 DM erhält und eine angebliche mündliche Vertragsänderung nicht näher dartun kann, geht es nicht um Überstundenvergütung. Problematisch ist die Verallgemeinerung: Bei regelhaften, kollektiven Leistungen des Arbeitgebers ist an eine konkludente Vertragsänderung, gegebenenfalls an eine betriebliche Übung zu denken – und jedenfalls von Entgeltlichkeit auszugehen. Angesprochen ist dann nicht § 134 InsO, sondern vor allem die deutlich knapper befristete besondere Insolvenzanfechtung. Entsprechendes gilt für alle „freiwilligen Leistungen“ des Arbeitgebers[132]: Unabhängig von der Rechtsgrundlage erfolgen sie niemals unentgeltlich. Dagegen ist die unmittelbare Gläubigerbenachteiligung grundsätzlich zu bejahen, hatte doch der Arbeitgeber bereits Anspruch auf die Arbeitsleistung als Gegenleistung.

---

[127] Dazu BGH vom 11. 12. 2003, ZInsO 2004, 149, 150.

[128] Freiwillige Leistungen des Arbeitgebers mit Bezug zum Arbeitsverhältnis haben Entgeltcharakter; hierzu Staudinger/*Richardi*, BGB, 2005, § 611 Rn. 737; MünchKommBGB/*Müller-Glöge*, 5. Aufl., 2009, § 611 Rn. 772

[129] Deutlich (noch zur KO) BGH vom 12. 12. 1996, ZIP 1997, 247 f.

[130] *Laws*, ZInsO 2009, 1465, 1468; weiter MünchKommInsO/*Kirchhof* (Fn. 12), § 134 Rn. 35; Uhlenbruck/*Hirte* (Fn. 4), § 134 Rn. 32.

[131] LAG Hamm vom 26. 11. 1997, ZIP 1998, 920, 922.

[132] Grundsätzlich richtig gesehen bei Uhlenbruck/*Hirte* (Fn. 4), § 134 Rn. 32.

V. Rechtsweg für die Anfechtungsklage

Die Anfechtung ausbezahlter Arbeitsentgelte hat 2010 den Gemeinsamen Senat der obersten Gerichtshöfe des Bundes beschäftigt,[133] weil sowohl der BGH[134] – unterstützt von der insolvenzrechtlichen Literatur[135] – als auch das BAG[136] – unter Beifall der Arbeitsrechtler[137] – den Rechtsweg zur jeweils „eigenen" Gerichtsbarkeit eröffnet sahen. Der Gemeinsame Senat hat bekanntlich für eine Zuständigkeit der Arbeitsgerichte votiert. Die Entscheidung überzeugt in der Sache nicht und bedeutet mittelfristig einen Verlust an Rechtssicherheit[138].

Sie ist inhaltlich verfehlt, weil der Anfechtungsanspruch als spezifisch insolvenzrechtlicher Anspruch den ordentlichen Gerichten zugewiesen ist – unabhängig von der rechtlichen Einordnung der angefochtenen Rechtshandlung.[139] Die Rückabwicklung eines arbeitsvertraglichen Leistungsaustausches qua Insolvenzanfechtung führt nicht zu einer Streitigkeit aus dem Arbeitsverhältnis i.S.d. § 2 Abs. 1 Nr. 3 lit. a ArbGG. Das belegt der Vergleich mit der (der Insolvenzanfechtung sachlich verwandten)[140] Gläubigeranfechtung des Fiskus nach AnfG wegen Ansprüchen aus dem Steuerschuldverhältnis. Diese Anfechtungsansprüche können nur deshalb im Steuerverwaltungsverfahren und hiernach vor den Finanzgerichten durchgesetzt werden, weil der Gesetzgeber den Duldungsbescheid in § 191 Abs. 1 Satz 2 AO ausdrücklich erlaubt hat.[141] Weiter fehlt es an einem rechtlichen oder unmittelbar wirtschaftlichen Zusammenhang des Anfechtungsrechts gerade zu dem Arbeitsverhältnis i.S.d. § 2 Abs. 1 Nr. 4 lit. a ArbGG.[142] Vor allem aber darf der anfechtende Verwalter auch bei weitester Auslegung nicht zum Rechtsnachfolger des Arbeitgebers i.S.d. § 3 ArbGG erklärt werden. Mit Blick auf den Anfechtungsanspruch fehlt jede Rechtsposition des Gemeinschuldners, in die der Verwalter einrücken könnte. Wiederum zeigt der Blick auf die Gläubigeranfechtung nach dem

---

[133] GmS-OGB vom 27. 9. 2010, ZInsO 2010, 2400 ff.

[134] Vorlagebeschluß vom 2. 4. 2009, ZInsO 2009, 820 ff.

[135] Umfangreiche Nachweise bei Uhlenbruck/*Hirte* (Fn. 4), § 143 Rn. 63; weiter *Bork*, ZIP 2008, 1041, 1049, der dem BAG eine „krasse Fehlentscheidung" vorhält.

[136] Etwa BAG vom 31. 3. 2009, ZIP 2009, 831 f.

[137] *Jacobs*, NJW 2009, 1932 ff.; *Zwanziger* (Fn. 31), Einführung Rn. 399.

[138] *Huber*, ZInsO 2011, 519, 520: „neues Chaos [...] vorprogrammiert".

[139] Nur MünchKommInsO/*Kirchhof* (Fn. 12), § 146 Rn. 30.

[140] Bereits I. 1.

[141] *Gerhardt*, FS Karsten Schmidt, 2009, 457, 460 f. m.w.N.

[142] *Gerhardt* (Fn. 141), 457, 460.

AnfG, daß der anfechtende Verwalter eine Befugnis der Gläubiger wahrnimmt.[143]

Immerhin hat das nachgerade chaotische Hin und Her der Verweisungsbeschlüsse zwischen Arbeits- und ordentlicher Gerichtsbarkeit[144] ein Ende. Der Gewinn an Rechtssicherheit ist freilich nur von kurzer Dauer: Zunächst ist zu klären, wie die Zuständigkeitsgrenzen zwischen Arbeits- und Zivilgerichten bei der Anfechtung anderer Rechtshandlungen mit arbeitsrechtlichem Hintergrund verlaufen. Hier entfaltet die Entscheidung des GmS-OGB Sogwirkung zur Arbeitsgerichtsbarkeit, weil die Zuständigkeit für die Anfechtungsklage jedenfalls im Ergebnis an das zugrundeliegende Rechtsverhältnis gebunden wird. Das aber erlaubt Rückschlüsse auch auf alle anderen Anfechtungsklagen, auf einen Paradigmenwechsel mit noch unüberschaubaren Folgen: Es hat nicht lange gedauert, bis die Entscheidung des GmS-OGB in der Literatur als Chance gefeiert wurde, der anfechtungsfreundlichen Rechtsprechung des BGH zur Rückforderung abgeführter Sozialversicherungsbeiträge vor den jetzt möglicherweise zuständigen Sozialgerichten den Garaus zu machen.[145] Daß der BGH diese Frage jüngst noch einmal entschieden und die Zuständigkeit der Zivilgerichte klar bejaht hat,[146] muß nicht das letzte Wort gewesen sein.[147]

Sollten abgeführte Sozialversicherungsbeiträge durch einen „Zuständigkeitswechsel" künftig weithin anfechtungsfest werden, wäre das nach § 55 Abs. 4 InsO i. d. F. des Haushaltsbegleitgesetzes 2011[148] der zweite Schritt in Richtung eines Insolvenzprivilegs für öffentlichrechtliche Gläubiger – ein Schritt zurück zum „Konkurs des Konkurses" der KO, der aus dem Abstand von gut 15 Jahren offenbar viel von seinem Schrecken verloren hat.

---

[143] *Kreft*, ZInsO 2009, 578, 582.

[144] Dazu *Huber*, NJW 2009, 1928.

[145] *Bigge/Peters-Lange*, SGb 2011, 88, 89. Dagegen mit Recht *Huber*, ZInsO 2011, 519 ff.; *Poertzgen/Meyer*, NZI 2011, 477 ff.

[146] BGH vom 24. 3. 2011, ZInsO 2011, 723 f.

[147] Hierzu *Geiger/Fiedler/Czernetzki*, ZInsO 2011, 854 ff., die sich gegen die Auffassung des BGH aussprechen und S. 857 eine Reihe instanzgerichtlicher Entscheidungen anführen, die gleichfalls eine Zuständigkeit der Sozialgerichte unterstellen.

[148] BGBl I 2010, S. 1885 ff. Dazu m. w. N. *Weiland*, DZWIR 2011, 224, 229 ff., der auf die flankierende Rechtsprechung des BFH (vom 29. 1. 2009, BFHE 224, 24 ff.; vom 9. 12. 2010, BFHE 232, 301 ff.) hinweist.

Missbrauch der Europäischen Aktiengesellschaft

Adam Sagan

I. Einleitung

Die Europäische Aktiengesellschaft, häufig in Abkürzung ihres lateinischen Namens *Societas Europaea* „SE" genannt, erfreut sich in Deutschland großer Beliebtheit. Von den bis Juni 2010 insgesamt 595 europaweit registrierten SE wurden insgesamt rund 70% in der Tschechischen Republik oder in Deutschland gegründet.[1] Unter den in Deutschland ansässigen Unternehmen haben sich beispielsweise Allianz, BASF, Bilfinger Berger, MAN, Porsche und Vapiano für die Rechtsform der SE entschieden. Zu den Hauptmotiven für die Gründung einer SE zählen das internationale bzw. europäische Image, das insbesondere mit dem Firmenbestandteil „SE" verbunden ist, sowie die Wahlmöglichkeit zwischen dualistischer und monistischer Leitungsstruktur.[2] Darüber hinaus ist die flexible Gestaltung der Mitbestimmung der Arbeitnehmer in den Unternehmensorganen der SE ein weiterer wesentlicher Gesichtspunkt, der aus Sicht der Arbeitgeber für die Rechtsform der Europäischen Aktiengesellschaft spricht.[3] Im Gegensatz zur Aktiengesellschaft deutschen Rechts, für die gegebenenfalls die zwingenden Vorschriften des Mitbestimmungs- bzw. des Drittelbeteiligungsgesetzes gelten,[4] kann das Mitbestimmungsregime jeder einzelnen SE aufgrund einer freiwilligen Vereinbarung zwischen Arbeitgeber- und Arbeitnehmerseite geregelt werden.

Die Entscheidung für diese „Verhandlungslösung" beendete den mehr als drei Dekaden währenden Streit über die Beteiligung der Arbeitnehmer in der Europäischen Aktiengesellschaft, an dem bereits der Entwurf der Europäischen Kommission aus dem Jahr 1970[5] gescheitert war.[6] Der Grund für den Disput lag in der äußerst unterschiedlichen Ausgestaltung der unternehmerischen Mitbestimmung in den Mitgliedstaaten der Europäischen Union. Diejenigen Mitgliedstaaten, denen eine Repräsentation der Arbeitnehmer in Unternehmensorganen fremd ist, lehnten einen *Export* nationaler Mitbestimmungsrechte über das europarechtliche Vehikel der SE ab. Demgegenüber waren Mitgliedstaaten, deren einzelstaatliches Recht eine Vertretung der Arbeitnehmer in den Leitungsorganen nationaler Gesellschaften zwingend vorschreibt, darauf bedacht, dass die SE den einzelstaatlichen Unternehmen keine *Flucht* aus der Mitbestimmung ermöglichen würde. Diese beiden konfligierenden Regelungsziele galt es in

[1] Europäische Kommission, KOM (2010) 676 endg., S. 3; s. auch *Bobke-von Camen*, Personal 2011, 17.

[2] *Eidenmüller/Engert/Hornuf*, AG 2009, 845, 847.

[3] *Eidenmüller/Engert/Hornuf*, AG 2009, 845, 847.

[4] Ulmer/Habersack/Henssler/*Ulmer*, Mitbestimmungsrecht, 2. Aufl., 2006, Einl. MitbestG Rn. 38; Wlotzke/Wißmann/Koberski/Kleinsorge/*Wißmann*, Mitbestimmungsrecht, 4. Aufl., 2011, Vorbem. Rn. 56.

[5] ABl. Nr. C 124, 10. 10. 1970, S. 1.

[6] S. Hanau/Steinmeyer/Wank/*Hanau*, Handbuch des europäischen Arbeits- und Sozialrechts, 2002, § 19 Rn. 137–152; eingehend zur Entstehungsgeschichte der SE: *Güntzel*, Die Richtlinie über die Arbeitnehmerbeteiligung in der Europäischen Aktiengesellschaft und ihre Umsetzung in das deutsche Recht, 2006, S. 18–69.

den Verhandlungen über das Mitbestimmungsstatut der SE zum Ausgleich zu bringen.

Erst im Nachgang zum Davignon-Bericht aus dem Jahr 1997 konnte ein Kompromiss gefunden werden, der sich im Wesentlichen an der Richtlinie 94/45/EG zum Europäischen Betriebsrat[7] orientiert. Danach soll die Beteiligung der Arbeitnehmer in der SE primär durch eine freiwillige Vereinbarung zwischen den jeweils betroffenen Arbeitgebern und Arbeitnehmern und nur für den Fall, dass zwischen ihnen eine Einigung nicht zustande kommt, durch subsidiäre gesetzliche Vorschriften geregelt werden. Auf dieser Grundlage gelang der Durchbruch auf dem Gipfel von Nizza im Dezember 2000, auf dem die Verordnung über das Statut der Europäischen Gesellschaft[8] verabschiedet wurde, die am 8. Oktober 2004 in Kraft trat. Bis zu diesem Datum war zudem die ergänzende SE-Richtlinie[9] von den Mitgliedstaaten umzusetzen, die ebenfalls auf dem Gipfel von Nizza angenommen wurde und die Regelungen zur Arbeitnehmerbeteiligung in der SE enthält.

Die mit dem Modell vorrangiger Verhandlungen und gesetzlicher Auffanglösung gewährte Flexibilität wird allerdings durch eine denkbar unbestimmte Regelung konterkariert, die dazu bestimmt ist, eine Flucht aus der Mitbestimmung zu verhindern: das Missbrauchsverbot des Art. 11 SE-RL.[10] Danach sind die Mitgliedstaaten verpflichtet, im Einklang mit den unionsrechtlichen Rechtsvorschriften geeignete Maßnahmen zu treffen, um zu verhindern, dass eine SE dazu missbraucht wird, Arbeitnehmern Beteilungsrechte zu entziehen oder vorzuenthalten. Nutzt eine Gesellschaft die Rechtsform der SE mit dem Ziel, die Mitbestimmung der Arbeitnehmer aus ihrer Sicht zu „optimieren", stellt sich daher stets die Frage nach einem unzulässigen Missbrauch.

Auf der Ebene der Mitgliedstaaten ist das europarechtliche Missbrauchsverbot verbreitet auf Widerstand gestoßen. Mehrere Staaten haben keinerlei Maßnahmen getroffen, um den Missbrauch einer SE zu verhindern, worüber die Kommission anlässlich der Überprüfung der SE-Richtlinie im Jahr 2008 ihre Besorgnis zum Ausdruck brachte.[11] Auch in Deutschland

---

[7] Richtlinie 94/45/EG vom 22. 9. 1994 über die Einsetzung eines Europäischen Betriebsrats (ABl. Nr. L 254, 30. 9. 1994, S. 64).

[8] Verordnung 2157/2001/EG vom 8. 10. 2001 über das Statut der Europäischen Gesellschaft (ABl. Nr. L 294, 10. 11. 2001, S. 1) [nachfolgend: SE-VO].

[9] Richtlinie 2001/86/EG vom 8. 10. 2001 zur Ergänzung des Statuts der Europäischen Gesellschaft hinsichtlich der Beteiligung der Arbeitnehmer (ABl. Nr. L 294, 10. 11. 2001, S. 22) [nachfolgend: SE-RL].

[10] Zu dessen Entstehungsgeschichte: *Mävers*, Die Mitbestimmung der Arbeitnehmer in der Europäischen Aktiengesellschaft, 2002, S. 351 f.

[11] KOM (2008) 591 endg., S. 6.

regte sich gegen die Umsetzung des Art. 11 SE-RL Widerstand. So sind etwa die Arbeitgeberverbände in einer gemeinsamen Stellungnahme gegen eine ausdrückliche Übernahme des Missbrauchsverbots eingetreten[12] und auch vereinzelte Stimmen im Schrifttum erachteten eine spezialgesetzliche Umsetzung angesichts der bürgerlich-rechtlichen Generalklauseln der §§ 134, 138 BGB für überflüssig.[13] Der Gesetzgeber entschied sich jedoch dazu, mit dem Erlass des Gesetzes über die Beteiligung der Arbeitnehmer in einer Europäischen Gesellschaft[14] (SEBG), das die SE-Richtlinie in deutsches Recht umsetzt, das Missbrauchsverbot des Art. 11 SE-RL nahezu wortlautidentisch in § 43 S. 1 SEBG zu übernehmen.

Allerdings war sich der Gesetzgeber des zwiespältigen Charakters des Missbrauchsverbots bewusst und wies in der Gesetzesbegründung zu § 43 SEBG darauf hin, dass die SE-Verordnung die grenzüberschreitende wirtschaftliche Tätigkeit von Unternehmen erleichtern wolle und die Nutzung vorgesehener Handlungsmöglichkeiten den Vorwurf eines Missbrauchs nicht begründen könne.[15] Diese Aussage ist im Schrifttum auf breite Resonanz gestoßen,[16] ist im Grunde jedoch wenig aufschlussreich. Wäre jede Nutzung aller Handlungsmöglichkeiten zulässig, die mit der Einführung der SE geschaffen wurden, bestünde für das Missbrauchsverbot kein Anwendungsfall. Seine bloße Existenz belegt, dass Handlungsspielräume eröffnet wurden, deren Ausnutzung nicht zulässig, sondern missbräuchlich ist. Die Schlüsselfrage lautet daher: Welche Nutzung der SE ist noch ordnungsgemäßer Gebrauch und welche schon unzulässiger Missbrauch?

II. Das Missbrauchsverbot im Kontext des SEBG

Bevor dieser Frage nachgegangen wird, sei zunächst in groben Zügen dargestellt, wie die Beteiligung der Arbeitnehmer in der SE ausgestaltet ist.

---

[12] Gemeinsame Stellungnahme von BDA, BDI, DIHK, GDV, BdB und Dt. Aktieninstitut zum Referentenentwurf des SEEG vom 3. 5. 2004, S. 12 (abrufbar auf „aus-portal.de").

[13] *Heinze*, ZGR 2002, 66, 87.

[14] BGBl. I 2004, S. 3675, 3686.

[15] BT-Drucks. 15/3405, S. 57.

[16] Kölner Kommentar/*Feuerborn*, AktG, Band 8/2, 3. Aufl., 2010, § 43 SEBG Rn. 3; UHH/*Henssler* (Fn. 4), Einl. SEBG, Rn. 216; Münchener Kommentar/*Jacobs*, AktG, Band 7, 3. Aufl., 2012, § 43 SEBG Rn. 2a; Oetker/Preis/*Joost*, Europäisches Arbeitsrecht (EAS), 2006, B 8200, Rn. 250; Manz/Mayer/Schröder/*Kleinmann*/*Kujath*, Europäische Aktiengesellschaft SE, 2. Aufl., 2010, § 43 SEBG Rn. 2; Van Hulle/Maul/Drinhausen/*Köklü*, Handbuch zur Europäischen Gesellschaft (SE), 2007, Kap. 6 Rn. 252; *Riesenhuber*, Europäisches Arbeitsrecht, 2009, § 29 Rn. 60.

1. *Die Arbeitnehmerbeteiligung in der SE im Überblick*

Gemäß Art. 2 SE-VO wird eine Europäische Aktiengesellschaft im Wege der Verschmelzung oder Umwandlung oder als Holding-SE oder Tochter-SE gegründet. Für SE mit Sitz im Inland gilt das SEBG, das die *Beteiligung* der Arbeitnehmer in der SE regelt. Der Begriff der Beteiligung umfasst nach § 2 Abs. 9–12 SEBG einerseits die Rechte der Arbeitnehmer auf *Unterrichtung* und *Anhörung*, die in deutscher Terminologie zum materiellen Betriebsverfassungsrecht zählen, sowie andererseits die *Mitbestimmung*, worunter die Befugnisse der Arbeitnehmer verstanden werden, auf die Besetzung des SE-Aufsichts- oder Verwaltungsorgans Einfluss zu nehmen. Zu den *Mitbestimmungsrechten* zählen im Einzelnen die Rechte der Arbeitnehmer, einen Teil der Mitglieder des Aufsichts- oder Verwaltungsorgans zu wählen oder zu bestellen sowie die Bestellung eines Teils oder aller Mitglieder zu empfehlen oder abzulehnen.

a) *Beteiligung der Arbeitnehmer kraft Vereinbarung*

Das Verhandlungsverfahren über die Beteiligung der Arbeitnehmer in der SE wird von den in § 2 Abs. 5 SEBG definierten *Leitungen* derjenigen Gesellschaften eingeleitet, die unmittelbar an der SE-Gründung beteiligt sind und in § 2 Abs. 2 SEBG als *beteiligte Gesellschaften* bezeichnet werden. Sobald diese die Gründung einer SE planen, sind deren Leitungen nach § 4 SEBG verpflichtet, die Arbeitnehmerseite hierüber zu informieren und zur Bildung eines *besonderen Verhandlungsgremiums* (bVG) aufzufordern. Das bVG setzt sich gemäß § 5 SEBG aus Vertretern der Arbeitnehmer der beteiligten Gesellschaften sowie der *betroffenen Tochtergesellschaften und Betriebe* zusammen, die gemäß der Legaldefinition des § 2 Abs. 4 SEBG Tochtergesellschaften oder Betriebe der SE werden sollen.

Nachdem das bVG gebildet wurde, verhandelt es mit den Leitungen der beteiligten Gesellschaften über die Beteiligung der Arbeitnehmer in der SE und den Abschluss einer entsprechenden Vereinbarung, der sog. *Beteiligungsvereinbarung*. Für eine solche Vereinbarung enthält § 21 SEBG nur wenige zwingende Vorgaben, die sich insbesondere auf die Errichtung eines SE-Betriebsrats oder eines alternativen Verfahrens beziehen, das die Unterrichtung und Anhörung der Arbeitnehmer auf der Ebene der SE sicherstellt. Demgegenüber steht die Entscheidung darüber, ob in der SE Mitbestimmungsrechte bestehen sollen, grundsätzlich im Belieben der Verhandlungsparteien. Lediglich für den Fall, dass die SE im Wege der Umwandlung gegründet wird, muss die Beteiligungsvereinbarung nach § 21 Abs. 6 SEBG in Bezug auf alle Komponenten der Arbeitnehmerbeteiligung das gleiche Ausmaß gewährleisten, in dem sie in der umzuwandelnden Gesellschaft bestehen.

Sofern die SE nicht im Wege der Umwandlung einer mitbestimmten Gesellschaft gegründet wird, kann das bVG zudem nach § 16 SEBG mit qualifizierter Mehrheit beschließen, keine Verhandlungen aufzunehmen oder bereits aufgenommene Verhandlungen abzubrechen. Kommt es zu einem solchen Beschluss, gilt für die SE nach § 16 Abs. 2 SEBG nicht die gesetzliche Auffangregelung des SEBG, sondern gemäß § 47 Abs. 1 Nr. 2 SEBG ausnahmsweise das Europäische Betriebsräte-Gesetz.

b) Beteiligung der Arbeitnehmer kraft Gesetzes

Kommen die Parteien innerhalb der in § 20 Abs. 1 SEBG niedergelegten Verhandlungsfrist von sechs Monaten nicht zu einer Einigung und verständigen sich auch nicht auf eine einvernehmliche Fristverlängerung, richtet sich die Arbeitnehmerbeteiligung in der SE, sofern das bVG keinen Beschluss nach § 16 SEBG gefasst hat, gemäß § 22 Abs. 1 Nr. 2 SEBG nach den gesetzlichen Auffangregelungen der §§ 23 bis 33 SEBG. Für diesen Fall ordnet § 23 Abs. 1 S. 1 SEBG die Errichtung eines SE-Betriebsrats an.[17] Mit Ausnahme der SE-Gründung durch Umwandlung findet die Auffangregelung zur Mitbestimmung hingegen nach § 34 Abs. 1 Nr. 2 und 3 SEBG nur unter der weiteren Voraussetzung Anwendung, dass 25% bzw. 50% Prozent der betroffenen Arbeitnehmer in mitbestimmten Gesellschaften[18] beschäftigt werden oder das bVG einen entsprechenden Beschluss fasst.

Die inhaltliche Ausgestaltung der Mitbestimmung kraft Gesetzes folgt sodann dem sog. *Vorher-Nachher-Prinzip* der SE-Richtlinie, zu dem die ersten beiden Sätze ihres 18. Erwägungsgrundes Folgendes ausführen:

> „Die Sicherung erworbener Rechte der Arbeitnehmer über ihre Beteiligung an Unternehmensentscheidungen ist fundamentaler Grundsatz und erklärtes Ziel dieser Richtlinie. Die vor der Gründung von SE bestehenden Rechte der Arbeitnehmer sollten deshalb Ausgangspunkt auch für die Gestaltung ihrer Beteiligungsrechte in der SE (Vorher-Nachher-Prinzip) sein."

---

[17] Näher: *Blanke*, Erweiterung der Beteiligungsrechte des SE-Betriebsrats durch Vereinbarung, 2006, S. 16–21.

[18] § 34 Abs. 1 Nr. 2 und 3 SEBG bezieht für die Berechnung des Quorums die betroffenen Tochtergesellschaften ein. Das verstößt gegen Art. 7 Abs. 2 lit. b und c SE-RL, der insoweit ausschließlich auf die beteiligten Gesellschaften abstellt und keine Abweichung aufgrund einzelstaatlicher Besonderheiten zulässt; so auch KölnKomm/*Feuerborn* (Fn. 16), § 34 SEBG Rn. 25; *Grobys*, NZA 2004, 779, 781; EAS/*Joost* (Fn. 16), Rn. 216; a. A. MüKo/*Jacobs* (Fn. 16), § 34 SEBG Rn. 10.

In Übereinstimmung mit dem Vorher-Nachher-Prinzip bleibt im Falle der Umwandlung einer Gesellschaft in eine SE die Regelung zur Mitbestimmung nach § 35 Abs. 1 SEBG erhalten. Findet in den übrigen Fällen die Mitbestimmung kraft Gesetzes Anwendung, richtet sich der Anteil der Arbeitnehmervertreter im Aufsichts- oder Verwaltungsorgan der SE gemäß § 35 Abs. 2 S. 2 SEBG nach dem höchsten Anteil an Arbeitnehmervertretern, der in den Organen der beteiligten Gesellschaften vor Eintragung der SE bestanden hat.

Vollzieht sich die Gründung einer SE beispielsweise durch Verschmelzung einer mitbestimmungsfreien Public Limited Company („*plc*") englischen Rechts, einer nach § 110 Abs. 1 Arbeitsverfassungsgesetz[19] drittelmitbestimmten AG österreichischen Rechts und einer paritätisch mitbestimmten AG deutschen Rechts, setzt sich nach § 35 Abs. 2 S. 2 SEBG auf der Ebene der SE, wenn es zur Anwendung der gesetzlichen Auffangregelung kommt, die paritätische Mitbestimmungsquote des deutschen Rechts durch.[20] Das SEBG sichert auf diese Weise das quantitativ höchste Mitbestimmungsniveau, das vor der SE-Gründung in einer der beteiligten Gesellschaften bestanden hat. Existieren in den beteiligten Gesellschaften qualitativ unterschiedliche Formen der Mitbestimmung, dh. unterschiedliche Arten von Mitbestimmungsrechten im Sinne des § 2 Abs. 12 SEBG, kann das bVG nach § 34 Abs. 2 S. 1 SEBG entscheiden, welche von ihnen in der SE eingeführt wird. Die Auffangregelung bietet den Unternehmen somit keine Möglichkeit, sich bestehenden Mitbestimmungsrechten ohne weiteres durch Gründung einer SE zu entziehen.

2. *Strukturelle Änderungen*

Da das Vorher-Nachher-Prinzip auf die Konservierung bereits vor einer SE-Gründung bestehender Beteiligungsrechte der Arbeitnehmer gerichtet ist, stellt sich die Frage, wie sich diese Rechte nach der SE-Gründung fortentwickeln.

Wurde eine Beteiligungsvereinbarung abgeschlossen, soll sie nach § 21 Abs. 1 Nr. 6 SEBG, der Art. 4 Abs. 2 lit. h SE-RL umsetzt, die Fälle regeln, in denen sie neu ausgehandelt werden soll. Findet hingegen die gesetzliche Auffangregelung Anwendung, sieht § 25 SEBG jeweils nach dem Ablauf von zwei Jahren eine Prüfung der Zusammensetzung des SE-Betriebsrats und deren Aktualisierung für den Fall vor, dass sich die Arbeitnehmerzah-

---

[19] S. österr. BGBl. Nr. 22/1974.

[20] Vgl. KölnKomm/*Feuerborn* (Fn. 16), § 35 SEBG Rn. 19; Lutter/Hommelhoff/*Oetker*, SE-Kommentar, 2008, § 35 SEBG Rn. 15.

len verändert haben. Auch dies findet in Teil 1 lit. b des Anhangs zur SE-Richtlinie eine Entsprechung im europäischen Recht.

Darüber hinaus sind die Mitgliedstaaten nach Art. 13 Abs. 3 lit. a SE-RL berechtigt, einzelstaatliche Vorschriften zur Unterrichtung und Anhörung der Arbeitnehmer auf die SE, ihre Tochtergesellschaften und Betriebe anzuwenden.[21] In Übereinstimmung hiermit unterliegen inländische SE bzw. deren Betriebe nach § 47 Abs. 1 SEBG insbesondere der Anwendung des Betriebsverfassungs- und des Sprecherausschussgesetzes.[22] Art. 13 Abs. 3 lit. a SE-RL gestattet zwar nur die Anwendung der den Arbeitnehmern „zustehenden" Rechte, was im Sinne des Vorher-Nachher-Prinzips so verstanden werden könnte, dass die Mitgliedstaaten nur zu einer statischen Erhaltung derjenigen Rechte befugt sind, die den Arbeitnehmern bereits vor der Gründung der SE zustanden. Dabei bliebe aber unberücksichtigt, dass diese restriktive Lesart des Art. 13 Abs. 3 lit. a SE-RL auch für die Tochtergesellschaften der SE gelten und dort ebenfalls zu einem Normenstillstand führen müsste. Diese Konsequenz wäre sachwidrig, weil Gegenstand der SE-Richtlinie nach Art. 1 Abs. 1 SE-RL lediglich die Beteiligung der Arbeitnehmer in der SE, nicht aber in ihren Tochtergesellschaften ist.[23] Nach vorzugswürdiger Auslegung erlaubt Art. 13 Abs. 3 lit. a SE-RL die dynamische Anwendung des mitgliedstaatlichen Betriebsverfassungsrechts, so dass die entsprechenden Rechte der Arbeitnehmer mit der Entwicklung der SE Schritt halten.

Im Gegensatz dazu schließt Art. 13 Abs. 2 SE-RL die Anwendung mitgliedstaatlichen Rechts auf die SE im Bereich der Mitbestimmung kategorisch aus und verhindert auf diese Weise den perhorreszierten Export einzelstaatlichen Mitbestimmungsrechts. Findet auf eine SE die subsidiäre Mitbestimmung kraft Gesetzes Anwendung, sieht die SE-Richtlinie keinen Mechanismus für die nachträgliche Anpassung dieser Regelungen vor. Es wäre allerdings nicht verständlich, wenn die SE-Richtlinie einerseits Regelungen zur Änderung der Beteiligungsvereinbarung sowie der Auffangregelung zur Unterrichtung und Anhörung der Arbeitnehmer enthielte, andererseits aber die Geltung der ursprünglichen Auffangregelung zur

---

[21] Das gilt nach Art. 13 Abs. 1 SE-RL jedoch nicht für die mitgliedstaatlichen Umsetzungsvorschriften zur Europäischen Betriebsräte-Richtlinie.

[22] KölnKomm/*Feuerborn* (Fn. 16), § 47 SEBG Rn. 3; MüKo/*Jacobs* (Fn. 16), § 47 SEBG Rn. 3; LH/*Oetker* (Fn. 20), § 47 SEBG Rn. 7.

[23] So auch § 1 Abs. 1 SEBG. § 2 Abs. 9 S. 2 SEBG weicht von dieser Konzeption nicht ab, sondern schließt lediglich die Rechte der Arbeitnehmer von Konzernunternehmen der SE ein, die sich auf eine Beteiligung in der SE beziehen, wie etwa das aktive Wahlrecht zum SE-Betriebsrat nach §§ 23 Abs. 1, 8 Abs. 7 SEBG; s. Nagel/Freis/Kleinsorge/*Nagel*, Beteiligung der Arbeitnehmer im Unternehmen auf der Grundlage des europäischen Rechts, 2. Aufl., 2010, § 2 SEBG Rn. 21.

Mitbestimmung *ad infinitum* anordnete. Ein solchermaßen auf alle Ewigkeit zementiertes Mitbestimmungsregime könnte darüber hinaus nicht durch die dynamische und ergänzende Anwendung nationalen Mitbestimmungsrechts ausgeglichen werden, weil die SE-Richtlinie dies – anders als im Bereich des Betriebsverfassungsrechts – *expressis verbis* ausschließt. Man wird deswegen annehmen müssen, dass die SE-Richtlinie im Hinblick auf die nachträgliche Anpassung der subsidiären Mitbestimmung kraft Gesetzes lückenhaft ist.

Diese Problematik stellt sich *mutatis mutandis* auch dann, wenn eine Vereinbarung nach § 21 SEBG zwar die Voraussetzungen regelt, unter denen Neuverhandlungen über die Beteiligung der Arbeitnehmer in der SE stattzufinden haben, jedoch aufgrund einer unternehmerischen Entscheidung Arbeitnehmer zur SE hinzutreten und ihnen der Verlust bestehender Beteiligungsrechte droht. Diese Situation wird dem bVG, das die ursprüngliche Beteiligungsvereinbarung abgeschlossen hat, bei der Ausgestaltung der vertraglichen Neuverhandlungspflicht nicht notwendigerweise bewusst gewesen sein. Jedenfalls vertritt das bVG nur die bereits bei der Gründung der SE betroffenen Arbeitnehmer. Für eine Disposition über die Beteiligungsrechte anderer Arbeitnehmer fehlt ihm sowohl die demokratische Legitimation als auch ein rechtliches Mandat. Auch insofern wird man die SE-Richtlinie nicht als abschließendes Regelungswerk verstehen können, so dass ergänzende Regelungen der Mitgliedstaaten zur Durchbrechung einer bestehenden Beteiligungsvereinbarung daher insoweit für zulässig erachtet werden müssen.

Der Richtliniengeber war sich der Lückenhaftigkeit seiner Regelung bewusst,[24] wie sich dem dritten Satz des 18. Erwägungsgrundes zur SE-Richtlinie entnehmen lässt:

> „Dieser Ansatz [*lies:* das Vorher-Nachher-Prinzip] sollte folgerichtig nicht nur für die Neugründung einer SE, sondern auch für *strukturelle Veränderungen* einer bereits gegründeten SE und für die von den strukturellen Änderungsprozessen betroffenen Gesellschaften gelten."[25]

[24] S. Europäisches Parlament, Ausschuss für Beschäftigung und soziale Angelegenheiten, Bericht über den Entwurf einer Richtlinie des Rates zur Ergänzung des Statuts der Europäischen Gesellschaft hinsichtlich der Beteiligung der Arbeitnehmer (A5-0231/2001), 21. 6. 2001, S. 7. Der dortige Vorschlag zur Einführung eines Erwägungsgrundes zu strukturellen Änderungen (abgedruckt in ABl. Nr. C 72 E, 21. 3. 2002, S. 65, 66) wurde wie folgt begründet: „Der Anspruch auf Verhandlungen über eine Arbeitnehmerbeteiligung kann sich nicht auf den Zeitraum der Gründung einer SE beschränken; vielmehr muss im Falle substantieller struktureller Veränderungen (z. B. Fusionen, Integration anderer Unternehmen und Betriebe) die Möglichkeit neuer Verhandlungen gegeben sein."

[25] Hervorhebungen diesseits.

Diese Aussage ist als Teil eines Erwägungsgrundes zwar nicht rechtsverbindlich, stellt aber gleichwohl klar, dass die SE-Richtlinie keine abschließende Regelung darstellt und ergänzende Regelungen der Mitgliedstaaten zu strukturellen Änderungen nicht ausschließt. In der Diktion des Vertrages von Lissabon verdeutlicht der 18. Erwägungsgrund zur SE-Richtlinie, inwieweit die Gemeinschaft bzw. die Union mit dem Erlass der SE-Richtlinie ihre im Sinne des Art. 2 Abs. 2 AEUV geteilte Zuständigkeit nach Art. 308 EG (jetzt: Art. 352 AEUV) wahrgenommen und hierdurch die Rechtssetzungszuständigkeit der Mitgliedstaaten verdrängt hat.[26]

Die entsprechende Befugnis der Mitgliedstaaten zur Schaffung ergänzender Vorschriften befreit sie allerdings nicht von ihrer Bindung an die SE-Richtlinie, sondern beschränkt sich darauf, eine Anwendung des Vorher-Nachher-Prinzips für den Fall einer strukturellen Änderung auf der Ebene des einzelstaatlichen Rechts anzuordnen. Was damit gemeint ist, erhellt ein Blick in die mit der SE-Richtlinie konzeptionell vergleichbare Richtlinie 2003/72/EG zur Arbeitnehmerbeteiligung in der Europäischen Genossenschaft (*Societas Cooperativa Europaea*/SCE).[27] Deren 14. Erwägungsgrund lautet wie folgt:

> „Die *Mitgliedstaaten* sollten durch entsprechende Bestimmungen sicherstellen, dass die Vereinbarungen über die Beteiligung der Arbeitnehmer im Fall struktureller Veränderungen nach der Gründung einer SCE gegebenenfalls *neu ausgehandelt* werden können.“ [28]

Auf die SE gewendet bedeutet dies, dass die Mitgliedstaaten befugt sind, im Fall einer strukturellen Änderung eine Wiederholung des Verhandlungsverfahrens anzuordnen. Kommt es im Rahmen der Neuverhandlungen nicht zum Abschluss einer Beteiligungsvereinbarung, können sie eine Anwendung der Auffangregelung vorsehen, die sich nach den tatsächlichen Umständen im Zeitpunkt der Strukturänderung richtet. Hierdurch können auch erst nach der SE-Gründung beeinträchtigte Beteiligungsrechte der Arbeitnehmer nachträglich auf der Ebene der SE gesichert werden.

---

[26] S. auch Protokoll über die Ausübung der geteilten Zuständigkeit (ABl. Nr. C 83, 30. 3. 2010, S. 307).

[27] Richtlinie 2003/72/EG vom 22. 7. 2003 zur Ergänzung des Statuts der Europäischen Genossenschaft hinsichtlich der Beteiligung der Arbeitnehmer (ABl. Nr. L 207, 18. 8. 2003, S. 25).

[28] Hervorhebungen diesseits.

3. Missbrauch und strukturelle Änderung

a) Die Neuverhandlungspflicht nach § 18 Abs. 3 SEBG

Von seiner Befugnis zur ergänzenden Rechtssetzung hat der deutsche Gesetzgeber mit § 18 Abs. 3 SEBG Gebrauch gemacht und Neuverhandlungen angeordnet, wenn strukturelle Änderungen geplant und diese geeignet sind, Beteiligungsrechte der Arbeitnehmer zu mindern.[29] Kommt daraufhin eine Beteiligungsvereinbarung nicht zustande, findet gemäß §§ 18 Abs. 3 S. 3 und 22 Abs. 2 SEBG die Arbeitnehmerbeteiligung kraft Gesetzes nach Maßgabe der Umstände Anwendung, die im Zeitpunkt der strukturellen Änderung bestehen.[30] § 18 Abs. 3 SEBG ist mithin eine in jeder Hinsicht richtlinienkonforme Schließung der Regelungslücken, die sich aus der SE-Richtlinie ergeben.[31]

Im Gesetzgebungsverfahren zum SEBG haben die Arbeitgeberverbände allerdings eine Streichung des § 18 Abs. 3 SEBG aus dem damaligen Gesetzentwurf verlangt, weil die Regelung weit über die Vorgaben der SE-Richtlinie hinausgehe.[32] Im Schrifttum wurde demgegenüber der Standpunkt eingenommen, die Neuverhandlungspflicht nach § 18 Abs. 3 SEBG müsse zur Verhinderung von Missbräuchen vorgesehen werden und sei deswegen nach Art. 11 SE-RL geboten.[33] Wenngleich das Bestreben verständlich ist, § 18 Abs. 3 SEBG praktisch nicht nur auf einen Erwägungsgrund, sondern auf eine verbindliche Regelung der SE-Richtlinie stützen zu wollen, verkehrt dieses Argument die Befugnis der Mitgliedstaaten zur Anordnung von Neuverhandlungen bei strukturellen Änderungen zu einer

---

[29] § 21 Abs. 4 SEBG, nach dem eine Beteiligungsvereinbarung eine Wiederholung des Verhandlungsverfahrens bei strukturellen Änderungen vorsehen soll, hat demgegenüber nur deklaratorischen Charakter; s. MüKo/*Jacobs* (Fn. 16), § 21 SEBG Rn. 25; *Rieble*, BB 2006, 2018, 2021.

[30] Zweifelnd *Arbeitskreis Aktien- und Kapitalmarktrecht*, ZIP 2010, 2221, 2224.

[31] I.E. ebenso KölnKomm/*Feuerborn* (Fn. 16), § 18 SEBG Rn. 2; NFK/*Freis* (Fn. 23), § 18 SEBG Rn. 1; MüKo/*Jacobs* (Fn. 16), § 18 SEBG Rn. 1; WWKK/*Kleinsorge* (Fn. 4), EU-Recht Rn. 40; Münchener Handbuch Arbeitsrecht/*Wißmann*, Band 2, 3. Aufl., 2009, § 287 Rn. 18; krit. *Grobys*, NZA 2005, 84, 91.

[32] Gemeinsame Stellungnahme (Fn. 12), S. 10. *Kallmeyer*, ZIP 2004, 1442, 1444 hat eingewendet, dass sich der 18. Erwägungsgrund zur SE-Richtlinie nur auf die Beteiligung der Arbeitnehmer an Unternehmensentscheidungen und folglich nur auf Mitbestimmungsrechte beziehe. § 18 Abs. 3 SEBG, der darüber hinaus auch Unterrichtungs- und Anhörungsrechte einbezieht, schieße daher über das nach der SE-Richtlinie zulässige Ziel hinaus. Nach der Legaldefinition des Art. 2 lit. h SE-RL vermitteln aber auch Unterrichtungs- und Anhörungsrechte Einfluss auf die Beschlussfassung der Gesellschaft, weswegen sie ebenfalls vom Wortlaut des 18. Erwägungsgrundes zur SE-Richtlinie erfasst werden.

[33] Theisen/Wenz/*Köstler*, Die Europäische Aktiengesellschaft, 2. Aufl., 2005, S. 331, 369; s. auch *Rehberg*, ZGR 2005, 859, 878.

europarechtlichen Verpflichtung. Der 18. Erwägungsgrund zur SE-Richtlinie wird über den unbestimmten Rechtsbegriff des Missbrauchs und damit gleichsam durch die Hintertür zum normativen Bestandteil der SE-Richtlinie gemacht.[34] Das ist nicht nur methodisch unzulässig,[35] sondern auch in der Sache wenig überzeugend, weil Strukturänderung und Missbrauch in der SE-Richtlinie einer gemeinsamen Grundlage entbehren.[36]

Im Übrigen folgt bereits aus der Perspektive des nationalen Rechts, dass Neuverhandlungen nach § 18 Abs. 3 SEBG für jeden Fall der Strukturänderung und mithin unabhängig davon vorgeschrieben werden, ob ohne deren Durchführung ein Missbrauch der SE vorläge. Richtig ist zwar, dass sowohl ergänzende mitgliedstaatliche Regelungen zu strukturellen Änderungen als auch das Missbrauchsverbot eine Flucht aus der Mitbestimmung verhindern sollen. Aus der gemeinsamen Zweckrichtung folgt aber nicht, dass sich die Tatbestände der Strukturänderung und des Missbrauchs – und sei es auch nur teilweise – decken. Es ist auch nicht ersichtlich, warum eine strukturelle Änderung ohne erneute Verhandlungen über die Beteiligung der Arbeitnehmer in der SE einen Missbrauch darstellen sollte. Wenn ein mitgliedstaatlicher Gesetzgeber bewusst auf eine § 18 Abs. 3 SEBG entsprechende Vorschrift verzichtet hat, wäre eine Strukturänderung ohne Neuverhandlungen dann als solche nicht lediglich die zulässige Nutzung einer rechtlich vorgesehenen Handlungsmöglichkeit?[37]

b) Die Missbrauchsvermutung nach § 43 Satz 2 SEBG

Der deutsche Gesetzgeber ging beim Erlass des SEBG allerdings von einem Zusammenhang zwischen Strukturänderung und Missbrauch aus und schuf mit der Missbrauchsvermutung des § 43 S. 2 SEBG den national-

---

[34] Widersprüchlich etwa *Niklas*, NZA 2004, 1200, 1205 f., der einerseits einräumt, dass der 18. Erwägungsgrund nicht in den rechtsverbindlichen Text der SE-Richtlinie aufgenommen wurde, andererseits aber § 18 Abs. 3 SEBG wegen Art. 11 SE-RL für erforderlich hält, um eine Umgehung der Vorschriften über die SE zu verhindern. *Rehberg*, ZGR 2005, 859, 878 konzediert, dass sich aus dem 18. Erwägungsgrund zur SE-Richtlinie keine eigenständigen Rechtsfolgen ergeben, tritt aber gegen eine von diesem „unabhängige Interpretation von Art. 11 SE-RL" ein, weil sich „beide Normen" [sic!] auf den Sinn und Zweck der Richtlinie bezögen. Dabei bleibt aber offen, warum ein gemeinsamer Normzweck ein „enge[s] dogmatische[s] Verhältnis" zwischen Strukturänderung und Missbrauch begründen soll.

[35] Vgl. Riesenhuber/*Riesenhuber*, Europäische Methodenlehre, 2. Aufl., 2010, § 11 Rn. 36 f.

[36] Eingehend hierzu *Sagan*, European Business Law Review (EBLR) 2010, 15, 20–23.

[37] Vgl. BT-Drucks. 15/3405, S. 57 und oben I.

rechtlichen Brückenschlag zwischen § 18 Abs. 3 SEBG und § 43 S. 1 SEBG. Nach § 43 S. 2 SEBG wird der Missbrauch einer SE vermutet,

> „wenn ohne Durchführung eines Verfahrens nach § 18 Abs. 3 [SEBG] innerhalb eines Jahres nach Gründung der SE strukturelle Änderungen stattfinden, die bewirken, dass den Arbeitnehmern Beteiligungsrechte vorenthalten oder entzogen werden."

Unklar ist aber, welches Motiv den Gesetzgeber zur Schaffung dieser Norm bewogen hat, denn in der Begründung zu § 43 SEBG bleibt die Vermutungsregelung unerwähnt.[38] Ebenso unklar ist die Vermutungsfolge, weil sich dem Wortlaut des § 43 S. 2 SEBG nicht zweifelsfrei entnehmen lässt, ob die Missbräuchlichkeit der strukturellen Änderung[39] oder der SE-Gründung vermutet werden soll.

Gegen die Vermutung einer missbräuchlichen Strukturänderung spricht, dass § 43 S. 2 SEBG voraussetzt, dass eine solche Änderung ohne erneute Verhandlungen durchgeführt wurde. Da die Leitung der SE vor einer Strukturänderung, die Beteiligungsrechte zu mindern geeignet ist, aber nach § 18 Abs. 3 SEBG Neuverhandlungen einzuleiten hat,[40] kann der Tatbestand des § 43 S. 2 SEBG nur unter Verstoß gegen diese Rechtspflicht erfüllt werden.[41] Ein Rechtsmissbrauch setzt jedoch begrifflich ein formell gesetzmäßiges Verhalten voraus.[42] Würde § 43 S. 2 SEBG an die rechtswidrige Strukturänderung die Vermutung des Missbrauchs anschließen, würden die Kategorien von Rechtsbruch und Rechtsmissbrauch systemwidrig vermengt.

Im Ausgangspunkt plausibler erscheint es, dass die rechtswidrige Strukturänderung nach § 43 S. 2 SEBG darauf schließen lassen soll, dass bereits die SE-Gründung missbräuchlich gewesen ist. Dieses Verständnis ist mit § 43 S. 2 SEBG aber letztlich ebenfalls nicht in Einklang zu bringen, weil danach das Entziehen oder Vorenthalten der Beteiligungsrechte aufgrund der strukturellen Änderung erfolgt. Wenn dieses konstitutive Tatbestands-

---

[38] S. BT-Drucks. 15/3405, S. 57.

[39] So KölnKomm/*Feuerborn* (Fn. 16), § 43 SEBG Rn. 6; LH/*Oetker* (Fn. 20), § 43 SEBG Rn. 5; wohl auch NFK/*Freis* (Fn. 23), § 18 SEBG Rn. 3.

[40] So auch *Feldhaus/Vanscheidt*, BB 2008, 2246, 2247; s. ferner HMD/*Köklü* (Fn. 16), Kap. 6 Rn. 86.

[41] *Müller-Bonanni/Melot de Beauregard*, GmbHR 2005, 195, 200 weisen zutreffend darauf hin, dass die Minderung von Beteiligungsrechten im Sinne des § 18 Abs. 3 SEBG nicht notwendigerweise mit dem Vorenthalten oder Entziehen derselben im Sinne des § 43 S. 1 SEBG gleichzusetzen ist. Man wird jedoch in jedem Fall des Vorenthaltens oder Entziehens eine Minderung annehmen müssen, um dem SE-Betriebsrat nach § 18 Abs. 3 S. 1 SEBG die Befugnis einzuräumen, Neuverhandlungen einzuleiten und hierdurch eine missbräuchliche Beeinträchtigung von Beteiligungsrechten zu verhindern.

[42] *Creifelds*, Rechtswörterbuch, 20. Aufl., 2011, S. 977 („Rechtsmissbrauch").

merkmal des § 43 S. 1 SEBG erst mit der Strukturänderung verwirklicht wird, ist nicht ersichtlich, warum bereits die vorhergehende SE-Gründung als solche missbräuchlich gewesen sein sollte. Im Übrigen sind die Leitungen der beteiligten Gesellschaften, die über die Gründung der SE entscheiden, insbesondere im Fall einer Tochter- oder Holding-SE, nicht notwendigerweise mit der Leitung der SE personenidentisch, die die spätere Strukturänderung verantwortet. Auch das spricht dagegen, von der rechtswidrigen Strukturänderung auf eine missbräuchliche SE-Gründung zu schließen.

Erschwerend kommt hinzu, dass die SE-Leitung Neuverhandlungen ohnehin nicht einseitig verhindern kann, weil nach § 18 Abs. 3 S. 1 SEBG auch der SE-Betriebsrat berechtigt ist, diese Verhandlungen einzuleiten. Im Zeitpunkt der SE-Gründung lässt sich folglich nicht voraussehen, ob die SE-Leitung überhaupt die Möglichkeit haben wird, die Strukturänderung unter Verstoß gegen § 18 Abs. 3 SEBG vorzunehmen. Vereitelt die Leitung der SE, dass der SE-Betriebsrat von seinem Initiativrecht Gebrauch macht, indem sie ihn nicht von der geplanten Strukturänderung informiert, ist dies wiederum nicht Rechtsmissbrauch, sondern Rechtsbruch, weil nach § 18 Abs. 3 und 4 SEBG i.V.m. § 4 Abs. 2 SEBG eine entsprechende Unterrichtungspflicht der SE-Leitung besteht. Zum Schutz der Beteiligungsrechte der Arbeitnehmer hätte es mithin genügt, die Rechtsfolge des § 18 Abs. 3 S. 3 SEBG auch dann eintreten zu lassen, wenn die Leitung der SE gegen diese Unterrichtungspflicht verstößt. *De lege lata* ist demgegenüber zweifelhaft, wie die Missbrauchsvermutung zum Schutz der Arbeitnehmer beitragen soll, weil nicht ersichtlich ist, welche Rechtsfolge sie herbeiführt. Eine Strafbarkeit scheidet jedenfalls aus, da § 45 Abs. 1 Nr. 2 SEBG die Vermutung des § 43 S. 2 SEBG nicht in Bezug nimmt.[43]

Im Ergebnis weist § 43 S. 2 SEBG schwerwiegende konzeptionelle Ungereimtheiten auf. Der Tatbestand der Norm ist undurchdringlich, der Wille des Gesetzgebers unergründlich und eine zweckmäßige Rechtsfolge unerfindlich. M.E. genügt dies, um die Norm wegen Perplexität unangewendet zu lassen; jedenfalls kann ihr aber für die Auslegung des Missbrauchsverbots nach § 43 S. 1 SEBG keine Bedeutung zukommen.

c) Die missbräuchliche Strukturänderung

Die weit überwiegende Ansicht im Schrifttum orientiert sich bei der Auslegung des Missbrauchsverbots an den Bestimmungen der §§ 43 S. 2, 18

[43] KölnKomm/*Altenhain* (Fn. 18), § 45 SEBG Rn. 14; abw. Jannott/Frodermann/*Kienast*, Handbuch der Europäischen Aktiengesellschaft – Societas Europaea, 2005, Kap. 13 Rn. 427.

Abs. 3 SEBG und nimmt an, dass eine strukturelle Änderung zugleich ein Missbrauch der SE sein könne.[44] Vereinzelt wird ein solcher Missbrauch sogar als besonderer Fall einer strukturellen Änderung angesehen.[45]

§ 18 Abs. 3 SEBG beruht jedoch auf einer freiwilligen Entscheidung des deutschen Gesetzgebers, während § 43 S. 1 SEBG eine Umsetzung der verbindlichen Vorgabe des Art. 11 SE-RL darstellt. Einer Auslegung des § 43 S. 1 SEBG im Kontext der §§ 43 S. 2 und 18 Abs. 3 SEBG steht daher mit entscheidendem Gewicht entgegen, dass sie das europarechtlich vorgegebene Missbrauchsverbot vom einzelstaatlichen Recht abhängig macht. Das ist mit der Autonomie des Unionsrechts[46] nicht zu vereinbaren.[47]

Ferner wird im Schrifttum nicht genauer dargelegt, wie es im konkreten Einzelfall zu einer missbräuchlichen Strukturänderung kommen soll. Insbesondere ist nicht ersichtlich, wie den Arbeitnehmern Beteiligungsrechte entzogen oder vorenthalten werden sollen, wenn gemäß § 18 Abs. 3 SEBG Neuverhandlungen durchgeführt werden.

d) Beispiel: Verschmelzung einer nationalen Gesellschaft auf eine SE

Dass der von § 18 Abs. 3 SEBG vermittelte Schutz der Beteiligungsrechte der Arbeitnehmer eine missbräuchliche Beeinträchtigung praktisch ausschließt, soll nachfolgend am Beispiel der innerstaatlichen[48] Verschmelzung einer nationalen Gesellschaft auf eine inländische SE[49] zur Aufnahme nach § 2 Nr. 1 UmwG illustriert werden. Dabei handelt es sich geradezu um den Paradefall einer strukturellen Änderung.[50]

---

[44] KölnKomm/*Feuerborn* (Fn. 18), § 43 SEBG Rn. 6; NFK/*Nagel* (Fn. 23), § 43 SEBG Rn. 7; LH/*Oetker* (Fn. 20), § 43 SEBG Rn. 5; s. ferner MMS/*Kleinmann/Kujath* (Fn. 16), § 43 SEBG Rn. 3.

[45] HMD/*Köklü* (Fn. 16), Kap. 6 Rn. 254; ähnl. *Nagel*, NZG 2004, 833, 839 sowie *Casper/Schäfer*, ZIP 2007, 653, 659.

[46] Statt aller EuGH vom 27. 7. 2010, NZA 2010, 1014 Rn. 38 (*UGT-FSP*).

[47] Aus diesem Grund verfängt auch nicht das Argument, § 43 S. 1 SEBG sei wegen der strafrechtlichen Sanktion nach § 45 Abs. 1 Nr. 2 SEBG eng auszulegen; so aber: *Feldhaus/Vanscheidt*, BB 2008, 2246, 2247; MMS/*Kleinmann/Kujath* (Fn. 16), § 43 SEBG Rn. 2; *Wollburg/Banerjea*, ZIP 2005, 277, 278. Den mitgliedstaatlichen Gesetzgebern steht keine Befugnis zu, mit der Gestaltung einzelstaatlicher Rechtsfolgen über einen unionsrechtlich determinierten Tatbestand zu disponieren.

[48] Die grenzüberschreitende Verschmelzung einer ausländischen Kapitalgesellschaft auf eine inländische SE unterliegt nur außerhalb des Anwendungsbereichs des Gesetzes über die Mitbestimmung der Arbeitnehmer bei einer grenzüberschreitenden Verschmelzung (MgVG) der Anwendung des § 18 Abs. 3 SEBG; s. *Grambow/Stadler*, BB 2010, 977, 979 f. mit Ausnahme für die sog. Vorrats-SE.

[49] Nach § 3 Abs. 1 S. 1 SEBG gilt § 18 Abs. 3 SEBG nur für SE mit Sitz im Inland.

[50] *Henssler*, RdA 2005, 330, 334; EAS/*Joost* (Fn. 16), B 8200 Rn. 108; *Teichmann*, Konzern 2007, 89, 97; s. auch BT-Drucks. 15/3405, S 50; näher unter IV.

Aufgrund einer solchen Verschmelzung tritt keine beachtliche Änderung der betriebverfassungsrechtlichen Beteiligungsrechte der Arbeitnehmer in den Betrieben und Tochtergesellschaften der SE ein, weil sie unverändert den jeweils einschlägigen Bestimmungen des materiellen Betriebsverfassungsrechts unterliegen. Demgegenüber kann infolge der Verschmelzung ein bei der nationalen Gesellschaft gebildeter Gesamt- bzw. Konzernbetriebsrat entfallen.[51] Dies führt gleichwohl nicht zu einer relevanten Absenkung von Beteiligungsrechten, da Gesamt- und Konzernbetriebsräten keine besonderen, sondern im Rahmen ihrer Zuständigkeit dieselben Befugnisse wie den Einzelbetriebsräten zustehen.[52] Die betrieblichen Beteiligungsrechte des Gesamt- oder Konzernbetriebsrats können nach der Verschmelzung daher grundsätzlich auf der Ebene der Einzelbetriebe wahrgenommen werden. Das gilt zwar nicht für betriebsratslose Betriebe in den Fällen der §§ 50 Abs. 1 S. 1 Hs. 2; 58 Abs. 1 S. 1 Hs. 2 BetrVG, doch kann ein Gesamt- bzw. Konzernbetriebsrat auf der Ebene der SE gebildet werden, wenn die Voraussetzungen des § 47 Abs. 1 BetrVG bzw. § 54 Abs. 1 BetrVG erfüllt sind.[53] Jedenfalls hierdurch wird der Fortfall der bisherigen Arbeitnehmervertretungen hinreichend kompensiert, so dass eine missbräuchliche Entziehung betrieblicher Beteiligungsrechte praktisch ausgeschlossen ist.

Ist die Verschmelzung geeignet, die Mitbestimmungsrechte der Arbeitnehmer zu mindern, begründet § 18 Abs. 3 SEBG eine Pflicht zu Neuver-

---

[51] § 47 Abs. 2 SEBG kommt wegen des eindeutigen Wortlauts des § 18 Abs. 3 und 4 SEBG bei strukturellen Änderungen nicht zur Anwendung. Eine Analogie scheidet aus, da sich § 47 Abs. 2 SEBG auf den Fortfall eines inländischen Rechtsträgers im Fall der SE-Gründung im Ausland bezieht; s. KölnKomm/*Feuerborn* (Fn. 18), § 47 SEBG Rn. 9. Der aus der innerstaatlichen Verschmelzung hervorgehende Rechtsträger unterliegt hingegen nach § 47 Abs. 1 SEBG der Anwendung des BetrVG und des SprAuG.

[52] BAG vom 20. 12. 1995, NZA 1996, 945, 947; vom 12. 11. 1997, NZA 1998, 497; *Fitting/Engels/Schmidt/Trebinger/Linsenmaier*, BetrVG, 25. Aufl., 2010, § 50 Rn. 8 und § 58 Rn. 4.

[53] KölnKomm/*Feuerborn* (Fn. 18), § 47 SEBG Rn. 3; LH/*Oetker* (Fn. 20), § 47 SEBG Rn. 7. Das gilt entsprechend für den Gesamt- bzw. den Konzernsprecherausschuss. Bestand bei der zu verschmelzenden nationalen Gesellschaft indes ein Europäischer Betriebsrat (EBR), wird dieser gemäß § 47 Abs. 1 Nr. 2 SEBG durch den SE-Betriebsrat bzw. das Verfahren zur Unterrichtung und Anhörung der Arbeitnehmer in der SE ersetzt. Die Befugnisse eines SE-Betriebsrats kraft Gesetzes gehen jedoch über die Rechte eines EBR kraft Gesetzes nach der ursprünglichen EBR-Richtlinie 94/45/EG hinaus; s. *Blanke* (Fn. 17), S. 13–21; *Müller-Bonanni/Melot de Beauregard*, GmbHR 2005, 198, 196. Auch nach der jüngeren EBR-Richtline 2009/38/EG übertreffen die Rechte des EBR kraft Gesetzes nicht diejenigen eines kraft Gesetzes eingerichteten SE-Betriebsrats. Auch insoweit wird es daher kaum jemals zu einer Minderung, jedenfalls aber nicht zu einem missbräuchlichen Entziehen von Beteiligungsrechten kommen.

handlungen. Eine solche Pflicht besteht folglich nicht, wenn die Quote der Arbeitnehmervertreter im Aufsichts- oder Verwaltungsorgan der SE diejenige der nationalen Gesellschaft übertrifft.[54] § 18 Abs. 3 SEBG dient mithin nicht der allgemeinen Anpassung der Beteiligungsrechte der Arbeitnehmer an geänderte Verhältnisse, sondern *einseitig* dem Schutz der Arbeitnehmerrechte.[55]

Besteht in der nationalen Gesellschaft hingegen eine höhere Mitbestimmungsquote als in der SE, ist das Leitungsorgan der SE zur Einleitung von Neuverhandlungen verpflichtet. Führen diese zum Abschluss einer *wirksamen* Beteiligungsvereinbarung, ist ein Missbrauch im Sinne des § 43 S. 1 SEBG *a priori* ausgeschlossen. Die Arbeitnehmerseite ist nach §§ 18 Abs. 3, 16 Abs. 1 und 2 SEBG sowie § 21 Abs. 3 SEBG berechtigt, weitgehend über die Beteiligungsrechte der Arbeitnehmer zu disponieren. Selbst deren vollständige Preisgabe aufgrund einer freiwilligen Vereinbarung kann deswegen nicht als Missbrauch gewertet werden.

Führen die Neuverhandlungen nicht zum Abschluss einer Beteiligungsvereinbarung, ist danach zu unterscheiden, ob die Beteiligung der Arbeitnehmer in der SE vor der Verschmelzung kraft Gesetzes oder aufgrund einer Beteiligungsvereinbarung geregelt wurde. Unterlag die SE schon bislang der gesetzlichen Auffangregelung, ändert sich nach dem Scheitern der Verhandlungen gegebenenfalls die Zusammensetzung des SE-Betriebsrats kraft Gesetzes, nicht aber die ihm nach dem Gesetz zustehenden Beteiligungsrechte. Ferner kann die Arbeitnehmerseite, falls der Schwellenwert des § 34 Abs. 1 Nr. 2 lit. a SEBG nicht (mehr) erreicht wird, die Mitbestimmung kraft Gesetzes nach § 34 Abs. 1 Nr. 2 lit. b SEBG durch Beschluss herbeiführen. In beiden Fällen setzt sich – in Übereinstimmung mit dem Vorher-Nachher-Prinzip – gemäß §§ 18 Abs. 3 S. 3, 35 Abs. 2 S. 2 SEBG die höhere Mitbestimmungsquote der zu verschmelzenden nationalen Gesellschaft auf der Ebene der SE durch. Bestanden zwischen den beiden Gesellschaften Unterschiede in der Form der Mitbestimmung, kann die Arbeitnehmerseite nach §§ 18 Abs. 3 S. 3, 34 Abs. 2 S. 1 SEBG erneut darüber entscheiden, welche Form für die SE gelten soll.

Diffiziler liegen die Dinge, wenn die Beteiligungsrechte der Arbeitnehmer vor der Verschmelzung in einer Vereinbarung geregelt waren. Deren vollumfängliche Verdrängung durch die gesetzliche Auffangregelung, die § 18 Abs. 3 S. 3 SEBG für den Fall anordnet,[56] dass die Neuverhandlungen

---

[54] Wie sich aus der Wertung des Art. 3 Abs. 4 SE-RL ergibt, bleiben qualitative Unterschiede zwischen den Mitbestimmungsrechten in der SE und der nationalen Gesellschaft unberücksichtigt.

[55] KölnKomm/*Feuerborn* (Fn. 18), § 18 SEBG Rn. 40.

[56] Krit. *Kallmeyer*, ZIP 2004, 1442, 1444; JF/*Kienast* (Fn. 43), Kap. 13 Rn. 197.

scheitern, wird im Schrifttum als „massive Sanktion" zulasten der Arbeitgeber und „Druckmittel" der Arbeitnehmer in den Neuverhandlungen angesehen.[57] Dass die SE mit einer strukturellen Änderung die Anwendung der gesetzlichen Auffangregelung absichtlich herbeiführt, um den Arbeitnehmern Beteiligungsrechte zu entziehen oder vorzuenthalten, ist daher eine fernliegende Vorstellung.[58] Jedenfalls wird man die Anwendung der gesetzlichen Auffangvorschriften nicht als missbräuchlich ansehen können. § 18 Abs. 3 S. 3 SEBG liegt die Wertung zugrunde, dass die Arbeitnehmerbeteiligung kraft Gesetzes infolge der strukturellen Änderung angemessener ist als die – auch nur partielle – Fortgeltung der bisherigen Beteiligungsvereinbarung.[59] Im Übrigen hätte die gesetzliche Auffangregelung auch dann gegolten, wenn die SE im Zeitpunkt der Strukturänderung erst gegründet worden wäre. Es wäre daher wertungswidersprüchlich, würde man deren Anwendung als missbräuchlich ansehen.

Im Ergebnis ist ein missbräuchliches Entziehen oder Vorenthalten von Beteiligungsrechten im Fall einer ordnungsgemäß durchgeführten Strukturänderung nicht ersichtlich. Erfolgt sie unter Verstoß gegen § 18 Abs. 3 SEBG, ist die strukturelle Änderung rechtswidrig, aber nicht rechtsmissbräuchlich. Für die Auslegung des § 43 S. 1 SEBG ist deswegen davon auszugehen, dass sich Strukturänderung und Missbrauch wechselseitig ausschließen.

Der Gesetzgeber hat sich zulässig gegen eine teilweise Beseitigung der Beteiligungsvereinbarung entschieden, da sie nur als Ganze die erforderliche „Richtigkeitsgewähr" bietet, die eine Verdrängung der gesetzlichen Auffanglösung rechtfertigt. § 18 Abs. 3 S. 3 SEBG gilt im Übrigen auch für Neuverhandlungen, die auf der Grundlage einer Vereinbarung nach § 21 Abs. 4 SEBG geführt werden, da die Norm keine Abweichung von den zwingenden Vorgaben des § 18 Abs. 3 SEBG gestattet; s. MüKo/*Jacobs* (Fn. 16), § 18 SEBG Rn. 24; ferner BT-Drucks. 15/3405, S. 51.

[57] KölnKomm/*Feuerborn* (Fn. 18), § 18 SEBG Rn. 45; HMD/*Köklü* (Fn. 16), Kap. 6 Rn. 88.

[58] Allenfalls theoretisch ist es denkbar, dass sich die Leitung einer SE von einer aus ihrer Sicht ungünstigen Beteiligungsvereinbarung lösen möchte und zu diesem Zweck eine strukturelle Änderung herbeiführt, die zur Minderung von Beteiligungsrechten geeignet ist. Man muss aber im Auge behalten, dass § 18 Abs. 3 SEBG allein dem Schutz von Arbeitnehmerrechten dient, die weitgehend der Disposition der Arbeitnehmerseite unterliegen. Daher wäre es konsequent, die Durchführung von Neuverhandlungen in das Belieben des Verhandlungsorgans der Arbeitnehmerseite zu stellen. Hierzu könnte ihm in entsprechender Anwendung des § 16 Abs. 1 und Abs. 2 S. 1 SEBG die Befugnis eingeräumt werden, die Verhandlungen abzulehnen und in einem solchen Fall die bisherige Beteiligungsvereinbarung beizubehalten. Die Wertung des § 16 Abs. 2 S. 2 SEBG bliebe gewahrt, weil es nicht zur Anwendung der gesetzlichen Auffangregelung käme.

[59] S. MMS/*Evers* (Fn. 16), § 18 SEBG Rn. 17.

III. Das Missbrauchsverbot im Kontext des Unionsrechts

Die Auslegung des Missbrauchsverbots im systematischen Kontext der Bestimmungen zu strukturellen Änderungen in § 18 Abs. 3 SEBG und der Vermutung des § 43 S. 2 SEBG vernachlässigt zu Unrecht den europarechtlichen Ursprung des § 43 S. 1 SEBG. Anders als bei der Neuverhandlungspflicht und der Missbrauchsvermutung handelt es sich beim Missbrauchsverbot nicht um eine in die Verantwortung des deutschen Gesetzgebers fallende Norm, sondern um transformiertes Richtlinien- und mithin materielles Unionsrecht. Der Tatbestand des Missbrauchs ist europarechtlich determiniert und § 43 S. 1 SEBG *vorrangig* in Übereinstimmung mit Art. 11 SE-RL auszulegen.[60] Nichts anderes ergibt sich aus der eigentümlichen Auslegungsregel des § 1 Abs. 3 SEBG, da sie nicht vom europarechtlichen Gebot der richtlinienkonformen Auslegung dispensiert.[61]

1. *Der Adressat des Missbrauchsverbots*

Wendet man sich der Auslegung des Art. 11 SE-RL zu, stellt sich die Frage, an wen sich das Missbrauchsverbot der Sache nach richtet. Die Überschrift der Norm, die von einem „Verfahrensmissbrauch" spricht, suggeriert, dass der Missbrauch verfahrensrechtlicher Regelungen bei der Gründung einer SE, einschließlich des Verhandlungsverfahrens, verboten werden soll. Unter dieser Prämisse ließe sich das Missbrauchsverbot als inhaltliche Schranke der Beteiligungsvereinbarung ansehen.[62]

Gegen dieses Verständnis spricht jedoch, dass der Tatbestand des Art. 11 SE-RL nicht auf einen Missbrauch von Verfahrensvorschriften beschränkt ist, sondern jegliches Verhalten erfasst, das zu einem missbräuchlichen Entziehen oder Vorenthalten von Beteiligungsrechten führt. Zudem steht es dem bVG in den von Art. 3 Abs. 6 SE-RL gezogenen Grenzen frei, über die Beteiligungsrechte der Arbeitnehmer zu verfügen. Ist damit aber die Minderung von Arbeitnehmerrechten vom Mandat des bVG gedeckt, wird man Dispositionen hierüber im Rahmen der Beteiligungsvereinbarung nicht als missbräuchlich ansehen können.

---

[60] Allg. *Lutter*, JZ 1992, 593, 604: „Die richtlinienkonforme Auslegung ist vorrangiges Auslegungskriterium. Ihr Ergebnis geht allen anderen Auslegungsergebnissen vor."; s. ferner: *Canaris*, Festschrift für Franz Bydlinski, 2002, S. 47, 70; *Franzen*, Privatrechtsangleichung durch die Europäische Gemeinschaft, 1999, S. 343 f.; anders *Höpfner*, Die systemkonforme Auslegung, 2008, S. 272.

[61] LH/*Oetker* (Fn. 20), § 1 SEBG Rn. 17.

[62] So *Schmid*, Mitbestimmung in der Europäischen Aktiengesellschaft (SE), 2010, S. 185 f.

Denkbar ist allerdings, dass eine Beteiligungsvereinbarung im Einzelfall eine bestimmte Gruppe von Arbeitnehmern, deren Vertreter im bVG vielleicht nur eine Minderheit darstellen, benachteiligt und ihr Beteiligungsrechte entzieht oder vorenthält. Nach vorzugswürdigem Verständnis ist dies aber kein Fall des Art. 11 SE-RL, sondern Gegenstand des jeweiligen nationalen Rechts, das auf die Beteilungsvereinbarung Anwendung findet. Dessen Geltung folgt aus dem Umstand, dass die in Art. 4 SE-RL geregelte Beteiligungsvereinbarung nach der Systematik der SE-Richtlinie zu deren Teil II und damit zum Verhandlungsverfahren zählt. Auf dieses findet nach Art. 6 SE-RL in Ermangelung spezieller Vorschriften in der SE-Richtlinie das Recht des Mitgliedstaats Anwendung, in dem die zu gründende SE ihren Sitz haben wird.[63] Missbräuchliche Bestimmungen einer Beteiligungsvereinbarung, auf die folglich deutsches Recht Anwendung findet, sind sittenwidrig und gemäß § 138 Abs. 1 BGB nichtig.

Dementsprechend richtet sich das Missbrauchsverbot des Art. 11 SE-RL inhaltlich nicht an die Verhandlungsparteien, sondern verbietet ein missbräuchliches Verhalten der Arbeitgeberseite, insbesondere der beteiligten Gesellschaften, die einseitig über die Gründung der SE entscheiden.

2. *Missbrauch von Unionsrechten*

Orientiert man sich am europarechtlichen Kontext des Missbrauchsverbots, ist die ständige Rechtsprechung des EuGH zu berücksichtigen, nach der eine missbräuchliche Berufung auf das Unionsrecht unzulässig ist.[64]

---

[63] A.A. *Forst*, Die Beteiligungsvereinbarung nach § 21 SEBG, 2010, S. 305, 316–318, dem zufolge die Beteiligungsvereinbarung angeblich nur im SEBG geregelt sei, da es nicht auf das BGB verweise. Statt einer Anwendung des BGB plädiert *Forst* für eine methodisch zweifelhafte Orientierung am unverbindlichen II-7:310 Draft Common Frame of Reference. Für die Anwendung des BGB, die sich unter systematischen Gesichtspunkten geradezu aufdrängt, wird man dem Gesetzgeber jedoch keine ausdrückliche Anordnung abverlangen können. Im Übrigen wendet *Forst* ein, dass ein Wechsel des anwendbaren nationalen Rechts infolge einer Sitzverlegung der SE die Beteiligungsvereinbarung unwirksam machen könne, was ihre Freizügigkeit gar „ad absurdum" führen soll (S. 165 f.). Die einschlägige Norm des Art. 8 SE-VO gewährt der SE aber keinen Anspruch auf Fortgeltung einer Beteiligungsvereinbarung nach einer grenzüberschreitenden Verlegung des SE-Sitzes. Unabhängig hiervon widerlegt *Forst* seine Behauptung selbst, wenn er die Vereinbarung einer Neuverhandlungspflicht für den Fall der grenzüberschreitenden Sitzverlegung empfiehlt, weil sich eine „bestehende Beteiligungsvereinbarung nicht ohne Friktionen in eine neue Rechtsordnung [sic!] einfügen wird" (S. 198). *Forst* traut dem europäischen Vertragsrecht mithin selbst nicht zu, die Beteiligungsvereinbarung gleichsam über mitgliedstaatliche Staatsgrenzen hinwegzutragen.

[64] EuGH vom 9. 3. 1999, Slg. 1999, I-1459, Rn. 24 (*Centros*) mit zahlreichen Nachweisen.

Nach einer jüngeren, aber vereinzelten Entscheidung des EuGH handelt es sich beim Verbot des Rechtsmissbrauchs sogar um einen allgemeinen Grundsatz des Unionsrechts.[65] Für den Bereich der Grundfreiheiten hat der EuGH zudem in zahlreichen Urteilen entschieden, dass ein missbräuchliches Verhalten Einzelner zwar in den Anwendungsbereich der jeweils einschlägigen Grundfreiheit fällt, die Mitgliedstaaten aber berechtigt sind, Maßnahmen zu ergreifen, um die Umgehung einzelstaatlicher Rechtsvorschriften unter missbräuchlicher Berufung auf das Unionsrecht zu verhindern.[66]

a) Missbrauch der Niederlassungsfreiheit

Zur Niederlassungsfreiheit nach Art. 49 AEUV entschied der EuGH in seiner Grundsatzentscheidung in der Rs. *Centros*, dass es keine missbräuchliche Ausnutzung des Niederlassungsrechts darstelle, „wenn ein Staatsangehöriger eines Mitgliedstaats, der eine Gesellschaft gründen möchte, diese in demjenigen Mitgliedstaat errichtet, dessen gesellschaftsrechtliche Vorschriften ihm die größte Freiheit lassen, und in anderen Mitgliedstaaten Zweigniederlassungen gründet."[67] Diese Kernaussage des *Centros*-Urteils bestätigte der EuGH in den Rs. *Überseering* und *Inspire Art* und bekräftigte, dass die Gründung einer Gesellschaft in einem bestimmen Mitgliedstaat mit dem Ziel, in den Genuss der Anwendung vorteilhafter Rechtsvorschriften zu kommen, keinen Missbrauch darstellt.[68]

Da das deutsche Mitbestimmungsrecht nach herrschender Meinung keine Anwendung auf ausländische Gesellschaftsformen findet,[69] wurde aus der Rechtsprechung des EuGH verbreitet gefolgert, dass es zulässig durch die Wahl einer ausländischen Gesellschaftsform umgangen werden kön-

---

[65] EuGH vom 5. 7. 2007, Slg. 2007, I-5795, Rn. 38 (*Kofoed*); wohl auch *Fleischer*, JZ 2003, 865, 871; abl. *Sagan*, EBLR 2010, 15, 24 f.

[66] Grundlegend: EuGH vom 3. 12. 1974, Slg. 1976, 1299, Rn. 13 (*van Binsbergen*); zur Dienstleistungsfreiheit: EuGH vom 3. 2. 1993, Slg. 1993, I-487, Rn. 12 (*Veronica Omroep Organisatie*); vom 5. 10. 1994, Slg. 1994, I-4795, Rn. 20 (*TV10*); zur Warenverkehrsfreiheit: EuGH vom 10. 1. 1985, Slg. 1985, 1, Rn. 27 (*Leclerc*); zur Arbeitnehmerfreizügigkeit: EuGH vom 21. 6. 1988, Slg. 1988, 3161, Rn. 43 (*Lair*); zur Niederlassungsfreiheit: EuGH vom 3. 10. 1990, Slg. 1990, I-3551, Rn. 14 (*Bouchoucha*).

[67] EuGH vom 9. 3. 1999, Slg. 1999, I-1459, Rn. 27 (*Centros*).

[68] EuGH vom 5. 11. 2002, Slg. 2002, I-9919, Rn. 56 (*Überseering*); vom 30. 9. 2003, Slg. 2003, I-10155, Rn. 96 (*Inspire Art*).

[69] *Horn*, NJW 2004, 893, 900; *Röder/Rolf*, Festschrift für Manfred Löwisch, 2007, S. 249, 254 f.; *Thüsing*, ZIP 2004, 381, 382; *Zimmer*, NJW 2003, 3585, 3591; abw. für eine mitbestimmungsrechtliche Gleichstellung von Auslandsgesellschaften im Wege der Substitution: *Franzen*, RdA 2004, 257, 258 f.; für eine analoge Anwendung des deutschen Mitbestimmungsrechts: *Henssler*, Gedächtnisschrift für Meinhard Heinze, 2005, S. 333, 344 f.

ne.[70] Als mitbestimmungsfreie Alternative zur deutschen GmbH könne beispielsweise eine englische Limited verwendet werden, auf die das deutsche Mitbestimmungsrecht selbst dann keine Anwendung finde, wenn sie ausschließlich in Deutschland tätig wird.[71] Für einen unzulässigen Missbrauch der ausländischen Gesellschaftsform bleibt unter diesen Vorzeichen freilich wenig Raum.

In seiner jüngeren Entscheidung in der Rs. *Cadbury Schweppes*[72] hat der EuGH seinem ursprünglichen Standpunkt jedoch eine „erhebliche Einschränkung" hinzugefügt.[73] Darin hielt der EuGH im Ausgangspunkt daran fest, dass die Gründung einer Gesellschaft in einem bestimmten Mitgliedstaat für sich genommen selbst dann kein missbräuchliches Verhalten sei, wenn dies zu dem Zweck erfolge, in den Genuss vorteilhafter Rechtsvorschriften zu kommen.[74] In einer entscheidenden Wendung führte der EuGH jedoch aus, dass der Zweck der Niederlassungsfreiheit darin bestehe, den Staatsangehörigen eines Mitgliedstaats die Gründung einer Niederlassung in einem anderen Mitgliedstaat zu erlauben und dort ihren Tätigkeiten nachzugehen, um auf diese Weise die gegenseitige wirtschaftliche und soziale Durchdringung auf dem Gebiet der selbständigen Erwerbstätigkeit innerhalb der Union zu fördern. Die Ausübung der Niederlassungsfreiheit setze deswegen insbesondere die Ausübung einer wirklichen wirtschaftlichen Tätigkeit im Aufnahmemitgliedstaat voraus.[75] Folglich lasse sich eine mitgliedstaatliche

„Beschränkung der Niederlassungsfreiheit […] mit Gründen der Bekämpfung *missbräuchlicher* Praktiken rechtfertigen, wenn das spezifische Ziel der Beschränkung darin liegt, Verhaltensweisen zu verhindern, die darin bestehen, *rein künstliche, jeder wirtschaftlichen Realität bare Gestaltungen* […] zu errichten […]."[76]

---

[70] *Götze/Winzer/Arnold*, ZIP 2009, 245, 247–250; s. auch *Werlauff*, ZIP 1999, 867, 873.

[71] *Müller*, BB 2006, 837, 840f.

[72] EuGH vom 12.9. 2006, Slg. 2006, I-7995 (*Cadbury Schweppes*).

[73] So GA *Maduro*, SchlA vom 22.5. 2008, ZIP 2008, 1067, Rn. 29 (*Cartesio*); näher zur Vereinbarkeit der Rs. *Centros* und *Cadbury Schweppes*: *G.H. Roth*, EuZW 2010, 607, 609–611; *O' Shea*, EC Tax Review 2007, 13, 30; *Sagan*, EBLR 2010, 15, 28.

[74] GA *Maduro*, SchlA vom 22.5. 2008, ZIP 2008, 1067, Rn. 29 (*Cartesio*); *G.H. Roth*, EuZW 2010, 607, 610f.

[75] EuGH vom 12.9. 2006, Slg. 2006, I-7995, Rn. 53f. (*Cadbury Schweppes*).

[76] EuGH vom 12.9. 2006, Slg. 2006, I-7995, Rn. 55 (*Cadbury Schweppes*) – Hervorhebungen diesseits.

b) Konsequenzen für das Missbrauchsverbot des Art. 11 SE-RL

Für die Übertragung dieser Grundsätze auf Art. 11 SE-RL spricht, dass die Gründung einer SE in den Anwendungsbereich des Art. 49 AEUV fällt.[77] Die sekundärrechtlichen Beschränkungen der Gründung sowie der wirtschaftlichen Betätigung einer SE unter dem Gesichtspunkt des Rechtsmissbrauchs müssen daher den Vorgaben entsprechen, die sich insoweit aus dem Primärrecht für die Beschränkung der Niederlassungsfreiheit ergeben.[78]

Darüber hinaus überträgt der EuGH seine Rechtsprechung zum Missbrauch der Grundfreiheiten auf Richtlinienbestimmungen, die der Verhinderung eines Rechtsmissbrauchs dienen.[79] Insbesondere den im Bereich des Steuerrechts[80] etablierten Topos der „rein künstlichen Gestaltungen" hat der EuGH bereits auf die Dienstleistungsfreiheit erstreckt.[81] Das lässt darauf schließen, dass er ohnehin nicht nur für die Niederlassungsfreiheit, sondern von genereller Bedeutung für das allgemeine Verbot des Missbrauchs von Unionsrechten ist.

Nicht erheblich ist demgegenüber, dass Art. 11 SE-RL die Mitgliedstaaten zur Verhinderung eines Missbrauchs verpflichtet, während sie im Hinblick auf die Niederlassungsfreiheit lediglich dazu berechtigt sind, missbräuchliches Verhalten zu verhindern. Dieser Unterschied folgt daraus, dass die betreffenden Mitgliedstaaten in den Rs. *Centros* und *Cadbury Schweppes* darauf bedacht waren, eine Umgehung ihrer eigenen Vorschriften zu verhindern. Art. 11 SE-RL soll die Mitgliedstaaten europarechtlich dazu verpflichten, auch gegen die Umgehung einzelstaatlicher Beteiligungsrechte der Arbeitnehmer vorzugehen, die ihnen nach der Rechtsordnung eines anderen Mitgliedstaats zustehen.[82] Eine missbräuchliche Flucht aus dem Mitbestimmungsregime eines anderen Mitgliedstaats darf kein anderer Mitgliedstaat hinnehmen.

Aus der Rechtsprechung des EuGH zum Missbrauch der Niederlassungsfreiheit folgt für Art. 11 SE-RL einerseits, dass die Gründung einer

---

[77] *Helminen*, European Taxation 2004, 28, 30; LH/*Schön* (Fn. 20), SE im Steuerrecht, Rn. 18; a.A. *Ulmer*, NJW 2004, 1201, 1210; näher: *Sagan*, EBLR 2010, 15, 25 f.

[78] Abw. *Rehberg*, ZGR 2005, 859, 866.

[79] EuGH vom 23. 10. 2008, Slg. 2008, I-8025, Rn. 69 (*Kommission/Spanien*); allg. *Sørensen*, Common Market Law Review 2006, 423, 237.

[80] EuGH vom 16. 7. 1998, Slg. 1998, I-4695, Rn. 26 (*Imperial Chemical Industries*); vom 12. 12. 2002, Slg. 2002, I-11779, Rn. 37 (*Lankhorst-Hohorst*).

[81] EuGH vom 4. 12. 2008, Slg. 2008, I-9099, Rn. 35 (*Jobra*).

[82] *Rehberg*, ZGR 2005, 859, 886 will den Mitgliedstaaten eine Dispositionsbefugnis im Hinblick auf den Schutz ihres eigenen Mitbestimmungsniveaus zubilligen, was mit dem Wortlaut des Art. 11 SE-RL aber nicht zu vereinbaren ist.

SE für sich genommen niemals ein missbräuchliches Verhalten darstellt. Das gilt selbst dann, wenn die SE-Gründung ausschließlich zu dem Zweck erfolgt, in den Genuss von Rechtsvorschriften zur Beteiligung der Arbeitnehmer zu kommen, die für das Unternehmen von Vorteil sind. Andererseits ist nicht jede Vermeidung nationalen Rechts ohne weiteres zulässig, sondern missbräuchlich, wenn sie auf der Grundlage rein künstlicher Gestaltungen erfolgt.

Beim Verbot des Missbrauchs von Unionsrechten handelt es sich schließlich nicht um ein Verbot unzulässiger Rechtsausübung im Sinne des § 242 BGB, sondern um ein allgemeines Verbot, die Anwendbarkeit des Unionsrechts künstlich herbeizuführen, um insbesondere unter Ausnutzung seines Vorrangs gegenüber nationalem Recht einzelstaatliche Rechtsvorschriften zu umgehen.[83] Es ist insoweit ein *spezifisches Umgehungsverbot*, das sich aus der Normenhierarchie zwischen europäischem und nationalem Recht ergibt und der teleologischen Beschränkung des – nach Ansicht des EuGH unbedingten[84] – Vorrangs des europäischen Rechts dient. Auf das Verbot des Missbrauchs einer SE übertragen, bedeutet dies, dass es mit der Kategorie des Rechtsmissbrauchs deutscher Provenienz nicht zu vergleichen ist.[85] Es steht vielmehr dem Verbot von Umgehungsgeschäften gleich, das im nationalen Recht nicht unter § 242 BGB fällt, sondern im Wege der zweckorientierten Auslegung der jeweiligen Rechtsvorschrift sanktioniert wird, deren Umgehung beabsichtigt wurde.[86] Unter Beachtung dieser Maßgaben ist Art. 11 SE-RL primärrechtskonform und § 43 S. 1 SEBG richtlinienkonform auszulegen.[87]

3. *Der Tatbestand des Missbrauchsverbots*

Nach den Vorgaben des europäischen Rechts setzt der Missbrauch einer SE objektiv rein künstliche Gestaltungen (dazu a), die Umgehung einzelstaatlicher Rechtsvorschriften über die Beteiligungsrechte der Arbeitnehmer (dazu b) sowie subjektiv die Absicht voraus, die SE zu diesem Zweck zu verwenden (dazu c).

---

[83] S. Eidenmüller/*Eidenmüller*, Ausländische Kapitalgesellschaften, 2004, § 3 Rn. 83; deswegen krit. *Fleischer*, JZ 2003, 865, 870; *Schön*, Festschrift für Herbert Wiedemann, 2002, S. 1271, 1278.

[84] Grundlegend: EuGH vom 15. 7. 1964, Slg. 1964, 1251, 1269 (*Costa/ENEL*); nach wie vor a. A. BVerfG vom 30. 6. 2009, BVerfGE 123, 267, 396–402 (*Lissabon*).

[85] So aber wohl NFK/*Nagel* (Fn. 23), § 43 SEBG Rn. 8.

[86] S. *Teichmann*, JZ 2003, 761, 765–767.

[87] Unklar: *Koch*, Die Beteiligung von Arbeitnehmervertretern an Aufsichtsrats- und Verwaltungsratsausschüssen einer Europäischen Aktiengesellschaft, 2011, S. 205–207.

a) Rein künstliche Gestaltungen

Als Beispiel einer rein künstlichen Gestaltung führt der EuGH eine Briefkasten- oder Strohmannfirma an, worunter er eine fiktive Niederlassung versteht, die keine wirtschaftliche Tätigkeit entfaltet.[88] Demzufolge dürfen an den Begriff der rein künstlichen Gestaltung keine allzu niedrigen Anforderungen gestellt werden. Vielmehr muss ein Sachverhalt vorliegen, der mit der Errichtung einer Briefkastenfirma zumindest vergleichbar ist. Darüber hinaus muss die künstliche Gestaltung der wirtschaftlichen Realität widersprechen, so dass ein Missbrauch ausgeschlossen ist, wenn das betreffende Verhalten durch *„vernünftige wirtschaftliche Gründe“*[89] gerechtfertigt ist. Das wird im jeweiligen Einzelfall zu prüfen sein.

Entscheidet sich beispielsweise eine deutsche Aktiengesellschaft für eine Umwandlung in eine SE, um sich vor einem Überschreiten des Schwellenwerts von 2.000 Arbeitnehmern nach § 1 Abs. 1 Nr. 2 MitbestG der Anwendung des Mitbestimmungsgesetzes zu entziehen, ist dies für sich genommen mangels rein künstlicher Gestaltungen nicht missbräuchlich.[90] Ebenso ist die Entscheidung, eine SE in demjenigen Mitgliedstaat zu gründen, dessen Regelungen zur Beteiligung der Arbeitnehmer dem Unternehmen am vorteilhaftesten erscheinen, als solche nicht künstlich und daher ebenfalls nicht missbräuchlich.

b) Umgehung nationalen Rechts

Ferner setzt der Missbrauch einer SE voraus, dass einzelstaatliche Vorschriften zur Arbeitnehmerbeteiligung umgangen werden. Sowohl in Art. 11 SE-RL als auch in § 43 S. 1 SEBG kommt dies durch das Tatbestandsmerkmal des Entziehens oder Vorenthaltens von Beteiligungsrechten zum Ausdruck. Bei den betreffenden Rechten kann es sich sowohl um Regelungen zur Unterrichtung und Anhörung der Arbeitnehmer als auch um Mitbestimmungsrechte handeln, die nach den Definitionen des Art. 2 lit. h SE-RL und § 2 Abs. 9 SEBG gleichermaßen sowohl vom europa- als auch vom nationalrechtlichen Missbrauchstatbestand erfasst werden.

Fraglich ist hingegen, ob auch die Umgehung einzelstaatlicher Regelungen missbräuchlich sein kann, die der Umsetzung der SE-Richtlinie dienen. Der Rechtsprechung des EuGH zum Missbrauch der Grundfreiheiten liegen typischerweise Sachverhalte zugrunde, in denen die Grundfreiheit mit dem Ziel ausgeübt wird, eine nationalstaatliche Regelung in den Anwendungsbereich des Unionsrechts zu bringen und aufgrund des

---

[88] EuGH vom 12. 9. 2006, Slg. 2006, I-7995, Rn. 68 (*Cadbury Schweppes*).

[89] Vgl. EuGH vom 17. 7. 1997, Slg. 1997, I-4161, Rn. 42 (*Leur-Bloem*).

[90] Näher unten IV. 1.

Vorrangs des Unionsrechts deren Unanwendbarkeit herbeizuführen.[91] Diese Situation unterscheidet sich erheblich von einer Berufung auf europäische Vorschriften in der Absicht, transformiertes Richtlinienrecht zu umgehen. Ein wesentlicher Unterschied liegt darin, dass die jeweilige Richtlinie – anders als ein nationales Gesetz – bei einem Verstoß gegen das Unionsprimärrecht stets unwirksam ist, ohne dass es besonderer Voraussetzungen für die Anwendbarkeit des Primärrechts bedarf. Im Gegensatz zu einzelstaatlichen Rechtsvorschriften muss das Richtlinienrecht mithin nicht aufgrund einer künstlichen Gestaltung in den Anwendungsbereich des höherrangigen Rechts gebracht werden.

Darüber hinaus dient die SE-Richtlinie nach dem ersten Satz ihres 18. Erwägungsgrundes dem fundamentalen Grundsatz, erworbene Beteiligungsrechte der Arbeitnehmer zu sichern. Der Schutz der Richtlinie bezieht sich demnach auf solche Beteiligungsrechte, die bereits vor der Gründung der SE und infolgedessen notwendigerweise nach einzelstaatlichen Rechtsvorschriften entstanden sind. Nach der Konzeption der SE-Richtlinie richtet sich Art. 11 SE-RL daher gegen das Entziehen dieser einzelstaatlichen Rechte. Die Missbrauchsvariante des Vorenthaltens erfasst demgegenüber zwar auch solche Rechte, die im Zeitpunkt der SE-Gründung noch nicht bestanden, bezieht sich aber folgerichtig ebenfalls auf einzelstaatliche Beteiligungsrechte, deren Entstehung durch die Gründung einer SE nicht missbräuchlich vereitelt werden darf.

Da die Mitgliedstaaten berechtigt sind, ihr einzelstaatliches Recht zur Unterrichtung und Anhörung der Arbeitnehmer auf die SE anzuwenden, wird die Gründung einer SE kaum jemals zu deren Umgehung geeignet sein. Hauptsächlich richtet sich das Missbrauchsverbot daher gegen die Umgehung einzelstaatlichen Mitbestimmungsrechts, das auf die SE nach Art. 13 Abs. 2 SE-RL keine Anwendung findet.[92] Die Umgehung von Bestimmungen einer freiwilligen Beteiligungsvereinbarung ist hingegen kein Missbrauch. Ihr ist vielmehr mit der nach § 1 Abs. 3 SEBG gebotenen schutzzweckorientierten Auslegung der Vereinbarung zu begegnen.

Ein Missbauch kommt zudem nur dann in Betracht, wenn der SE aus der Umgehung des nationalen Rechts ein Vorteil erwächst.[93] Das ist ausgeschlossen, wenn die einzelstaatlichen Beteiligungsrechte, deren Anwendung vermieden wurde, durch Beteiligungsrechte auf der Ebene der SE

[91] S. hierzu die in Fn. 66 zitierte Rechtsprechung; ferner *Kjellgren*, EBLR 2000, 179, 183 f. („U-turn-constructions").

[92] Art. 11 SE-RL entspricht insoweit Art. 11 Abs. 1 lit. b der Fusionsrichtlinie 90/434/EWG (ABl. Nr. L 225, 20. 8. 1990, S. 1), der nur eine Minderung von Mitbestimmungsrechten erfasst.

[93] Vgl. EuGH vom 12. 9. 2006, Slg. 2006, I-7995, Rn. 64 (*Cadbury Schweppes*).

hinreichend kompensiert werden. Dabei ist zwischen einer freiwilligen Beteiligungsvereinbarung und der Anwendung der gesetzlichen Auffangregelung zu unterscheiden.

Da das bVG weitgehend zu Disposition über die Beteiligungsrechte der Arbeitnehmer befugt ist, wird im Grundsatz jedweder Verlust einzelstaatlicher Beteiligungsrechte ausgeglichen, wenn eine rechtswirksame Beteiligungsvereinbarung zustande kommt. Die Anwendung des Missbrauchsverbots würde hingegen dazu führen, dass die vor der SE-Gründung bestehenden Rechte der Arbeitnehmer Wirksamkeitsmaßstab für den Inhalt der Beteiligungsvereinbarung würden. Ausweislich § 21 Abs. 6 SEBG soll dies nur für die Gründung einer SE im Wege der Umwandlung gelten.

Unterliegt die SE hingegen der gesetzlichen Auffangregelung, ist es erforderlich, die tatsächliche mit der hypothetischen Sachlage zu vergleichen, die ohne die rein künstlichen Gestaltungen bestanden hätte. Ein Missbrauch setzt voraus, dass der *status quo* für das Unternehmen hinsichtlich der Beteiligungsrechte der Arbeitnehmer günstiger ist als die hypothetische Situation ohne künstliche Gestaltung.

c) Missbrauchsabsicht

Aus dem Wortlaut des Art. 11 SE-RL sowie des § 43 S. 1 SEBG folgt, dass die jeweilige Missbrauchshandlung mit der Absicht vorgenommen werden muss, Arbeitnehmern Beteiligungsrechte zu entziehen oder vorzuenthalten.[94] Das stimmt mit der Rechtsprechung des EuGH zum allgemeinen Verbot des Missbrauchs von Unionsrechten überein, die ebenfalls ein subjektives Element voraussetzt.[95] Das Entziehen oder Vorenthalten von Beteiligungsrechten muss nicht der einzige, wohl aber der wesentliche Zweck der betreffenden Maßnahme sein. Die vom Gesetz verlangte Finalität liegt vor, wenn die letztverbindlich über die jeweilige Maßnahme entscheidende Person in Kenntnis der rein künstlichen Gestaltungen die Umgehung einzelstaatlicher Vorschriften zur Arbeitnehmerbeteiligung bezweckt.[96]

---

[94] *Feldhaus/Vanscheidt*, BB 2008, 2246, 2248; EAS/*Joost* (Fn. 16), B 8200, Rn. 250; jetzt aber zweifelnd: *Joost*, Festschrift für Reinhard Richardi, 2007, S. 573, 578; a. A. *Rehberg*, ZGR 2005, 859, 869.

[95] EuGH vom 14. 12. 2000, Slg. 2000, I-11569, Rn. 53 (*Emsland-Stärke*); vom 12. 9. 2006, Slg. 2006, I-7995, Rn. 64 (*Cadbury Schweppes*); zust. Eidenmüller/*Eidenmüller* (Fn. 83), § 3 Rn. 96; unklar hingegen EuGH vom 21. 2. 2006, Slg. 2006, I-1609, Rn. 75 (*Halifax*).

[96] Anders: *Koch*, Die Beteiligung von Arbeitnehmervertretern (Fn. 87), S. 210.

4. *Die Rechtsfolgen des Missbrauchs*

a) *Missbräuchliche SE-Gründung*

Da die SE-Richtlinie nicht festlegt, welche Rechtsfolgen der Missbrauch einer SE auslösen soll, fällt die Bestimmung der betreffenden Sanktion in die Zuständigkeit der Mitgliedstaaten. Im deutschen Recht hängt die Rechtsfolge eines Verstoßes gegen § 43 S. 1 SEBG insbesondere davon ab, ob der Missbrauch vor oder erst nach der Eintragung der SE in das Handelsregister erkannt wird. Im erstgenannten Fall ist das Registergericht berechtigt, die Eintragung der SE abzulehnen.[97] Hierdurch wird zwar die Ausübung der Niederlassungsfreiheit eingeschränkt, doch wird die Gründung der SE nicht dauerhaft, sondern lediglich vorübergehend bis zur Beseitigung der künstlichen Gestaltungen verhindert. Das ist insgesamt ein im Sinne des Art. 11 SE-RL geeignetes Mittel zur Verhinderung von Missbräuchen.

Ist die SE bereits eingetragen, kommt eine Löschung der Gesellschaft aus dem Register grundsätzlich nicht in Betracht.[98] Das entspricht dem Willen des Gesetzgebers, der bei Erlass des SEBG davon ausging, dass es aus gesellschaftsrechtlichen Gründen in Fällen des Missbrauchs nur eingeschränkt möglich sein würde, bereits vollzogene grenzüberschreitende Maßnahmen rückgängig zu machen.[99] Wurde die SE im Wege der Verschmelzung gegründet, wird die Löschung zudem regelmäßig nach Art. 30 SE-VO unzulässig sein.

Aber auch im Übrigen verlangt das Missbrauchsverbot als spezifisches Umgehungsverbot[100] nicht die Löschung der SE. Im deutschen Recht führt eine Umgehung im Allgemeinen nicht zur Unwirksamkeit des betreffenden Rechtsgeschäfts nach § 242 BGB, sondern im Wege der teleologischen Gesetzesauslegung zur Anwendung derjenigen Vorschriften, deren Umgehung beabsichtigt wurde.[101] Die Übertragung dieser Rechtsfolge auf § 43 S. 1 SEBG entspricht nicht nur dem Gedanken des europarechtlichen Äquivalenzprinzips,[102] sondern auch dem Schutzzweck des Missbrauchsverbots, weil sie die Umgehung einzelstaatlichen Mitbestimmungsrechts effektiv verhindert. Demzufolge führt der Missbrauch der SE zur Anwen-

---

[97] LH/*Oetker* (Fn. 20), § 43 SEBG Rn. 8.

[98] LH/*Oetker* (Fn. 20), § 43 SEBG Rn. 8; unklar NFK/*Nagel* (Fn. 23), § 43 SEBG Rn. 8.

[99] BT-Drucks. 15/3405, S. 57.

[100] S. oben III. 2. b).

[101] S. Münchener Kommentar/*Armbrüster*, BGB, 6. Aufl., 2012, § 134 Rn. 15; Jauernig/*Mansel*, BGB, 14. Aufl., 2011, § 134 Rn. 18, *Teichmann*, JZ 2003, 761, 765–767.

[102] S. EuGH vom 8. 7. 2010, NZA 2010, 869, Rn. 25 (*Bulicke*).

dung derjenigen Vorschriften, die in Abwesenheit künstlicher Gestaltungen für die SE Geltung beansprucht hätten.[103]

Sollten im Einzelfall mitgliedstaatliche Regelungen zur Unterrichtung und Anhörung der Arbeitnehmer umgangen worden sein, sind folgerichtig diese auf die SE anzuwenden. Anderes gilt für die Umgehung einzelstaatlichen Mitbestimmungsrechts, das auch im Fall eines Missbrauchs gemäß Art. 13 Abs. 2 SE-RL und § 47 Abs. 1 Nr. 1 SEBG nicht auf die SE anzuwenden ist. Da ein Missbrauch praktisch nur bei einer SE in Betracht kommt, die der Mitbestimmung kraft Gesetzes unterliegt, finden rückwirkend diejenigen gesetzlichen Vorschriften Anwendung, die ohne die künstlichen Gestaltungen im Zeitpunkt der SE-Gründung gegolten hätten.

b) Strafrechtliche Sanktion

Der deutsche Gesetzgeber hat den Missbrauch einer SE darüber hinaus nach § 45 Abs. 1 Nr. 2 SEBG als Straftatbestand ausgestaltet, was sowohl in unions- als auch in verfassungsrechtlicher Hinsicht problematisch erscheint.

Wie aus Art. 11 SE-RL hervorgeht, müssen die im einzelstaatlichen Recht vorgesehenen Rechtsfolgen des Missbrauchs einer SE mit den sonstigen Bestimmungen des Unionsrechts im Einklang stehen. Die mitgliedstaatliche Sanktion darf daher nicht über das hinausgehen, was zur Verhinderung missbräuchlichen Verhaltens erforderlich und verhältnismäßig ist.[104] Zur Rechtfertigung der Strafandrohung des § 45 Abs. 1 Nr. 2 SEBG ließe sich anführen, dass sie Unternehmen von einem Missbrauch der SE abschreckt und deswegen ein im Sinne des Art. 11 SE-RL zur Verhinderung von Missbräuchen geeignetes Mittel ist.

Dieses Verständnis des Art. 11 SE-RL ist aber keineswegs zwingend. Versteht man es mit der hier vertretenen Ansicht als spezifisches Umgehungsverbot, sind die Mitgliedstaaten nicht verpflichtet, bereits der Schaffung rein künstlicher Gestaltungen präventiv entgegenzuwirken. Vielmehr genügen sie ihren unionsrechtlichen Pflichten, wenn sie verhindern, dass den Arbeitnehmern aufgrund künstlicher Gestaltungen Beteiligungsrechte entzogen oder vorenthalten werden. Folglich verlangt das Missbrauchsverbot keine strafrechtliche Sanktion der Arbeitgeber, sondern zivilrechtlich effektiven Schutz von Arbeitnehmerrechten.

---

[103] UHH/*Henssler* (Fn. 4), Einl. SEBG Rn. 217 unter Verweis auf *Rehberg*, ZGR 2005, 859, 877 ff., der jedoch von einer Umgehung von Vorschriften der SE-Richtlinie ausgeht. S. ferner EuGH vom 21. 2. 2006, Slg. 2006, I-1609, Rn. 94 (*Halifax*); vom 22. 12. 2010, DB 2011, 220, Ls. 2 (*Weald Leasing*).

[104] Vgl. EuGH vom 12. 9. 2006, Slg. 2006, I-7995, Rn. 57 und 60 (*Cadbury Schweppes*).

Bei der einzelstaatlichen Festsetzung von Rechtsfolgen, die bei einem Verstoß gegen umgesetztes Richtlinienrecht eintreten sollen, handelt es sich zudem um eine Durchführung von Unionsrecht. Als solche unterliegt sie gemäß Art. 6 Abs. 1 EU in Verbindung mit Art. 51 Abs. 1 S. 1 EU-Grundrechtecharta (GRC) der Anwendung der europäischen Chartagrundrechte.[105] Der Straftatbestand des § 45 Abs. 1 Nr. 2 SEBG ist infolgedessen am Grundrecht des Art. 49 Abs. 1 S. 1 GRC zu messen, nach dem niemand wegen einer Handlung verurteilt werden darf, die zur Zeit ihrer Begehung nach innerstaatlichem oder internationalem Recht nicht strafbar war. Danach muss sich der Anwendungsbereich von Straftatbeständen entweder schon aus ihrem Wortlaut ergeben oder im Wege der Auslegung ermitteln lassen, so dass ein rechtlich beratener Laie erkennen kann, welches Verhalten möglicherweise strafbar ist.[106] Dieses unionsgrundrechtliche Gebot ist seinerseits in Übereinstimmung mit dem Konventionsgrundrecht des Art. 7 Abs. 1 EMRK auszulegen.[107] Hierzu hat der EGMR ausgeführt:

> [Article 7] embodies [...] the principle that only the law can define a crime and prescribe a penalty (nullum crimen, nulla poena sine lege) and the principle that the criminal law must not be extensively construed to an accused's detriment, for instance by analogy; it follows from this that *an offence must be clearly defined in law.* This condition is satisfied where the individual can know from the *wording* of the relevant provision and, if need be, with the assistance of the *courts' interpretation* of it, what acts and omissions will make him liable.[108]

Wendet man neben diesen Vorgaben des europäischen Rechts das Grundgesetz auf § 45 Abs. 1 Nr. 2 SEBG an, muss die Vorschrift mit Art. 103 Abs. 2 GG im Einklang stehen. Danach gilt für den Gesetzgeber bei der Schaffung von Straftatbeständen ein *„striktes Bestimmtheitsgebot"*, das

---

[105] Meyer/*Borowsky*, Charta der Grundrechte der Europäischen Union, 3. Aufl., 2010, Art. 51 Rn. 27; allgemein zur innerstaatlichen Anwendung der Unionsgrundrechte *Sagan*, Das Gemeinschaftsgrundrecht auf Kollektivmaßnahmen, 2008, S. 93–96; *Willemsen/Sagan*, NZA 2011, 258, 258–260.

[106] EuGH vom 12. 12. 1996, Slg. 1996, I-6609, Rn. 25 (*Strafverfahren gegen X*); Meyer/*Eser* (Fn. 105), Art. 49 Rn. 21; vgl. auch EuGH vom 23. 11. 1996, Slg. 1999, I-8453, Rn. 43 (*Arblade*).

[107] Nach Art. 6 Abs. 1 EU sind bei der Auslegung der Grundrechtecharta die ihr angefügten Erläuterungen gebührend zu berücksichtigen. Nach den Erläuterungen zu Art. 53 GRC entspricht Art. 49 Abs. 1 S. 1 und 2 GRC der Bestimmung des Art. 7 EMRK. Gemäß Art. 52 Abs. 3 S. 1 GRC hat das Chartagrundrecht daher die gleiche Bedeutung und Tragweite wie das Konventionsgrundrecht.

[108] EGMR vom 25. 5. 1993, Serie A, Nr. 260-A, Rn. 52 (*Kokkinakis*) – Hervorhebungen diesseits; weitere Nachweise bei Frowein/Peukert/*Frowein*, Europäische Menschenrechtskonvention, 3. Aufl., 2009, Art. 7 Rn. 2–6; Grote/Marauhn/*Kadelbach*, EMRK/GG, 2006, Kap. 15 Rn. 24.

erfordert, dass „die Normadressaten im Regelfall bereits anhand des Wortlauts der gesetzlichen Vorschrift voraussehen können, ob ein Verhalten strafbar ist oder nicht".[109] Das schließt zwar die Verwendung wertausfüllungsbedürftiger Begriffe oder gar Generalklauseln im Strafrecht nicht von vorneherein aus, doch verstößt jedenfalls eine strafrechtliche Blankettnorm gegen Art. 103 Abs. 2 GG.[110]

Ein Verstoß des § 45 Abs. 1 Nr. 2 SEBG gegen die europa- und verfassungsrechtlichen Bestimmtheitsgebote ergibt sich nicht schon aus dem Umstand, dass ein strafbarer Missbrauchs der SE nach § 43 S. 2 SEBG vermutet würde. Nach dem insoweit eindeutigen Wortlaut des § 45 Abs. 1 Nr. 2 SEBG bezieht sich der Straftatbestand nur auf den ersten, nicht aber auf den zweiten Satz des § 43 SEBG.[111] Auch wird man nicht allein aufgrund der europarechtlichen Verpflichtung zur richtlinienkonformen Auslegung des § 43 S. 1 SEBG eine Verletzung des Bestimmtheitsgebots annehmen können, wenngleich es alles andere als unproblematisch ist, eine deutsche Strafnorm in Abhängigkeit von den insgesamt 23 amtlichen Sprachfassungen[112] einer europäischen Richtlinie auszulegen.[113]

§ 45 Abs. 1 Nr. 2 SEBG enthält aber auch in Verbindung mit § 43 S. 1 SEBG seinem Wortlaut nach keine eindeutige Bestimmung, welche konkreten Verhaltensweisen unter Strafe stehen sollen. Es besteht auch keine einschlägige Rechtsprechung des EuGH zu Art. 11 SE-RL oder eines nationalen Gerichts zu § 43 S. 1 SEBG, aufgrund derer sich der Tatbestand des strafbaren Missbrauchs näher konkretisieren ließe. Im Schrifttum herrscht zudem Einigkeit, dass eine Bestimmung dessen, was den Missbrauch einer SE ausmacht, nicht allgemeingültig, sondern nur im Einzelfall erfolgen kann.[114]

Vor diesem Hintergrund lässt sich nicht mit hinreichender Gewissheit voraussehen, welches Verhalten den Tatbestand des § 45 Abs. 1 Nr. 2 SEBG erfüllt. Auch geht der EuGH in ständiger Rechtsprechung davon aus, dass

---

[109] BVerfG vom 23. 6. 2010, BVerfGE 126, 170, 194 f. (m. w. N.) – Hervorhebungen diesseits.

[110] BVerfG vom 23. 6. 2010, BVerfGE 126, 170, 196.

[111] LH/*Oetker* (Fn. 20), § 45 SEBG Rn. 10; das übersehen *Grobys*, NZA 2004, 779, 781 und *Niklas*, NZA 2004, 1200, 1205.

[112] S. Art. 342 AEUV in Verbindung mit Art. 1 VO Nr. 1 des Rates vom 15. 4. 1958 zur Regelung der Sprachenfrage für die Europäische Wirtschaftsgemeinschaft (ABl. 17 v. 6. 10. 1958, S. 385) in der Fassung der VO Nr. 1791/2006 vom 20. 11. 2006 (ABl. Nr. L 363 vom 20. 12. 2006, S. 1).

[113] Vgl. *Satzger*, JuS 2004, 943, 948.

[114] UHH/*Henssler* (Fn. 4), Einl SEBG Rn. 215; MMS/*Kleinmann/Kujath* (Fn. 16), § 43 SEBG Rn. 2; HMD/*Köklü* (Fn. 16), Kap. 6 Rn. 253; NFK/*Nagel* (Fn. 23), § 43 SEBG Rn. 6; ebenso zum Missbrauch der Niederlassungsfreiheit: EuGH vom 9. 3. 1999, Slg. 1999, I-1459, Rn. 25 (*Centros*).

die Anordnung einer Strafe für den Fall einer Verletzung des Unionsrechts einer *klaren und unzweideutigen Rechtsgrundlage* bedarf[115] und das europarechtliche Missbrauchsverbot diese Voraussetzung nicht erfüllt.[116] Der Missbrauch einer SE ist mithin keine Generalklausel, an die zulässigerweise eine strafrechtliche Sanktion geknüpft werden darf, sondern ein strafrechtliches Blankett, das mit geradezu beliebigen Inhalten gefüllt werden kann. § 45 Abs. 1 Nr. 2 SEBG verstößt deswegen sowohl gegen europäisches Primärrecht als auch gegen Art. 103 Abs. 2 GG.[117]

IV. Praktische Anwendung in Beispielsfällen

Bevor die praktische Anwendung des Missbrauchsverbots anhand einiger Beispielsfälle dargestellt wird, sei vorausgeschickt, dass eine Anwendung des § 43 S. 1 SEBG nur in Betracht kommt, wenn keine strukturelle Änderung vorliegt, die nach § 18 Abs. 3 SEBG zur Durchführung von Neuverhandlungen verpflichtet.[118]

Der Begriff der Strukturänderung ist europarechtlich zu verstehen,[119] weil andernfalls die Anordnung von Neuverhandlungen zur Disposition der Mitgliedstaaten gestellt würde. Wären sie berechtigt, bei jedweder Beeinträchtigung einzelstaatlicher Beteiligungsrechte Neuverhandlungen vorzuschreiben, würde dies die SE entgegen dem Regelungszweck des Art. 13 Abs. 2 SE-RL faktisch nationalem Mitbestimmungsrecht unterwerfen.[120]

Für eine Strukturänderung wird man zum einen eine unternehmensseitige Maßnahme verlangen müssen, die geeignet ist, die Beteiligungsrechte

---

[115] Grundlegend: EuGH vom 5.3. 1980, Slg. 1980, 665, Rn. 11 (*Könecke*); vom 11.7. 2002, Slg. 2002, I-65453, Rn. 52 (*Käserei Champignon Hofmeister*); vom 6.4. 2006, Slg. 2006, I-3269, Rn. 15 (*ED & F Man Sugar*).

[116] S. EuGH vom 14. 12. 2000, Slg. 2000, I-11569, Rn. 56 (*Emsland-Stärke*); vom 21.2. 2006, Slg. 2006, I-1609, Rn. 93 (*Halifax*).

[117] Ebenso *Rehberg*, ZGR 2005, 859, 890 und 892; zust. *Teichmann*, Konzern 2007, 89, 97; für Verfassungswidrigkeit: *Götze/Winzer/Arnold*, ZIP 2009, 245, 252; EAS/*Joost* (Fn. 16), Rn. 252; *Koch*, Die Beteiligung von Arbeitnehmervertretern (Fn. 87), S. 254; *Müller-Bonanni/Melot de Beauregard*, GmbHR 2005, 195, 200; a.A. KölnKomm/*Altenhain* (Fn. 18), § 45 SEBG Rn. 13; MüKo/*Jacobs* (Fn. 16), § 45 SEBG Rn. 5; LH/*Oetker* (Fn. 20), § 45 SEBG Rn. 9.

[118] S. oben II. 3. c) sowie das Beispiel zur Verschmelzung unter II. 3. d). Zur Anwendung des Missbrauchsverbots bei grenzüberschreitender Sitzverlegung der SE: *Sagan*, EBLR 2010, 15, 38 f.

[119] Vgl. JF/*Kienast* (Fn. 43), Kap. 13 Rn. 190.

[120] Vgl. *Wollburg/Banerjea*, ZIP 2005, 277, 279.

der Arbeitnehmer zu mindern.[121] Zum anderen ist eine Wiederholung des Verhandlungsverfahrens nur dann angezeigt, wenn diese Maßnahme qualitativ mit der Neugründung einer SE vergleichbar ist und mithin „gründungsähnlichen Charakter" aufweist.[122] Auf das im Schrifttum zuweilen aufgestellte Erfordernis eines „korporativen Akts"[123] sollte jedoch wegen des Schutzzwecks der Neuverhandlungen verzichtet werden, weil schwerwiegende Beeinträchtigungen der Beteiligungsrechte der Arbeitnehmer auch ohne gesellschaftsrechtliche Relevanz denkbar sind.[124]

1. *Schwellenwerte einzelstaatlichen Mitbestimmungsrechts*

Nach § 228 Abs. 2 des österreichischen Arbeitsverfassungsgesetzes stellt eine erhebliche Änderung der Zahl der Arbeitnehmer einer SE und ihrer Tochtergesellschaften eine Strukturänderung dar, die zu Neuverhandlungen über die Beteiligung der Arbeitnehmer verpflichtet. Demgegenüber wird die Erhöhung der Arbeiternehmerzahl im deutschen Schrifttum zu Recht nahezu einhellig und zutreffend nicht unter den Tatbestand der strukturellen Änderung im Sinne des § 18 Abs. 3 SEBG subsumiert.[125] Daher kommt die Anwendung des Missbrauchsverbots in Betracht.

Wird beispielsweise eine drittelparitätisch mitbestimmte Aktiengesellschaft deutschen Rechts in eine SE umgewandelt, unterfällt sie mangels Anwendbarkeit einzelstaatlichen Mitbestimmungsrechts auch dann nicht der paritätischen Mitbestimmung, wenn sie nach ihrer Gründung den in § 1 Abs. 1 Nr. 2 MitbestG genannten Schwellenwert von 2.000 Arbeitnehmern überschreitet. Da die Erhöhung der Arbeitnehmerzahl keine Strukturänderung darstellt, sind Neuverhandlungen nach § 18 Abs. 3 SEBG nicht erforderlich, weswegen die drittelparitätische Mitbestimmung erhalten bleibt. Im Schrifttum wird daher darauf hingewiesen, dass die Umwandlung einer deutschen Aktiengesellschaft in eine SE zwar nicht dazu

---

[121] *Feldhaus/Vanscheidt*, BB 2008, 2246, 2247; KölnKomm/*Feuerborn* (Fn. 16), § 18 SEBG Rn. 26; NFK/*Freis* (Fn. 23), § 18 SEBG Rn. 11; LH/*Oetker* (Fn. 20), § 18 SEBG Rn. 17; ähnl. HMD/*Köklü* (Fn. 16), Kap. 6 Rn. 90.

[122] UHH/*Henssler* (Fn. 4), Einl SEBG Rn. 209; Henssler/Willemsen/Kalb/*Hohenstatt/Dzida*, Arbeitsrecht Kommentar, 4. Aufl., 2010, SEBG Rn. 32; MüKo/*Jacobs* (Fn. 16), § 18 SEBG Rn. 12; *Krause*, BB 2005, 1221, 1228.

[123] *Rieble*, BB 2006, 2018, 2022; *Wollburg/Banerjea*, ZIP 2005, 277, 278.

[124] KölnKomm/*Feuerborn* (Fn. 16), § 18 SEBG Rn. 25.

[125] KölnKomm/*Feuerborn* (Fn. 16), § 18 SEBG Rn. 23; MüKo/*Jacobs* (Fn. 16), § 18 SEBG Rn. 18; EAS/*Joost* (Fn. 16), B 8200, Rn. 111; LH/*Oetker* (Fn. 20), § 18 SEBG Rn. 17; a. A. NFK/*Freis* (Fn. 23), § 18 SEBG Rn. 11; TW/*Köstler* (Fn. 33), S. 331, 371. Nichts anderes ergibt sich aus dem fünften Satz des 21. Erwägungsgrundes zur SCE-Richtlinie, der sich auf den Schwellenwert des Art. 8 SCE-RL bezieht.

geeignet sei, bestehende Mitbestimmungsrechte der Arbeitnehmer zu beseitigen, wohl aber sie „einzufrieren“ und das Mitbestimmungsregime der Gesellschaft von der künftigen Entwicklung der Arbeitnehmerzahlen unabhängig zu machen.[126]

Wenig erörtert ist allerdings die Frage, ob eine solche *präventive* Mitbestimmungsflucht, die nach einer im Schrifttum vertretenen Ansicht der Intention der SE-Richtlinie zuwiderläuft,[127] einen Missbrauch der SE darstellt. An den hierfür vorausgesetzten künstlichen Gestaltungen wird es jedenfalls in den Fällen organischen Wachstums der Gesellschaft bzw. der mit ihr konzernverbundenen Unternehmen fehlen. Der Tatbestand des § 43 S. 1 SEBG wird deswegen selbst dann nicht erfüllt, wenn die Umwandlung der deutschen Aktiengesellschaft in eine SE unmittelbar vor dem absehbaren Überschreiten des jeweiligen Schwellenwertes erfolgt. Selbst die bewusste Entscheidung der Gesellschaft, eine weitere Erhöhung der Arbeitnehmerzahl erst nach einer entsprechenden Umwandlung vorzunehmen, ist für sich genommen nicht künstlich.[128]

Etwas anderes kann gelten, wenn die Gesellschaft die Zahl der beschäftigten Arbeitnehmer in der Absicht manipuliert, das Quorum der Beteiligung im Aufsichtsrat künstlich abzusenken. Das betrifft beispielsweise den Fall, dass eine paritätisch mitbestimmte Aktiengesellschaft einen Standort vorübergehend schließt, um die Anwendung des Drittelbeteiligungsgesetzes herbeizuführen. Wird sie daraufhin in eine kraft Gesetzes drittelparitätisch mitbestimmte SE umgewandelt und nimmt anschließend die Tätigkeit an dem zuvor stillgelegten Standort wieder auf, kommt eine Anwendung des § 43 S. 1 SEBG in Betracht. Das hängt allerdings von den weiteren Umständen des Einzelfalles sowie insbesondere davon ab, ob die vorübergehende Standortschließung durch vernünftige wirtschaftliche Gründe gerechtfertigt war oder aber hauptsächlich dazu diente, den Arbeitnehmern ihre Mitbestimmungsrechte zu entziehen. Ist es im letztgenannten Fall bereits zur Eintragung der SE gekommen, bleibt die SE-Gründung wirksam. Gilt für die SE die Arbeitnehmerbeteiligung kraft Gesetzes, ist § 35 Abs. 1 SEBG jedoch so anzuwenden, als ob auf die vormalige Aktiengesellschaft deutschen Rechts das Mitbestimmungsgesetz Anwendung fand. In der Folge gilt für die SE das paritätische Mitbestimmungsquorum, dessen Umgehung beabsichtigt wurde.

---

126 *Götze/Winzer/Arnold*, ZIP 2009, 245, 251 f.; *Rieble*, BB 2006, 2018, 2020.

127 *Keller/Werner*, WSI-Mitteilungen 2009, 416, 422.

128 Dezidiert *Rieble*, BB 2006, 2018, 2022; a. A. *Rehberg*, ZGR 2005, 859, 880.

2. *Betriebsübergang auf die SE*

Gehen die Arbeitnehmer einer mitbestimmten Aktiengesellschaft deutschen Rechts im Wege des Betriebsübergangs nach § 613a BGB auf eine andere deutsche Aktiengesellschaft über, werden die bisherigen Mitbestimmungsrechte der Arbeitnehmer nicht konserviert. Sie entstehen vielmehr bei der erwerbenden Gesellschaft neu, sofern diese die maßgeblichen Schwellenwerte überschreitet.[129] Dieser Mechanismus versagt jedoch bei der SE, die gemäß § 47 Abs. 1 Nr. 1 SEBG der Anwendung des deutschen Mitbestimmungsrechts entzogen ist. Eine Pflicht zu Neuverhandlungen nach § 18 Abs. 3 SEBG wird man ausnahmsweise nur dann annehmen können, wenn der Betriebsübergang im Einzelfall der Neugründung einer SE gleichsteht.[130]

Jenseits des Anwendungsbereichs von § 18 Abs. 3 SEBG kann der Betriebsübergang auf eine SE somit im Grundsatz ein unzulässiger Missbrauch sein. Das erscheint insbesondere in Fällen denkbar, in denen eine mitbestimmungsfreie SE mit dem Ziel gegründet wird, die sächlichen und personellen Betriebsmittel einer mitbestimmten Gesellschaft deutschen Rechts im Wege des Betriebsübergangs auf die SE zu übertragen.[131] Führt die SE den übernommenen Betrieb bzw. Betriebsteil jedoch fort, entfaltet sie eine echte wirtschaftliche Tätigkeit, weswegen es an einer rein künstlichen Gestaltung mangelt. Zur Schließung etwaiger Lücken im Schutz der Beteiligungsrechte der Arbeitnehmer wird man daher kaum jemals das Missbrauchsverbot heranziehen können. Aus der Perspektive des europäischen Rechts erschiene vielmehr eine systemkonforme Lösung auf der Grundlage der Betriebsübergangsrichtlinie 2001/23/EG[132] und deren Art. 6 zur Rechtsstellung der Arbeitnehmervertreter erwägenswert.

---

[129] S. Willemsen/Hohenstatt/Schweibert/Seibt/*Seibt*, Umstrukturierung und Übertragung von Unternehmen, 4. Aufl., 2011, Kap. F Rn. 85.

[130] *Feuerborn* (Fn. 16), § 18 SEBG Rn. 27; TW/*Köstler* (Fn. 33), S. 331, 371; LH/*Oetker* (Fn. 20), § 18 SEBG Rn. 22; a. A. *Jacobs* (Fn. 16), § 18 SEBG Rn. 18; *Kienast* (Fn. 43), Kap. 13 Rn. 193; *Rieble*, BB 2006, 2018, 2022; *Wollburg/Banerjea*, ZIP 2005, 277, 281 f.; differenzierend: *Henssler*, RdA 2005, 330, 334.

[131] Das Mitbestimmungs-Beibehaltungsgesetz findet in einem solchen Fall schon deswegen keine Anwendung, weil die inländische SE unbeschränkt körperschaftssteuerpflichtig ist; s. § 1 S. 2 MitbestBeiG i. V. m. § 1 Abs. 1 Nr. 1 KStG.

[132] Richtlinie 2001/23/EG vom 12. 3. 2001 zur Angleichung der Rechtsvorschriften der Mitgliedstaaten über die Wahrung von Ansprüchen der Arbeitnehmer beim Übergang von Unternehmen, Betrieben oder Unternehmens- oder Betriebsteilen (ABl. Nr. L 82, 22. 3. 2001, S. 16).

3. *Beteiligungserwerb*

Umstritten ist schließlich, wie die Fälle des Beteiligungserwerbs zu behandeln sind, in denen eine SE eine mitbestimmte inländische Gesellschaft erwirbt. Da hierdurch auf der Ebene der SE keine Änderung eintritt und auch die Mitbestimmungsrechte in der erworbenen Gesellschaft bestehen bleiben, liegt nach vorzugswürdiger Ansicht kein Fall des § 18 Abs. 3 SEBG vor.[133]

Fraglich ist indes, inwiefern im Einzelfall eine „Korrektur"[134] dieses Ergebnisses nach § 43 S. 1 SEBG zu erfolgen hat. Das betrifft etwa Fallgestaltungen, in denen eine drittelparitätisch mitbestimmte Gesellschaft deutschen Rechts vor dem Erwerb eines Unternehmens mit einer ausländischen Gesellschaft zur Gründung einer SE verschmolzen wird, die der Mitbestimmung kraft Gesetzes unterfällt. Auf diese Weise wird verhindert, dass die erwerbende Gesellschaft aufgrund der Zurechnung der Arbeitnehmer der erworbenen Gesellschaft nach § 5 Abs. 1 MitbestG den Schwellenwert für die Einführung der paritätischen Mitbestimmung überschreitet.

Dieser Vorgang ist nicht schon für sich genommen als präventive Flucht aus der deutschen Mitbestimmung missbräuchlich und zwar in Ermangelung künstlicher Gestaltungen auch dann nicht, wenn die Verhinderung der paritätischen Mitbestimmung das einzige Ziel für die SE-Gründung der gewesen sein sollte. Etwas anderes kann gelten, wenn es sich bei der für den Verschmelzungsvorgang nach Art. 2 Abs. 1 SE-VO erforderlichen Auslandsgesellschaft um eine Briefkastenfirma handelte, die keine eigenen wirtschaftlichen Interessen verfolgt, sondern ausschließlich zu dem Zweck errichtet wurde, der Inlandsgesellschaft die Umgehung des deutschen Mitbestimmungsgesetzes zu ermöglichen.[135] Unterliegt die SE in einem solchen Fall der gesetzlichen Auffangregelung, wird § 43 S. 1 SEBG mit der Folge anzuwenden sein, dass im Rahmen des § 35 Abs. 2 S. 2 SEBG die paritätische Mitbestimmung der ursprünglichen Aktiengesellschaft zu unterstellen ist.

---

[133] *Jacobs* (Fn. 16), § 18 SEBG Rn. 17; *Müller-Bonanni/Melot de Beauregard*, GmbHR 2005, 195, 200; *Rieble*, BB 2006, 2018, 2022; *Wollburg/Banerjea*, ZIP 2005, 277, 280; a. A. LH/*Oetker* (Fn. 20), § 18 SEBG Rn. 16.

[134] *Jacobs* (Fn. 16), § 18 SEBG Rn. 17.

[135] Ähnl. *Henssler*, RdA 2005, 330, 334.

V. Fazit

Sowohl der deutsche Gesetzgeber als auch die einhellige Literaturmeinung verstehen das Verbot des Missbrauchs einer SE extensiv und erstrecken es insbesondere auf Fälle, die zugleich eine strukturelle Änderung darstellen. Darüber hinaus beabsichtigte der Gesetzgeber, die Feststellung eines Missbrauchs mit der Vermutungsregelung des § 43 S. 2 SEBG zu erleichtern und ihn nach § 45 Abs. 1 Nr. 2 SEBG unter Strafe zu stellen, ohne jedoch den unbestimmten Rechtsbegriff des Missbrauchs näher zu konkretisieren. *Nagel* begrüßt dieses Vorgehen, weil die Unbestimmtheit des Rechtsbegriffs „Missbrauch" auf die betroffenen Unternehmen abschreckend wirke und ihnen nicht erlaube, die Entscheidung eines Gerichts in einem eventuellen Streitfall rechtssicher zu prognostizieren.[136] Dem kann nur folgen, wer Rechtsunsicherheit zum Zweck staatlicher Gesetzgebung (v)erklärt.

Die „deutsche" Missbrauchskonzeption beruht auf mehreren Prämissen, die mit dem Unionsrecht nicht zu vereinbaren sind. Im Ausgangspunkt bleibt unbeachtet, dass sich die Regelung des § 18 Abs. 3 SEBG nicht auf das europarechtliche Missbrauchsverbot des Art. 11 SE-RL stützen lässt und von diesem auch nicht gefordert wird. Die Vermutung des § 43 S. 2 SEBG ist verfehlt, weil sie einen nationalrechtlichen Konnex zwischen Strukturänderung und Missbrauch herstellen soll, der sich im europäischen Recht nicht objektiv nachweisen lässt. Dabei ist praktisch kein Fall denkbar, in dem es trotz Neuverhandlungen gemäß § 18 Abs. 3 SEBG zu einem missbräuchlichen Entziehen oder Vorenthalten von Beteiligungsrechten kommen könnte. Dass § 43 S. 1 SEBG im Übrigen einen Rechtsbruch voraussetzt, um einen Rechtsmissbrauch zu vermuten, ist eine befremdliche Vermengung dogmatischer Kategorien. Da sich die Praxis in Ermangelung einschlägiger Rechtsprechung einstweilen nur am Schrifttum orientieren kann, ist die verbreitete Rechtsfigur der „missbräuchlichen Strukturänderung" jedoch nicht nur eine dogmatisch missliche, sondern für die Rechtspraxis überaus schädliche Chimäre.

Nach vorzugswürdiger Ansicht hat sich die Auslegung des § 43 S. 1 SEBG nicht am Missbrauchskonzept des deutschen Gesetzgebers, sondern vorrangig an den Vorgaben des europäischen Rechts sowie insbesondere an Art. 11 SE-RL zu orientieren. Maßgeblich ist insoweit die ständige Rechtsprechung des EuGH zum Verbot des Missbrauchs von Unionsrechten und zwar vor allem der Niederlassungsfreiheit nach Art. 49 AEUV. Dementsprechend setzt der Missbrauch der SE rein künstliche Gestaltun-

[136] NFK/*Nagel* (Fn. 23), § 43 SEBG Rn. 2; zu Recht krit. *Joost*, FS Richardi (Fn. 94), S. 573, 578 f.

gen voraus, die nicht der wirtschaftlichen Realität entsprechen. Die bloße Beeinträchtigung einzelstaatlicher Beteiligungsrechte ist für sich genommen selbst dann nicht missbräuchlich, wenn eine SE ausschließlich zu dem Zweck geschaffen wird, Arbeitnehmern Beteiligungsrechte zu entziehen oder vorzuenthalten. Liegt nach den Umständen des Einzelfalles ein Missbrauch vor, führt dies nach der Eintragung der SE in erster Linie zur Anwendung derjenigen Vorschriften, deren Umgehung beabsichtigt wurde. Der Straftatbestand des § 45 Abs. 1 Nr. 2 SEBG verstößt demgegenüber sowohl gegen europäisches Primärrecht als auch gegen das Grundgesetz und muss daher unangewendet bleiben.

Der deutsche Gesetzgeber wollte das Missbrauchsverbot wie das Schwert des Damokles an ein dünnes Pferdehaar hängen. Er hat sich übernommen. Wie Excalibur steckt es fest im steinernen Gefüge des Unionsrechts.

Neuere Entwicklungen im Urlaubsrecht

Analyse der aktuellen Rechtsprechung zu § 7 Abs. 3 und 4 BUrlG

Angie Schneider

I. Einführung

Seit der Rechtssache „Schultz-Hoff"[1] sieht sich das Urlaubsrecht einem stetigen Wandel ausgesetzt. Mit seinem Urteil über den „an den Grundfes-

[1] Rs. C-350/06 „Schultz-Hoff", AP Richtlinie 2003/88/EG Nr. 1.

ten des deutschen Urlaubsrechts“[2] rüttelnden Vorlagebeschluss des LAG Düsseldorf vom 2. 8. 2006[3] hat der EuGH in Rechtsprechung und Literatur eine bislang nicht enden wollende Diskussion verschiedener urlaubsrechtlicher Probleme hervorgerufen. Der nachfolgende Beitrag widmet sich denjenigen Fragestellungen, die sich als Reaktion auf „Schultz-Hoff“ in der instanz- wie höchstrichterlichen Rechtsprechung stellen.

1. „Historie“

a) LAG Düsseldorf contra BAG

Der Umbruch im deutschen Urlaubsrecht ist auf einen schwelenden Rechtsprechungsdisput zwischen dem LAG Düsseldorf und dem BAG über die Auslegung von § 7 Abs. 3 und Abs. 4 BUrlG zurückzuführen. Während – kurz gefasst – nach Auffassung der 12. Kammer des LAG Düsseldorf[4] § 7 Abs. 3 und Abs. 4 BUrlG weder dahingehend ausgelegt werden könne, dass der Urlaubsanspruch des Arbeitnehmers selbst dann nach Ablauf der ersten drei Monate des folgenden Kalenderjahres erlösche, wenn der Anspruch aufgrund (unverschuldeter) krankheitsbedingter Arbeitsunfähigkeit nicht erfüllt werden konnte, noch gemäß § 7 Abs. 4 BUrlG eine Auslegung Bestand haben könne, welche den Urlaubsabgeltungsanspruch von der Arbeitsfähigkeit des Arbeitnehmers bei Beendigung des Arbeitsverhältnisses abhängig macht,[5] verfolgte das BAG eine entgegengesetzte Linie. So war es seit mehr als 25 Jahren, namentlich seit Urteil vom 13. 5. 1982 feststehende Meinung des BAG und der ihm überwiegend folgenden Literatur, dass der Urlaubsanspruch spätestens mit dem Ende des Übertragungszeitraums verfalle, unabhängig davon, ob die fehlende Gewährung auf die krankheitsbedingte Arbeitsunfähigkeit oder einen anderen vom Willen des Arbeitnehmers losgelösten Umstand zurückzuführen sei. Gleiches gelte für den Urlaubsabgeltungsanspruch, der als Surrogat des Urlaubsanspruchs dessen Schicksal teile und an die gleichen Vorausset-

---

[2] *Mestwerdt*, jurisPR-ArbR 42/2006 Anm. 1.

[3] LAGE BUrlG § 7 Nr. 43.

[4] Übereinstimmend mit dem zuvor zuständigen 5. Senat, BAG vom 13. 11. 1969, AP BUrlG § 7 Übertragung Nr. 2, wonach der Urlaubsanspruch nicht verfällt, wenn der Arbeitnehmer aufgrund (un-)verschuldeter Arbeitsunfähigkeit an der Durchführung des Urlaubs gehindert war.

[5] LAG Düsseldorf vom 20. 9. 1989, LAGE BUrlG § 7 Übertragung Nr. 2; LAG Düsseldorf vom 17. 6. 1998, LAGE BUrlG § 7 Abgeltung Nr. 10; LAG Düsseldorf vom 25. 5. 2007, LAGE BUrlG § 7 Abgeltung Nr. 21.

zungen, namentlich an die Erfüllbarkeit des Urlaubsanspruchs gebunden sei (sog. Surrogatstheorie).[6]

Der Konflikt fand seine erste Zuspitzung im Vorlagebeschluss des LAG Düsseldorf,[7] mit dem das Gericht dem EuGH folgende, den genannten Meinungsstreit charakterisierende Fragen vorlegte: Können der Urlaubs- oder Urlaubsabgeltungsanspruch durch einzelstaatliche Regelungen bzw. Gepflogenheiten erlöschen, wenn der Arbeitnehmer im Urlaubsjahr vor der Urlaubsgewährung arbeitsunfähig erkrankt war, oder ist Art. 7 Abs. 1 und 2 der RL 2003/88/EG dahingehend zu verstehen, dass der wegen Krankheit im Urlaubsjahr nicht genommene Urlaub zu späterer Zeit zu gewähren bzw. abzugelten ist? Setzen der Urlaubs- oder Urlaubsabgeltungsanspruch voraus, dass der Arbeitnehmer tatsächlich im Urlaubsjahr gearbeitet hat oder entstehen die Ansprüche auch bei entschuldigtem, krankheitsbedingtem oder unentschuldigtem Fehlen im gesamten Urlaubsjahr?

b) „Schultz-Hoff"

Nach den Schlussanträgen der Generalanwältin *Trstenjak* vom 24.1. 2008[8] legte der EuGH[9] Art. 7 Abs. 1 und 2 der Richtlinie 2003/88/EG im Sinne des LAG Düsseldorf und somit entgegengesetzt zur langjährigen Auffassung des BAG wie der herrschenden Lehre aus. Art. 7 Abs. 1 und 2 der RL 2003/88/EG stünde Vorschriften bzw. Gepflogenheiten entgegen, nach denen der Ablauf des Bezugszeitraums einen Anspruchsverlust des Arbeitnehmers betreffend den Urlaub wie die Urlaubsabgeltung auch dann zur Folge hat, wenn der Arbeitnehmer während des gesamten Bezugszeitraums oder eines Teils davon krankgeschrieben war und seine Arbeitsunfähigkeit bis zum Ende seines Arbeitsverhältnisses angedauert hat und er deshalb seinen Urlaubsanspruch nicht ausüben konnte. Zwar betonte der EuGH zuerst, dass die Festlegung eines Übertragungszeitraums, bis zu dessen Ablauf der Arbeitnehmer seinen Urlaub genommen haben muss, als Voraussetzung für die Ausübung und Umsetzung des Anspruchs auf bezahlten Urlaub grundsätzlich in die Zuständigkeit der Mitgliedstaaten fal-

---

[6] BAG vom 13. 5. 1982, AP BUrlG § 7 Übertragung Nr. 4; BAG vom 14. 5. 1989, AP BUrlG § 7 Abgeltung Nr. 26; BAG vom 20. 1. 1998, AP BUrlG § 13 Nr. 45; BAG vom 11. 4. 2006, AP BUrlG § 7 Übertragung Nr. 28; ErfK/*Gallner*, 12. Aufl., 2012, § 7 BUrlG Rn. 77; *Leinemann/Linck*, Urlaubsrecht, 2. Aufl., 2001, § 7 BUrlG Rn. 109 ff.; *Neumann/Fenski*, Bundesurlaubsgesetz, 10. Aufl., 2011, § 7 BUrlG Rn. 65.

[7] LAGE BUrlG § 7 Nr. 43.

[8] BeckRS 2008, 70070.

[9] Rs. C-350/06 „Schultz-Hoff", AP Richtlinie 2003/88/EG Nr. 1.

le.[10] Einer entsprechenden Regelung stehe Art. 7 Abs. 1 der RL 2003/88 jedoch nur dann nicht entgegen, wenn ein Arbeitnehmer tatsächlich die Möglichkeit gehabt habe, den ihm zustehenden Urlaub zu nehmen – eine Möglichkeit, die ihm aber verschlossen sei, wenn er während des gesamten Bezugszeitraums und über den festgelegten Übertragungszeitraum hinaus krankgeschrieben sei.[11]

II. Rechtsprechungsänderung und urlaubsrechtliche Konsequenzen

Dass das LAG Düsseldorf die vom EuGH aufgestellten Grundsätze übernehmen würde, war nicht verwunderlich.[12] Umso erstaunlicher war es allerdings, dass das BAG ebenfalls nur zwei Monate nach „Schultz-Hoff" eine seitens des LAG Köln[13] zugelassene Revision zum Anlass nahm, seine mehr als 25-jährige Rechtsprechung insoweit ins Gegenteil zu verkehren, als es die Möglichkeit einer richtlinienkonformen Auslegung von § 7 Abs. 3 und 4 BUrlG ebenso bejahte wie das Erlöschen des gesetzlichen Urlaubs(abgeltungs)anspruchs im Falle einer dauerhaften krankheitsbedingten Arbeitsunfähigkeit verneinte.[14]

Es könnte nunmehr angenommen werden, die Grundsätze des EuGH hätten die bislang noch aufschäumenden Wogen urlaubsrechtlicher Fragestellungen geglättet. Das Gegenteil ist der Fall. Zum einen sind sowohl das Urteil des EuGH als auch die anschließenden Entscheidungen des LAG Düsseldorf und des BAG in der Literatur auf ein umfassendes, aber sehr geteiltes Echo gestoßen.[15] Zum anderen scheint das „Schultz-Hoff"-Urteil mehr Folgefragen hervorgerufen als Probleme beseitigt zu haben. Das Aus-

[10] EuGH vom 20. 1. 2009, Rs. C-350/06 „Schultz-Hoff", AP Richtlinie 2003/88/ EG Nr. 1; EuGH vom 26. 6. 2001, Rs. C-173/99 „BECTU", AP EWG-Richtlinie Nr. 93/104 Nr. 3.

[11] EuGH vom 20. 1. 2009, Rs. C-350/06 „Schultz-Hoff", AP Richtlinie 2003/88/ EG Nr. 1.

[12] LAG Düsseldorf vom 2. 2. 2009, LAGE BUrlG § 7 Abgeltung Nr. 22 m. Anm. *Genenger.*

[13] LAG Köln vom 29. 8. 2007 – 7 Sa 673/07 – juris.

[14] BAG vom 24. 3. 2009, AP BUrlG § 7 Nr. 39.

[15] Zum Urteil des EuGH vom 20. 1. 2009 etwa nur *Bauer/Arnold*, NJW 2009, 631; *Fieberg*, NZA 2009, 929; *Gaul/Josten/Strauf*, BB 2009, 497; *Grobys*, NJW 2009, 2177; *Kamanabrou*, SAE 2009, 121; *Leinemann*, DB 2009, Nr. 8, I; *Chr. Picker*, ZTR 2009, 230; *Schlachter*, RdA 2009, Sonderbeilage zu Heft Nr. 5, 31; *Thüsing*, FA 2009, 65; zu BAG vom 24. 3. 2009 etwa *Abele*, RdA 2009, 312; *Bauer/Arnold*, Anm. zu AP BUrlG § 7 Nr. 39; *Gaul/Bonanni/Ludwig*, DB 2009, 1013; *Geyer*, ZTR 2009, 346; *Krieger/Arnold*, NZA 2009, 530; *von Steinau-Steinrück/Mosch*, NJW-Spezial 2009, 338.

maß neuer Fragestellungen als Konsequenz auf die neuen Grundsätze des Urlaubsrechts zeigt sich etwa, wenn man die in den ersten zwei Jahren nach dem Urteil in der Rechtssache „Schultz-Hoff" ergangene instanzgerichtliche Rechtsprechung in den Blick nimmt. Nahezu alle Entscheidungen der Landesarbeitsgerichte sind nicht rechtskräftig geworden, sondern beim BAG anhängig (gewesen). Die zahlreichen Verfahren haben dabei die verschiedensten, im Folgenden zu erörternden Fragen zum Gegenstand. Nicht nur die Übertragung der seitens des EuGH für den gesetzlichen Mindesturlaub aufgestellten Grundsätze auf den gesetzlichen und (tarif-)vertraglichen Mehrurlaub, sondern auch Probleme wie die Begrenzung der Urlaubs- und Abgeltungsansprüche beschäftigen die Gerichte. Gleiches gilt für die Frage, ob neben der krankheitsbedingten Arbeitsunfähigkeit weitere Sachverhalte anzuerkennen sind, bei deren Vorliegen der Urlaub auch nach Ablauf des Übertragungszeitraums zu erfüllen ist.

1. *Gesetzlicher Mindesturlaub*

So diffizil sich die nachfolgend zu erörternden urlaubsrechtlichen Folgeprobleme darstellen mögen, verhält sich doch die Rechtsprechung sowohl des BAG als auch der Instanzgerichte einheitlich zur Befristung und Abgeltung des gesetzlichen Mindesturlaubs (§§ 1 und 3 Abs. 1 BUrlG) im Falle einer lang andauernden krankheitsbedingten Arbeitsunfähigkeit. Diese Richtlinien sollen den später zu behandelnden urlaubsrechtlichen Folgefragen zugrunde gelegt werden. Ziel des vorliegenden Beitrags ist damit primär die Erörterung der Folgeprobleme, nicht dagegen eine Wiederaufnahme einer Kritik an den (neuen) Grundsätzen der Rechtsprechung hinsichtlich des gesetzlichen Mindesturlaubs.

a) Urlaubsanspruch

Die Gewährung und Erfüllung des gesetzlichen (Mindest-)Urlaubsanspruchs nach den §§ 1 und 3 Abs. 1 BUrlG ist gemäß § 7 Abs. 3 S. 1 BUrlG auf das Kalenderjahr beschränkt. Ausnahmsweise können gemäß § 7 Abs. 3 S. 2 und 3 BUrlG dringende betriebliche oder in der Person des Arbeitnehmers liegende Gründe die Übertragung des Urlaubsanspruchs und seine Erfüllung innerhalb der ersten drei Monate des folgenden Kalenderjahres rechtfertigen. Klassischer, in der Person des Arbeitnehmers liegender Grund ist die krankheitsbedingte Arbeitsunfähigkeit.[16] Ist der Arbeitnehmer krankheitsbedingt arbeitsunfähig, so führt dies zur Unmöglichkeit

---

[16] BAG vom 25. 8. 1987, AP BUrlG § 7 Abgeltung Nr. 36; BAG vom 7. 12. 1993, AP BUrlG § 7 Nr. 15.

der Urlaubsgewährung. Die Urlaubsgewährung setzt die Möglichkeit voraus, den Arbeitnehmer von seiner Arbeitspflicht zu befreien. Weil die krankheitsbedingte Arbeitsunfähigkeit den Arbeitnehmer jedoch bereits von seiner Arbeitspflicht befreit, kommt eine weitere Befreiung in Gestalt einer Urlaubsgewährung nicht in Betracht.[17]

Nach bisheriger Rechtsprechung hat die krankheitsbedingte Arbeitsunfähigkeit keinen Einfluss auf die Befristung des Urlaubsanspruchs. Unabhängig davon, ob die Arbeitsunfähigkeit die Erfüllung des Urlaubsanspruchs während des laufenden wie nachfolgenden Kalenderjahres unmöglich werden ließ, sollte der Urlaubsanspruch mit Ablauf des Übertragungszeitraums nach Maßgabe von § 7 Abs. 3 S. 3 BUrlG verfallen. Nunmehr geht die Rechtsprechung in Übereinstimmung mit dem EuGH davon aus, dass § 7 Abs. 3 BUrlG richtlinienkonform dahingehend auszulegen sei, dass eine Befristung des gesetzlichen Urlaubsanspruchs jedenfalls im Falle der krankheitsbedingten Arbeitsunfähigkeit bis zum Ende des Bezugs- oder Übertragungszeitraums nicht bestehe.[18]

Beispiel: Der Arbeitnehmer, der im Kalenderjahr 2010 noch keinen Urlaub beantragt hatte, ist aufgrund eines Unfalls vom 3. 5. 2010 bis zum 5. 4. 2011 krankheitsbedingt arbeitsunfähig.

Nach der bisherigen Rechtsprechung des BAG hätte der Urlaub gemäß § 7 Abs. 3 S. 3 BUrlG bis spätestens zum 31. 3. 2011 in Anspruch genommen werden müssen. Fehlte es an einer Beanspruchung und Erfüllung, führte dies zum Erlöschen des Urlaubsanspruchs. Dass der Urlaub angesichts der über den Übertragungszeitraum hinausgehenden Arbeitsunfähigkeit des Arbeitnehmers weder gewährt noch erfüllt werden konnte, hinderte nach der überwiegenden Ansicht nicht den Verfall des Urlaubsanspruchs.

Anders die Beurteilung nach der neuen Rechtsprechung. Zwar ist zu beachten, dass die Rechtsprechungsänderung nicht die Frage der Erfüllbarkeit des Urlaubsanspruchs beeinflusst. Ist der Arbeitnehmer krankheitsbedingt arbeitsunfähig, so bleibt es auch weiterhin bei der Unmöglichkeit der Urlaubsgewährung. Jedoch führt die neue Rechtsprechung zu einer geänderten Auslegung der Befristung des Urlaubsanspruchs. Dieser

---

[17] BAG vom 24. 6. 2003, AP SeemG § 60 Nr. 5; BAG vom 4. 5. 2010, NZA 2010, 1011, 1012; ErfK/*Gallner* (Fn. 6), § 7 BUrlG Rn. 21; a. A. LAG Köln vom 7. 2. 2001 – 5 Sa 591/10 – juris.

[18] BAG vom 24. 3. 2009, AP BUrlG § 7 Nr. 39; BAG vom 23. 3. 2010, AP SGB IX § 125 Nr. 3; BAG vom 4. 5. 2010, NZA 2010, 1011, 1012; LAG Düsseldorf vom 2. 2. 2009, LAGE BUrlG § 7 Abgeltung Nr. 22; LAG Hamm vom 29. 4. 2009 – 18 Sa 1594/08 – juris; LAG Nürnberg vom 9. 3. 2010 – 7 Sa 220/10 – juris; LAG Düsseldorf vom 8. 2. 2011 – 16 Sa 1574/10 – juris.

soll nicht mehr gemäß § 7 Abs. 3 BUrlG verfallen, wenn der Arbeitnehmer aufgrund dauerhafter krankheitsbedingter Arbeitsunfähigkeit keine Gelegenheit hatte, seinen gesetzlichen Urlaubsanspruch bis zum Ablauf des Übertragungszeitraums zu verwirklichen.

b) Urlaubsabgeltungsanspruch

Sofern der Urlaub wegen Beendigung des Arbeitsverhältnisses ganz oder teilweise nicht mehr gewährt werden kann, wandelt er sich nach § 7 Abs. 4 BUrlG automatisch in einen Urlaubsabgeltungsanspruch. Der Abgeltungsanspruch stellt den Ersatz des Urlaubsanspruchs dar, dessen Erfüllbarkeit wegen Beendigung des Arbeitsverhältnisses nicht mehr möglich ist. Als solcher unterliegt er – mit Ausnahme von der Beendigung des Arbeitsverhältnisses – den gleichen Voraussetzungen wie der Urlaubsanspruch (Surrogatstheorie).[19] Liegen demzufolge die Voraussetzungen des gesetzlichen Urlaubsanspruchs vor, entsteht gemäß § 7 Abs. 4 BUrlG ein Anspruch des Arbeitnehmers auf einen dem Urlaubsentgelt entsprechendem Betrag.

Der Urlaubsabgeltungsanspruch erforderte mithin nach der Surrogatstheorie, dass der Urlaubsanspruch des Arbeitnehmers im Falle des Weiterbestehens des Arbeitsverhältnisses noch erfüllt werden könnte. Ein Abgeltungsanspruch war daher unter anderem nicht gegeben, wenn der Arbeitnehmer bis zum Ende des Urlaubsjahres oder des Übertragungszeitraums fortdauernd arbeitsunfähig erkrankt war.[20] Parallel zur geänderten Bewertung der Befristung des Urlaubsanspruchs ist es nun Auffassung der Rechtsprechung, unter Aufgabe der Surrogatstheorie[21] einen Abgeltungsanspruch nach § 7 Abs. 4 BUrlG auch zuzugestehen, wenn der Arbeitnehmer im Zeitpunkt oder nach Beendigung des Arbeitsverhältnisses weiterhin krankheitsbedingt arbeitsunfähig ist.[22]

Beispiel: Der Arbeitnehmer, der im Kalenderjahr 2010 noch keinen Urlaub beantragt hatte, ist von Januar 2010 bis nach der Beendigung seines Arbeitsverhältnisses im April 2011 krankheitsbedingt arbeitsunfähig.

---

[19] St. Rspr. des BAG, BAG vom 14. 5. 1986, AP BUrlG § 7 Abgeltung Nr. 26; BAG vom 9. 8. 1994, AP BUrlG § 7 Abgeltung Nr. 65; BAG vom 5. 12. 1995, AP BUrlG § 7 Abgeltung Nr. 70; ErfK/*Gallner* (Fn. 6), § 7 BUrlG Rn. 77.

[20] St. Rspr. des BAG, BAG vom 28. 6. 1984, AP BUrlG § 7 Abgeltung Nr. 18; BAG vom 14. 5. 1986, AP BUrlG § 7 Abgeltung Nr. 26; BAG vom 3. 5. 1994, NZA 1995, 476, 477; BAG vom 27. 5. 1997, AP BUrlG § 7 Abgeltung Nr. 74; ErfK/*Gallner* (Fn. 6), § 7 BUrlG Rn. 57.

[21] Ausdrücklich etwa BAG vom 4. 5. 2010, NZA 2010, 1011, 1012.

[22] BAG vom 24. 3. 2009, AP BUrlG § 7 Nr. 39; BAG vom 4. 5. 2010, NZA 2010, 1011, 1012 f.; BAG vom 23. 3. 2010, AP SGB IX § 125 Nr. 3; LAG Hamm vom 29. 4. 2009 – 18 Sa 1594/08 – juris; LAG Nürnberg vom 9. 3. 2010 – 7 Sa 220/10 – juris; LAG Schleswig-Holstein vom 16. 12. 2010 – 4 Sa 209/10 – juris.

Nach der bisherigen Rechtsprechung hätte der Arbeitnehmer keinen Abgeltungsanspruch gemäß § 7 Abs. 4 BUrlG für den im Jahr 2010 nicht in Anspruch genommenen Urlaub. Die Surrogatstheorie unterwirft den Urlaubsabgeltungsanspruch den gleichen Voraussetzungen wie den Urlaubsanspruch. Danach wäre der Urlaubsanspruch angesichts der bei Beendigung des Arbeitsverhältnisses weiterhin bestehenden krankheitsbedingten Arbeitsunfähigkeit nicht erfüllbar, so dass ebenfalls der Urlaubsabgeltungsanspruch als Surrogat des Urlaubsanspruchs nicht besteht. Nach der neueren Rechtsprechung ist dagegen die Surrogatstheorie insoweit nicht mehr anzuwenden, so dass der Abgeltungsanspruch auch dann besteht, wenn die Urlaubsgewährung wegen krankheitsbedingter Arbeitsunfähigkeit des Arbeitnehmers unmöglich war, und zwar auch dann nicht, wenn diese Arbeitsunfähigkeit über die Beendigung des Arbeitsverhältnisses hinweg fortdauerte.

2. *Ansprüche auf Zusatzurlaub*

a) Gesetzlicher Zusatzurlaub

Neben dem gesetzlichen Mindesturlaub gemäß §§ 1 und 3 Abs. 1 BUrlG kann dem Arbeitnehmer ein Anspruch auf einen gesetzlichen Zusatzurlaub zustehen. Ein solcher ergibt sich aus § 125 SGB IX, der schwerbehinderten Menschen einen Anspruch auf einen bezahlten zusätzlichen Urlaub von fünf Arbeitstagen im Urlaubsjahr zuspricht.

Fraglich ist, ob die von der neueren Rechtsprechung aufgestellten Grundsätze über die Befristung und Abgeltung des gesetzlichen Mindesturlaubs auf den gesetzlichen Zusatzurlaub übertragen werden können. Eine einheitliche Tendenz in der Rechtsprechung kann insoweit nicht beobachtet werden. Auf der einen Seite wird die neue Auslegung von § 7 Abs. 3 und 4 BUrlG überwiegend auf den gesetzlichen Zusatzurlaub übertragen,[23] auf der anderen Seite eine Übertragbarkeit verneint[24]. Die Befürworter einer Anwendung der neuen Rechtsprechung führen den Grundsatz der urlaubs-

[23] BAG vom 23.3. 2010, AP SGB IX § 125 Nr. 3; LAG Düsseldorf vom 2.2. 2009, LAGE BUrlG § 7 Abgeltung Nr. 22; LAG Hamburg vom 28.10. 2009 – 2 Sa 146/09 – juris; LAG Bremen vom 15.12. 2009 – 1 Sa 229/07 – juris; LAG Baden-Württemberg vom 29.4. 2010, LAGE BUrlG § 7 Abgeltung Nr. 28; Hessisches LAG vom 7.12. 2010, NZA-RR 2011, 120, 121; ebenso AnwK/*Düwell*, Bd. 2, 2. Aufl., 2010, § 7 BUrlG Rn. 143; *Boecken/Jacobsen*, ZTR 2011, 267 f.

[24] LAG Berlin vom 2.10. 2009, ZTR 2010, 211; Hessisches LAG vom 21.4. 2010 – 6 Sa 1944/09 – juris; s. a. *Bauer/Arnold*, NJW 2009, 631, 634 (Fn. 27); *Dornbusch/Ahner*, NZA 2009, 180, 183; *Gaul/Josten/Strauf*, BB 2009, 497, 498; *Chr. Picker*, ZTR 2009, 230, 236.

rechtlichen Akzessorietät an. Angesichts der identischen urlaubspolitischen Zwecke des gesetzlichen Mindest- wie Zusatzurlaubs und mangels anderweitiger spezialgesetzlicher Regelung folge der gesetzliche Zusatzurlaub den Vorschriften des BUrlG, so dass die neue Auslegung von § 7 Abs. 3 und 4 BUrlG auf diesen übertragbar sei.[25] Hinzu komme, dass der von § 125 SGB IX verfolgte Zweck, schwerbehinderten Menschen gegenüber „gesunden" Arbeitnehmern weitere Urlaubstage zuzusprechen, verloren ginge, bezögen sich die neuen Grundsätze allein auf den gesetzlichen Mindest-, nicht aber auf den gesetzlichen Zusatzurlaub.[26] Dagegen spreche nach der entgegen gesetzten Auffassung vor allem, dass es europarechtliche Regelungen, insbesondere Art. 7 Abs. 1 RL 2003/88/EG als Gegenstand der Sache „Schultz-Hoff" nicht gebieten, die (neuen) Prinzipien hinsichtlich des gesetzlichen Mindesturlaubs auf den gesetzlichen Zusatzurlaub zu übertragen.[27]

Der Entscheidung „Schultz-Hoff" lässt sich im Hinblick auf einen gesetzlichen Zusatzurlaubsanspruch keine eindeutige Antwort in die eine oder andere Richtung entnehmen. Einerseits bezog der EuGH seine Ausführungen nicht ausdrücklich allein auf den aus Art. 7 der RL 2003/88/EG folgenden Mindestjahresurlaub von vier Wochen, wodurch eine Übertragung auf andere Urlaubsansprüche wie denjenigen aus § 125 SGB IX möglich erscheint. Andererseits findet sich ebenso wenig eine ausdrückliche Aussage über die Befristung oder Abgeltung über den Mindesturlaub hinausgehender Urlaubsansprüche, wobei der EuGH seine Feststellungen zudem auf den aus der Richtlinie 2003/88/EG folgenden Anspruch auf bezahlten Mindestjahresurlaub konkretisierte, zwei Gesichtspunkte, die nicht auf eine Erweiterung der Rechtsprechungsänderung auf andere Urlaubs- und Urlaubsabgeltungsansprüche schließen lassen.

Insgesamt sprechen die überzeugenderen Gründe dafür, die geänderte Rechtsprechung nicht auf Ansprüche auf gesetzlichen Zusatzurlaub zu erweitern. Eine solche Erweiterung ist zunächst europarechtlich nicht geboten. Weder die RL 2003/88/EG noch sonstiges Gemeinschaftsrecht haben andere urlaubsrechtliche Ansprüche als einen Mindesturlaub von vier Wochen zum Inhalt. Mag danach Art. 7 Abs. 1 RL 2003/88/EG solchen Vor-

---

[25] LAG Hamburg vom 28. 10. 2009 – 2 Sa 146/09 – juris; LAG Bremen vom 15. 12. 2009 – 1 Sa 229/07 – juris; LAG Baden-Württemberg vom 29. 4. 2010, LAGE BUrlG § 7 Abgeltung Nr. 28; bereits zuvor st. Rspr., BAG vom 18. 10. 1957, AP SchwBeschG § 33 Nr. 2; BAG vom 26. 6. 1986, AP SchwbG § 44 Nr. 5; BAG vom 21. 12. 1995, AP SchwbG 1986 § 47 Nr. 7.

[26] LAG Bremen vom 15. 12. 2009 – 1 Sa 229/07 – juris.

[27] LAG Berlin-Brandenburg vom 2. 10. 2009, ZTR 2010, 211; Hessisches LAG vom 21. 4. 2010 – 6 Sa 1944/09 – juris.

schriften entgegenstehen, nach denen ein Arbeitnehmer bei krankheitsbedingter Arbeitsunfähigkeit seinen Urlaubs- wie Urlaubsabgeltungsanspruch mit Ablauf des Bezugs- oder Übertragungszeitraums verliert, so kann sich eine solche Aussage allein auf den Mindesturlaubsanspruch von vier Wochen beziehen, der Gegenstand von Art. 7 Abs. 1 RL 2003/88/EG bzw. überhaupt Gegenstand gemeinschaftsrechtlicher Regelung ist. Eine darüber hinausgehende Anwendbarkeit findet weder ihren Grund noch ihre Notwendigkeit in der Rechtssache „Schultz-Hoff" oder dem Gemeinschaftsrecht. Gleiches gilt für den Grundsatz der urlaubsrechtlichen Akzessorietät. Zu Recht weisen zwar das BAG und die ihm folgenden Instanzgerichte darauf hin, dass Entstehung, Erfüllung und Verfall des Zusatzurlaubs nach § 125 SGB IX den Regelungen des BUrlG folgen. Einen daraus folgenden Gleichlauf auch hinsichtlich der Befristung und Abgeltung von Urlaubs(abgeltungs)ansprüchen erzwingt die Akzessorietät aber nicht. Die neue Rechtsprechung stellt – soweit durch „Schultz-Hoff" veranlasst – eine Ausnahme bezüglich der Befristung und Abgeltung des gesetzlichen Mindesturlaubs nach § 7 Abs. 3 und 4 BUrlG dar, eine Ausnahme, die weder aufgrund europarechtlicher noch akzessorischer Vorgaben eine Ausdehnung auf den gesetzlichen Zusatzurlaub verlangt. Eine Durchbrechung des Akzessorietätsprinzips wird damit nicht heraufbeschworen, bleibt es doch weiterhin bei der Anwendung auch von § 7 Abs. 3 und 4 BUrlG auf den Zusatzurlaub nach § 125 SGB IX.[28]

b) Tariflicher oder vertraglicher Zusatzurlaub

Typische Fälle einer Erweiterung des Mindesturlaubs sind weniger gesetzliche, als vielmehr tarifliche oder vertragliche Zusatzurlaubsansprüche. Einer Vereinbarung den Mindesturlaub übersteigender Urlaubstage steht § 13 BUrlG nicht entgegen. Gemäß § 13 Abs. 1 S. 1 BUrlG ist zwar unter anderem § 3 Abs. 1 BUrlG der Gestaltungsmöglichkeit der Tarif- wie Arbeitsvertragsparteien entzogen, doch steht die insoweit gegebene Unabdingbarkeit des BUrlG allein einer Unterschreitung der gesetzlichen Mindesturlaubsdauer entgegen; Urlaubsregelungen, die zu Gunsten der Arbeitnehmer von der Mindestdauer abweichen, sind angesichts des allgemeinen arbeitsrechtlichen Günstigkeitsprinzips zulässig (§ 13 Abs. 1 BUrlG).[29]

Die urlaubsrechtlichen Grundsätze über die Übertragung, Befristung und Abgeltung des gesetzlichen Mindesturlaubs nach § 7 Abs. 3 und 4 BUrlG sollen ebenfalls für tariflich wie vertraglich zugesagte Urlaubsan-

---

[28] LAG Berlin-Brandenburg vom 2. 10. 2009, ZTR 2010, 211.

[29] BAG vom 22. 1. 2002, AP BUrlG § 11 Nr. 55; ErfK/*Gallner* (Fn. 6), § 13 BUrlG Rn. 4, 20 f.; *Leinemann/Linck* (Fn. 6), § 13 BUrlG Rn. 26 ff.

sprüche gelten, sofern die Vertragsparteien keine vom BUrlG losgelöste Regelung zu schaffen beabsichtigten. Das BAG geht dabei in ständiger Rechtsprechung von einem Regel-Ausnahme-Verhältnis aus. Regelmäßig sei anzunehmen, dass die Tarif- und Arbeitsvertragsparteien keine gegenüber dem gesetzlichen Urlaubsrecht eigenständigen Urlaubsansprüche schaffen, sondern vielmehr die (tarif-)vertraglichen Ansprüche an den Vorschriften des BUrlG orientieren wollten. Sollten die Vertragsparteien ausnahmsweise von den gesetzlichen Vorschriften abweichen, zum Beispiel selbstständige Befristungsregelungen festsetzen wollen, müssten für einen solchen, durch Auslegung nach Maßgabe der §§ 133, 157 BGB zu ermittelnden Willen der Parteien deutliche Anhaltspunkte einer Differenzierung zwischen gesetzlichem und (tarif-)vertraglichem (Mehr-)Urlaub vorliegen. Die Regel sei daher ein Gleichlauf, die Ausnahme ein Auseinanderfallen der gesetzlichen und (tarif-)vertraglichen Urlaubsansprüche.[30] Das BAG hält über die „Schultz-Hoff"-Entscheidung hinaus an diesem Regel-Ausnahme-Verhältnis fest, unabhängig davon, ob es sich bei den (Tarif-)Verträgen um Altverträge handelt, die vor „Schultz-Hoff" vereinbart wurden, oder solche, die „Schultz-Hoff" zeitlich nachfolgten.[31] Ihm folgend vertreten ebenso die Instanzgerichte die Auffassung, dass sich ein von den urlaubsrechtlichen Vorschriften abweichender Wille der Vertragsparteien eindeutig im Wege der Auslegung ermitteln lassen müsse. Fehle ein solcher Wille, so führe dies dazu, dass neben dem gesetzlichen Mindesturlaub auch ein (tarif-)vertraglicher Mehrurlaub nicht verfallen könne bzw. abzugelten sei, wenn der Urlaubsanspruch aufgrund lang andauernder krankheitsbedingter Arbeitsunfähigkeit des Arbeitnehmers nicht erfüllbar gewesen sei.[32]

Die Anwendung der neuen urlaubsrechtlichen Grundsätze auf tarifliche wie vertragliche Urlaubsansprüche, die über den gesetzlichen Mindesturlaub hinausgehen, bietet aus verschiedenen Gründen Anlass zur Kritik. Unabhängig von der Frage nach einer entsprechenden Erweiterung der für den gesetzlichen Mindesturlaub gebilligten Ausnahme begegnet bereits die Annahme des Regel-Ausnahme-Verhältnisses Bedenken. Die den Tarif-

---

[30] St. Rspr., BAG vom 11.4. 2006, AP BUrlG § 7 Übertragung Nr. 28; BAG vom 23. 3. 2010, AP SGB IX § 125 Nr. 3.

[31] BAG vom 24. 3. 2009, AP BUrlG § 7 Nr. 39; BAG vom 23. 3. 2010, AP BUrlG § 7 Nr. 39; BAG vom 4. 5. 2010, NZA 2010, 1011, 1013; BAG vom 22. 10. 2010, AP BGB § 133 Nr. 57.

[32] LAG Hamm vom 29. 4. 2009 – 18 Sa 1594/08 – juris; LAG Hamburg vom 28. 10. 2009 – 2 Sa 146/09 – juris; LAG Rheinland-Pfalz vom 19. 11. 2009 – 10 Sa 206/09 – juris; LAG Bremen vom 15. 12. 2009 – 1 Sa 229/07 – juris; LAG Schleswig-Holstein vom 17. 2. 2010, LAGE BUrlG § 7 Abgeltung Nr. 24; LAG Hamm vom 20. 1. 2011 – 16 Sa 282/10 – juris.

wie Arbeitsvertragsparteien zustehende Möglichkeit, über den Mindesturlaub hinausgehende Urlaubsansprüche frei regeln zu können, mag es nämlich in gleicher Weise rechtfertigen, den Gleichlauf der vertraglichen mit den gesetzlichen Bestimmungen als Ausnahme, eine unterschiedliche rechtliche Bewertung demgegenüber als Regelfall anzusehen. Entschließen sich die Vertragsparteien dazu, den Arbeitnehmern zusätzliche Urlaubsansprüche zu gewähren, muss es keineswegs den „Normalfall" darstellen, dass die vertraglichen Festsetzungen allein in der Frage der Anzahl der Urlaubstage, nicht aber in damit einhergehenden Modalitäten vom BUrlG abweichen. Im Gegenteil würde die Vermutung, die Vertragsparteien wollten nicht nur hinsichtlich des Umfangs des vertraglichen Zusatzurlaubs, sondern etwa ebenso hinsichtlich der Übertragung oder des Verfalls desselben eigenständige Vereinbarungen treffen, näher liegendes Ergebnis einer Auslegung gemäß §§ 133, 157 BGB sein; eindeutige Anhaltspunkte müssten danach nicht für eine selbstständige Regelung, sondern vielmehr für das Fehlen einer solchen gefunden werden. Ohne Zweifel konnte das Prinzip eines Regel-Ausnahme-Verhältnisses daher schon vor der Rechtsprechungsänderung nicht bleiben.

Entscheidend bleibt vorliegend aber die Frage, ob im Falle krankheitsbedingter Arbeitsunfähigkeit nicht allein der gesetzliche Urlaub gemäß §§ 1 und 3 Abs. 1 BUrlG, sondern ebenfalls ein diesen übersteigender vertraglicher Mehrurlaub von der Befristung nach § 7 Abs. 3 BUrlG ausgenommen bzw. nach § 7 Abs. 4 BUrlG abgegolten werden kann. Erster Anlass zur Kritik ist auf der einen Seite erneut das oben angesprochene Regel-Ausnahme-Verhältnis. Ist dessen Rechtfertigung schon aufgrund der genannten Anhaltspunkte zweifelhaft, muss dies erst recht im Hinblick auf eine Ausdehnung der neuen Rechtsprechung gelten. Sieht man mit dem BAG den „Gleichlauf" vertraglicher und gesetzlicher Bestimmungen als Regelfall an, so würde den (Tarif-)Vertragsparteien nicht nur unterstellt, dass sie bezüglich der Modalitäten des Mehrurlaubs keine eigenständigen Festlegungen treffen wollten, sondern auch, dass sie eine mögliche Ausdehnung der Rechtsprechungsänderung auf den vertraglichen Zusatzurlaub hinnehmen.[33] In gleicher Weise würde eine Akzeptanz des Regel-Ausnahme-Verhältnisses im Hinblick auf die neue Rechtsprechung Bedenken hervorrufen. So liefen die Vertragsparteien nach der bisherigen Rechtsprechung bei fehlender eindeutiger Eigenständigkeit ihrer vertraglichen Bestimmungen „nur" Gefahr, dass nicht die vertraglichen, sondern die gesetzlichen Regelungen über Befristung und Abgeltung auch auf die Ansprüche auf Zusatzurlaub Anwendung finden. Nahmen die Vertragspar-

[33] Anschaulich ArbG Berlin vom 22. 4. 2009, NZA-RR 2009, 411, 413.

teien dies in Kauf, bestand für sie vor der Rechtsprechungsänderung schon keine Notwendigkeit, eine vom BUrlG abweichende Handhabung ausdrücklich zu normieren.[34] Insgesamt erscheint es insofern unter Aufgabe des Regel-Ausnahme-Verhältnisses gerechtfertigt, in den (tarif-)vertraglichen Vereinbarungen nicht Hinweise darauf zu suchen, dass die geänderten Grundsätze über die Befristung und Abgeltung des gesetzlichen Mindest- für den vertraglichen Zusatzurlaub gelten sollen, sondern danach, ob die Parteien einen Gleichlauf der Urlaubsansprüche beabsichtigt haben.[35]

Auf der anderen Seite ist jedoch bereits zweifelhaft, ob eine Übertragung der geänderten Rechtsprechung auf den vertraglichen Zusatzurlaub überhaupt statthaft ist, ob insbesondere das Urteil „Schultz-Hoff" eine entsprechende Ausdehnung verlangt. Soweit sich nach dem oben Gesagten der Entscheidung des EuGH keine Aussage über eine Einbeziehung auch des gesetzlichen Zusatzurlaubs entnehmen lässt, im Gegenteil davon auszugehen ist, dass „Schultz-Hoff" sich allein auf den gesetzlichen Mindesturlaub bezog, so muss dies erst recht hinsichtlich (tarif-)vertraglicher Zusatzurlaubsansprüche gelten. Zutreffend betonte das BAG, dass die Vertragsparteien Urlaubs(abgeltungs)ansprüche, die den Mindesturlaubsanspruch von vier Wochen nach Art. 7 Abs. 1 der Richtlinie 2003/88/EG, §§ 1 und 3 Abs. 1 BUrlG übersteigen, frei regeln können, wobei ihre Regelungsmacht nicht durch die für gesetzliche Urlaubsansprüche erforderliche richtlinienkonforme Fortbildung von § 7 Abs. 3 und 4 BUrlG beschränkt sei und unter anderem einem tariflichen Verfall des Mehrurlaubs wie seiner Abgeltung nach dem Richtlinienrecht wie nach der Rechtsprechung des EuGH kein Unionsrecht entgegenstehe.[36] Tatsächlich lässt sich der Arbeitszeitrichtlinie 2003/88/EG – im Gegensatz etwa zur Mutterschutzrichtlinie 92/85/EWG – keine Regelung über den Mindesturlaub übersteigende Urlaubsansprüche entnehmen. Vor diesem Hintergrund ist es unionsrechtlich nicht geboten, die neue richtlinienkonforme Auslegung von § 7 Abs. 3 und 4 BUrlG auf vereinbarte Mehrurlaubsansprüche auszudehnen. Eine abweichende Beurteilung ist ebenso wenig aufgrund des urlaubsrechtlichen Akzessorietätsprinzips erforderlich. Selbst wenn sich vertraglich vereinbarte Zusatzurlaubsansprüche nach dem BUrlG und mithin unter anderem nach § 7 Abs. 3 und 4 BUrlG richten, ist damit nicht zwingend ein die Rechtspre-

---

[34] Zutreffend LAG Hamm vom 20. 1. 2011 – 16 Sa 282/10 – juris.

[35] Vgl. ArbG Berlin vom 22. 4. 2009, NZA-RR 2009, 411, 413.

[36] BAG vom 23. 3. 2010, AP BUrlG § 7 Nr. 39; BAG vom 4. 5. 2010, NZA 2010, 1011, 1012.

chungsänderung einbeziehender Gleichlauf verbunden.[37] Die richtlinienkonforme Auslegung bezieht sich nach dem bisher Gesagten allein auf die Ausnahmekonstellation der Übertragung und Abgeltung des gesetzlichen Mindesturlaubs im Falle lang andauernder krankheitsbedingter Arbeitsunfähigkeit. Wird darüber hinaus die Regelungsmacht der Vertragsparteien – wie auch das BAG betont – nicht durch die richtlinienkonforme Auslegung des § 7 Abs. 3 und 4 BUrlG beschränkt, besteht weder eine rechtliche noch praktische Notwendigkeit, die Rechtsprechungsänderung auf die genannten Fälle des gesetzlichen Mindesturlaubs zu begrenzen und insoweit vom Grundsatz der urlaubsrechtlichen Akzessorietät auszunehmen.

3. *Übertragungstatbestände*

Nach Erörterung des Problems, ob die Rechtsprechungsänderung über den gesetzlichen Mindesturlaub hinaus auf gesetzliche wie (tarif-)vertragliche Zusatzurlaubsansprüche übertragen werden kann, stellt sich nunmehr die Frage, ob sich die richtlinienkonforme Auslegung von § 7 Abs. 3 und 4 BUrlG ausschließlich auf Fälle krankheitsbedingter Arbeitsunfähigkeit bezieht oder Gründe existieren, die ebenfalls eine geänderte Sichtweise der Befristung und Abgeltung der Urlaubsansprüche rechtfertigen können.

a) Personenbedingte Übertragungsgründe

aa) Krankheitsbedingte Arbeitsunfähigkeit

Sowohl die Rechtssache „Schultz-Hoff“ als auch die (bislang ergangene) Rechtsprechung des BAG verhalten sich allein zur Befristung und Abgeltung des Urlaubsanspruchs in Fällen krankheitsbedingter Arbeitsunfähigkeit. Der Urlaubsanspruch bzw. ein diesen ersetzender Abgeltungsanspruch erlöschen danach nur dann nicht, wenn die Erfüllung des Urlaubsanspruchs wegen lang andauernder krankheitsbedingter Arbeitsunfähigkeit des Arbeitnehmers unmöglich war.[38] Ob dieser Grundsatz auf andere Konstellationen, vor allem solche, in denen sich der Arbeitnehmer unverschuldet an der Inanspruchnahme des Urlaubs gehindert sehen musste, übertragen werden kann, war demgegenüber in der höchstrichterlichen

---

[37] Vgl. *Bauer/Arnold*, NJW 2009, 631, 634 (für bestehende Tarifverträge); *Dornbusch/Ahner*, NZA 2009, 180, 183.

[38] Rs. C-350/06 „Schultz-Hoff“, AP Richtlinie 2003/88/EG Nr. 1; BAG vom 24. 3. 2009, AP BUrlG § 7 Nr. 39; BAG vom 23. 3. 2010, AP BUrlG § 7 Nr. 39; BAG vom 4. 5. 2010, NZA 2010, 1011.

Rechtsprechung ebenso wenig Entscheidungsgegenstand wie die Frage, ob die neuen Grundsätze selbst dann eingreifen, wenn der Arbeitnehmer die krankheitsbedingte Arbeitsunfähigkeit verschuldet hat.

bb) Sonstige Übertragungsgründe

Außer der krankheitsbedingten Arbeitsunfähigkeit sind nicht wenige Konstellationen denkbar, aufgrund derer die Urlaubsgewährung unmöglich sein kann. In Betracht kommen längerfristige Fehlzeiten bzw. solche Tatbestände, die ein Ruhen des Arbeitsverhältnisses zur Folge haben. Zu nennen sind etwa der (befristete) Bezug einer Erwerbsunfähigkeitsrente, Beschäftigungsverbote gemäß dem MuSchG, die Inanspruchnahme von Elternzeit nach dem BEEG oder von Pflegezeit nach dem PflegeZG. Die Instanzgerichte mussten sich nach „Schultz-Hoff" bislang mit der Übertragung der neuen Rechtsprechung in Fällen des Bezugs einer Erwerbsunfähigkeitsrente, aber auch der Kündigung des Arbeitsverhältnisses auseinandersetzen. Untrennbar verbunden mit allen Tatbeständen, auch mit demjenigen der krankheitsbedingten Arbeitsunfähigkeit, ist die Frage, wie sich ein mögliches „Verschulden" des Arbeitnehmers hinsichtlich der Verursachung des Übertragungstatbestands auswirkt.

(1) Erwerbsunfähigkeit

Nicht selten kann eine lang andauernde krankheitsbedingte Arbeitsunfähigkeit in den Bezug einer befristeten Rente wegen voller Erwerbsminderung und nachfolgender Beendigung des Arbeitsverhältnisses wegen des Bezugs einer sodann unbefristeten Rente übergehen. Eine volle Erwerbsminderung liegt gemäß § 43 Abs. 2 S. 2 SGB VI bei solchen Versicherten vor, die wegen Krankheit oder Behinderung auf nicht absehbare Zeit außerstande sind, unter den üblichen Bedingungen des allgemeinen Arbeitsmarktes mindestens drei Stunden täglich erwerbstätig zu sein. Der angesichts einer vollen Erwerbsminderung mögliche Bezug einer (befristeten) Rente und das hierdurch bedingte Ruhen des Arbeitsverhältnisses sollen keinen Einfluss auf das lediglich vom Bestehen des Arbeitsverhältnisses abhängige Entstehen des Urlaubsanspruchs gemäß §§ 1 und 3 Abs. 1 BUrlG haben.[39] Anderes gilt jedoch für die Gewährung des Urlaubs. Vergleichbar der krankheitsbedingten Arbeitsunfähigkeit ist bei einem ruhenden Arbeitsverhältnis dem Arbeitgeber die Erfüllung des Urlaubsanspruchs mangels erneuter Freistellung von der Arbeitsleistung unmöglich.

---

[39] BAG vom 26. 5. 1988, AP BUrlG § 1 Nr. 19; st. Rspr. bzgl. krankheitsbedingter Arbeitsunfähigkeit, BAG vom 28. 1. 1982, AP BUrlG § 11 Nr. 3; BAG vom 14. 3. 2006, AP BUrlG § 7 Abgeltung Nr. 90; ErfK/*Gallner* (Fn. 6), § 7 BUrlG Rn. 23.

Vor „Schultz-Hoff“ konnte daher ein Ruhen des Arbeitsverhältnisses zum Verlust des Urlaubsanspruchs mit Ablauf des Bezugszeitraums nach § 7 Abs. 3 BUrlG führen. Endete das Arbeitsverhältnis überdies gerade wegen des Übergangs der befristeten in eine zeitlich unbegrenzte Rente, stand dem Arbeitnehmer vor dem Hintergrund der Surrogationstheorie mangels Erfüllbarkeit des Urlaubsanspruchs ebenso wenig ein Urlaubsabgeltungsanspruch nach § 7 Abs. 4 BUrlG zu.

Ob diese Grundsätze nach „Schultz-Hoff“ noch Bestand haben können, ist in der Instanzgerichtsbarkeit streitig. Auf der einen Seite wird ein Verfall des Urlaubsanspruchs wegen Bezugs einer befristeten Erwerbsminderungsrente verneint. Genauso widerspreche es nach dieser Auffassung dem Anspruch auf Urlaubsabgeltung gemäß § 7 Abs. 4 BUrlG nicht, dass ein Arbeitnehmer nach Beendigung des Arbeitsverhältnisses weiterhin zur Arbeitserbringung unfähig ist, der Urlaubsanspruch mithin nicht gewährt werden könne.[40] Unter Rückgriff auf „Schultz-Hoff“ begründen die Instanzgerichte ihre Ansicht insoweit zunächst mit dem Argument, das Ruhen des Arbeitsverhältnisses wirke sich nicht auf das Entstehen des Urlaubsanspruchs aus. Nur die synallagmatischen Pflichten der Arbeitsleistung und der Entgeltzahlung seien von dem Ruhen des Arbeitsverhältnisses betroffen, nicht aber die Urlaubsgewährung, die als eine auf dem Gesetz beruhende Nebenpflicht des Arbeitgebers zu qualifizieren sei. Darauf beruhend könne ein Verlust des Urlaubsanspruchs überdies nur dann eintreten, wenn die fehlende Erfüllbarkeit in den Verantwortungsbereich des Arbeitnehmers falle. Bei einem ruhenden Arbeitsverhältnis wegen Bezugs einer befristeten Erwerbsunfähigkeitsrente sei das Fernbleiben von der Arbeit aber genauso wenig dem Verantwortungsbereich des Arbeitnehmers zuzuschreiben wie dasjenige bei einer krankheitsbedingten Arbeitsunfähigkeit.[41] Auf der anderen Seite wird nicht nur die Übertragbarkeit der neuen Rechtsprechung, sondern bereits das Entstehen von Urlaubsansprüchen im ruhenden Arbeitsverhältnis bezweifelt. Jedenfalls dann, wenn das Arbeitsverhältnis während des gesamten Kalenderjahres geruht habe, könnten keine Urlaubsansprüche entstehen. Eine Verpflichtung des Arbeitgebers zur Urlaubsgewährung und Zahlung von Urlaubsentgelt sei nur gerechtfertigt, wenn vertraglich eine Arbeitspflicht des Arbeitnehmers bestehe. Vergleichbar einem Teilzeitbeschäftigten, dessen Urlaubsdauer sich parallel zur Arbeitszeit reduziere, müsse sich aber bei einem Arbeitnehmer, der angesichts des ruhenden Arbeitsverhältnisses keine Leistungen

---

[40] LAG Baden-Württemberg vom 29. 4. 2010, LAGE BUrlG § 7 Abgeltung Nr. 28; LAG Schleswig-Holstein vom 16. 12. 2010 – 4 Sa 209 /10 – juris.

[41] LAG Baden-Württemberg vom 29. 4. 2010, LAGE BUrlG § 7 Abgeltung Nr. 28; LAG Schleswig-Holstein vom 16. 12. 2010 – 4 Sa 209 /10 – juris.

erbringt, der Urlaubsanspruch auf Null reduzieren. Weder der Rechtsprechung des EuGH noch derjenigen des BAG sei eine andere Sichtweise zu entnehmen, mussten sich die Gerichte doch bisher mit keiner Fallgestaltung auseinandersetzen, in der sich ein Arbeitnehmer während des gesamten Jahres wegen Bezugs einer Erwerbsminderungsrente an der Inanspruchnahme des Urlaubs gehindert sah.[42] Darüber hinaus sei, ungeachtet der Frage des Entstehens des Urlaubsanspruchs, ein Unterschied zwischen der krankheitsbedingten Arbeitsunfähigkeit und dem Ruhen des Arbeitsverhältnisses wegen Bezugs einer Erwerbsunfähigkeitsrente zu verzeichnen. Zum einen stelle die krankheitsbedingte Arbeitsunfähigkeit eine Leistungsstörung dar, welche nicht die Hauptleistungspflichten suspendiere. Ein Ruhen des Arbeitsverhältnisses führe dagegen zu einer Umgestaltung des Arbeitsvertrags dergestalt, dass die wechselseitigen Verpflichtungen von vornherein nicht bestünden.[43] Vor allem finde das Ruhen des Arbeitsverhältnisses seinen Grund in einer Vereinbarung, einem willensgesteuerten Verhalten des Arbeitnehmers; die Bewilligung einer Erwerbsunfähigkeitsrente allein habe keine Auswirkungen auf die zivilrechtlichen Beziehungen zwischen Arbeitgeber und Arbeitnehmer, vielmehr bedürfe der sozialrechtliche Tatbestand des Bezugs einer Erwerbsunfähigkeitsrente der arbeitsrechtlichen Transformation.[44] Eine entsprechende Vereinbarung entlasse den Arbeitgeber sodann aus der arbeitsrechtlichen „Verantwortungsbeziehung" und damit aus der Verpflichtung zur Urlaubsgewährung für die Ruhezeiten.[45]

(2) Kündigung

Die Instanzgerichte mussten sich überdies mit dem Problem beschäftigen, ob eine Übertragung der Rechtsprechung in solchen Fällen möglich ist, in denen die Erfüllung des Urlaubsanspruchs mit dem Rechtsstreit über die Wirksamkeit einer arbeitgeberseitigen Kündigung zusammentrifft. Konkret geht es um die Frage, ob urlaubsrechtlich eine vergleichbare Lage besteht zwischen der krankheitsbedingten Arbeitsunfähigkeit und der Behandlung von Urlaubsansprüchen in einem gekündigten Arbeitsverhältnis während der Dauer eines Kündigungsschutzprozesses.

---

[42] LAG Düsseldorf vom 1. 10. 2010 – 9 Sa 1541/09 – juris.

[43] LAG Düsseldorf vom 5. 5. 2010, NZA-RR 2010, 568, 570; LAG Düsseldorf vom 1. 10. 2010 – 9 Sa 1541/09 – juris.

[44] LAG Düsseldorf vom 1. 10. 2010 – 9 Sa 1541/09 – juris unter Berufung auf BAG vom 7. 6. 1990, BAGE 65, 187.

[45] LAG Düsseldorf vom 5. 5. 2010, NZA-RR 2010, 568, 571.

Eine einheitliche Linie der Rechtsprechung fehlt auch in diesem Bereich. Nach Auffassung des LAG Nürnberg[46] sind beide Tatbestände gleichzustellen, und zwar unabhängig davon, ob der Arbeitnehmer während des Prozesses den Urlaub beantragt habe oder nicht. Als Schuldner des Urlaubsanspruchs sei der Arbeitgeber zur Festlegung und Gewährung des Urlaubs gemäß § 7 Abs. 1 BUrlG nicht allein berechtigt, sondern ebenfalls verpflichtet. Mit der Auffassung, das Arbeitsverhältnis sei beendet, bestreite der Arbeitgeber sowohl seine Beschäftigungs- als auch Urlaubsgewährungspflicht gegenüber dem Arbeitnehmer. Die hierdurch bedingte fehlende zeitliche Festlegung des Urlaubs mache eine Erfüllung desselben aus Gründen unmöglich, die nicht in den Verantwortungsbereich des Arbeitnehmers fallen. Weil „Schultz-Hoff" aber auf alle Situationen übertragbar sei, in denen die Urlaubsgewährung aus einem vom Arbeitnehmer nicht zu vertretenden Grund unmöglich werde, sei der vorliegende Tatbestand demjenigen der lang andauernden krankheitsbedingten Arbeitsunfähigkeit gleichzustellen.[47] Demgegenüber besteht nach Auffassung des LAG München[48] kein Anlass, eine Erweiterung auf Fälle einer (arbeitgeberseitigen) Kündigung des Arbeitsverhältnisses vorzunehmen, ohne dass es einer Geltendmachung des Urlaubs(abgeltungs)anspruchs durch den Arbeitnehmer bedürfe. Während eines Kündigungsschutzprozesses sei der Arbeitnehmer grundsätzlich arbeitsfähig, mithin ebenfalls urlaubsfähig, wenngleich die zur Erholungsnotwendigkeit führende Arbeitsleistung fehle. Unabdingbar sei überdies eine Geltendmachung des Urlaubs erforderlich. Insgesamt könne daher eine objektiv und aktuell vorliegende krankheitsbedingte Arbeitsunfähigkeit nicht mit einer nur vorübergehend fehlenden Urlaubsnahmemöglichkeit, hervorgerufen durch das faktische kündigungsbedingte Ausscheiden des Arbeitnehmers während des Kündigungsschutzprozesses, verglichen werden.[49]

(3) Stellungnahme

Ausgangspunkt der Überlegungen, ob bzw. welche Tatbestände urlaubsrechtlich einer krankheitsbedingten Arbeitsunfähigkeit gleichgestellt werden können, ist die Entscheidung „Schultz-Hoff" als Ursprung der geänderten Rechtsprechung des BAG und der ihm folgenden Instanzgerichte. Entscheidungsgegenstand der Rechtssache „Schultz-Hoff" war allein die Beurteilung der Befristung von Urlaubsansprüchen bei lang andauernder

[46] LAG Nürnberg vom 9. 3. 2010 – 7 Sa 220/10 – juris.
[47] LAG Nürnberg vom 9. 3. 2010 – 7 Sa 220/10 – juris.
[48] LAG München vom 3. 12. 2009, LAGE BUrlG § 7 Abgeltung Nr. 23.
[49] LAG München vom 3. 12. 2009, LAGE BUrlG § 7 Abgeltung Nr. 23.

krankheitsbedingter Arbeitsunfähigkeit. Andere Tatbestände, die eine Erfüllung des Urlaubsanspruchs unmöglich werden lassen, waren weder Gegenstand der Rechtssache noch sah sich der EuGH veranlasst, abstrakt weiterführende Hinweise zur Übertragbarkeit seiner Rechtsprechung auszuführen. Zwei Aspekte können „Schultz-Hoff" jedoch entnommen werden: Zum einen hat der EuGH sich zwar nicht zu abweichenden Übertragungstatbeständen verhalten. Hinsichtlich der entscheidungserheblichen krankheitsbedingten Arbeitsunfähigkeit hat er jedoch nicht differenziert, ob es sich um eine verschuldete oder unverschuldete Erkrankung handelte, sondern allein für relevant gehalten, dass ein Arbeitnehmer „wegen einer langfristigen Krankschreibung nicht in den Genuss einer Zeit bezahlten Jahresurlaubs gekommen ist".[50] Dies entspricht der Vorlage des LAG Düsseldorf, welches ebenfalls undifferenziert sein Ersuchen darauf aufbaute, dass der Arbeitnehmer „krankgeschrieben war und seine Arbeitsunfähigkeit [...] fortbestand".[51] Dies könnte die Annahme rechtfertigen, Gewährung und Abgeltung des Urlaubs über den Befristungszeitraum hinaus seien nur von der krankheitsbedingten Arbeitsunfähigkeit, nicht aber von dem (fehlenden) Verschulden derselben abhängig. Zum anderen hat der EuGH sein Urteil zwar eng an der Vorlagefrage orientiert und keine expliziten Aussagen zu anderen Übertragungstatbeständen getroffen. Dessen ungeachtet findet sich in den Entscheidungsgründen die Feststellung, Art. 7 Abs. 1 der RL/2003/88 stehe nationalen Vorschriften über die Befristung und den Verfall von Urlaubsansprüchen nicht entgegen, „allerdings unter der Voraussetzung, dass der Arbeitnehmer, dessen Anspruch auf bezahlten Jahresurlaub erloschen ist, tatsächlich die Möglichkeit hatte, den ihm mit der Richtlinie verliehenen Anspruch auszuüben".[52] Zutreffend hat das BAG insoweit erkannt, dass der EuGH die Aufrechterhaltung des Urlaubsanspruchs in den Ausnahmefällen an enge Voraussetzungen binde, „in denen vom Willen des Arbeitnehmers unabhängige Gründe der Urlaubsgewährung entgegenstehen".[53]

Vor diesem Hintergrund können folgende Grundsätze aufstellt werden:

(a) Der krankheitsbedingten Arbeitsunfähigkeit sind grundsätzlich alle Tatbestände gleichzustellen, die eine Übertragung des Urlaubsanspruchs

---

[50] EuGH vom 20. 1. 2009, Rs. C-350/06 „Schultz-Hoff", AP Richtlinie 2003/88/ EG Nr. 1.

[51] LAG Düsseldorf vom 2. 8. 2006, LAGE BurlG § 7 Nr. 43.

[52] EuGH vom 20. 1. 2009, Rs. C-350/06 „Schultz-Hoff", AP Richtlinie 2003/88/ EG Nr. 1.

[53] BAG vom 24. 3. 2009, AP BUrlG § 7 Nr. 39; zutreffend insoweit ebenso LAG Nürnberg vom 9. 3. 2010 – 7 Sa 220/10 – juris; LAG Baden-Württemberg vom 29. 4. 2010, LAGE BUrlG § 7 Abgeltung Nr. 28; LAG Schleswig-Holstein vom 16. 12. 2010 – 4 Sa 209 /10 – juris.

auf das nächste Kalenderjahr im Sinne von § 7 Abs. 3 BUrlG rechtfertigen.

(b) Die Gleichstellung ist von der Frage eines möglichen Verschuldens des Arbeitnehmers betreffend den Übertragungsgrund unabhängig. Eine Gleichstellung kommt nicht in Betracht, wenn der Übertragungstatbestand auf einer Willenserklärung des Arbeitnehmers beruht, insbesondere seinen Grund in einer Vereinbarung zwischen Arbeitnehmer und Arbeitgeber findet.

(a) Übertragungsgründe

Nach den oben genannten Ausführungen des EuGH wie der insoweit übereinstimmenden Interpretation der (Instanz-)Gerichte ist davon auszugehen, dass außer der krankheitsbedingten Arbeitsunfähigkeit weitere Gründe existieren, auf welche die neue Rechtsprechung übertragen werden kann.[54] Grundsätzlich gilt dies für alle Tatbestände, die ihren Grund in der Person des Arbeitnehmers finden. Insbesondere sind damit die bereits aufgezeigten Situationen erfasst, die ein Ruhen des Arbeitsverhältnisses zur Folge haben. Ihnen allen ist gemeinsam, dass sie zu einer Suspendierung der Arbeitsleistung und damit zur Unmöglichkeit einer Erfüllung des Urlaubsanspruchs führen, mithin der Arbeitnehmer – mit den Worten des EuGH – „tatsächlich [nicht] die Möglichkeit hatte, den ihm mit der Richtlinie verliehenen Anspruch auszuüben".[55] Im Gegensatz zu einer Anwendung der geänderten Rechtsprechung auf Urlaubsansprüche, die den gesetzlichen Mindesturlaub übersteigen, kann eine Erweiterung im Hinblick auf Tatbestände, die eine Übertragbarkeit gemäß § 7 Abs. 3 BUrlG bedingen können, vor allem europarechtlich geboten sein. Während weder die Richtlinie 2003/88/EG noch sonstiges Unionsrecht Aussagen über den Mindesturlaub übersteigende Ansprüche auf Erholungsurlaub enthalten, mithin keine Anwendung auf Zusatzurlaubsansprüche rechtfertigen, gilt Gleiches nicht hinsichtlich etwaiger Gründe, die eine Erfüllung des Urlaubsanspruchs unmöglich machen. Konkrete Vorschriften, die sich mit der unmöglichen Gewährung des Mindesturlaubs und den der Unmöglichkeit zugrunde liegenden Sachverhalten beschäftigen, sind dem Unionsrecht zwar ebenfalls nicht zu entnehmen. Entscheidender Unterschied ist jedoch, dass es sich nunmehr nicht um das Problem handelt, ob dem Arbeitnehmer den Mindestanspruch übersteigende Urlaubsansprüche erhalten bleiben sollen, sondern vielmehr, ob und wann der unionsrechtlich

---

[54] So auch *Gaul/Josten/Strauf*, BB 2009, 497, 500.

[55] EuGH vom 20.1. 2009, Rs. C-350/06 „Schultz-Hoff", AP Richtlinie 2003/88/EG Nr. 1.

gewährleistete Mindesturlaubsanspruch bei Unmöglichkeit der Urlaubsgewährung nicht verfallen darf. Ziel einer erweiterten Anwendung der neuen Rechtsprechung ist mithin nicht die – vorliegend abgelehnte – Gewährung übergesetzlicher Urlaubsansprüche zu Gunsten des Arbeitnehmers, sondern die Erhaltung des unionsrechtlichen Mindesturlaubs als das „jedem Arbeitnehmer durch Art. 7 der genannten Richtlinie [2003/88/EG] unmittelbar gewährte soziale Recht".[56] Wenn nunmehr der EuGH in der Rechtssache „Schultz-Hoff" losgelöst von der Vorlagefrage des LAG Düsseldorf festlegt, dass nationale Vorschriften keinen Verlust des Urlaubsanspruchs hervorrufen dürfen, falls der Arbeitnehmer tatsächlich nicht die Möglichkeit der Inanspruchnahme des Urlaubs hatte, so kann dies nicht auf den Einzeltatbestand der krankheitsbedingten Arbeitsunfähigkeit beschränkt bleiben. Vielmehr liegt die Annahme nahe, dass dem unionsrechtlich hohen Wert des „sozialen Rechts" eines Mindesturlaubs nur Rechnung getragen werden kann, wenn grundsätzlich alle Tatbestände, die eine entsprechende Unmöglichkeit der Urlaubserfüllung zur Folge haben, nicht zum Verlust dieses Mindestanspruchs führen.

Soweit in der Instanzgerichtsbarkeit, konkret seitens des LAG Düsseldorf eine Vergleichbarkeit zwischen der krankheitsbedingten Arbeitsunfähigkeit und dem Ruhen des Arbeitsverhältnisses beim befristeten Bezug einer Erwerbsunfähigkeitsrente verneint wird,[57] steht dies dem oben aufgestellten Grundsatz nicht entgegen. Zum einen verneinte das LAG Düsseldorf die Gewährung von Urlaubs- bzw. Urlaubsabgeltungsansprüchen mit dem Hinweis darauf, dass ein Ruhen des Arbeitsverhältnisses wegen Bezugs einer Erwerbsunfähigkeitsrente seinen Grund in einer Vereinbarung zwischen Arbeitnehmer und Arbeitgeber finde.[58] Zum anderen lehnte das LAG Düsseldorf in der ihm vorliegenden Konstellation nicht das Erlöschen, sondern bei einem während des ganzen Kalenderjahres ruhenden Arbeitsverhältnis bereits das Entstehen des Urlaubsanspruchs ab.[59] Gerade an diesem Punkt gilt es jedoch zu differenzieren. Sowohl die Rechtssache „Schultz-Hoff" als auch die zustimmenden Entscheidungen des BAG betrafen weder Entstehung noch Erfüllbarkeit des Urlaubsanspruchs, sondern den nachgelagerten Aspekt seines Erlöschens. Die Rechtsprechungs-

---

[56] EuGH vom 20. 1. 2009, Rs. C-350/06 „Schultz-Hoff", AP Richtlinie 2003/88/EG Nr. 1.

[57] LAG Düsseldorf vom 5. 5. 2010, NZA-RR 2010, 568, 570; LAG Düsseldorf vom 1. 10. 2010 – 9 Sa 1541/09 – juris.

[58] LAG Düsseldorf vom 5. 5. 2010, NZA-RR 2010, 568, 571; LAG Düsseldorf vom 1. 10. 2010 – 9 Sa 1541/09 – juris, unter Berufung auf BAG vom 7. 6. 1990, BAGE 65, 187.

[59] LAG Düsseldorf vom 1. 10. 2010 – 9 Sa 1541/09 – juris; so auch *Fieberg*, NZA 2009, 929, 934; *Moderegger*, ArbRB 2010, 276, 279.

änderung konkretisiert sich auf die Frage, in welchen Fällen der Arbeitnehmer seines Urlaubsanspruchs mit Ablauf des Übertragungszeitraums verlustig wird. Die Entstehung des Urlaubsanspruchs wird damit nicht nur nicht berührt, sondern sogar vorausgesetzt, ist doch ein Erlöschen zwingend von der vorherigen Entstehung des Anspruchs abhängig. Angesichts dessen sei nur in angemessener Kürze darauf hingewiesen, dass überzeugende Argumente gegen die von der Rechtsprechungsänderung losgelöste Ansicht des LAG Düsseldorf hinsichtlich der Entstehung des Urlaubsanspruchs im ruhenden Arbeitsverhältnis sprechen.[60] So führt das BAG in ständiger Rechtsprechung zutreffend aus, das Ruhen des Arbeitsverhältnisses laufe der Entstehung des gesetzlichen Urlaubsanspruchs nicht zuwider, habe dieser doch nach § 4 BUrlG allein das rechtliche Bestehen des Arbeitsverhältnisses unabhängig von der Erbringung einer Arbeitsleistung oder der Erholungsbedürftigkeit des Arbeitnehmers zur Voraussetzung.[61] Vor allem stelle es daher keinen Rechtsmissbrauch dar, wenn ein Arbeitnehmer seinen Urlaubsanspruch geltend mache, obwohl er – sei es wegen krankheitsbedingter Arbeitsunfähigkeit,[62] sei es wegen des Bezugs einer Erwerbsunfähigkeitsrente[63] – nur eine geringe oder gar keine Arbeitsleistung erbracht habe. Eine andere Auffassung wäre zudem mit dem Unionsrecht kaum zu vereinbaren. Zwar beschränkt das LAG Düsseldorf seine Auffassung auf Situationen, in denen der Arbeitnehmer im Kalenderjahr gar keine Arbeitsleistung erbracht hat. In der Rechtssache „Schultz-Hoff" entwickelte der EuGH jedoch seine Aussagen über das Erlöschen des Mindesturlaubsanspruchs aus denjenigen Grundsätzen, die für die Entstehung desselben gelten: „Wenn somit nach der in den vorstehenden Randnummern angeführten Rechtsprechung der dem Arbeitnehmer durch Art. 7 Abs. 1 der Richtlinie 2003/88 garantierte Anspruch auf bezahlten Jahresurlaub nicht durch nationale Rechtsvorschriften in Frage gestellt werden kann, die die Begründung oder Entstehung dieses Anspruchs ausschließen, dann kann es sich hinsichtlich nationaler Rechtsvorschriften nicht anders verhalten, die das Erlöschen dieses Anspruchs bei einem Arbeitnehmer wie Herrn Schultz-Hoff vorsehen, der während des gesamten Bezugs-

---

[60] Für eine Entstehung des Urlaubsanspruchs im ruhenden Arbeitsverhältnis *Boecken/Jacobsen*, ZTR 2011, 267, 268; *Chr. Picker*, ZTR 2009, 230, 237.

[61] BAG vom 28. 1. 1982, AP BUrlG § 3 Rechtsmissbrauch Nr. 11; BAG vom 26. 5. 1988, AP BUrlG § 1 Nr. 19; BAG vom 18. 3. 2003, AP BUrlG § 3 Rechtsmissbrauch Nr. 17; BAG vom 14. 3. 2006, AP BUrlG § 7 Abgeltung Nr. 90; AnwK-ArbR/*Düwell* (Fn. 23), § 1 BUrlG Nr. 27.

[62] BAG vom 28. 1. 1982, AP BUrlG § 3 Rechtsmissbrauch Nr. 11; BAG vom 7. 11. 1985, AP BUrlG § 3 Rechtsmissbrauch Nr. 16; BAG vom 14. 3. 2006, AP BUrlG § 7 Abgeltung Nr. 90.

[63] BAG vom 26. 5. 1988, AP BUrlG § 1 Nr. 19.

zeitraums und/oder über einen Übertragungszeitraum hinaus krankgeschrieben war und seinen Anspruch auf bezahlten Jahresurlaub nicht ausüben konnte".[64] Nach Auffassung des EuGH ist damit ein Erlöschen des Urlaubsanspruchs aufgrund personenbedingter Gründe unionsrechtlich ebenso unzulässig wie die Verhinderung des Entstehens des Urlaubsanspruchs in diesen Fällen. Eine Ablehnung bereits der Entstehung des Urlaubsanspruchs aufgrund dessen, dass sich der Arbeitnehmer wegen eines ruhenden Arbeitsverhältnisses an der tatsächlichen Erbringung der Arbeitsleistung gehindert sah, kann daher keinen Bestand haben.[65]

(b) „Verantwortungsbereich" des Arbeitnehmers

Die Anwendung der neuen Rechtsprechung auf alle denkbaren Übertragungstatbestände ist jedoch an bestimmte Voraussetzungen zu knüpfen. So knüpft die Rechtsprechung die Gewährung des Urlaubs in den Entscheidungsgründen nicht selten daran, dass die Gründe, die die Erfüllung des Urlaubsanspruchs unmöglich machen, nicht in den „Verantwortungsbereich" des Arbeitnehmers fallen.[66] Hieraus könnte zu schließen sein, dass der Arbeitnehmer in keiner Weise selbst den Übertragungstatbestand herbeigeführt haben darf. Nach der vorliegend vertretenen Auffassung gilt es allerdings zu unterscheiden.

Auf ein Verschulden des Arbeitnehmers nach Maßgabe von § 276 BGB kommt es nicht an. Die Gleichstellung der Übertragungstatbestände ist unabhängig davon gerechtfertigt, ob der Arbeitnehmer den Eintritt der Übertragungssituation in diesem Sinne zu vertreten hat oder nicht. Abgesehen davon, dass bei einigen Ruhenstatbeständen, wie etwa denjenigen nach dem MuSchG oder BEEG, von einem „Verschulden" der Situation ohnehin nicht die Rede sein kann, gilt Gleiches insbesondere auch für die krankheitsbedingte Arbeitsunfähigkeit oder den daraus folgenden Bezug

---

[64] EuGH vom 20. 1. 2009, Rs. C-350/06 „Schultz-Hoff", AP Richtlinie 2003/88/ EG Nr. 1 („Daraus folgt, dass ein Mitgliedstaat den mit der Richtlinie 2003/88 allen Arbeitnehmern unmittelbar verliehenen Anspruch auf bezahlten Jahresurlaub bei ordnungsgemäß krankgeschriebenen Arbeitnehmern nicht von der Voraussetzung abhängig machen kann, dass sie während des von diesem Staat festgelegten Bezugszeitraums tatsächlich gearbeitet haben."); s. a. EuGH vom 26. 6. 2001, Rs. C-173/99 „BECTU", AP EWG-Richtlinie 93/104 Nr. 3; EuGH vom 24. 1. 2012, Rs. C-282/10 „Dominguez", NJW 2012, 509.

[65] Zur Frage der Zulässigkeit von Kürzungen entstandener Urlaubsansprüche *Chr. Picker*, ZTR 2009, 230, 237 f.; *Boecken/Jacobsen*, ZTR 2011, 267, 270 f.

[66] Etwa LAG Baden-Württemberg vom 29. 4. 2010, LAGE BUrlG § 7 Abgeltung Nr. 28; LAG Schleswig-Holstein vom 16. 12. 2010 – 4 Sa 209/10 – juris; LAG Düsseldorf vom 8. 2. 2011 – 16 Sa 1574/10 – juris; Hessisches LAG vom 29. 3. 2011 – 15 Sa 191/19 – juris.

einer Erwerbsunfähigkeitsrente. Ungeachtet dessen, dass die Frage nach einem Verschulden der Arbeitsunfähigkeit nicht nur praktische Abgrenzungsprobleme hervorruft,[67] spricht vor allem die Regelung des § 9 BUrlG gegen die Relevanz eines etwaigen Verschuldens des Arbeitnehmers. Denn § 9 BUrlG verpflichtet den Arbeitgeber sowohl bei unverschuldeter als auch bei verschuldeter Erkrankung zur Nachgewährung des Urlaubs.[68] Im Unterschied zu den hier interessierenden Fallkonstellationen hat der Arbeitnehmer nach Maßgabe von § 9 BUrlG seinen Urlaub zwar bereits angetreten. Beiden Konstellationen ist dennoch gemeinsam, dass die krankheitsbedingte Arbeitsunfähigkeit die Erfüllung des Urlaubsanspruchs verhindert.[69] Entsprechend lässt sich eine Differenzierung hinsichtlich der Verursachung einer krankheitsbedingten Arbeitsunfähigkeit weder dem Vorlagebeschluss des LAG Düsseldorf noch der Entscheidung „Schultz-Hoff" entnehmen. Kommt es mithin auf ein „Verschulden" bei der krankheitsbedingten Arbeitsunfähigkeit nicht an, kann in den gleichgestellten Übertragungstatbeständen kein anderer Maßstab greifen.

Anderes muss jedoch gelten, wenn der Übertragungstatbestand auf dem von der Frage des Verschuldens zu unterscheidenden Willen des Arbeitnehmers, insbesondere auf einer Vereinbarung mit dem Arbeitgeber beruht.[70] Hat der Arbeitnehmer seine Freistellung und das Ruhen des Arbeitsverhältnisses willentlich herbeigeführt, ist es nicht gerechtfertigt, ihm in dieser Zeit ein „Ansammeln" von Urlaubstagen zu ermöglichen und den Arbeitgeber zu einer späteren Nachgewährung oder Abgeltung derselben zu verpflichten. Ohne Bedenken muss eine solche Annahme bleiben, wenn der Arbeitnehmer beispielsweise mit dem Arbeitgeber eine Freistellung in Gestalt eines unbezahlten Urlaubs verabredet hat. Dass hierbei einem Verfall des Urlaubsanspruchs nichts im Wege steht, ist naheliegend. Nichts anderes kann aber bei sonstigen vereinbarten Freistellungen gelten. Auch der (befristete) Bezug einer Erwerbsunfähigkeitsrente setzt eine arbeitsvertragliche Absprache mit dem Arbeitgeber voraus. Dass die Erwerbsunfä-

---

[67] Zu Fällen verschuldeter Arbeitsunfähigkeit vgl. ErfK/*Dörner* (Fn. 6), § 3 EFZG Rn. 25 ff. m. w. N.

[68] *Leinemann/Linck* (Fn. 6), § 9 BUrlG Rn. 7 m. w. N.

[69] Angedacht werden könnte allenfalls, dem Arbeitnehmer den Urlaub bei einem Verschulden zwar nach Ablauf des Übertragungszeitraums nachzugewähren, die nachgewährten Urlaubstage aber unbezahlt zu lassen, vgl. zum Verhältnis von verschuldeter Erkrankung gemäß § 9 BUrlG unter Rückgriff auf § 3 EFZG ErfK/*Dörner*, 9. Aufl. 2009, § 9 BUrlG Rn. 4; *Leinemann/Linck* (Fn. 6), § 9 BUrlG Rn. 7; *Neumann/Fenksi* (Fn. 6), § 9 BUrlG Rn. 8.

[70] Zutreffend LAG Köln vom 20. 4. 2010, LAGE BUrlG § 7 Abgeltung Nr. 26; LAG Düsseldorf vom 5. 5. 2010, NZA-RR 2010, 568, 570; LAG Düsseldorf vom 1. 10. 2010 – 9 Sa 1541/09 – juris; s. a. BAG vom 24. 3. 2009, AP BUrlG § 7 Nr. 39.

higkeit die Fortsetzung einer vorangegangenen krankheitsbedingten Arbeitsunfähigkeit sein kann, ändert nichts daran, dass eine Freistellung des Arbeitnehmers allein durch eine Absprache mit dem Arbeitgeber ermöglicht wird.[71] In dem einen wie anderen Fall ist das Ruhen des Arbeitsverhältnisses somit auf eine Willenserklärung des Arbeitnehmers zurückzuführen und fällt hierdurch in seinen Verantwortungsbereich, so dass insoweit eine Anwendung der neuen Rechtsprechung zu unterbleiben hat.[72]

Nicht auf eine Willenserklärung des Arbeitnehmers zurückzuführen ist demgegenüber die fehlende Gewährung des Urlaubs während eines Kündigungsschutzprozesses nach vorangegangener Arbeitgeberkündigung. Zutreffend ist daher das LAG Nürnberg[73] davon ausgegangen, dass auch der über eine Kündigung geführte Rechtsstreit einen Fall darstellt, in dem der Arbeitnehmer seinen Urlaubsanspruch aus Gründen, die er nicht zu vertreten hat, tatsächlich nicht einbringen konnte. Soweit das LAG München[74] demgegenüber die Urlaubsgewährung und -abgeltung von dem Erfordernis einer vorherigen Willenserklärung des Arbeitnehmers, gerichtet auf die Beanspruchung des Urlaubs, abhängig macht, kann dem nicht gefolgt werden. Zwar ist mit dem LAG München davon auszugehen, dass einem Arbeitnehmer während eines Kündigungsschutzprozesses die Möglichkeit zusteht, den Urlaubsanspruch geltend zu machen. Eine solche Möglichkeit steht jedoch nicht der Annahme entgegen, dass sich der Arbeitnehmer in diesen Fällen vergleichbar denjenigen der krankheitsbedingten Arbeitsunfähigkeit an der Inanspruchnahme seines Urlaubs gehindert sehen musste. So macht es auch eine krankheitsbedingte Arbeitsunfähigkeit dem Arbeitnehmer nicht unmöglich, seinen Urlaub zu beantragen – an der fehlenden Erfüllbarkeit des Urlaubsanspruchs ändert dies allerdings in beiden Fällen nichts. Im Übrigen obliegt nach der Struktur des BUrlG nicht dem Arbeitnehmer, sondern vorrangig dem Arbeitgeber als Schuldner des Urlaubsanspruchs die Aufgabe der Erfüllung des Urlaubs durch Gewährung desselben (§ 7 Abs. 1 BUrlG). Die Erfüllung erfolgt durch eine Willenserklärung des Arbeitgebers, mit der er den Arbeitnehmer von der Arbeitsverpflichtung freistellt, ohne dass es einer vorhergehenden Willenserklärung des Arbeitnehmers bedürfte.[75] Im Gegenteil kann der Arbeitnehmer seiner-

---

[71] LAG Düsseldorf vom 1. 10. 2010 – 9 Sa 1541/09 – juris, unter Berufung auf BAG vom 7. 6. 1990, AP TVG § 1 Tarifverträge Metallindustrie Nr. 92.

[72] Weitergehend *Chr. Picker*, ZTR 2009, 230, 237; a. A. *Boecken/Jacobsen*, ZTR 2011, 267, 270.

[73] LAG Nürnberg vom 9. 3. 2010 – 7 Sa 220/10 – juris.

[74] LAG München vom 3. 12. 2009, LAGE BUrlG § 7 Abgeltung Nr. 23.

[75] LAG Nürnberg vom 9. 3. 2010 – 7 Sa 220/10 – juris; ErfK/*Gallner* (Fn. 6), § 7 BUrlG Rn. 4 f.; anderes kann nur gelten, wenn eine vom BUrlG unabhängige Regelung vorsieht, dass Urlaub nur auf Antrag des Anspruchinhabers gewährt und erfüllt wer-

seits durch die Beantragung des Urlaubs nur erreichen, dass der Arbeitgeber bei der zeitlichen Festlegung des Urlaubs seine Wünsche berücksichtigt (vgl. § 7 Abs. 1 BUrlG); ein Anspruch auf einen bestimmten Urlaubszeitraum kommt ihm dagegen nicht zugute, ebenso wenig die Möglichkeit, den Arbeitgeber an einer zeitlichen Festlegung des Urlaubs vor einer Beantragung seiner eigenen Urlaubswünsche zu hindern. Ist es nun aber Recht wie Pflicht des Arbeitgebers, den Urlaub zu gewähren, ihn zeitlich festzulegen und überdies bei mehreren Urlaubsansprüchen (z.B. aus Gesetz und Tarifvertrag) zu bestimmen, welchen Urlaubsanspruch er durch die Freistellung des Arbeitnehmers erfüllen will, der Arbeitnehmer demgegenüber allenfalls auf die zeitliche Lage des Urlaubs Einfluss nehmen kann, ist es schon nach der Konzeption des BUrlG weder geboten noch gerechtfertigt, den Urlaubsanspruch von einer entsprechenden Beantragung des Arbeitnehmers abhängig zu machen. Im Gegensatz zu den oben genannten Fällen einer vereinbarten Freistellung beruht die fehlende Inanspruchnahme wie Erfüllbarkeit während eines Kündigungsschutzprozesses daher nicht auf einer (fehlenden) Willenserklärung des Arbeitnehmers.

b) Zeitraum

Sobald festgelegt ist, dass ein bestimmter Tatbestand die Erfüllung des Urlaubsanspruchs über die Frist des § 7 Abs. 3 BUrlG hinaus rechtfertigt, stellt sich nunmehr die Frage, welchen Zeitraum der entsprechende Tatbestand innerhalb des Kalenderjahres wie des Übertragungszeitraums einnehmen muss, um die Inanspruchnahme wie Erfüllung des Urlaubs tatsächlich unmöglich zu machen. Im Wesentlichen sind drei Konstellationen denkbar. Zunächst kann der Hinderungsgrund während des gesamten Kalenderjahres inklusive des Übertragungszeitraums vorliegen. Sodann können Arbeitsfähigkeit und Erfüllbarkeit des Urlaubsanspruchs zum einen zu Beginn des Kalenderjahres gegeben sein, später aber bis zum Ende des Übertragungszeitraums wegfallen, zum anderen die Arbeitsfähigkeit und Erfüllbarkeit umgekehrt zwar nicht zu Beginn, aber vor Ablauf des Bezugzeitraums wieder vorhanden sein.

Eindeutig lässt sich die erste Situation erklären. Erstreckt sich die krankheitsbedingte Arbeitsunfähigkeit des Arbeitnehmers oder ein dieser gleichgestellter Tatbestand über das ganze Kalenderjahr einschließlich des Übertragungszeitraums, so war dem Arbeitnehmer zu keinem Zeitpunkt eine Möglichkeit an die Hand gegeben, seinen Urlaub tatsächlich in Anspruch zu nehmen. Entsprechend betonte der EuGH, dass Art. 7 Abs. 1 der RL

den kann, vgl. etwa OVG Rheinland-Pfalz vom 13. 4. 2011 – 2 A 11447/10 – juris, zu §§ 4, 5 UrlVO Rheinland-Pfalz.

2003/88/EG dahin auszulegen sei, dass der Urlaubsanspruch dann nicht erlischt, wenn der Arbeitnehmer „während des gesamten Bezugszeitraums" nicht in der Lage war, diesen auszuüben.[76]

Fraglich ist, ob Gleiches dann gelten kann, wenn der Arbeitnehmer nur während eines Teils des Bezugszeitraums erkrankt oder auf andere Weise an der Inanspruchnahme des Urlaubs gehindert war. Hier gilt es zu differenzieren. Sofern die Unmöglichkeit der Beanspruchung wie Erfüllung des Urlaubs während des Bezugszeitraums eintrat und bis zu dessen Ende andauerte, ist eine Vergleichbarkeit anzunehmen.[77] Anderes gilt jedoch, wenn die Möglichkeit der Urlaubsgewährung vor Ablauf des Bezugs-, mithin vor Ablauf des Übertragungszeitraums wieder auflebte. In ersterer Konstellation findet die Vergleichbarkeit ihre Rechtfertigung darin, dass es dem Arbeitnehmer in dem einen wie anderen Fall bis zum Ende des Übertragungszeitraums nicht möglich ist, seinen Urlaub zu beanspruchen. Dass der Urlaubsanspruch zunächst im Laufe des Bezugszeitraums erfüllbar war, ändert hieran nichts. So besteht keine Pflicht des Arbeitnehmers, seinen Urlaub bereits zu Beginn des Kalenderjahres zu beantragen, damit er nicht Gefahr läuft, diesen wegen einer krankheitsbedingten Arbeitsunfähigkeit oder aus ähnlichen Gründen zu einem späteren Zeitpunkt nicht mehr einbringen zu können. Eine solche Verpflichtung kann bereits zum einen nicht angenommen werden, weil diejenigen Gründe, welche die Erfüllbarkeit des Urlaubsanspruchs unmöglich machen, regelmäßig nicht vorhersehbar sind.[78] Zum anderen ist der Arbeitnehmer selbst überhaupt nicht in der Lage, die zeitliche Festlegung seines Urlaubs zu bestimmen. Wie sich aus der Konzeption des BUrlG, speziell aus § 7 Abs. 1 BUrlG ergibt, ist der Arbeitgeber Schuldner des Urlaubsanspruchs. Nur ihm obliegt die Gewährung und Erfüllung des Urlaubsanspruchs durch zeitliche Festlegung desselben und entsprechende Freistellung des Arbeitnehmers. Der Arbeitnehmer als Gläubiger des Urlaubsanspruchs kann allenfalls seine Wünsche hinsichtlich des Urlaubszeitraums äußern. Auf Umsetzung derselben hat er jedoch ebenso wenig einen Anspruch wie darauf, dass der Arbeitgeber seinerseits den Urlaubszeitraums erst dann festlegt, wenn der Arbeitnehmer seine Urlaubswünsche kundgetan hat. Vor diesem Hinter-

---

[76] EuGH vom 20. 1. 2009, Rs. C-350/06 „Schultz-Hoff", AP Richtlinie 2003/88/ EG Nr. 1; übereinstimmend die nachfolgende Rspr., LAG Baden-Württemberg vom 29. 4. 2010, LAGE BUrlG § 7 Abgeltung Nr. 28; Hessisches LAG vom 7. 12. 2010, NZA-RR 2011, 120; LAG Schleswig-Holstein vom 16. 12. 2010 – 4 Sa 209/10 – juris; LAG Düsseldorf vom 8. 2. 2011 – 16 Sa 1574/10 – juris.

[77] Ebenso *Dornbusch/Ahner*, NZA 2009, 180, 182; *Gaul/Josten/Strauf*, BB 2009, 497, 498.

[78] So EuGH vom 20. 1. 2009, Rs. C-350/06 „Schultz-Hoff", AP Richtlinie 2003/88/ EG Nr. 1, hinsichtlich des Eintritts einer krankheitsbedingten Arbeitsunfähigkeit.

grund ist nachvollziehbar, dass der EuGH (ebenso wie die ihm folgende Rechtsprechung[79]) in der Rechtssache „Schultz-Hoff" für den Fall der krankheitsbedingten Arbeitsunfähigkeit festhielt, der Urlaubsanspruch könne nicht verfallen, wenn der Arbeitnehmer während „eines Teils davon [des Bezugszeitraums] krankgeschrieben war und seine Arbeitsunfähigkeit bis zum Ende seines Arbeitsverhältnisses fortgedauert hat, weshalb er seinen Anspruch auf bezahlten Jahresurlaub nicht ausüben konnte".[80]

Auf die zweite Konstellation, die sich durch die Wiedererlangung der Arbeitsfähigkeit vor Ablauf des Bezugszeitraums auszeichnet, lassen sich die vorangegangenen Überlegungen nicht übertragen. Im Gegensatz zu den zuerst genannten Fällen befindet sich der Arbeitnehmer hier nicht mehr in einer Situation, in der Inanspruchnahme und Erfüllung des Urlaubsanspruchs unmöglich wären. Sobald seine Arbeitsfähigkeit wieder hergestellt oder allgemein das Ruhen des Arbeitsverhältnisses aufgehoben wurde, besteht wieder die Möglichkeit der Urlaubsgewährung durch Freistellung von der Arbeitspflicht. Entsprechend hat die Rechtsprechung nach „Schultz-Hoff" einheitlich Ansprüche des Arbeitnehmers auf (Nach-)Gewährung oder Abgeltung des Urlaubs dann verneint, wenn die Unmöglichkeit der Beanspruchung nicht bis zum Ende des Bezugszeitraums fortdauerte.[81] Die Rechtfertigung dieser Ansicht kann bereits der Entscheidung „Schultz-Hoff" entnommen werden. Der EuGH betonte, dass Art. 7 Abs. 1 der RL 2003/88/EG mitgliedstaatlichen Vorschriften, welche die Modalitäten des Urlaubsanspruchs regeln, ja sogar seinen Verlust vorsehen können, nur dann entgegensteht, wenn der Arbeitnehmer tatsächlich nicht die Chance besaß, den aus der Richtlinie folgenden Anspruch auf Mindesturlaub auszuüben. Im Umkehrschluss kann daraus gefolgert werden, dass der Verlust des Urlaubsanspruchs nicht ausgeschlossen ist, wenn der Arbeitnehmer den Urlaub nicht beansprucht, obwohl er dazu tatsächlich die Möglichkeit besaß. Genau diese stand ihm jedoch zu, sobald er seine Arbeitsfähigkeit wieder erlangte, sei es, weil er nicht mehr krankheitsbedingt arbeitsunfähig war, sei es, dass ein anderer Grund vor Ablauf des Bezugszeitraums aufgehoben wurde, der das Ruhen des Arbeitsverhältnisses zur Folge hatte. Eine „Unmöglichkeit" der Inanspruchnahme im Sinne der

---

[79] BAG vom 24. 3. 2009, AP BUrlG § 7 Nr. 39; BAG vom 22. 3. 2010, AP SGB IX § 125 Nr. 3; BAG vom 4. 5. 2010, NZA 2010, 1011; LAG Düsseldorf vom 2. 2. 2009, LAGE BUrlG § 7 Abgeltung Nr. 22; LAG Hamm vom 29. 4. 2009 – 18 Sa 1594/08 – juris.

[80] EuGH vom 20. 1. 2009, Rs. C-350/06 „Schultz-Hoff", AP Richtlinie 2003/88/ EG Nr. 1.

[81] LAG Köln vom 18. 5. 2010 – 12 Sa 38/10 – juris, bestätigt von BAG vom 9. 8. 2011 – 9 AZR 425/10 – juris; LAG Köln vom 17. 9. 2010 – 4 Sa 584/10 – juris; VG Trier vom 10. 5. 2011 – 1 K 1550/10.Tr – juris; *Moderegger*, ArbRB 2010, 276, 277.

Rechtssache „Schultz-Hoff" und der dieser folgenden Rechtsprechung liegt mithin nicht vor. Zu beachten ist allerdings zweierlei: Erstens ist eine Unmöglichkeit nur insoweit nicht gegeben, wie die verbleibenden Arbeitstage bis zum Ablauf des Bezugszeitraums ausreichen, um den gesamten ausstehenden Urlaubsanspruch des Arbeitnehmers zu erfüllen. Hinsichtlich derjenigen Urlaubstage, die innerhalb des verbleibenden Bezugzeitraums nicht mehr beansprucht werden können, liegt wiederum Unmöglichkeit vor.[82] Scheitert die Inanspruchnahme zweitens daran, dass der Arbeitnehmer den Urlaub zwar rechtzeitig beantragt, der Arbeitgeber ihn dafür aber nicht innerhalb des Bezugzeitraums von der Arbeitspflicht freigestellt hat, so greifen die schon vor „Schultz-Hoff" geltenden Grundsätze über den Ersatzurlaubsanspruch, wonach der Arbeitgeber nach dem Prinzip der Naturalrestitution zum Ersatz des Schadens verpflichtet ist, der dem Arbeitnehmer während des Verzugs durch Zeitablauf und dadurch verursachte Unmöglichkeit der Erfüllung entstanden ist.[83]

4. *Beamte / Dienstordnungsangestellte*

Neben der Ausweitung der Grundsätze von „Schultz-Hoff" auf andere Urlaubsansprüche wie Übertragungstatbestände, lässt sich schließlich eine Erweiterung des personellen Anwendungsbereichs der neuen Rechtsprechung diskutieren. Der EuGH konnte sich in der Rechtssache „Schultz-Hoff" auf die Urlaubs- wie Urlaubsabgeltungsansprüche von Arbeitnehmern konzentrieren. Seither beschäftigt die nationalen Gerichte aber ebenfalls die Frage einer Anwendbarkeit auf Beamte oder Dienstordnungsangestellte. Brisant sind dabei insbesondere finanzielle Abgeltungsansprüche bei Eintritt in den Ruhestand. Hierbei stellen sich zwei Probleme: Erstens die Gleichstellung des Eintritts eines Beamten in den Ruhestand mit der „Beendigung des Arbeitsverhältnisses" im Sinne von Art. 7 Abs. 2 der RL 2003/88/EG, zweitens die rechtliche Grundlage eines Abgeltungsanspruchs überhaupt. Gesetzliche oder tarifliche Regelungen, die eine solche Abgeltung zum Gegenstand haben, existieren nicht, eine analoge Anwendung von § 7 Abs. 4 BUrlG wird übereinstimmend und zutreffend u.a. mangels Vergleichbarkeit der Sachverhalte abgelehnt.[84] In Betracht kommt danach allein ein Anspruch aus Art. 7 Abs. 2 der RL 2003/88/EG. Inner-

---

[82] Vgl. *Dornbusch/Ahner*, NZA 2009, 180, 182.

[83] St. Rspr. seit BAG vom 7. 11. 1985, BAGE 50, 124.

[84] Aus der neueren Rspr. etwa VG Koblenz vom 21. 7. 2009 – 6 K 1253/08.KO – juris; OVG Rheinland-Pfalz vom 30. 3. 2010, ZBR 2010, 320; VG Hannover vom 29. 4. 2010 – 13 A 3250/09 – juris; VG Gelsenkirchen vom 24. 1. 2011 – 12 K 331/10 – juris; VG Saarland vom 17. 6. 2011 – 2 K 64/10 – juris.

halb der instanzgerichtlichen Rechtsprechung herrscht diesbezüglich noch insoweit Einigkeit,[85] als sich sowohl Beamte als auch – wie aktuell vom EuGH in der Rechtssache „May" bestätigt[86] – Dienstordnungsangestellte grundsätzlich auf die Richtlinie und speziell auf Art. 7 Abs. 2 berufen können.[87] Darüber hinaus sind sich die Instanzgerichte jedoch uneins. Auf der einen Seite wird der Abgeltungsanspruch wie die Gleichstellung des Eintritts in den Ruhestand mit der „Beendigung des Arbeitsverhältnisses" verneint, auf der anderen Seite Anspruch wie Gleichstellung bejaht. Nach ersterer Auffassung spricht gegen einen Urlaubsabgeltungsanspruch des genannten Personenkreises aus Art. 7 Abs. 2 der RL 2003/88/EG (soweit ein unmittelbarer Anspruch nicht von vornherein abgelehnt wird[88]) zunächst, dass es den Mitgliedstaaten gemäß Art. 15 der RL 2003/88/EG unbenommen bleibe, von Art. 7 abweichende Vorschriften zu Gunsten der Beamten zu schaffen. Dass die Beamten durch den fehlenden Abgeltungsanspruch nicht eine gegenüber den Arbeitnehmern ungünstigere Behandlung erfahren, ergebe sich daraus, dass insoweit nicht die punktuelle Betrachtung mit Blick auf den Urlaubsabgeltungsanspruch, sondern eine sog. strukturelle Betrachtung zu erfolgen habe, nach der sich die rechtliche Lage von Beamten gegenüber derjenigen der Arbeitnehmer insgesamt günstiger darstelle und keinen zusätzlichen Abgeltungsanspruch aus Art. 7 Abs. 2 der RL 2003/88/EG gebiete.[89] Zudem kenne das nationale Beamtenrecht kein Austauschverhältnis zwischen Vergütung und Dienstleistung. Der Beamte werde alimentiert, mithin nicht für seine Dienstleistung vergütet, und der Erholungszweck der Urlaubs durch eine finanzielle Abgeltung nicht erreicht.[90] Darüber hinaus stelle der Eintritt des Beamten in den Ruhestand keine der Beendigung des Arbeitsverhältnisses vergleich-

[85] OVG Rheinland-Pfalz vom 30. 3. 2010, ZBR 2010, 320; VG Freiburg vom 6. 7. 2010 – 3 K 1985/09 – juris; VG Gelsenkirchen vom 24. 1. 2011 – 12 K 331/10 – juris; VG Saarland vom 17. 6. 2011 – 2 K 64/10 – juris.

[86] EuGH vom 7. 4. 2011, Rs. C-519/09 „May" auf die Vorlage des ArbG Wuppertal vom 19. 11. 2009 – 7 Ca 2453/09 – juris.

[87] Eine Ausnahme besteht gemäß Art. 1 Abs. 3 der RL 2003/88/EG i. V. m. Art. 2 Abs. 2 der RL 89/391/EWG, soweit einer Anwendung „Besonderheiten bestimmter spezifischer Tätigkeiten im öffentlichen Dienst, z. B. bei den Streitkräften oder der Polizei, oder bestimmter spezifischer Tätigkeiten bei den Katastrophenschutzdiensten zwingend entgegenstehen".

[88] So etwa VG Koblenz vom 21. 7. 2009 – 6 K 1253/08.KO – juris; offen gelassen VG Koblenz vom 3. 11. 2009 – 2 K 180/09.KO – juris; VG Hannover vom 15. 10. 2009 – 13 A 2003/09 – juris; VG Hannover vom 29. 4. 2010 – 13 A 3250/09 – juris.

[89] OVG Rheinland-Pfalz vom 30. 3. 2010, ZBR 2010, 320.

[90] VG Hannover vom 15. 10. 2009 – 13 A 2003/09 – juris; VG Hannover vom 29. 4. 2010 – 13 A 3250/09 – juris; VG Freiburg vom 6. 7. 2010 – 3 K 1985/09 – juris; OVG Rheinland-Pfalz vom 13. 4. 2011 – 2 A 11447/10 – juris.

bare Situation dar, weil der Dienstherr vor allem weiterhin zur Zahlung der (Versorgungs-)Bezüge verpflichtet sei,[91] denn der Ruhestand „lockert lediglich das rechtliche Band zwischen Dienstherrn und Beamten, er zerschneidet dieses jedoch nicht vollständig, wie die zahlreichen an den Ruhestandsbeamten gerichteten beamtenrechtlichen Vorschriften belegen".[92] Überzeugend ist es jedoch, mit der gegensätzlichen Auffassung eine Berufung der Beamten und Dienstordnungsangestellten auf Art. 7 Abs. 2 der RL 2003/88/EG ebenso wie eine Gleichstellung von Ruhestand und Beendigung des Arbeitsverhältnisses anzunehmen.[93] So ist zum einen die von der Gegenseite in Bezug auf Art. 15 der RL 2003/88/EG strukturelle Betrachtung abzulehnen. Außerhalb des Inhalts der RL 2003/88/EG erlassene nationale Bestimmungen, die insgesamt zu einer Begünstigung der Beamten oder Dienstordnungsangestellten gegenüber Arbeitnehmern führen können, sind nicht geeignet, die gemeinschaftsrechtlich von Art. 7 Abs. 2 der RL 2003/88/EG vorgesehene finanzielle Urlaubsabgeltung (und einen Ausschluss des anderweitig begünstigten Personenkreises) zu kompensieren.[94] Überdies würde die Frage, welche Normen Gegenstand einer strukturellen Betrachtung sein dürfen und wie diese im Verhältnis zueinander zu gewichten sind, zu nicht unerheblichen Abgrenzungsschwierigkeiten führen. Zum anderen ist hinsichtlich der „Beendigung des Arbeitsverhältnisses" zwar mit der Gegenauffassung davon auszugehen, dass die Rechtsbeziehungen zwischen Dienstherrn und Beamten beim Eintritt des Letzteren in den Ruhestand nicht vollständig gelöst werden. Entscheidend ist jedoch, dass das bisherige Rechtsverhältnis dergestalt geändert wird, dass nunmehr die Dienstleistungspflicht des Beamten entfällt – und damit die Voraussetzung für eine Freistellung des Beamten,[95] wodurch die Gewährung der noch offenen Urlaubstage bei Eintritt in den Ruhestand unmöglich wird und allein die finanzielle Abgeltungsmöglichkeit verbleibt.

---

[91] OVG Rheinland-Pfalz vom 30. 3. 2010, ZBR 2010, 320; VG Freiburg vom 6. 7. 2010 – 3 K 1985/09 – juris.

[92] VG Koblenz vom 3. 11. 2009 – 2 K 180/09.KO – juris.

[93] Zur unmittelbaren Berufung auf Art. 7 Abs. 2 VG Berlin vom 10. 6. 2010, ZBR 2010, 321; VG Düsseldorf vom 25. 6. 2010 – 13 K 5458/09 – juris; VG Düsseldorf vom 4. 8. 2010 – 13 K 8443/09 – juris; VG Gelsenkirchen vom 24. 1. 2011 – 12 K 331/10 – juris; *Müller*, DÖD 2010, 177.

[94] VG Düsseldorf vom 25. 6. 2010 – 13 K 5458/09 – juris; VG Düsseldorf vom 4. 8. 2010 – 13 K 8443/09 – juris; VG Gelsenkirchen vom 24. 1. 2011 – 12 K 33/10 – juris, jeweils unter Berufung auf EuGH vom 1. 12. 2005, Rs. C-14/04 „Dellas", AP Richtlinie 93/104/EG Nr. 1.

[95] VG Düsseldorf vom 25. 6. 2010 – 13 K 5458/09 – juris; VG Düsseldorf vom 4. 8. 2010 – 13 K 8443/09 – juris; VG Gelsenkirchen vom 24. 1. 2011 – 12 K 33/10 – juris.

5. Tilgungsbestimmungen (§ 366 BGB)

Sofern einem Arbeitnehmer Urlaubsansprüche aufgrund verschiedener Anspruchsgrundlagen zustehen, beispielsweise ein über den gesetzlichen Mindesturlaub hinausgehender tariflicher Mehrurlaub, kann sich die Frage ergeben, in welchem Verhältnis oder in welcher zeitlichen Reihenfolge diese gewährt werden. Neu ist die Frage nicht und konnte bereits vor „Schultz-Hoff" relevant werden, doch ist sie nunmehr angesichts der neuen Auslegung der Befristungen gemäß § 7 Abs. 3 und 4 BUrlG von größerer Brisanz.

Beispiel: Ein Arbeitnehmer wird, ohne bislang Urlaub beansprucht zu haben, von Anfang Oktober 2010 bis Mitte März 2011 arbeitsunfähig krank. Bei Wiedererlangung der Arbeitsfähigkeit standen ihm noch der gesamte Mindesturlaub sowie ein tariflicher Zusatzurlaub von acht Tagen zu, wobei Letzterer laut Tarifvertrag mit Ablauf des 31. März des Folgejahres verfällt.

Gewährt der Arbeitgeber dem Arbeitnehmer nunmehr Urlaub, in dem er diesen von der Arbeit freistellt, ist es für den Arbeitnehmer entscheidend, ob zunächst der gesetzliche Mindest- oder der tarifliche Mehrurlaubsanspruch abgegolten werden soll. Würde der Arbeitgeber im angeführten Beispiel zunächst den gesetzlichen und sodann den tariflichen Urlaubsanspruch erfüllen, verfielen die verbleibenden Tage des tariflichen Mehrurlaubs mit Ablauf des 31. März; nach der hier zugrunde gelegten Meinung kann die neue Rechtsprechung nicht auf den Mindesturlaub übersteigende Urlaubsansprüche übertragen werden, so dass diejenigen Urlaubstage, welche der Arbeitnehmer aufgrund des vorrangig gewährten gesetzlichen Urlaubs nicht mehr beanspruchen kann, verfallen. Im umgekehrten Falle steht dem Arbeitnehmer der gesamte gesetzliche wie tarifliche Urlaubsanspruch zu, weil derjenige Teil des gesetzlichen Mindesturlaubs, den der Arbeitnehmer aufgrund des vorrangig gewährten tariflichen Mehrurlaubs nicht beanspruchen konnte, nach der neuen Rechtsprechung und nach dem oben Gesagten nicht mit Ablauf des Bezugszeitraums erlischt.

Stellt der Arbeitgeber den Arbeitnehmer zur Erfüllung des Urlaubsanspruchs von der Arbeitspflicht frei, ohne seiner Bestimmungspflicht nachzukommen[96] und seine Freistellungserklärung dahingehend zu konkretisieren, auf welche Schuld er leisten wolle, bedarf es einer Festlegung, welcher Urlaubsanspruch (zuerst) erfüllt werden sollte. Innerhalb der Instanzgerichtsbarkeit werden nach „Schultz-Hoff" folgende Auffassungen vertreten. Erstens: Gesetzliche und (tarif-)vertragliche Urlaubsan-

---

[96] Vgl. BAG vom 18.12. 1984, AP BUrlG § 7 Nr. 10; BAG vom 1.10. 1991, AP BUrlG § 7 Nr. 12.

sprüche richteten sich auf die gleiche Leistung, es bestehe ein einheitlicher Urlaubsanspruch, so dass der Arbeitgeber mit der Urlaubsgewährung beide Urlaubsansprüche erfülle. Für die ersten 24 Tage (§ 3 Abs. 1 BUrlG) bestehe lediglich Anspruchskonkurrenz aufgrund unterschiedlicher Anspruchsgrundlagen, der Arbeitnehmer könne nicht den gesetzlichen neben dem (tarif-)vertraglichen Urlaubsanspruch fordern. Sei danach der gesetzliche Urlaubsanspruch verbraucht, verblieben allein die Mehrurlaubsansprüche. Eine Anwendung von § 366 Abs. 2 BGB, wonach eine Tilgungsbestimmung dergestalt angenommen werden könnte, der Arbeitgeber wolle zuerst den (tarif-)vertraglichen und anschließend den gesetzlichen Urlaubsanspruch erfüllen, komme mangels des Bestehens mehrerer Leistungspflichten nicht in Betracht.[97] Zweitens: § 366 Abs. 2 BGB finde jedenfalls dann entsprechende Anwendung, wenn sich der tarifliche Urlaubsanspruch nicht nach den Bestimmungen des BUrlG richte, wobei sodann davon auszugehen sei, der Arbeitgeber gewähre zunächst den (verfallbaren) tariflichen, sodann den gesetzlichen Mindesturlaub.[98] Überzeugend erscheint es gegenüber beiden Ansichten, § 366 Abs. 2 BGB entsprechend anzuwenden, und zwar unabhängig davon, ob es sich bei den (tarif-)vertraglichen Urlaubsansprüchen um gegenüber dem gesetzlichen Urlaubsanspruch eigenständige Regelungen handelt oder diese den Regelungen des BUrlG unterworfen sind. Die zweite Auffassung geht zutreffend davon aus, dass trotz Annahme eines einheitlichen Urlaubsanspruchs eine analoge Anwendung von § 366 Abs. 2 BGB gerechtfertigt ist, wenn es sich bei dem (tarif-)vertraglichen Urlaubsanspruch um eine gegenüber dem Anspruch nach dem BUrlG eigenständige Regelung handelt und „der gesetzliche Mindesturlaub und der tarifliche Mehrurlaub ... mit differenzierten rechtlichen Schicksalen behaftet sind", weil etwa „der tarifliche Mehrurlaub einer eigenen Verfallsregelung zugeführt worden ist".[99] Nach der vorliegend vertretenen Auffassung ist der (tarif-)vertragliche Anspruch jedoch nicht nur im Falle einer eigenständigen Urlaubsregelung, sondern im Vergleich zum gesetzlichen Urlaubsanspruch generell mit einem differenzierten rechtlichen Schicksal behaftet, weil die neue Rechtsprechung nicht auf Urlaubsansprüche anwendbar ist, welche den gesetzlichen Mindestanspruch übersteigen, so dass diese auch dann (vorbehaltlich abweichender Vereinbarung) mit Ablauf des Bezugszeitraums erlöschen, wenn der Urlaubsanspruch insoweit nicht erfüllbar war. Findet demnach § 366 BGB bei einem Aufeinandertreffen des gesetzlichen Mindesturlaubs mit ande-

---

[97] LAG Berlin-Brandenburg vom 2.12. 2009 – 17 Sa 621/09 – juris; Hessisches LAG vom 26.4. 2010 – 17 Sa 1772/09 – juris.

[98] LAG Düsseldorf vom 30.9. 2010, ZTR 2011, 97.

[99] LAG Düsseldorf vom 30.9. 2010, ZTR 2011, 97f.

ren Urlaubsansprüchen generell entsprechende Anwendung, verbleibt die Frage, welchen Urlaubsanspruch der Arbeitgeber nach Maßgabe von § 366 Abs. 2 BGB zuerst erfüllt, konkret welche Schuld unter mehreren fälligen dem Gläubiger die geringere Sicherheit bietet. Nach der bisherigen Rechtsprechung des BAG sollte anzunehmen sein, der Arbeitgeber leiste zuerst auf den gesetzlichen, anschließend auf den (tarif-)vertraglichen Urlaubsanspruch.[100] Angesichts dessen, dass nach hier vertretener Ansicht allein der gesetzliche Mindesturlaubsanspruch von der neuen Rechtsprechung nach „Schultz-Hoff" erfasst wird, ist nunmehr die Annahme gerechtfertigt, dass (tarif-)vertragliche Ansprüche gegenüber dem gesetzlichen Anspruch nach dem BUrlG die geringere Sicherheit im Sinne von § 366 Abs. 2 BGB bieten.[101]

6. *Begrenzung des Urlaubs(abgeltungs)anspruchs*

Die neue Rechtsprechung kann zu einer Anhäufung von Urlaubstagen führen. Sind Arbeitnehmer über mehr als ein Jahr erkrankt oder verschiedene Ruhenstatbestände hintereinander geschaltet, ohne dass der Urlaubsanspruch erfüllbar gewesen wäre, stellt sich die Frage, ob der Arbeitnehmer unbegrenzt Urlaubstage „sammeln" kann, die entweder nachgewährt oder bei einer Beendigung des Arbeitsverhältnisses finanziell abgegolten werden müssten. Als Beispiel sei ein Sachverhalt genannt, der einem Urteil des LAG Hamm[102] zugrunde lag und in welchem eine Arbeitnehmerin seit November 1997 krankheitsbedingt arbeitsunfähig war und bis zur Beendigung ihres Arbeitsverhältnisses im September 2009 keinen Urlaub genommen hatte – und einen Urlaubsabgeltungsanspruch in Höhe von ca. 29.200 € nebst Zinsen geltend machte.

a) Zulässigkeit

Handelt es sich bei diesem Sachverhalt möglicherweise um einen Extremfall, wird eine Ansammlung von Urlaubsansprüchen dennoch keine Seltenheit sein. Problematisch ist, ob zum einen Regelungen existieren, die solche Anhäufungen begrenzen können, zum andern, ob mitgliedstaatlichen Begrenzungen überhaupt gemeinschaftsrechtlich zulässig sind. Ent-

---

[100] BAG vom 24. 10. 1989 – 8 AZR 6/89 – juris; BAG vom 5. 9. 2002, AP BUrlG § 3 Fünf-Tage-Woche Nr. 17.

[101] LAG Düsseldorf vom 30. 9. 2010, ZTR 2011, 97 f.; im Ergebnis offen gelassen Hessisches LAG vom 26. 4. 2010 – 17 Sa 1772/09 – juris.

[102] LAG Hamm vom 7. 12. 2010, NZA-RR 2011, 120.

sprechend legte das LAG Hamm[103] dem EuGH die Frage zur Vorabentscheidung vor, ob Art. 7 Abs. 1 der RL 2003/88/EG dahin auszulegen sei, „dass er einzelstaatlichen Rechtsvorschriften und/oder Gepflogenheiten, nach denen der Anspruch auf bezahlten Mindestjahresurlaubs bei Ablauf des Bezugszeitraums und/oder Übertragungszeitraums erlischt, auch dann entgegensteht, wenn der Arbeitnehmer längerfristig arbeitsunfähig ist und deshalb Mindesturlaubsansprüche für mehrere Jahre ansammeln könnte, wenn diese nicht begrenzt würden und würde die zeitliche Begrenzung mindestens 18 Monate[104] betragen müssen". Der EuGH hat die Vorlagefrage am 22. 11. 2011 dahingehend beantwortet, dass Art. 7 Abs. 1 der RL 2003/88/EG weder einzelstaatlichen Rechtsvorschriften noch Tarifverträgen entgegenstehe, die einen Übertragungszeitraum von 15 Monaten mit anschließendem Erlöschen des Urlaubsanpruchs vorsehen. Als zusätzliche Begrenzungen des gesetzlichen Mindesturlaubsanspruchs können neben der Verjährung[105] vor allem (tarif-)vertragliche Ausschlussfristen in Betracht kommen.

b) Tarifliche und einzelvertragliche Ausschlussfristen

Tarifliche wie einzelvertragliche Ausschlussfristen konnten bislang einzig einen Verfall (tarif-)vertraglicher Zusatzurlaubsansprüche zur Folge haben. In Bezug auf gesetzliche Urlaubs(abgeltungs)ansprüche waren sie demgegenüber nach der Rechtsprechung des BAG ohne Relevanz, unterlagen diese doch der Befristung nach § 7 Abs. 3 und 4 BUrlG.[106] Ob diese Beurteilung nach „Schultz-Hoff" aufrecht erhalten bleiben kann, ist fraglich. Dass Ansprüche auf (tarif-)vertraglichen Mehrurlaub entsprechenden Ausschlussfristen unterfallen können, ist weder durch „Schultz-Hoff"

---

[103] LAG Hamm vom 15.4. 2010, LAGE BUrlG § 7 Abgeltung Nr. 27, nachfolgend EuGH vom 22. 11. 2011, Rs. C-214/10 „KHS", NZA 2011, 1333.

[104] S. Art. 9 Abs. 1 des Übereinkommens 132 der IAO vom 24. 6. 1970, BGBl. 1975 II, S. 746.

[105] Bislang spielte die Verjährung im Rahmen des Urlaubsrechts – mit Ausnahme des Ersatzurlaubsanspruchs – wegen der Befristung des Urlaubs- wie Urlaubsabgeltungsanspruchs gemäß § 7 Abs. 3 und 4 BUrlG keine Rolle. Ob und inwieweit Urlaubsansprüche nunmehr der Verjährung unterliegen, ist str., einerseits LAG München vom 30. 11. 2010 – 6 Sa 684/10 – juris; Hessisches LAG vom 7. 12. 2010, NZA-RR 2011, 120; AnwK/*Düwell* (Fn. 23), § 7 BUrlG Rn. 91 (Verneinung); andererseits LAG Düsseldorf, u. a. vom 18. 8. 2010 – 12 Sa 650/10 – juris und vom 25. 2. 2011 – 9 Sa 258/10 – juris; *Bauer/Arnold*, NJW 2009, 631, 635; *Boecken/Jacobsen*, ZTR 2011, 267, 272 ff. (Befürwortung); zur Verjährung von Urlaubsabgeltungsansprüchen AnwK/*Düwell* (Fn. 23), § 7 BUrlG Rn. 142; *Boecken/Jacobsen*, ZTR 2011, 267, 275 f.; ErfK/*Gallner* (Fn. 6), § 7 BUrlG Rn. 84.

[106] BAG vom 24. 11. 1992, AP BUrlG § 1 Nr. 23; BAG vom 20. 1. 2009 – 9 AZR 650/07 – juris.

noch allgemein in Zweifel gezogen worden. Und bezüglich des gesetzlichen Mindesturlaubs betonte der EuGH, dass den Mitgliedstaaten der Erlass zeitlicher Grenzen obliegt. Problematisch ist, ob insoweit ebenfalls eine Regelungsbefugnis der Vertragsparteien besteht, mithin der gesetzliche Mindesturlaubsanspruch wie seine Abgeltung tariflichen oder einzelvertraglichen Ausschlussfristen unterliegt.

In der Instanzgerichtsbarkeit herrscht diesbezüglich Einigkeit. Überzeugend wird eine Anwendung von Ausschlussfristen auf den gesetzlichen Urlaubsanspruch weiterhin abgelehnt,[107] auf entsprechende Abgeltungsansprüche demgegenüber befürwortet[108]. So könne der Arbeitnehmer auf der einen Seite nicht verpflichtet sein, einen Urlaubsanspruch, den weder er noch der Arbeitgeber erfüllen könne, innerhalb einer Ausschlussfrist geltend zu machen.[109] Die gesetzliche „Befristung" nach § 7 Abs. 3 BUrlG wäre auf diese Weise schlicht durch die (tarif-)vertragliche Befristung ersetzt, womit die Erkenntnisse der Rechtssache „Schultz-Hoff" wie der nachfolgenden Rechtsprechung konterkariert würden. Auf der anderen Seite gelte Gleiches nicht hinsichtlich der Urlaubsabgeltungsansprüche. Der Wegfall des bisherigen „Zeitregimes", welches Urlaubs- wie Urlaubsabgeltungsansprüche generell der Verfristung gemäß § 7 Abs. 3 und 4 BUrlG unterwarf, rechtfertige keine „Sonderbehandlung eines urlaubsrechtlichen Geldanspruchs gegenüber anderen gesetzlichen Zahlungsansprüchen im Hinblick auf die Anwendung von tarifvertraglichen Verfallklauseln",[110] er sei eben nicht mehr Surrogat des Urlaubsanspruchs, sondern reine Geldforderung, so dass (tarif-)vertragliche Ausschlussfristen ebenfalls die Abgeltung des gemäß § 13 Abs. 1 S. 1 i. V. m. § 3 Abs. 1 BUrlG unabdingbaren gesetzlichen Mindesturlaubs erfassen.[111] Hinzukommt,

---

[107] Hessisches LAG vom 7. 12. 2010, NZA-RR 2011, 120; Hessisches LAG vom 29. 3. 2011 – 15 Sa 191/10 – juris; *Bauer/Arnold*, NJW 2009, 631, 635; *Boecken/Jacobsen*, ZTR 2011, 267, 274.

[108] BAG vom 9. 8. 2011 – 9 AZR 352/10, 365/10, 475/10 – juris; LAG München vom 24. 6. 2010 – 4 Sa 1029/09 – juris; LAG Hamm vom 24. 6. 2010 – 16 Sa 371/10 – juris; LAG München vom 29. 7. 2010 – 3 Sa 217/10 – juris; LAG Niedersachsen vom 13. 8. 2010 – 6 Sa 409/10 – juris; LAG Berlin-Brandenburg vom 7. 10. 2010 – 2 Sa 1464/10 – juris; *Bauer/Arnold*, NJW 2009, 631, 635; *Besgen*, SAE 2010, 201, 202; *Boecken/Jacobsen*, ZTR 2011, 267, 276; ErfK/*Gallner* (Fn. 6), § 7 BUrlG Rn. 86; zur Länge zulässiger Ausschlussfristen *Gaul/Josten/Strauf*, BB 2009, 497, 499.

[109] Hessisches LAG vom 7. 12. 2010, NZA-RR 2011, 120.

[110] LAG Düsseldorf vom 23. 4. 2010, LAGE BUrlG § 7 Abgeltung Nr. 27a; so auch LAG Köln vom 20. 4. 2010, LAGE BUrlG § 7 Abgeltung Nr. 26 (jeweils bestätigt durch BAG vom 9. 8. 2011 – 9 AZR 352/10, 365/10 – juris); LAG München vom 24. 6. 2010 – 4 Sa 1029/09 – juris; LAG München vom 29. 7. 2010 – 3 Sa 217/10 – juris; vgl. *Gaul/Josten/Strauf*, BB 2009, 497, 501.

[111] BAG vom 9. 8. 2011 – 9 AZR 352/10, 365/10, 475/10.

dass hinsichtlich des Abgeltungsanspruchs – anders als des Urlaubsanspruchs – weder der Arbeitnehmer an der Inanspruchnahme noch der Arbeitgeber an der Erfüllbarkeit desselben gehindert ist.

III. Fazit

Die Rechtsprechung zu § 7 Abs. 3 und 4 BUrlG ist nach dem Urteil des EuGH in der Rechtssache „Schultz-Hoff" nicht zur Ruhe gekommen. Im Gegenteil werden die Instanzgerichte fortwährend mit der Entscheidung weiterhin streitiger urlaubsrechtlicher Folgefragen in Anspruch genommen, welche insbesondere die Erweiterung der Rechtssache „Schultz-Hoff" auf andere Urlaubsansprüche und Sachverhalte betreffen. Während eine Ausdehnung von „Schultz-Hoff" auf über den gesetzlichen Mindesturlaub hinausgehende Urlaubsansprüche, gleich, ob sie gesetzlicher, tariflicher oder vertraglicher Art seien, ausgeschlossen werden muss, ist eine Erweiterung auf andere Sachverhalte, die ebenfalls ein Ruhen des Arbeitsverhältnisses zur Folge haben und insoweit der krankheitsbedingten Arbeitsunfähigkeit vergleichbar sind, sowie hinsichtlich des Abgeltungsanspruchs auf Beamte und Dienstordnungsangestellte gerechtfertigt. Angesichts zahlreicher weiterer Folgefragen, wie der Anwendbarkeit der Vorschriften über die Verjährung oder tariflicher Ausschlussfristen auf den gesetzlichen Mindesturlaub, bleibt mit Spannung abzuwarten, ob und wann es dem BAG nach dem vollzogenen Umbruch wieder gelingt, das Urlaubsrecht in einheitliches und rechtssicheres Fahrwasser zu führen.

Autorenverzeichnis

Kolbe, Sebastian, Dr. iur., Habilitand, Lehrstuhl für Arbeitsrecht und Bürgerliches Recht (Prof. Dr. Volker Rieble), Ludwig-Maximilians-Universität München / Zentrum für Arbeitsbeziehungen und Arbeitsrecht

Krause, Rüdiger, Dr. iur., Professor, Direktor des Instituts für Arbeitsrecht der Georg-August-Universität Göttingen

Picker, Christian, Dr. iur., Wissenschaftlicher Mitarbeiter und Habilitand, Lehrstuhl für Arbeitsrecht und Bürgerliches Recht (Prof. Dr. Volker Rieble), Ludwig-Maximilians-Universität München / Zentrum für Arbeitsbeziehungen und Arbeitsrecht

Rödl, Florian, Dr. iur., M.A., Nachwuchsgruppenleiter, Exzellenzcluster „Die Herausbildung normativer Ordnungen", Goethe-Universität Frankfurt a.M.

Rolfs, Christian, Dr. iur., Professor, Direktor des Instituts für Versicherungsrecht der Universität zu Köln

Sagan, Adam, Dr. iur., MJur (Oxon), Akademischer Rat a.Z. und Habilitand, Universität zu Köln, Institut für Deutsches und Europäisches Arbeits- und Sozialrecht (Prof. Dr. Ulrich Preis)

Schneider, Angie, Dr. iur., Akademische Rätin a.Z. und Habilitandin, Universität zu Köln, Institut für Deutsches und Europäisches Arbeits- und Sozialrecht (Prof. Dr. Ulrich Preis)